转型中的华北乡村

定县追踪调查田野札记

THE TRANSFORMATION OF
RURAL SOCIETY IN NORTH CHINA:
Field Notes on
the Follow-up Survey of Ding County

冯仕政　黄家亮

主 编

社会科学文献出版社
SOCIAL SCIENCES ACADEMIC PRESS (CHINA)

本书为中国人民大学科学研究重大规划项目

"中国农村社会变迁与治理转型——河北定县农村百年演变的调查研究"

（项目批准号：15XNLG04）的中期成果之一

本书出版获 2022 年"中央高校教育教学改革专项资金"资助

丛书总序

冯仕政

立德树人是高校的根本任务。为谁培养人、培养什么人、怎样培养人，是每位高等教育工作者时时刻刻都应当萦绕于怀和认真思考的重大问题。总的来说，落实立德树人根本任务，推动新时代高等教育改革，在中心内容上必须坚持价值塑造、知识传授、能力培养三者有机融合，在基本方略上必须坚持全员育人、全程育人、全方位育人三位一体，最终目标是促进学生德智体美劳全面发展，培养社会主义建设者和接班人，培养堪当民族复兴大任的时代新人。而具体到每个学科，则又需要结合各自的特点采取不同的方式、方法和方案。

社会学作为一门学科，是适应人类社会现代化需要的产物。立足真实、鲜活的生产和生活实践去观察、把握和建设社会，是社会学作为一门学科应当具备的基本品格和精神气质。相应地，充分发挥本学科的实践品格，进一步增强实践意识，主动面向中国式现代化的生动实践，是中国社会学学科建设的内在要求。尤其是在当前新发展阶段，坚持和发展中国特色社会主义理论和实践提出了大量亟待解决的新问题，中国社会学更需要以中国为观照、以时代为观照，立足中国实际，解决中国问题，自觉回答中国之问、世界之问、人民之问、时代之问。

中国人民大学是中国共产党亲手创办的第一所新型正规大学，前身是1937年诞生于抗日战争烽火中的陕北公学，以及后来的华北联合大学和华北大学。在陕北公学最初拟开办的六大教学门类中，第一个是"社会学系"。尽管后来由于形势的变化，陕北公学改变办学性质，由国民教育转为干部培训，不再按计划中的普通大学模式设置专业和系科，但仍然开设了大量社会学性质的课程，或开展了大量社会学性质的教学。华北联合大学和华北大学同样继承和发扬了这样一种教学风格。大致可以说，相对于通常以学者著述形态出现的理论里的社会学、文字里的社会学、书斋里的社会学、精英里的社会学，基于陕北公学传统而来的社会学更多地属于革命中的社会学、行动中的社会学、田野中的社会学和群众中的社会学。这样一种形态的社会学，尽管因其缺乏系统性的专业文字表述而不易在大学里传授，但着实而生动地体现了社会学的实践品格。

中华人民共和国成立后，中央决定以华北大学为基础组建中国人民大学。1950年，中国人民大学正式成立。此后，李景汉、吴景超、陈达、全慰天、陈文仙、戴世光等民国时期的著名社会学家也陆续到中国人民大学工作，进一步丰富了中国人民大学社会学学科建设的内容。改革开放新时期，在郑杭生、刘铮、邬沧萍等先生领导下，中国人民大学在全国率先恢复重建社会学、人口学、社会工作、老年学等多个社会学二级学科或方向。经过一代一代人的接续奋斗，中国人民大学社会学学科建设在各方面都取得了显著的成绩。

在长期发展过程中，中国人民大学社会学学科始终坚持"中国特色社会主义社会学"的办学方向，始终注意结合国家需要和学科属性，有机融合陕北公学基因、中华优秀传统文化和民国社会学遗产，积淀了深厚的历史底蕴，形成了鲜明的学术风格。其中，在人才培养方面，一个基本特色就是高度重视社会实践和田野教学。早在20世纪八九十年代，中国人民大学社会学学科就多次组织大规模的抽样问卷调查和蹲点个案调查。在此过程中，学生们经受着高度开放和充满不确定性的环境的洗礼，从而深刻地领会到社会学独特的魅力，对此留下了难以磨灭的酸甜苦辣的印象；而通过教学过程中时刻发生的、"真刀真枪"的互动和合作，师生之间、同学之间、年级之间也建立了非常密切的关系，不期然间为学院、学科和学生积累了丰厚的"社会资本"。

在总结多年实践和改革成果的基础上，学院不断创新人才培养模式，于2017年正式提出"田野课堂"教学改革的整体构想。所谓"田野课堂"，其核心理念是打破"田野"与"课堂"在时间上、空间上的分离和藩篱，按照"田野进课堂，课堂进田野，田野与课堂有机翻转"的思路，一方面让学生走进实际、贴近百姓，在火热的生活中感悟和掌握专业知识，另一方面把一线工作者请进课堂，让教师、学生与一线工作者面对面切磋，在开放和真实的环境中训练学生发现问题、分析问题和解决问题的能力。通过田野课堂，我们希望同时培养学生的思想力、行动力和完成力。其中，思想力是在茫茫世界中能够抓得住关键、拎得清逻辑；行动力是在矛盾纠结中能够下得了决心、拿得出办法；完成力则是在实际操作中能够总得好流程、捏得准分寸。

实施"田野课堂"教学，中心任务是改变以往那种封闭性、内演性、松散性、静态性的教学模式，而打造一种开放性、临床性、集成性、穿梭性的教学模式。也就是说，"田野课堂"教学不是关起门来按照自己设想的一套逻辑往下演绎的教学，而是在一个开放的环境中进行的、随时可能接受"临床"检验的教学；不是各种教学要素和环节的衔接十分松散和缓慢的教学，而是各种教学要素和环节在一个有限的时空内高度集成、高速往返穿梭的教学。完成这一任务的具体办法是"五实相生"。

所谓"五实相生"，一是实境教学，即在实际情境中展开教学，让学生进入实际场景中接受情操、知识和能力的训练。只有观察和参与实际社会过程，学生才能对社会机理形成更深入的理解、更深刻的洞察。二是实战课堂，即在特定课堂上，让教师、学生和一线工作者三方围绕特定问题展开实打实地交流和交锋，现场拉练，提升各方的理论思维能力和问题解决能力。三是实务课程，即脱虚向实，请一线工作者进学校开设与自身工作和社会现实有紧密联系的课程或讲座，调整和优化专业课程与实务课程、专业内容与实务内容的配比。四是实见成果，即为了避免学生在"田野课堂"教学中蜻蜓点水、走马观花，要求学习必须有实际可见的成果，以便监督检查和对照反思，通过实实在在的成果驱动"田野课堂"走深走实。当然，实见成果的形式可以是调研报告、工作建议或者社会试验等，因势制宜，不强求一律。五是实作友圈，就是通过"田野课堂"将参与其中的各方人员和人群首先是联结起来，其次是团结起来，形成一个朋友圈，增益社会治理共同体。这些联结和团结，除了包括学校内部教师、学生、行政人员之间的，也包括学校与教学基地之间、教学基地与教学基地之间的。

表面上看，"田野课堂"教学似乎只是以往专业实习和社会实践的加强版。而事实上，它是对社会学人才培养过程中教师、学生、教学、科研、行动、学科、社会等各种要素，以及课堂课程、实习实践、课内课外、校内校外等各个环节的全面再造和重组。它希望通过对教学要素和环节的重新梳理、重新连接、重新整合，刷新人才培养逻辑和流程，实现社会学人才培养模式的总体性改革。其工作要领，具体来说，就是"四结合六循环"，即促进生产力建设与生产关系建设、能力建设与团队建设、思

政建设与专业建设、学科建设与社会建设四大结合，打通校园与社会、教学与科研、教育与实践、教师与学生、教师与教师、学生与学生六大循环。

从 2018 年开始，学院系统地组建了数十个"田野课堂"教学基地，为大规模地开展"田野课堂"教学活动奠定了坚实的基础。尽管其后不断受到新冠肺炎疫情的干扰，但学院还是克服重重困难，推动"田野课堂"教学改革不断前进。目前，"田野课堂"教学已经实现对学院所有专业、年级和学段的全覆盖、全打通。为了促进学院之间和学科之间的交流，"田野课堂"还适当吸收了校内兄弟学院的学生参与。2021 年 10 月，学院举办了隆重的"田野课堂交流大会"，来自校内的教师、学生以及来自各教学基地的实践导师共聚一堂，面对面交流切磋，内容非常精彩、气氛非常热烈。今后学院拟每年至少举办一次这样的交流大会。

为了记录"田野课堂"的教学成果，更为了记录同学们在"田野课堂"教学过程中的成长，学院决定出版人大社会学"田野课堂"人才培养改革成果系列。希望通过书中的故事和文字，大家能够更加真切、更加亲切地感受青年学子眼中的基层社会和基层社会中的青年学子，能够更加真切、更加亲切地感受不断成长的中国社会和不断成长的中国青年。

前　言

　　本书是中国人民大学社会与人口学院学生田野调查札记和调查报告的选编，调查地点主要在河北省定州市，调查时间为2015年至2022年，调查者包括本科、硕士、博士各个学段的学生。出版本书的目的主要有三：一是记录中国人民大学社会学学科重返定县、传承定县调查学脉的轨迹；二是通过年轻学子的眼光透视中国乡村的历史巨变及当下图景；三是呈现学院近年来开展"田野课堂"教学改革的理念、做法和成果。

一

　　对中国社会学界来说，定县是一个如雷贯耳的地名。20世纪二三十年代，以著名平民教育家、社会学家晏阳初先生为代表的一批知识分子在这里开展了轰轰烈烈的乡村建设运动，史称"定县试验"。作为"定县试验"的一部分，社会学家、社会调查专家李景汉先生领导了著名的定县调查。定县调查自1926年开始，最初由农学家冯锐先生主持，1928年开始由李景汉先生主持，前后持续十年之久。该调查是我国历史上首次运用现代调查统计方法对县域社会所开展的实地社会调查，其标志性成果《定县社会概况调查》代表了那一时期我国社会调查的最高水平，也是中国社会学史上里程碑式的作品。

　　新中国成立后，李景汉先生长期在中国人民大学工作，与吴景超、陈达、全慰天、陈文仙、戴世光等老一辈社会学家一道为中国人民大学社会学学科的发展奠定了良好的基础。1984年，郑杭生先生受命组建中国人民大学社会学研究所（以下简称社会学研究所），正式建立人大的社会学学科，李景汉先生被聘为社会学研究所顾问。当时已经89岁高龄的李景汉先生对社会学学科的建立欣欣鼓舞、满怀期待，在短时间内不仅接受了郑杭生先生所组织的系统的口述史访谈，参加了社会学研究所举办的祝贺李景

汉先生从事社会学教学和研究工作60周年暨90寿辰座谈会，而且不遗余力地整理自己所保留的各种学术资料并将其捐赠给郑杭生先生和社会学研究所，其中就包括当年定县调查的部分材料。

重返定县赓续定县调查的学脉，是中国人民大学社会学师生的使命和不懈追求。2003年，时任中国社会学会会长的郑杭生教授依托教育部人文社会科学研究重大项目"华北农村80年变迁"，启动了"定县再调查"。该项目志在以李景汉先生的定县调查为基点，采用追踪调查的方式，从不同方面揭示定县80年的社会变迁。该轮调查前后持续6年，产出了一批研究成果，培养了10余名博士研究生。2014年11月9日，郑杭生先生不幸逝世。为了接续定县调查传统，深入总结前两次定县调查的成果，并揭示定县农村社会百年变迁的轨迹，从2015年开始，学校依托"双一流"专项经费支持的"中国农村社会变迁与治理转型——河北定县农村百年演变的调查研究"项目，启动了新一轮的定县调查，由时任中国人民大学副校长、社会学学科带头人洪大用教授牵头，黄家亮副教授主持调查的日常工作。

由于这一机缘，从2015年开始，每年都有大量学生到定州开展田野调查，其中既有硕士和博士研究生，也有本科生；既有本院学生，也有校内兄弟学院学生。多数时候是由项目组老师带领学生进行集体调查，也有时候是由学生自行前往调查。与此同时，为了帮助学生完成学位论文，项目组还派出多批学生到定州各个部门、乡镇长时间开展实习和蹲点调查。我们要求，依托该项目撰写论文的硕士生至少需连续蹲点调查一个月，博士生至少需连续蹲点调查三个月。本书所收录的就是学生们在调查过程中所撰写的部分调研札记和调研报告。这些虽然不是完备意义上的学术作品，但贯穿其中的实事求是的学风和精益求精的品格与前两次定县调查是一脉相承的，从中也可以窥见定县追踪调查系列学术成果的生产过程。

二

当前，我国乡村社会正在经历着数千年未有之巨变。相对于费孝通先生所描述的传统乡土社会，当前中国农村社会无疑发生了深刻的变化，而且这种变化还在不断地发生过程中。学界对此已有大量的讨论。本书的独特价值在于呈现了世纪之交这一代青年学子眼中的乡村社会。

本书的作者大多出生在 20 世纪 90 年代，甚至有部分是 00 后。他们虽然阅世不深，也没有成熟学者那样的理论素养，但他们对乡村是充满好奇的，他们的思想是活跃的、眼光是敏锐的、视角是独特的，他们眼中的乡村是鲜活而充满青春气息的！这是他们这一代人所独有的。他们的生活背景各不相同，不少来自城市，从来没有农村生活的经历，甚至从来没有到过农村；有的虽然有农村生活的经历，但没有到过北方的农村；从学历来看，有训练有素的博士生，有刚刚踏入学术门槛的硕士生，还有高年级的本科生。这些来自不同地域，有着不同生活背景、不同年龄、不同学术素养、不同视角的青年学子对于同一田野地点的认识，共同构成了一幅当代乡村社会的拼图。将它们记录下来，对于了解乡村的变迁和现状是具有独特价值和特殊意义的。

三

本书也很好地体现了中国人民大学社会与人口学院近年来大力倡导的"田野课堂"教学改革的理念，为大学教学改革特别是社会学类专业人才培养改革留下了一份生动的记录。

田野调查是社会学相关专业的看家本领，也是中国社会学的优良传统，在田野实践中培养学生对真实社会的认知能力是社会学人才培养的不二法门。然而，由于种种原因，一段时间以来，我们的学生越来越多地停留于从书斋、从数据中认识社会，掌握的理论越来越深奥、统计技能越来越高超、分析模型越来越精巧，却与真实社会越来越隔膜。作为中国社会学专业的学生，却不了解真实的中国社会、不理解中国的民情人心，对中国这块土地上的人和事缺乏关注的激情和能力，无疑是一件让人深感忧虑的事。

正是有感于当前高校人才培养的诸种不足，中国人民大学社会与人口学院在人才培养改革过程中提出了"田野课堂"的教学理念。"田野课堂"的核心要义是瞄准传统人才培养模式的封闭性、内演性、松散性、静态性等弊端，大力推进"田野课堂化、课堂田野化、田野与课堂有机翻转"，在开放环境中开展实境教学、搭建实战课堂。在此过程中，教师引领学生带着问题到田野去，让学生把双脚踩进泥土里，在实践中检验知识、创新知识。通过师生共同参与的田野课堂教学，重新建立起教师与学生、学生与学生、教师与教师、校园与社会、教学与科研、教育与实践等各个教学要素之间的连接，有效整合各种教学场景和环节，形成富有生机活力的人才培养循环。

"田野课堂"理念提出后，在同行和高等教育领域产生了较好的反响。事实上，"田野课堂"这一概念正是在总结定县调查经验的基础上提出来的，定县调查也是"田野课堂"理念的生动诠释。从本书收录的文章中，读者可以看到学生们在"田野课堂"教学过程中的成长历程。其中，有进入田野之前的焦灼与忐忑，有初入田野时的兴奋与惶恐，有田野调查受阻时的沮丧与绝望，更有经过艰辛的田野之旅后诸种困惑迎刃而解、书本知识得以激活、思路得以打开、论文进展势如破竹的畅快淋漓！正如有学生在札记中所写的那样，"田野是美的"，美就美在在田野中的各种不期而遇，美就美在在各种不确定性中把握确定性，美就美在历经艰辛之后的痛快与收获！

四

本轮定县调查还在进行之中，目前的成果是丰富多样的。已经正式发表的学术论文有 40 余篇，已经完成的博士学位论文有 9 篇、硕士学位论文有 20 篇，还有各类调查报告数十篇。此外，我们在 2019 年还整理出版了六卷本 300 多万字的《李景汉文集》。本书是基于本轮定县调查而撰写的系列丛书之一。相对于严肃的学术论著来说，本书文字更加生动活泼，更有田野质感，更能反映现时代大学生们对乡村变迁的观察和理解，也更能直观地体现我们田野课堂教学的基本理念和实践模式。

从某种角度来看，本书也是无心插柳的产物。对习惯于学术写作的我们，一开始并没有打算出这么一本有感而发、直抒胸臆的学术札记，只是每次调查都要求学生随时记录下自己的思想火花、及时总结田野中的感悟。时间一长，这种文章就很成规模了。将这些文章放在一起阅读时会发现，这其实是一幅不错的华北乡村图谱，很好地反映了转型中的华北乡村样貌。相信随着时间的推移，其价值也将越来越凸显。

将数百篇各种总结、札记、报告一一阅读、筛选、加工甚至重写，最终整理成书，是相当不容易的。目前呈现在读者面前的书稿分为"田野观察"、"方法自觉"、"田野感悟"和"专题报告"四个部分。"田野观察"

部分选取的是学生们关于乡村各种现象、各类问题的观察札记，反映了他们眼中的乡村社会的变迁和样貌。"方法自觉"部分选取的文章主要体现学生们在田野调查中对于社会学研究方法的反思。田野调查是一个知识应用和创新的过程，在该部分可以看到田野对学生的书本知识的冲击。"田野感悟"部分选取的文章主要反映学生在田野调查过程中不断成长的心路历程。田野调查不仅是完成一项科学研究，也是锻炼能力、磨炼意志、养成人格的过程，特别是学会与人相处之道的过程。"专题报告"部分选取的是四篇本科生社会实践报告，主题包括定县秧歌、农村医疗、农村法治、乡村教育等，这些问题都是李景汉先生在当年开展定县调查时就特别关注的。需要说明的是，本书收录的只是部分文章，由于篇幅等因素，还有不少同学的文章未能被收录，但它们同样精彩。

本书的出版离不开各方面的支持和帮助。首先要感谢本轮定县调查的倡导者和主持人洪大用教授，他不仅主持了本轮调查的总体设计，还曾多次赴定州开展实地调查，在2018调离学校后仍然关心和指导定县调查的相关工作。本书的出版得到2022年"中央高校教育教学改革专项资金"的支持，感谢中国人民大学教务处的大力支持。还要感谢洪君宝、张琪琛、黄政、马颖、潘桐、陶雁柳、陈晓粤、丁悦、姜如璋、刘雯、朱欣琪等研究生在稿件校对过程中所做的工作。最需要感谢的是定州的领导和父老乡亲们。本书的编者之一黄家亮从学生时期就跟随郑杭生教授开展定县调查，最近十六年来每年都要去定州做深度的田野调查，从未间断，从2015年开始又带领一批又一批的学生赴定州调查，得到了定州干部和群众方方面面的支持与帮助，感激之情无以言表。因为涉及的人太多，恕不一一列举他们的名字。

最后，需要说明的是，收入本书的各篇文章多属作者的啼声初试之作，不免存在这样那样的问题，但这些带有浓郁青春气息的文字也是别具韵味的。"干字当头，野蛮生长；争取成功、准备失败"，是本书主编冯仕政教授在倡导田野课堂教学中时常告诫学生的。本书的出版也是这种无畏精神的体现，期待读者诸君能够包容并多提宝贵意见！

目 录
CONTENTS

第一篇　田野观察

第二篇　方法自觉

第三篇　田野感悟

第四篇　专题报告

第一篇

田野观察

小派出所里的大箩筐[*]

丁稚花[**]

派出所作为公安部门的派出机构，是公安工作的最基层，它集打击、防控、管理、服务于一体。民警的工作是各类警种中最琐碎的。在普通老百姓的概念里，家长里短、邻里纠纷、婆媳矛盾是派出所民警工作的全部，其实不然，当有刑事案件发生时，他们是打击违法犯罪的冲锋者；当有普通治安案件发生时，他们是老百姓身边的劝和者。

在乡镇调研期间，免不了与派出所民警碰面。某日，我与未曾谋面的户籍警打了个照面，他的第一句便是"明天来我这报到，让你感受感受基层民警的一天"。于我而言，从一个不敢进派出所的小姐，到如今即将成为"代班工作人员"，一股兴奋涌上心头。本着对派出所的好奇，我开始了一天的民警体验日。

琐碎日常见真章

早晨8点，还在路上赶赴单位的孙警官便是一通一通地接电话，从村民咨询死亡证明事项到办理身份证注意事项……琐碎而庞杂的事务充斥在他每天往返市区的路上。魁梧的身材、粗犷的嗓门、逗趣的样子——与我想象中的警察形象有些出入。孙警官是所里唯一一名户籍警。十年的基层民警经历，让他的联系方式遍布镇上大大小小的村庄，乡里乡亲有事就直接打电话。一些鸡毛蒜皮的小事，需苦口婆心地讲解，孙警官告诉我，这就是他的工作日常。不论白天黑夜，不论上下班，老百姓有事就直接打电话，有时候甚至一天电话都没停过。我猛地想起"有困难找警察"这句深

---

[*] 调研时间：2019 年 8 月。

[**] 丁稚花，写作本文时为中国人民大学社会与人口学院社会学专业 2018 级硕士研究生，现为中国商飞上海飞机制造有限公司党委工作部（企业文化部）编辑干事。

入人心的口号，乡民们不停的电话是其最鲜明的写照。

据了解，东镇有3万多人，但派出所只有5人，正式警察4人，警民配比严重不协调，加上非警务类事务占据大量工作精力，基层警察处理这些本非警察职责范围内的琐事大约占据了他们60%～70%的工作时间。"'有困难找警察'，现在我们都没办法，但是警察不是万能的。我们天天在处理鸡毛蒜皮的小事，这些都不归警察管"，派出所的所长直言，"我们太缺人了，来个稍微大点的案子，我们都配不齐人"。

9点，已有乡民在门口等着办理事务，他们或是拿着户口本，或是拿着身份证，站在户籍室外等着办理业务。快速换装后，孙警官带着我"上岗"了。许是为了不让站着办理手续的乡民觉得无聊，孙警官娴熟地和乡民唠起家常："你们家闺女开学了？什么学校啊？"我心想，每个警察都是调查专家。三两句就能开话口，唠家常。本是严肃的工作气氛，孙警官逗趣的话语让整个户籍室都火热起来。

许多来办理户籍业务的老百姓对派出所的民警还是很依赖的，或许是因为他们对户籍业务比较陌生，或许是需要警察帮助办理，不论男女老少，警察说什么，他们就照做什么，他们和警察都"配合默契"。就连拍照，动作都显得规范很多。不过，突如其来的"麻烦"考验也不少。上午10点左右，来了一位老上访户——一位衣着简陋的老爷爷，人未到声先到。听孙警官说他近期常来派出所，为的是找一位已退休的老派出所所长。由于年份久远，派出所民警翻了许多记录也没找到老人口中所说的那位所长。老人对此不满意，认为民警办事不力。所长接访了这位老上访户，给他仔细说明了实际情况。所长看到爷爷穿着一双即将脱底的老布鞋，就给他拿了一双鞋。不料，老爷爷看到鞋子的第一句却是："你别巴结我！"所长说："我没巴结你，你要愿意你就穿走，不愿意就留下！"老爷爷又默默穿起了新鞋。这一瞬间让我惊讶：老爷爷对于警察的关心如此"敏感"，一个关怀成为"巴结"，成为"向他示好"。实际上对于老爷爷的要求，派出所只要出具查无此人的证明即可。然而，民警们对老爷爷又是说明情况，又是耐心劝导，还时不时给他做工作，出主意……我不由感叹，基层工作确实不好做。民警既要完成上级公安机关下达的各种任务，迎接各种检查，还要完成乡镇政府布置的各项工作。对于警察而言，他们的工作负担还来自一些部门相互"踢皮球"，踢着踢着就把任务踢到派出所这边来了。基层警察并没有多大的权力，尤其面对上访者，他们能做的就是尽量消除上访者的"火气"。

温和出警重调解

紧接着，接到群众报警，我跟着两名警官出警。虽然我没有穿制服，但从警车下来的那一刻，跟在两位民警后边，我真实感受到警察这个职业的高尚，仿佛有一种神圣的力量。此次警情不大，一辆奔驰汽车与一辆电动三轮发生摩擦，奔驰车主为躲避横向叉车的电动三轮，猛拐，导致车驶入道旁农田，撞坏两棵树，需要赔偿树苗。该村的村民不让奔驰司机走，想多要点赔偿费，两位民警到现场调解。

实际上，真正考验民警功力的就是调解。如何让双方都满意，是个技术活。调解过程中，所长的一句话让我印象深刻："你给我个面子，回头我上你家买桃去。"在我以往的认知中，警察就是打击犯罪的，对于罪犯套上手铐，一拘留就完事了。而此时警察化身为一名调解员，执法过程中笑脸相迎，说好话，不断说服。他们苦口婆心地劝和调解，大事化小、小事化了。

民警们坦言，现实生活中，他们更多的是处理这种"琐碎事情"。所长说："拘留是一件很简单的事情，但是拘留过后随之而来的矛盾激化，却是长久的。"如果民警按照法律程序把人一拘留，省力又省时，可是那样只是"治标不治本"。在农村，多数纠纷并非对人一拘了之。他们是基层民警，所管辖的是一个亲密关系极其强烈的乡域社会。在这样的场域下，派出所工作更具有挑战性，执法并非简单的依法办事，还需结合乡风乡俗，强制性介入，反而可能会扩大事态。

此次温和的出警，最触动我的就是警察的微笑服务。罗斯曾谈到每个人身上都存在着两种情感：一种是本真情感，由性格决定；另一种是社会情感，由社会角色决定。我们每种职业都会有特定的情感，警察所扮演的社会角色要求他们必须严厉，这样才能够有效地打击犯罪。随着社会的发展和政府职能的转变，警察也逐步转变工作方式。在实际工作中，他们更多的是强调"微笑服务"。警察的严厉和温柔在执法实践中常常发生冲突。而在某种程度上，曾经打击犯罪的警察变得不再凌厉，但也会遇到执法难的问题。这背后反映的是基层民警的执法困境。老百姓有困难可以找警察，警察有困难该找谁呢？

　　短暂的派出所体验之旅，让我感受颇多。一天下来，派出所民警既要处理落户、办身份证等事务，又要接待群众来访，还可能随时出警，有时甚至还需要应对上面的各种检查。民警很多时候是行走在"刀尖"上的，样样都要会，时刻准备着应对各种问题。然而，民警并不是万能的，他们在小小的派出所里，面对着来自全辖区范围内各式各样的人，面对着一个复杂的乡域社会。治安防控一手抓，打击服务肩上扛。曾经打出的"有问题找警察"宣传口号化作了如今基层民警肩上最大的责任，也是最大的压力。尤其是在基层，警民配比严重不协调，警察承担着大量非警务类工作，高强度的工作让警察疲心疲力。

　　小小派出所，承担着一箩筐的事务，守护着一方的安定与和谐。其实，除了警察之外，还有许许多多奋斗在一线的工作者，他们都是默默的守护者和奉献者，需要得到社会更多的关注。作为一名社会学专业的学生，我们更应该扎根基层，真正体验基层社会治理一线工作者们的日常生活与工作状态，了解他们的所思所想、所急所盼！

华北乡村农民的收入、婚姻与纠纷治理[*]

郝孟哲[**]

定州市农村的经济发展、村民们的日常生活以及农村纠纷的类型和解决，是我们这次调研的三大主题。市、镇、村各级干部对我们无微不至的照顾和关心，令我十分感动。我们在他们的帮助下实地走访了固城、东王、黄家营、东庞、东堤阳和西堤阳六个行政村，通过开座谈会等形式收集到了非常宝贵的经验资料。在这短暂的五天里，一个华北乡土社会的轮廓在我的脑海中逐渐清晰。下面我就以这三大主题为脉络总结一下定州六村的大致情况，并简单地谈一谈我在这次调研实践中获得的一些感悟。

一 农村经济与农民收入

华北村庄的典型特征就是聚落集中、耕地广阔、交通便利、适合种植耐寒耐旱的粮食作物。小麦和玉米是这六个村庄的主要农作物，平均亩产都在千斤左右。另外，一些村子还因地制宜地开展了苗木、花卉的种植，辣椒、药材的种植和加工。定州自 1986 年从县升级为市以来，城市化的进程就在不断加速，周边农村的大量青壮年劳动力流入城市建设的各个部门、单位和工厂。随之而来的是农民收入的变化。

近两年，定州市粮食市场的行情不太乐观，作为主粮的玉米和小麦的收购单价比前几年下跌了不少，而种地的土地成本和人力成本却居高不下，随之而来的是每亩土地利润的减少。对于人均耕地不足一亩的农民来说，他们辛辛苦苦在地里劳动一年所得的净利润仅仅有 500 元左右，而他们在城市里打工一周就能赚到同等水平的工资。城乡之间明显的收入差距

---

* 调研时间：2016 年 10 月。

** 郝孟哲，写作本文时为中国人民大学社会与人口学院社会学专业 2016 级硕士研究生，现为中国人民大学社会与人口学院社会学专业 2018 级博士研究生。

使得东亭镇越来越多的农民选择外出务工，到定州、到北京甚至出国打工都是他们的选择。而那些没出去打工继续在村里种地的农民，看到这些外出打工的人用打工的收入盖了新房、买了新车，也会同样萌生出外出打工的想法。

事实是，东亭镇农民的人均收入总体上是在不断上升的，传统小农生产模式和"有地无人种，有人无地种"的现状并不意味着农民收入的下降，打工收入成为重要来源。有些村民还用打工收入在定州市区购买了干净整洁的单元楼。农村作为一个具有生产和生活双重功能的社区，确实承担了太多城市发展和社会转型的代价。在访谈的过程中，我们能够感到基层干部依然有非常强烈的责任意识，他们为振兴农村经济做出了许多具有创造性的尝试，对村民们的收入问题也是竭尽全力解决。

二　婚姻与彩礼

在我们到定州市的第一天，市司法局的领导们就跟我们说了两个耐人寻味的现象。

一是这里农村的有些年轻人视婚姻如同儿戏，结婚还是离婚有时是他们拍拍脑门就做出的决定。而一些年轻人则把婚姻看作财货交易的方式，看重物质上的利弊得失而将感情和家庭责任弃之不顾。这些观点令我惊讶。他们用丰富的案例证明，现代通信工具搭建的在场空间，增加了个体化社会中择偶双方的不信任感，在走出原生家庭迈向成年时，严峻的生存压力，充满不确定性的环境，往往会加剧择偶双方对于稳定的物质生活的渴望。因而在有些年轻村民的择偶标准里，财富、地位能排在情感和家庭责任之前也就显得不足为奇了。

二是农村男性娶妻的成本逐年攀升到了一个让大家无法承受的程度，巨额的彩礼给男方的个人和家庭带来了难以想象的经济压力。所以近几年有些地区的农村出现了很多高龄单身男性，而阻碍他们谈婚论嫁的因素，首先是农村男女比例失调减少了他们的选择机会，其次是即使找到心仪的对象，女方家庭提出的高额彩礼和一系列附加经济要求也使得他们望而却步。

同时，当地有关婚姻的风俗习惯也在发生着变化。例如，在固城村就有一个说法，即男方在和女方确立正式关系后，要给女方家的亲属每人准备八件东西，然后给一万一千元或者八万八千元的定金，俗称"万里挑一""发上加发"，讨个好彩头，最后还要支付十几万元的彩礼。而这个规定过去是没有的，也就是在近年来刚刚流行起来，成为村民们约定俗成的乡土通则。村干部们给出的解释是，现在的年轻人大多会选择定居市区，城市的生活成本要比农村高很多，青年农民工微薄的工资不足以应对定州市区内连年上涨的物价，而一个新家庭需要充裕的物质基础才能建立，农民工在无法通过工作的方式获得额外收入的前提下，就需要在缔结婚姻时从原生家庭处获得收入以补不足。当这种对收入的渴望深入到婚姻文化中时，婚姻就会变得具有功利性和物质性，就会变成一种纯粹理性的价值交换。再加上人们的攀比心理和传统的面子文化，对男方的彩礼要求就变得一年比一年高。

在高昂的礼金面前，多数渴望成家但经济拮据的农村男青年对婚姻望而却步。即使新人们通过了这些烦琐的婚姻仪式，艰难地组建了新的家庭，男方原生家庭也基本上财产所剩无几甚至负债累累，而新组建的家庭随后还得面临生活的繁重压力。婚姻的不稳定性，是来源于财力透支的男方产生的"被剥夺感"，还是迫于生活压力婚后夫妻双方过多重视财产分配而忽略情感沟通，这些原因则都需要我们进一步的确认。

三 农村纠纷及乡土法治

现在农民的法律意识到底有没有提高？在定州的干部们看来，这是一个充满争议的问题。一方面，近几年农民在遇到矛盾纠纷时逐渐懂得用法律武器来捍卫自己的权益，对于有关土地确权、财产分配、拆迁等问题的法律条文甚至背的比法律工作者还熟。另一方面，农民们对法律的理解依然是片面的，遇到问题时仅仅关心自己拥有什么权利，却从不关注自己要承担什么义务；对自己有利的法律条文就大讲特讲，对自己不利的法律条文就只字不提。显然，当地干部认为定州市的农民对于法律的理解还处在一个表面性、功利性的阶段，在承认近几年普法工作开展有成效的同时，也表示村民们的法律意识是"有偏向性"的提升。

在这种农民对法律理解的模糊地带，运用乡规民约和伦理道德进行调解的工作就显得尤为必要。根据定州市司法局领导的介绍，定州市已经成立了职业化的调解队伍，每个村也有自己的调解委员会，且调解员多由本村的村干部兼任。定州市已经形成了"市司法所—市律师事务所—镇法律服务工作站—村调委会"的工作框架，对于定州市每一行政级别上出现的、不同类别的纠纷案件都有与之相对应的行政部门和工作制度进行处理和调解。

根据东亭镇的调解档案，土地确权纠纷、赡养纠纷、婚姻财产纠纷和劳动争议是六个村庄最常见的纠纷类型。他们进行调解的运作模式是这样的：村民在遇到纠纷时会先双方之间进行协商，若无结果就让村干部进行调解，若是调解未果可以到乡镇一级单位填写调解申请，由镇上指派专业的法律工作者为双方进行调解，对有需要进行法律援助的村民免费提供法律服务，复杂的问题还可以向市一级的司法所请求律师顾问协助调解，最后解决不了的再走正式诉讼途径。当村民们遇到不严重的纠纷问题时，马上想到的并不是直接走法律程序，而是进行私下解决，并请一名村内经验丰富、个人威望高、双方都熟悉的"仲裁人"（通常是村干部）进行解决，而村干部也不会一上来就讲法律条文，而是先对双方的生活状况进行一番了解，并对争议双方动之以情、晓之以理，以民间惯例进行劝服。当然村干部们也具有一定的法律知识，但是他们也会考虑可操作性和时效性的问题。假如这个纠纷能调解好，皆大欢喜；假如调解不好，纠纷双方很有可能把矛头指向"仲裁方"，最后还可能再闹到镇上，请求专业的法律工作者来解决。

乡土社会的调解员也是对地方性知识最熟悉的人，而所谓调解的完成，也并不是让双方达成一份文字契约就万事大吉了，他们还要做一些调解职务之外的工作，了解双方的生活情况，并对弱势的一方给予生活上的关怀。苏力在《送法下乡》中写到了一个乡村法官在解决一桩赡养纠纷案件时，不仅做出了大家普遍认同的判决，还亲自过问老人家的生活，到他的家里去走访，甚至对子女提出每月应该给老人吃什么类型的油、什么动物的肉、几斤红豆绿豆等一系列细致烦琐的要求。这让苏力教授感到不可思议，因为在他看来法官是越过了自己的职责范围，站在了一个非中立的地位用个人主观意见去干涉当事人的生活。对比起西方法官和城市法官高高在上读宣判词、神圣不可侵犯的形象，这些乡村法官更像是"会法律知识的家族长老"。

由此看来，乡土法治似乎自有自己的一套运作模式，可能这种运作模式在城市的法官、律师和法学家看来显得很不专业，一些西方的法律精神更是踪迹难觅，但它能够高效地解决本土居民各种纠缠不清的纠纷和矛盾，从而能长久地维系关系。但是有个问题是，长期用这种非正规化和非专业化的调解手段会不会使基层调解部门陷入短视的实用主义，而不再向法律化、制度化的方向发展了呢？

四　体验与感悟

在这次调研的过程中有几个问题一直在我的脑海中萦绕：真实的经验研究到底是什么？对于我们这些刚刚进入学术圈的年轻人来说，到什么程度才能称为"入行了"？读书和做研究该怎样平衡？

在开始这一段旅程之前，我也曾参照自己本科时期的社会调查经历去解答这些疑问。有时觉得这些问题似乎有些眉目，可答案还是像月亮在水中的倒影那样，看着大致的轮廓很清晰，拿手碰就变得模糊起来。虽然自己也有农村生活的片段，虽然我也看见过照片里、文献里、著作里的乡村图景，但提及自己做过的实地研究尤其是在农村做的实地研究，真是屈指可数。而自己之前做过的大型社会调查，也仅仅是问卷的传声筒罢了。所以这样说一点都不为过：我人生前二十年接触的农村，都是"观念里的农村"。

黄家亮老师曾经跟我们说，我们这次的任务主要是寻求做学术的"经验感"，用眼睛去发现现实的农村和脑海里的理论知识有什么不一样。的确，这一趟下来真是收获颇丰。我发现，在实地研究中，语言不仅是一种对话的工具，更是一门高超的艺术。老百姓的语言、学者的语言、基层干部的语言以及中高级干部的语言，各自反映出他们考虑问题时风格相异的思维模式。

比如，在我们与定州市司法局的座谈会上，面对黄老师提出的问题，那些领导们都会用笔专门在文件上记下来，随后进行秩序井然、有条不紊地回答。听他们回答问题，像是在听一场政府工作汇报，有主干、有分支，能够把那些不方便回答的问题用总结性的陈述巧妙地盖过，虽然他们在陈述一些社会现象的时候也会带有自己的情感色彩，但自己从不会发表与政府话语大相径庭的个人意见。相比之下，农村的基层干部回答问题时的情景更像是一家人在唠家常，虽然他们也讲究发言的顺序，但当一个人有不同的看法时通常会打断正回答问题的那个人，与他进行一番辩论。他们似乎并没有刻意地组织自己的答案框架，而是想到哪里就说到哪里，风格清新明快，通俗易懂。

　　而真正令我受益匪浅的，是黄家亮老师因时而异、因人而异切换语言风格和问题内容的能力。他能契合具体的访谈情景用与之相对应的话语模式进行提问。在与定州市政府工作人员进行座谈时，黄老师会用一些法律方面的专业术语和概括性的语句进行有逻辑性的提问，并且根据一定的框架按顺序展开。从黄老师的话语中我能感到他在提问的同时又在努力地维护我们与定州市政府的合作关系，增进与他们的感情以便让我们的对话能够轻松愉悦地进行下去。而当我们与村干部们进行访谈时，黄老师就会用更加生活化和通俗化的语言转述之前的那些问题，对村干部们的工作称赞有加，并主动地加入村干部们热火朝天的讨论中。在访谈结束后午餐时，我感到那些村干部与黄老师的距离似乎更近了一些。

　　真正的以当地的干部和百姓们为师，向他们虚心请教地方性知识；不要站在脱离他们实际生活的立场上进行道德评价和理论批判，要耐心倾听他们的话语。这些是黄老师传授给我们做农村研究的宝贵经验。"纸上得来终觉浅，绝知此事要躬行。"定性研究对我来说仅仅是个开始，而现在我要做的就是夯实自己理论基础的同时，珍惜每次实地调研的机会，勤思多问多观察，用丰富的实践经验开阔自己的视野和思想。

定州农民合作社剪影[*]

何钧力^{**}

一　导言

费孝通先生在《禄村农田》中曾对他在调查江村时所采用的调查研究方法有过反思。他说"在实地调查时没有理论作导线，所得到的材料是零星的，没有意义的"，因此，"在写《江村经济》时，常常感觉到痛苦"（费孝通、张之毅，2006：11）。换言之，我们在进行社会调查时，需要有一个研究主题贯穿始终，否则调查获得的都将是空洞的、毫无意义的、无法反映和说明社会问题的材料。必须承认的是，我在第一次实地调查时并没有带着主题下去，但在往后的几次调查中我的研究主题逐渐明确，最终确定为现代工商业进一步发展的社会背景下农民是如何通过合作社进行农业经营的。带着这个研究主题，我着重考察了定州合作社的经营状况。

调查过程中，我主要考察了定州辖区内三个村庄的农民合作社，这三个村庄分别是定州市西南的赵村、南边的邢村和西北边的韩村。之所以选择这三个村庄，是因为这些村里的合作社都经营得比较好，同一项目组的师兄和定州市农业局分管合作社事务的工作人员都建议我去看看。赵村有3家合作社，而邢村和韩村各有1家。访谈是我获取调查资料的主要手段，实地观察以及调查问卷①作为资料的补充。为了详细了解合作社的经营状况，我对每家合作社的负责人、合作社的社员、所在村庄的村主任及当地村民都进行了访谈，合计访谈合作社负责人5人（其中赵村3家合作社负

---

* 调研时间：2016 年 5 月、10 ~ 11 月。

** 何钧力，写作本文时为中国人民大学社会与人口学院社会学专业 2015 级硕士研究生，后为中国人民大学社会与人口学院社会学专业 2017 级博士生，现为中央民族大学民族学与社会学学院博士后。

① 我让 5 家合作社的负责人分别填写了一份有关合作社基本经营状况的调查问卷。

责人各访谈了 3 次），合作社社员 5 人，村干部 2 人，当地村民 7 人，农业局负责人 1 人，平均每次访谈时间为 1 个小时。经过深入调查，我不仅全面了解了合作社的经营状况，也对合作社所在村庄的社会经济状况以及当地村民对合作社的态度和看法有了一个基本的了解。

二　村庄概况

定县在 1986 年撤县后改名为定州市，地形以平原为主，十分适合发展农业。2014 年，定州的粮食播种面积达 9.8 万公顷，合 147 万亩，农业总产值为 82.35 亿元，比上一年增长 3.6%（河北省人民政府办公厅，2015：223）。在全市合作社发展情况方面，截至 2015 年底，定州市已注册农民专业合作社 1584 家，经营范围涵盖大田种植及作物销售、畜禽养殖、苗木花卉种植等。

赵村位于明月店镇政府驻地正北 4 公里，紧邻 107 国道，交通便利，全村 620 户，2530 人，均为汉族，主要姓氏是赵。赵村有耕地 2610 亩，主导产业为农业。经济开发区也逐渐成形，入区企业有十几家，其中规上企业 3 家。该村村南方田是农业部、河北省政府示范改造项目，国家级良种繁育基地。村内共有 3 家在办合作社，均经营大田种植，全村有 2/3 的耕地由这 3 家合作社管理，邻村也有部分耕地被合作社承包。

邢村位于定州市最南端，共有 1.2 万人，是定州的第一大行政村。全村共有耕地 1 万亩，人均耕地面积约为 1 亩。在经济上，邢村最为突出的特点是村里“做买卖”的人十分多，基本上 20～40 岁的人都在村外做生意，占全村人口的 50% 以上。村里只有 1 家合作社，经营的是大田种植。

韩村位于定州市西北角，紧邻定曲（定州—曲阳）公路，交通便利。全村共有 4000 人，耕地面积约 5000 亩，人均耕地面积为 1 亩多一点。该村紧邻长安汽车工业园，村里很大一部分青壮年劳动力都到工厂里打工。村里只有 1 家合作社，经营大田种植，管理全村近一半的耕地。

现在回过头来看这 3 个村庄，发现我无意中调查到了 3 个不同类型的村庄。这里说的“不同”，主要是就村庄的主导产业类型而言。赵村的主导产业是农业，我称之为“农业依赖型村庄”；邢村的村民以出外做买卖为主要谋生手段，这是一种“商业依赖型村庄”；韩村的村民主要到附近的工厂打工，我认为其可算作“工业依赖型村庄”。这种分类可能还是粗糙了些，但至少概括了这 3 个村庄的经济特点，这也是这 3 个村庄最主要的不同之处。3 个村庄的情况详见表 1。

表 1　3 个村庄村情概览

	赵村	邢村	韩村
总人口（人）	2530	12000	4000
总耕地面积（亩）	2610	10000	5000
人均耕地面积（亩）	1.0	0.8	1.2
合作社数目（个）	3	1	1
村庄类型	农业依赖型	商业依赖型	工业依赖型

三　合作社的经营状况

（一）组织架构

《农民专业合作社法》规定，所有注册登记的合作社均须设立成员大会、理事长和监事，根据需要可设立理事会、监事会，以及聘任经理、财务会计人员和其他专业技术人员。然而，现实中的合作社的组织架构并没有拘泥于规定的形式。

赵村 3 家农民合作社的正式社员不超过 10 人，故其理事会等同于社员大会。正式社员都被分配了一个行政岗位，创办者任理事长，创办者最为信任的人任理事兼经理，其他人任理事或监事。尽管都有行政身份，社员的实际工作内容却与职权要求相去甚远。合作社管理的耕地被分成若干片区，每个社员分管一个片区，他们称之为"管地"，"管地"的人根据作物的长势安排农活。只有在确定来年经营计划或其他重大事项时，社员们才聚在一起商议，最后由理事长拍板。

邢村和韩村的合作社社员人数均有约 100 人，故他们的理事会和社员大会是分离的。两个村一样，合作社的 5 名初创者组成理事会，会内的分工与赵村的实践类似，且重大决策均由理事会拍板决定。全体成员组成社员大会，每年召开 2 次，会议内容是给合作社的经营提意见。从章程规定来看，社员大会的级别是高于理事会的，但实际上理事会才是整个合作社的权力中心。

从上述组织架构安排可以看出，对农民而言，严格按照正式制度的要求，有组织地工作和生活，是很难做到且不切实际的。农民从骨子里注重事

物的实用性和事情的实际意义，他们会觉得，与其花大量的时间参加各种会议，还不如用更多的时间干农活、做实事，毕竟这样才能填饱肚子和挣钱。从这个意义上讲，对章程规定的变通执行其实是一种富有理性色彩的行为。

（二）经营业务与规模

HW 合作社是赵村 3 家合作社中规模最大且效益最好的，也是村里唯一一家市级示范社。该社目前与 400 户村民签订了土地流转合同，承包耕地 1200 亩，拥有的硬件设施包括粮库、晾晒场与办公场地（共占地 10 亩）。此外，该社还与 1100 户村民达成托管协议，共托管耕地 3200 亩。由于有自己的化肥厂与农用机械，HW 合作社也经营化肥销售与农机租用业务。此外，HW 合作社与定州的首农集团有合作协议，2015 年收获的玉米全做成饲料卖给了首农集团，恰好避免了粮价大幅下滑的影响。业务的多样性使得 HW 合作社获得盈利，2015 年总收入 150 万元，净利润 30 万元。同村的 RF 合作社承包了 300 户村民共 1242 亩的耕地，没有托管业务；在其他业务方面，也只有化肥销售一项。调查时，RF 合作社正在兴建场地，也刚购置了一批农机，这一年的投入很大，2015 年总收入 218 万元，但亏损了 42 万元。XH 合作社是赵村 3 家合作社中规模最小的，仅承包 145 户村民的 600 亩的耕地，没有托管业务，也没有经营其他业务。受粮价大跌的影响，2015 年总收入仅 73 万元，亏损 8 万元。

WH 合作社是邢村唯一一家合作社，与 1700 户村民签订了土地流转协议，一共流转耕地 2600 亩，约占全村耕地的 1/3，粮库、晾晒场、农机库及办公场地占地约 10 亩。目前，该社除种粮和代销粮食外，也与首农集团签订了协议，2015 年与 2016 年的玉米都做成了饲料出售。即便如此，HW 合作社的收益还是受到了粮价下跌的影响，2015 年净亏损 30 万元，但 HW 合作社的理事长张大哥并没有透露总投入。为了减少损失，从 2015 年起，HW 合作社也开始种植大豆和大葱，但因为种植面积不大（一共仅 200 亩），他们预估对收入状况的改善帮助不大。该社在 2015 年和 2016 年都被评为市级示范社。

韩村的 XL 合作社是这 5 家合作社中经营状况最好的，在 2015 年和 2016 年先后被评为省级和国家级示范社。该社的流转土地面积不是最多的，与 1150 户村民签有土地流转协议，共流转 2300 亩耕地；用于存放粮食和农机的厂房占地 20 亩，2016 年刚另辟 50 亩地作为肉牛养殖场。从业务的种类来看，该社经营种粮、粮食代理销售、粮食烘干、农机出租等业务，服务范围覆盖附近村庄，一年内仅农机作业面积就已达 12800 亩。2015 年，该社也把玉米加工成饲料卖给了首农集团，但 2016 年他们把大部分玉米都储存起来，以备即将"上马"的养殖项目使用。在 2015 年，XL 合作社总收入为 1200 万元，净利润 200 万元。表 2 对比了这 5 家合作社的基本经营情况。

表 2　合作社基本经营状况对比

	HW 合作社	RF 合作社	XH 合作社	WH 合作社	XL 合作社
成立时间	2012 年 8 月	2014 年 4 月	2014 年 4 月	2014 年 10 月	2011 年 11 月
注册资金（万元）	500	200	175	1000	600
登记社员数（人）	7	5	5	107	100
土地流转农户数（户）	400	300	145	1700	1150
承包耕地面积（亩）	1200	1242	600	2600	2300
托管农户数（户）	1100	0	0	0	—
托管土地面积（亩）	3200	0	0	0	1800
主要种植作物	小麦、玉米	小麦、玉米	小麦、玉米	小麦、玉米	小麦、玉米
2015 年总投入（万元）	120	260	73	—	1200
2015 年总收入（万元）	150	218	65	- 30	1400

（三）经营成本与收益

赵村村会计给我详细地算了一笔"经济账"，这笔账是有关赵村农业经营的成本与收益情况，详见表 3。

表 3　赵村 2015 年农业经营收支情况

单位：元/亩

	粉碎玉米秸秆	50
	深耕土地	40
	播种小麦人工	20
	肥料费	100
种小麦	种子	50
（10 月 1 日至次年 5 月中）	麦田打坝及浇地人工（5 次）	100
	麦田喷药人工（3 次）	45
	收割小麦	50
	买小麦除草剂	20
	种小麦总成本	475

种小麦 （10月1日至次年5月中）	种小麦总收入（1.15元/斤，共1000斤）	1150
	净利润	675
种小麦 （5月中~10月1日）	播种玉米人工费、机械费	30
	肥料费	100
	浇地人工费（2次）	40
	收割玉米（使用机械）	150
	玉米田喷除草剂人工及药费	30
	种玉米总成本	350
	种玉米总收入（0.70元/斤，共1200斤）	840
	净利润	490

注：表中小麦和玉米的收购价均为2015年的价格。

从表3中我们可以大体了解到赵村耕种一亩地的投入和收益。而在定州范围内，大田种植的收支情况都具有较高的同质性，邢村和韩村与赵村的情况基本一致。目前不论自己耕种还是合作社耕种，都需要使用机械；至于人工费方面，自己耕种耗费的成本折算成价格也与合作社雇人的费用相差无几。由于合作社主要种植小麦和玉米，因此，我们可以粗略地算出，合作社在生产环节一年能够获得的净利润是1165元/亩，而给村民的土地流转费用是1000元/亩，故合作社基本上能从每亩耕地中获得165元的净收益。

成本方面，1000元/亩的流转费用是合作社的主要支出。办公场地、厂房的建设与维护也是一项主要成本，如XL合作社在购置粮食烘干塔时就花了100万元。农用机械的增购、更新、维修与日常维护又是一笔不少的支出。以WH合作社为例，从2014年成立至今，在农机这块，他们已累计投入了800万元。上述这些只是合作社每年的大额支出，除此以外，还有其他琐碎的杂项费用。正因如此，不少合作社都因为粮价（尤其是玉米价格）下跌而在亏本经营，只有部分经营多种业务的（如HW合作社和XL合作社）能勉强实现盈利。

（四）困难与未来规划

对于经营规模小或业务相对单一的合作社而言，资金短缺是他们面临的最大困难。办社以来连年的亏损使得他们扩大经营规模和业务范围都缺少足够的资本。WH 合作社张大哥说，他们自己积累的资金还能维持合作社 3～5 年的正常经营，但如果一直亏损下去，他们也承受不了。而对规模更小的 RF 和 XH 合作社而言，其资金更加捉襟见肘。在与各合作社负责人访谈时，他们都提到，在粮价大跌的情况下，如果有国家补贴，资金压力会减少很多。事实上，国家补贴是存在的，只不过是以种粮补贴的形式直接打给每个农民。于是，这里就出现了补贴的政策与农户（特别是种粮大户）的利益之间的矛盾。在国家的鼓励下，全国土地流转的比例越来越高，越来越多流出土地的农民不再种地，种粮大户、合作社、家庭农场等新型农业经营主体承担起了这份"工作"。种粮补贴是国家为了鼓励农民种地，以确保国家粮食安全的一项惠农政策，但当实际种地的主体发生改变后，这项政策的惠及对象是否也应该随之改变？我觉得这是在当前积极培育新型农业经营主体的过程中决策者需要考虑的问题。

对于经营规模大、业务多、经营已上轨道的合作社而言，专业人才短缺是制约进一步发展的主要因素。XL 合作社陈大哥就提到，他们的合作社目前就十分需要专业的田间技术指导人员、销售人员和财务人员。这个问题的症结主要在于年轻人都不愿意到农村从事农业经营的相关工作。城市里有更好的薪酬待遇，有更多的发展机会，在吸引力上确实要远大于农村。在当前城乡经济发展水平差距依然较大的情况下，合作社的人才短缺问题短期内还是难以解决。

最后，在未来规划方面，合作社主要有三种发展方向。一是增加种植品种，不单种植粮食作物，还种植经济作物，如蔬菜、花卉苗木等。RF 合作社和 XH 合作社都打算在 2016 年种植药材，WH 合作社在 2016 年已经种上大豆和大葱，来年打算种药材和苗木，XL 合作社正在建设一个 100 亩的蔬菜温室大棚。二是扩大经营范围，不仅发展种植业，也发展养殖业，如 XL 合作社就已建起自己的肉牛养殖场。三是进行农产品的深加工。HW、WH 与 XL 合作社都有打造自己的品牌农产品、直销超市的打算；XL 合作社在养殖场开始运行后，自己种植的部分粮食将加工成饲料，肉牛的粪便将做成有机肥，形成一条产业链。后两种方向一般也只有目前经营效益较好的合作社具备相应的实力，但总的来说，这些规划反映了合作社未来横向和纵向两种发展方向。

四　农民对合作社的看法

我们分别来看农民内部的四个不同群体（合作社负责人、合作社社员、流转土地给合作社的承包户和自己种地的自耕户）各自对待当下的农民合作社的态度和看法。

（一）合作社负责人

合作社负责人首先是把合作社视为营利的工具。他们判断，成立合作社来搞农业规模经营是有利可图的，并且国家对新型农业经营主体的扶持政策的宣传也使得他们对合作社未来的发展前景抱有信心。此外，农业经营的稳定性也是他们决定办社的动因之一。WH 合作社张大哥就说，当初之所以会放弃原来的行业改来"种地"，一方面是原来做的生意利润低不好做了，另一方面是他们当时觉得"做这一行（农业）也比较稳妥，干别的行业风险太大，不想把之前积累的资金投到风险太大的行业里，种地要是没天灾什么的，还是比较稳定的"。但近几年合作社经营状况的低迷也让这些负责人感到焦虑。XH 合作社翟二哥就说：

> 当时搞的时候很看好这个（合作社），那时几年来粮食价格都还可以，比较平稳，没想到近一两年跌得那么低……俺就是想挣个钱而已。

（二）社员和承包户

合作社的社员和承包户基本上都对合作社的经营方式表示肯定。

胡伯伯，62 岁，是 HW 合作社的正式社员。当问到为何想要加入合作社时，他说：

> 这个地给他们（合作社）包了，能挣点钱。然后给他们打个工也能挣点钱。再一个就是上岁数不愿意种了，（包出去）不挺好。

现在他与合作社签了 6 年合同，之后的续约意愿也很强：

> 他（合作社）要是还继续包就签下去呗。一年比一年老了，你还

能干吗？你都种不了了，年轻的都出去打工去了。

张大妈，44 岁，是 HW 合作社的承包户。她把地包出去的主要原因是她家的地太狭长，不好种，还有就是把地包出去以后剩余时间就可以去打点工挣点钱，干点别的活。但她说她想把地收回来自己种上一阵子，理由是"就自己还年轻，还愿意种呗，现在年轻的都不愿意种了"。

赵大妈，56 岁，是 RF 合作社的承包户。谈到为什么想要把地流转给合作社时，她说：

> 他们（自己的儿女）打工，留着几个孩子在这儿，不得陪他们？刚好有这么个机会（包出去），给的钱也不少。你给的钱少了就不包出去了。你比如说四五百（元）就不给了。

我让她评价一下合作社这样的经营模式，她的回答是积极肯定的：

> 好，我觉得挺好的。我觉得办了这个合作社，把地给他们，（我们）就不得什么劲了。我们（此处指村民）平时也去给他们干点活。

李大妈，65 岁，是 XH 合作社的社员。她说她在合同结束后还是会选择续约：

> 这地还得包（出去）呀，现在岁数越来越大，都干不了活了。现在我都快 70（岁）了，再等几年我就更干不了了。

郭大爷，60 岁，是 WH 合作社的社员。他觉得，加入合作社家里的人就可以打工去，然后那些上岁数的就可以在合作社里待着，这是个双赢。

总结起来，村民愿意加入合作社或把土地流转给合作社，主要有以下原因：随着自身年龄增大，劳动能力逐渐丧失；把土地交由合作社管理后，自己可以给合作社打工，家里年轻人可以外出务工，增加了家庭收入来源；能有更多的时间在家照顾小孩。

（三）自耕户

那么，自耕户对合作社的态度又是怎样的？他们宁愿自己种地也不愿把地交由合作社管理，是不是意味着一种否定？在访谈自耕户时，他们给

出了这样的理由：

> 也没想过（把地包出去），反正现在这几年还能干得动。要是包出去了，你要我们干啥？挣钱，去了也没人要。（HW 合作社托管户，女，50 岁）

> 以后老了干不了了，要是年轻的也不愿种，就给他们（合作社）种呗。年轻的能出去挣钱，但像咱们就不行了。现在自己能干了，就种了呗。（赵村自耕户 1，男，64 岁）

> （问：您不觉得种地太辛苦了吗？）辛苦就辛苦呗，不然你干吗去呢？在家也没事干。（赵村自耕户 2，男，58 岁）

邢村村主任给我总结了他们村的部分村民依然在自己种地的原因：

> 这个愿意种地的人，我跟你说，就咱一户，有两老人，65 岁了，出去打工不行了，身体还挺好，他就愿意种这个三五亩的地，什么事也不干。他要是把这个地给你了，他天天歇着也没意思，特别对这些上岁数的人。他就种地种喜欢了，要是不种地没事干他就着急，他有这种思想。有一部分地还不少，想给了他们（指邢村合作社）。可是他们的地在这儿吧，机器去那儿不方便。

XL 合作社陈大哥也跟我讲，当年在流转耕地时，也遇到了不愿流转的自耕户，他们这样做的理由是：

> 有的是他感觉自己还能干得动。还有思想保守的，觉得自己种地能见得着利润，利润高一点的，所以就不愿意包出来。

因此，农民中的自耕户并不是不认同合作社的经营方式，而是他们觉得自己还有做农活的能力，不愿意把地流转出去后只能在家无所事事。也有的主观上希望把耕地交给合作社管理，但是由于客观上的因素（如耕地与合作社原有承包地的距离太远，不方便使用机械等）而无法实现。此外，大部分自耕户也承认，在他们老了失去劳动能力以后，也会考虑把耕地流转给合作社。

五　值得关注的现象与问题

（一）充裕的资金成为办社的关键

调查的这 5 家合作社并不是"无中生有"的产物，合作社的创办者都经历了长时间的酝酿和准备，其中最为关键的是资金的筹备。赵村的 HW 合作社和 RF 合作社的理事长在办社前都有自己的农资公司，XH 合作社理事长则经营一家建材厂。邢村 WH 合作社理事长曾从事图书批发生意，他的合伙人也在生意中赚了不少钱。韩村 XL 合作社理事长曾是山西一个建筑工队的包工头，在山西工作时就承包过一些土地搞大田种植，后来回家乡定州办社，启动资金主要来自在建筑工队干活时攒下的钱。

5 家合作社里有 3 家的创办人没有从事过与农业经营相关的行业，而是从第二和第三产业"转行"过来的。如今，是否有农业经营的经验再也不是能否办好合作社的必要条件，能否办好合作社的关键在于办社的资金是否充足。这 5 家合作社的创办人都已从各自原来的职业里完成了资本的"原始积累"，因此才有足够的经济实力办社并成为主要出资人。这样的情况并不是个案。定州农业局吴大姐表示，定州所有经营良好的大田种植合作社都有这样的特点，"现在搞合作社，没半点钱搞不起来"。这说明，当下的农民合作社的创立需要资金的支持。

（二）合作社的雇工现象

最初我是在赵村看到合作社存在雇工现象的。当时我问村民，土地流转出去了，在家会不会没有事情做。村民回答说："不会。"说在平时有农活的时候会到合作社帮忙。"帮忙"这个词引起了我的注意，问他这是什么意思，他说就是给合作社打工。后来我又继续访谈了 5 名村民，其中 3 名是正式社员，他们都已把地流转给合作社，也同样会在农忙时到合作社"帮忙"。接着访谈的 3 个自耕户，他们也说在种完自己的地后，会到合作社"帮忙"。据此我认为，合作社里的雇工现象并不是偶发的，而是具有普遍性。之后就这一现象询问 3 家合作社的负责人，他们都说合作社必须雇人来干活，否则农活干不完，且平均每次（如浇一次水、除一次草等）需要人工 50 人。

赵村 3 家合作社的正式社员负责"管地"，他们就相当于合作社里的

"包工头",在有需要时就自行雇用村民来干活,工作内容不同,报酬不同,具体可见表3。这种雇佣关系虽然只有农忙的时候才建立,但合作社还是会与一些固定的村民保持长期的联系,一有需要就会把他们叫来干活。邢村和韩村的两家合作社由于社员数量多,他们在社内设了6名"长期社员",负责合作社几乎所有的日常事务(如农机维护、库房看守等);其他约100名正式社员是合作社的长期且稳定的雇工对象,需要干农活的时候会优先雇用。

(三) 待探讨的问题:合作社的资本化

我在调查中看到的农民合作社与历史上的农民合作社截然不同。家庭联产承包责任制以前,合作社是基于农民劳动互助的需求而建立的生产组织,生产资料是公有的,所有农民在社里共同劳动。家庭联产承包责任制实施后很长一段时间内,合作社变成为农民提供必要农业服务的服务组织,生产资料部分集体所有、大部分个人占有,农业是个体经营的,合作社仅是服务提供者。而我在定州看到的这几家合作社似乎又有了新的变化,它们呈现由服务组织重新转型为生产组织的趋势,成为规模经营主体。

马克思主义理论家认为,家庭农业将被资本主义农业替代或改造,农民将日益分化为农业无产者和农业资本家。马克思和列宁分别以英国和俄国的农业资本主义的发展情况为例进行了论证。从定州这5家合作社的发展历程与存在的雇工现象中,我们也可以看到类似于上述的趋势。合作社的创办都需要一定的资金,因此创办者只有在办社前就完成资本的积累,才能具备足够的经济实力创办合作社。农民把自耕地流转出去后,就只能通过成为合作社的工人来参与到农业生产过程中。在这样的运作逻辑的作用下,合作社的经营具有了雇佣劳动的特点,且以追求利润最大化为生产目的。从这个意义上讲,合作社被"资本化"了,不过具体的"资本化"过程是怎样的,又是什么原因促成了这种变化,这种变化对农民的生产生活会产生怎样的影响,都有待继续深入探讨。

此外,合作社最初是为了克服小农生产的分散性而建立的,如今在中央农业政策中被赋予了新型农业经营主体的角色。从调查了解到的情况来看,现在的农民合作社无论是在农产品的生产、加工和销售的纵向发展上,还是在农业规模经营的横向维度上,与独家独户的农业生产相比,都具有明显的优势。从农业现代化的意义上说，我们应给予这样的合作社更多的制度支持，然而，从当下很多对农政策（如种粮补贴是补贴到个人而不是补贴给真正从事农业经营的合作社）可以看到，目前的涉农制度安排依然是向农民的利益倾斜的。只不过，在合作社资本化的趋势已经出现而大多数农民也接受这样的模式的情况下，我们是否应在制度设计上更为积极一些，多向新型农业经营主体倾斜？进一步地，我们似乎也到了反思"小农立场"的时候了。通过提供多种惠农政策让农民更好地在农村发展，看似是为了农民利益着想，实际上这真的符合农民的愿望吗？或许，农民更渴望的是到城市（镇）里生活，享受跟市民一样的权利，共享发展的成果。此时，从制度上创造机会，让大部分农民走出农村，让少数职业农民和新经营主体留下来，这是否是真正为农民着想的？这都是我在调查过程中一直萦绕于心的问题，仅代表我个人此次调研的思考。

以上就是我在定州田野中的所见、所闻和所想，看到的东西可能还不够全面，对问题的思考可能还不够成熟，但可以确定的是，无论是在社会调查的训练还是对研究问题的思考上，这次田野经历都使我获益匪浅。

参考文献

费孝通、张之毅，2006，《云南三村》，社会科学文献出版社。

河北省人民政府办公厅，2015，《河北统计年鉴 2015》，中国统计出版社。

河北省人民政府办公厅，2015，《河北经济年鉴 2015》，中国统计出版社。

定州农村的婚恋习俗调查[*]

韩　佳[**]

　　翟城村订婚、结婚的程序包括见面、相家、"换书"、打帖子、婚礼五个步骤。一是见面，首先由媒人给男女双方牵线搭桥，如果双方均有意，就安排男女双方见面，见面的地点大多在女方家，男方需要携带瓜果糖烟前去。见面双方如果彼此满意，就可以开始"相家"。二是"相家"，即女方到男方家看看，男方需要给女方1000元至3000元不等的礼钱。三是"换书"，即双方父母商议订婚的日子，"换书"需要男方的亲戚如姑姑、姨妈、叔叔等都在场，女方需要改口称呼男方家人，男方父母和亲戚需要给女方金额不等的改口费，父母一般各给660元，亲戚给个红包表示一下就行。男方还需给女方买各种礼物，包括酒、水果、点心、方便面、粉条等，均以箱为单位购买，还需要两条烟、半头猪。四是"打帖子"，即男方把定好的婚礼时间写在帖子上送至女方家，彩礼钱也需要一并送去。五是婚礼。彩礼一般是现金10万元左右，再多的还有20万元的。由于现在男多女少的失衡性别比，彩礼不只包含了现金，女方还同时要求男方买车、在定州市区买房，俗称"一动一不动"。

　　新娘的嫁妆一般根据女方家庭条件而定，少数配车，基本以家电为主。婚礼在家里或者饭店举办，一般一桌的规格是600元，规模从三四桌到二三十桌不等。关于结婚的习俗，近几年村里办婚礼有简单化倾向，不过结婚之前算八字是长久沿袭下来的风俗。以前办婚礼至少需要三四天，现在一两天就可以办完，举行仪式、吃顿饭就可以了。婚宴有选择在家里请厨师办的，也有选择去饭店办的，比例大概各占50%。如果选择在家里请厨师办宴席，热闹却也相对麻烦：提前两天就需要置办起来，人员安排

---

* 调研时间：2017年1月。
** 韩佳，写作本文时为中国人民大学社会与人口学院社会学专业2015级硕士研究生，现为中国人民大学社会与人口学院办公室副主任。

上，厨师管宴席上的饭菜事宜，有专门管碗筷、烟酒茶的等；结婚前一天晚上大家会帮忙装饰新房、打扫卫生；嫁娶当天，新郎早上四五点去接新娘，六点新娘要下轿，下轿是婚礼中非常重要的环节。婚礼上的司仪，一般由本家里面比较有威望的人担任。随礼的份子钱，这几年来由最初的 20 元到 50 元再到现在的 100 元，一般乡里乡亲会随 100 元，同学会随 200 元，更亲近的朋友或直系亲属会随 500 ~ 1000 元，这很大程度上仍要由每个家庭的经济实力和社会关系决定。

一　彩礼

近年来，彩礼的价格猛增，较之以前增加了近一倍。2013 年前后，彩礼在 6 万元左右，到 2016 年已突破 10 万元，12 万元也是很普遍的。除去彩礼，还会涉及车子和房子，并且房子必须是定州市区内的楼房。当然，每个家庭还是要根据其具体的经济状况来支付彩礼。但上述要求已成为趋势。

彩礼猛增与农村失衡的性别比有很大关系，农村适婚的年轻女子越来越少，"花十万块能娶到老婆已经很不错了，有的掏钱也娶不上"。另外，也是"面子工程"下攀比造成的结果。当一个家庭女儿结婚时哄抬彩礼价格，这个价格便成为约定俗成的，只能多不能少，女方父母也存在"彩礼要得少了，我们闺女是不是不值钱"的心态。农村有两个儿子的家庭，在彩礼问题上存在更为严重的攀比心理，小儿媳妇要的彩礼一般都是高于大儿媳妇要的彩礼，儿媳妇们的普遍心态是"将来要分家，现在要了就都成自己的了。要的少了反而吃亏了"。这样的趋势同样反映出，彩礼性质的变迁，即从两个家庭之间结婚礼物的交换演变成新郎家庭内部的财产分割（其实这样的状况我是很难理解的，父母作为我们的血肉至亲，而在彩礼的不断攀升中，展现在我们面前的就是赤裸裸地对父母咄咄逼人式的盘剥）。阎云翔在《中国社会的个体化》一书中分析了这种盘剥："个人主义的幌子。"受大众传媒和城市生活经验的影响，村里年轻人习得了一种个人主义思想，但并不是以自力更生和独立自主为基础的个人主义，而是把个人主义理解为自私，凡事为自己着想的个性，这一套个人主义已经成为为自己追求高额彩礼辩护的意识形态。在这样的意识形态下，年轻姑娘对索要高额彩礼（即使是面对男方家举债结婚的现状）所受到的道德谴责已

不在乎，更多的是只追求实际获得的物质回报。

高额彩礼给一般的农户家庭带来相对沉重的经济负担，一位村民说："村里老百姓从开始打工起就攒钱，盖房子给儿子娶媳妇，整个这一生，赚的钱就差不多了。真正的技工，一天打工 300～400 元，卖苦力的，从 20 岁干到五六十岁，能挣多少钱啊？有这两桩大事儿，挣的钱全部都花光了甚至都不够。"八成父母需要借钱给儿子凑彩礼，"小子们没钱也得娶，没钱就去借去，借钱也得娶。老百姓娶媳妇，十家得有八家是借的"。举债结婚甚至成为一种趋势，其后果是不仅加重了父母的经济负担，而且有些家庭在分家时会把债款分给儿子，但儿媳一般不想承担还债的义务，从而引起家庭矛盾甚至导致婚姻破裂。"就我们村里，因为彩礼借钱，老头子老婆子还不了这个账，让小子还，小子因为这个离婚的，就俩。媳妇不接账，就离婚。彩礼不退。"

二 离婚

离婚现象较之前更多了，受网络、电视等大众传媒的影响，农村人的观念更加开放，离婚不再是"碰不得"的事儿，而是成为村民日常可接受的事情。离婚的原因也有很多：夫妻性格不合、家庭财产分配所造成的矛盾等；甚至有一些人，本身就是骗婚。

需要指出的是，二婚的女性并不难嫁，在农村婚恋市场上仍有很强的竞争力。农村很多 25 岁以上娶不到老婆的小伙子，大多会选择二婚女性，并且不会因为对方是二婚而降低彩礼的标准（有的只是略微降低一点）。"现在女子离了婚带着个小子带着个闺女还得要个十万八万（元）的，二婚还要车要楼，要定州的楼。"但正是如此，婚恋问题中体现的代际剥削更为严重，子代离婚再结婚，等于是对父代的"双重剥削"，对于农村靠打工和种地为主要收入来源的家庭来说，是非常大的负担。

三 份子钱

几年前一个村（片）的是 50 元，现在是 100 元。亲戚朋友这类的前几年是 100 元，现在是 200 元。当地村干部表示，"拿 100 块去是没脸坐下来吃饭的"。一般如果只拿 100 元的随礼，当地村民的选择是给了钱就走。

而关系更亲近的人的份子钱就要以 500 元为基准线了。另外，随礼还包括喜账和食盒，喜账会贴上送礼人的姓名条挂在院子里，食盒一般是馒头等主食，婚礼宴席上就吃掉了。

四　择偶

从对当地村民的访谈中得知，如果在外面上大学，择偶的范围就没有限制。若是留在村里的年轻人，择偶范围基本上是本村或邻村，且很多是通过媒人介绍。由于现在男多女少的性别比，女方在择偶中占有优势地位，通常可以优先挑选。以 Z 村为例，年轻女性择偶标准大体如下：首先，男性的外在条件要达标，长得好、个子高；其次，家庭条件要好，大多倾向于做生意的人家；最后，公婆健在。

"找对象，有婆婆和公公会加分。没婆婆的，靠边站。有婆婆的，将来看小孩、做饭。有公公的，可以干活赚钱。我们村有一个小伙子，长得可不赖，但是没娘了，一家也相不上。搁人家谁说都是，'没婆婆我不要'。"现在农村百分之百都是老婆婆带孙子做饭，老公公出去挣钱去。这样在以后的家庭生活中，婆婆可带孩子、做饭，公公则可打工赚钱，作为劳动力奉献家庭。基本的门当户对在农村婚姻中也同样重要，"什么样的家庭找什么样的家庭"。

五　光棍

留在村里的年轻人一般是 19 岁到 23 岁结婚。虽然没有达到法定结婚年龄，但是在当地都以这个年龄为准。相较于去民政局领证，办一场婚礼更能够得到大家的认可。结婚早一方面源于读书阶段结束得早，另一方面还在于人们的观念，在村民的眼中，结婚早体现了家庭条件好，因此结婚的早晚是村里社会分层的主观标准之一。如今男女比例失衡的情况愈加严重，尤其对于农村的成年男子，找媳妇也更加困难，有村民表示如果 19 岁到 23 岁不结婚，到 23 岁以后合适的对象就全没了，基本上只能被贴上"大龄光棍"的标签了。

村里有一些大龄光棍。以 Z 村为例，25 岁以上没结婚的村里大概有 30 人以上。村干部和村民对他们为何没能成家的解释有两个方面：一是家里

穷；二是身体上有残疾。

六　媒人

　　媒人是村里人婚姻缔结过程的重要组成部分，每个村都有，本家的亲戚或者在周围村认识的人都可能成为两家的媒人。另外，还有人以此为固定职业，同其他村的职业媒人一起，为年轻男女介绍对象。

　　一般男方的父母会拜托媒人给自己家儿子介绍对象，媒人会根据其家庭条件介绍大体相当的姑娘。媒人作为掌握女方信息资源的人在说媒上也是有选择的："家里条件差的，去都不去，即使去了，他们也拿不出彩礼来。媒人也是白忙活。"在目前农村的男女性别比条件下，想介绍成功一对，一般需要4~5个媒人，媒人之间通过自己的社会关系网相互联系、实现信息共享，介绍成功之后，男方家需要给媒人谢礼，一般是600元，每个媒人都需要给。当村的至少要给媒人"电话费"。媒人越多，男方负担越重。但也正是因为男方不好找媳妇，才需要这么多媒人。"越不好找花的钱越多，还不一定能找到好的。"

　　随着家家户户网络等设施的完善，媒人在相亲中发挥的作用渐渐弱化。网恋成为农村日益流行且普遍的现象，尤其是对于那些家庭经济条件比较差的男青年来说，在现实中，他们的状况媒人看不上，而在虚拟的网络世界中，他们有更大的空间展示自我。Z村有一个网恋成功的典型案例（调研期间我们还赶上了他们的婚礼）。"男方27岁，妈妈患有精神病，为找对象发愁了好多年，最后网恋找了个二婚带女儿的。女方不是附近村的，对男方家庭条件不了解。"

七　生育

　　村里年轻人的观念和老一辈已经有较大差别。一般年轻人只愿意生一个，但也有人表示自己认识的人在父母的压力下会生第二胎。因此，村里年轻一辈生育子女的数量一般是1个到2个。而上一辈生育的子女数则从2个到7个不等。

　　目前，村里的重男轻女思想仍然比较突出，有村民表示如果家里没有一个男的，而是生了一个女孩，会感觉家里没有顶梁柱，还是想要再生一个儿子。他们认为儿子是劳动力，可以下地劳作，能够传宗接代，男孩的这些特点在他们看来仍然是女孩代替不了的。

二孩政策放开后，在高额彩礼的压力下，男性偏好已经开始松动，已经有儿子的也不敢再生了，怕再生一个儿子养不起。"现在都想生女儿，有俩小子的就发愁，有俩闺女的还盘算要个小子。一个男孩的也怕再生个小子，也不敢生。我孙子过年就 11 岁了，现在放开二孩了，也说不上要不要生，为什么不生？怕负担不起。"

八　骗婚

骗婚分为男性骗婚和女性骗婚两种，女性骗婚更为常见，情况基本有两种。一种是女方在"相家"和"换书"之后会提出超过 20 万元的高额彩礼，男方大多因付不起如此高额的彩礼而"知难而退"。这样属于男方原因因而女方不需要把"相家"和"换书"过程中收到的礼品和礼钱退还。据当地职业媒人介绍，有不少女性以此种方法"骗婚"，或许这已经成为某些人谋利的手段。另外一种形式则相对较少，女方会按正常流程结婚收取彩礼，但婚后会各种"作妖"。这时，如果是男方提出离婚，女方则不需要退还彩礼。小组成员在定州西城区访谈时，曾遇到一例这样的彩礼纠纷案例。

关于农业发展"第三条道路"的思考[*]

汪永生^{**}

一

对中国农业未来发展出路的思考，许多讨论都是围绕苏联模式和西方模式展开的。具体而言，苏联模式，也就是传统社会主义下的农业集体化生产与经营模式，高度集中的计划经济体制虽然能够在某些方面提供有效的公共产品，但是难以克服"搭便车"等机会主义行为，使得农业生产的可持续性难以维持。而现代西方资本主义下的大农场模式，与现阶段中国的实际情况也不相符，这是因为当前农村劳动力进入城市部门并不彻底，尤其是在经济波动的情况下，许多进城农民仍然放弃不了自家土地的生产。即便越来越多的农民在主观上愿意将土地转让出去，但是谁来接收这些土地，这些土地又该如何经营，我们目前没有一个比较明确的答案。

可以确定的是，无论是苏联模式还是西方模式，都不适合当前中国农村的实际情况。前者的失灵，已经是被历史经验所证明了的，因而我国形成了今天的家庭联产承包责任制。而后者我们也提到，由于太过超前，也无法嫁接迁移到中国。那么，在城市化进程日益加快与农村人口空心化越发严重、农村土地闲置与人地矛盾紧张并存、农业生产增长缓慢与经营模式滞后的今天，我们如何寻找到一条新的具有实践意义的农业发展道路，从而摆脱种种困境，并寻求那条可能存在的"第三条道路"？

---

  * 调研时间：2016 年 9~10 月。

** 汪永生，写作本文时为中国人民大学社会与人口学院社会学专业 2015 级硕士研究生，现为江苏科技大学公共管理系讲师。

二

基于河北定县的调查经验，我们发现了农业生产在最近发生的一些新现象，这些现象看似零碎且相互独立，但如果仔细加以梳理甄别，其中的许多共同之处也提示着我们农村未来走向其实已经显示若干端倪。它们或许能指引着我们去发现其背后的某种必然性。接下来，我们将首先展示调研组在定州市东亭镇走访时所接触到的几个案例。接着，我们将总结这几个案例之间存在的共性，并指出这些共性所反映的现实状况。最后，我们简单讨论它们对未来农村发展的启示和反思。

案例 1 黄家营葡萄酒庄

酒庄位于东亭镇北 15 公里的黄家营村，距离市区 8 公里，地理位置比较优越。规划面积 10000 亩，从 1999 年到现在，已经建成了 200 亩的新鲜葡萄定植和 170 亩的酿酒葡萄定植、146 亩的葡萄园林及酿酒车间、地下酒窖、保鲜冷库。从性质上说，这个酒庄属于农业资本化的一种表现，具体则是城市资本进入农村发展乡村第三产业。该酒庄的建设，不仅直接增加了村集体和村民的收入（承包地费用），而且还接纳了许多剩余劳动力。酒庄的日常管理，如除草、打药、修剪，还有里面饭店的服务和保洁等工作，都需要雇用本村或附近的村民。酒庄也会适当地为村民提供免费的公共产品，如在黄家营村统一安装有线电视时，酒庄也提供了一些资金支持。

案例 2 东堤阳村中药材加工厂

该加工厂已经建成完工，只要生产资质通过审批，就能立刻进入投产状态。其负责人已经从事药材加工销售行业十几年了，具有充足的行业经验。他之前在市里已经开过一家药材加工厂，考虑到种种因素，后来又把厂房搬到自己的老家——东堤阳村。村里也给了企业一些优惠，如承包费，村里也担负了一部分。按照村委会的说法，看中的并不是每年 600 元/亩的租金，而是这个厂发展起来后的后续效益，如以后村里人可以种药材，脑子活的还可以帮他去跑销路。目前，村里已经有 100 多亩的药材种植面积，但是销路仅限于商贩下乡收购，其价格相比市场价必然是较低的。

案例3　农民专业合作社

农民专业合作社其实有些传统集体经营的意味，不同之处在于，前者是以村民自主经营为前提的，即家庭即便加入合作社，对土地的承包权依然维持不变。虽然国家政策倡导农民合作经营，但落实到实践层面，它与最初的政策预期也存在出入。在我们的调研中，东亭镇也有一些名义上的合作社，比如一个人承包了几十亩的土地经营苗木，他便可以冠一个合作社的名字。由于定州注册登记的合作社已经超过2000家，所以政策优惠也很难普及到规模较小的，后来人们对合作社的热情便不再那么大了。值得关注的是明月店镇赵家洼村的大型合作社，其承包流转的土地已经超过3000亩，规模在定州位于前列。合作社的产生既是国家政策的推动使然，也是农村土地闲置、农民外出务工推动的结果。它对农民和合作社经营者来说是互利共赢的，农民还可以通过参与管理获得更多的额外收益。

三

以上三个案例从不同方面反映了农业资本化经营的实现方式，酒庄发展的是乡村旅游（第三产业），中药材加工厂是针对经济作物的初次加工（第二产业），合作社是关于土地规模经营的集约化农业（第一产业），它们分别代表了不同的产业层次，也表明家庭承包以外的农业经营存在多种可能的路径。这些项目的建设对所在村庄或区域内农村发展的积极影响是显而易见的，因此，类似这样的经营方式农民也是欢迎的。问题在于，现阶段这样的经营方式只是局部的，并不能无差别地普及到所有村庄，那么，为何有些村庄能够得到资本的青睐，而另一些则没有？从以上案例，我们发现了其中的共性：凡是获得资本进入的村庄，它们与这些资本的所有者之间具有紧密关系。葡萄酒庄、药材加工厂老板以前都是这些项目所在村庄的人，合作社本身就是农业经营，就近选择承包对象更是容易。所以说，即便现在农村发展强调招商引资，通过引入外部力量，实现农业内部的变革，从而促进农村经济的增长。但是，如何招商，如何引入外部资源，其实也面临许多困境。比如，企业或资本所有者与农村之间存在着信息不对称，前者并不容易估量资本进入后的收益情况，以至于他们在进入乡村前会多方考虑。选择自己熟悉的村庄可以减少未来经营中的不确定性,至少和村委会成员熟悉,这就节约了讨价还价的签约成本;和村民也有情谊,从而减少了商谈土地价格等方面的协商成本。而且在长期的经营中,由于自己在某种程度上对村民来说还是"自己人",在预防和处理突发情况等方面的成本也会大大降低。因此,我们可以说,非正式关系在目前农业经营方式转变中实际发挥着重要的作用。

四

资本虽然顺利进入农村,但是如何维持下去并且获得利润成为接下来要关心的问题。案例 1 的酒庄经营之所以能够成功,就取决于酒庄经营者既具有丰富的农业领域的从业经验,又能够实时把握农业市场行情,还能便利地调动或运用周边的资源,从而提高了自身的竞争优势。案例 3 的合作社也是,全市合作社很多,但能够盈利的其实寥寥无几。赵家洼的合作社之所以能够盈利,一方面是因为办合作社只是经营者在主要业务(肥料)之外开拓的,因而可以降低生产成本;另一方面则是因为合作社经营者在当地具有较高的声望,并且与政府部门接触很多,更容易获得政策上的支持。由此观之,资本下乡或者资本进入农业生产领域的长期性与否,很大程度上取决于这种资本是否具备本地特性,能否获得正式或非正式资源的支持。在充满竞争和市场不确定性的前提下,资源获取同样需要依靠来自多方面的支持,而这也决定着当前农业转型的广度和深度。

我们相信,未来农村的发展应该是朝着多种不同经营模式并行的轨道逐步迈进,各个地区由于其内在属性的差异,往往会形成各种形式的增长引擎。但是,我们所要看到的不仅仅是农业经营方式的改变,更重要的是农民福利的提高。也就是说,农村发展的必要条件是农民的增收,如果资本在农村的运作只是让少部分人富裕起来,而大多数农民的生活水平仍然维持现状,那么,这种道路选择即使是新的,那也不算是成功的。

农村发展中的四个突出问题[*]

张　鉴[**]

本次调研主要集中于定州东部某农业乡镇的六个村，其中既有大村，也有小村，既有富村，也有穷村，基本可以在相当程度上看到当下华北农村的现实情况。在经济上，各村仍然是以农业为主，种植结构大同小异，仍是以小麦、玉米作为主要农作物，也有相当的土地流转给外地人进行经济作物种植。总体上看，该镇在华北农业乡镇中属于发展较好的，但村庄中存在的问题也是比较具有代表性的。

一　农民的收入

在当地，农民收入的主要来源是工资性收入，也就是外出务工或者是到当地企业中打工。务农收入所占比例并不高，并且从事农业种植的多为中老年人，年轻人很少。农民如果仅靠种植粮食作物只能达到维持最低生活水平的程度。而且，一家一户的分散经营模式也制约了规模化、专业化的生产，很多农产品的生产费用居高不下，造成了农民"增投不增收""增产不增收"的状况。

在固城村，农民们为我们算了一笔账。以过去一年的收成为例，一般家庭都是种一茬小麦、一茬玉米。其中，小麦亩产大概是 900 斤、收购价为 1.05 元每斤，成本包括以下部分：（1）种子，一亩地需 30 斤种子，每斤 3 元，共计 90 元；（2）播种，一亩地 30 元；（3）化肥，一亩地 140 元；（4）灌溉，一亩地 100 元；（5）旋耕，一亩地 60 元；（6）收割，一亩地 60 元。玉米亩产大概是 1100 斤、收购价 2016 年每斤只有 0.6 元左

---

[*]　调研时间：2016 年 9～10 月。

[**]　张鉴，写作本文时为中国人民大学社会与人口学院社会学专业 2016 级硕士研究生，现为山西省纪委监委工作人员。

右，成本主要包括以下部分：（1）种子，一亩地需4斤种子，每斤10元，共计40元；（2）播种，一亩地30元；（3）化肥，一亩地150元；（4）农药，一亩地40元；（5）灌溉，一亩地100元；（6）旋耕，一亩地120元；（7）收割，一亩地130元。这样算下来，一亩地小麦的收入为945元，其中成本480元；一亩地玉米的收入为660元，但成本可能要达到610元之多，再加上每亩地90元的粮食补贴，以一年一季小麦、一季玉米来算的话，每亩地的利润只有600元左右。这其中还不包括人工成本。如果一个五口之家完全依靠种粮食的话，在保证每人都分得土地的情况下，每年的收入仅仅只能维持最低的生活水平。因此，大批的农村劳动力进入了城市，农民的收入构成已经不再是传统意义上的农业收入，占更多的是工资性收入，工资性收入的来源主要是外出务工、在地就业。

农村为中国的发展提供了大量的劳动力以及各种资源，农民的收入虽然相比以前有很大提升，但是相对于城市，农民的收入依然很低，离开土地的农民适应了现代化的生活后，或许再也回不去以前的那种靠天吃饭的生活，然而城市并没有完全做好迎接他们的准备，农民城市化的道路依然阻碍重重，由此产生的问题是值得我们深思的。

二 人地矛盾

在我国，农村人口仍然占总人口的多数，极为有限的土地资源与不断增长的农村人口之间存在着紧张的关系。目前，我国的农村土地实行集体所有与家庭联产承包的政策，家庭联产承包责任制发挥了缓解人地矛盾、解放生产力的作用。但随着时间的推移，由于土地承包三十年不变政策的实行，人地矛盾又日渐凸显起来。我们在调研过程中发现，农民对土地承包三十年不变的政策不理解，反映也比较强烈。因为人口是在不断增减，如三十年不调整（添人不添地、减人不减地），土地不均的现象将日益突出。

在所调查的村庄里，存在有人无地种、有地无人种的现象。在我们所调研的六个村中，有五个村自1999年二轮承包之后，没有再给新增人口分过地，村内所剩的集体土地也基本都是不好的沙荒地，只有一个村由于村内所剩土地较多，可以五年给新增人口集中添一次地。这样的情况在中国的农村普遍存在，农村土地集体所有制的内在逻辑是集体成员人人有份，

土地在现阶段对于农村居民来说有着不可替代的最低保障功能，对于社会的稳定有着积极的意义，然而人人有份的内在逻辑与土地承包关系三十年不变的政策之间存在着矛盾，人口在不断增减，土地承包关系却未及时改变。这种矛盾还有待更深入的探讨，土地政策的调整是极其复杂的，其内在的解决机制还需要后续更深入的调查研究。

三　农村的彩礼

　　一个传统并且完整的结婚过程是从相识便开始了礼物的流动。相识的方式一般有两种，一种是通过自由恋爱，之后再找合适的媒人说媒，这种方式一般过程相对简单一些。另一种则是通过媒人的介绍相识，两人如果觉得合适的话，男方会请女方先"出去转转"。在这个过程里，男方会先给女方买身衣服或者是送部手机。之后如果双方都愿意的话，女方会去男方家里做客，当地人叫作"看男户"，也就是考察男方的家庭情况。在这期间，男方父母会给女方相应的红包。"看男户"后，如果双方都觉得没问题的话，便是吃定亲饭了。在吃定亲饭的时候，男方会给女方来的亲戚们每家各准备八样礼品，同时男方会先给女方11000元或8800元的见面礼。定亲结束之后的几天，男方会将120000~180000元的彩礼交给女方算作聘礼，并带女方买三金。订婚之后，女方改口叫男方父母的时候，男方父母会各给女方1100元或者1000元的改口礼。接下来便是登记了，登记那日，男方还会送给女方一辆电动车或是别的。一切礼数完成，便是择吉日完婚了。如果在这个过程中，女方不愿意的话，女方会将彩礼全数退回。

　　根据调查，农村的彩礼从80000元到180000元不等，有意思的是，男方家庭条件越好，彩礼一般越少。家庭条件差的男方，女方要的彩礼可能会更高。在定州，还有"一动不动"的说法，所谓的"一动"是汽车，"不动"则是楼房。在女方选择的时候，首先要看城里有没有楼房。按照当地的说法，彩礼如此高的原因还是男多女少，市场需求决定了女方的地位。同时，彩礼和嫁妆也是家庭财产代际传递的重要过程。男女双方的父母以聘礼和彩礼的名义供给新婚夫妇一套属于个人的礼物，作为新家庭的财产核心和经济基础，这其中往往要包括一套县城住房的首付和一辆汽车。在调查的几个村中，存在着一些大龄未婚男青年（农村到30岁还不结婚就被称作"光棍"了），男青年择偶问题已经成为相当普遍的问题。

四　农村的垃圾

在传统社会的小农经济中，农民的生活基本保持着自给自足的状态，基本家家户户都有养猪养鸡的传统，家家户户的厕所还是连茅圈，也就是厕所与猪圈一体的结构。随着现代化的推进以及对农村环境的整治，连茅圈消失了，养猪的农户也基本消失了。越来越多的农民离开了土地，种田务农成为农民最不想考虑的选择。农民也不再生产自己所能生产的生活资料，而是通过市场来满足自身的生活所需，农民生活开始向市民化转变。生活垃圾成为村庄里的心头之患，我们所调查的村庄里，每年的生活垃圾处理费成了村内日常开支的很大一项。美丽乡村建设或许会带来村庄某些环境的改善，但生活垃圾的处理已经成为各个村庄面临的共同难题。当然，政府也意识到了这个问题，将在我们所调查的村庄建立垃圾中转站，之后会再集中统一处理。在我们所调研的这几日里，雾霾一直笼罩着定州，在快速工业化和城市化的过程中，发展与环境的矛盾似乎并未缓和。灰蒙蒙的雾霾似乎在昭示着人们，任重道远。

五　结语

"问我祖先在何处，山西洪洞大槐树。祖先故居叫什么，大槐树下老鹳窝。"一直以来我以为这首民谣可能只有在洪洞才会流传得这么广。令我没有想到的是，当我们在访谈中问及村民，祖先从哪儿来时，每个人都说是大槐树下老鹳窝。集体记忆与家园想象本来是我本科毕业论文的题目，然而却又觉得说者甚众，并且由于生于斯、长于斯，对于此也并无太大的感触，或许只有设身处地，才会感受到传说与祖先的力量如此顽强地流传了一代又一代。费孝通说地缘是血缘的投影，如果从地缘上说，两地相距甚远，但是当人们说起祖先来自大槐树时，大槐树已经在一个相当程度上成为一种族群认同的象征。想起跋涉千山万水来此的先民们筚路蓝缕、以启山林，再看到如今在田间地头里辛勤劳作的人，此情此景，令人动容。

积极推进京津冀散煤燃烧治理[*]

李 阳[**]

随着我国工业化、城镇化的深入推进，生态环境问题日益凸显。在大气污染、水污染和土壤污染中，大气污染的整体性更为突出、影响面更广、曝光度更高，因而日益成为大众关心的问题，亦是国家开展环境治理的重要议题。党的十八大以来，国家为加强大气污染治理，不断完善政策，开展治理实践，其中散煤燃烧治理是一项重要内容。随着国家治理力度的加大，环境整体质量显著提高，但是生态文明建设并不能止步于此。党的十九大报告指出，要"坚持走生产发展、生活富裕、生态良好的文明发展道路，建设美丽中国，为人民创造良好生产生活环境"，因此秋冬燃煤季的大气污染仍不容忽视。

散煤燃烧治理是在国家进行大气污染防治的背景下展开的。2013 年，《大气污染防治行动计划》（以下简称《计划》）指出，我国大气污染形势严峻，以可吸入颗粒物（PM_{10}）、细颗粒物（$PM_{2.5}$）为特征污染物的区域性大气环境问题日益突出。为改善空气质量，《计划》提出各项污染源的降低指标，其中煤炭到 2017 年占能源消费总量比重降低到 65% 以下。此后，大气污染防治工作逐年推进，2017 年环境保护部、国家发展和改革委员会等10 个部门与北京市、天津市等 6 个省（直辖市）人民政府联合发布了《京津冀及周边地区 2017—2018 年秋冬季大气污染综合治理攻坚行动方案》，进一步提出加快散煤污染综合治理，要全面完成以电代煤、以气代煤任务，严格防止散煤复烧，加强煤质监督管理，严格控制煤炭消费量。

起初在环境污染形势最为严峻时，国家开展环境治理的抓手是点源污染治理。化工、造纸、印染、制革、制药等行业的工业企业成为治理重点，进入国家环境治理议程。随着国家大气污染防治力度加大，燃煤电

---

  * 调研时间：2016 年 9 月。

  ** 李阳，写作本文时为中国人民大学社会与人口学院社会学专业 2015 级博士研究生，现为北京工业大学社会学系讲师。

厂、区域燃煤、锅炉房等集体燃煤已得到有效治理。在针对点源污染的治理整顿基本完成的情况下，大气污染防治工作的牛鼻子逐渐从点源污染转变为面源污染，散煤燃烧治理成为工作重点。环境保护部基于空气质量的监测结果表明，2013 年 1 月和 12 月，中国中东部地区发生了 2 次较大范围区域性灰霾污染。两次灰霾污染过程均呈现污染范围广、持续时间长、污染程度严重、污染物浓度累积迅速等特点，且污染过程中首要污染物均以 $PM_{2.5}$ 为主。污染较重的区域主要为京津冀及周边地区，特别是河北南部地区，石家庄、邢台等为污染最重城市。北京市环保局公布的北京地区 $PM_{2.5}$ 源解析结果表明，区域性传输占据了北京整体污染源的 28%～36%。高区域传输贡献率决定了京津冀三地环境问题具有区域效应，在大气污染防治过程中无法独善其身，而应协同共治。

在大气污染防治持续推进、点源治理转向面源治理、京津冀环境问题高度关联的背景下，京津冀三地积极开展散煤燃烧治理，通过清洁能源替代和煤炭清洁利用的方式减少散煤总量。调研显示，目前京津冀三地改造进程快慢不一，改造重点有所区别。北京起步较早、政府投入力度较大、推进速度较快。北京市在核心区无煤化和六区无燃煤锅炉的基础上，正在积极推进农村区域"煤改电"工作。以丰台区为例，2016～2017 年共实施 57442 户以上（访谈内容）平房"煤改电"工程，并对电价、购置取暖设备、户内（访谈内容）线路改造等费用进行补贴。天津和河北不同区域根据当地情况，分别实行推广洁净型煤、煤改电、煤改气等不同措施。

总体而言，京津冀三地工作力度较大，当前工作对进一步推进京津冀散煤燃烧治理以及今后大气污染防治工作的启示如下。

第一，纳入区域协作体系，实现均衡发展。京津冀三地在环境协同治理方面，已经有一些尝试和探索，包括签署《加强经济与社会发展合作备忘录》《合作框架协议》《北京市河北省 2013—2020 年合作框架协议》等。2014 年，习近平总书记就京津冀协同发展提出七点要求，其中第五点要求是"要着力扩大环境容量生态空间，加强生态环境保护合作，在已经启动大气污染防治协作机制的基础上，完善防护林建设、水资源保护、水环境治理、清洁能源使用等领域合作机制"，① 进一步明确了京津冀区域协作的

---

① 《习近平就推进京津冀协同发展提出 7 点要求》，共产党员网，https：//news. 12371. cn/2014/02/27/ARTI1393497255784752. shtml，最后访问日期：2022 年 9 月 26 日。

国家战略地位，以及构建协作体系的方向。调研显示，目前散煤燃烧治理还未纳入已有框架，京津冀三地在治理进度上存在较大差距。因此，应当增强三地属地治理措施与区域协同体系的关联度，进一步探索能够突破地方行政辖区限制、跨省补偿的财政转移支付等配套制度，从而实现京津冀散煤燃烧治理的协同发展。

第二，合理设置工作议程，把握关键节点。在河北的散煤治理工作中，存在洁净型煤的推广节点与居民生活习惯相脱节的问题。对于这一问题，一方面，应当看到当前国家开展环境治理的力度之大，前所未有。各级政府和相关部门对环境的重视程度也达到了前所未有的高度。另一方面，由于目前京津冀三地牵头负责散煤燃烧治理的部门不尽相同，包括商务、环保、农委等诸多部门，涉及的相关部门则更为广泛。因此，应当合理设置议程，加强部门联合行动，把握工作推进的关键节点。例如，把握居民购置煤炭的节点，在此之前确定洁净能源补贴价格，给予基层单位充分准备时间。

第三，尊重居民主体地位，关注生活逻辑。洁净能源改造应当从方便居民生活、提升生活品质的立场出发，改进政策执行方式，努力消除居民对于生活安全的顾虑，增加居民对清洁能源的接受度。在此，持续有效地加强环境教育，提升全体居民的环境关心水平，引导居民生活理念的绿色化，是非常重要的方面。培育绿色生活方式不仅是加强散煤治理的重要方式，对环境治理的整体实施也具有促进作用。

第四，增强环境保护意识，形成示范效应。当前居民对环境问题的关注，主要是因为前期环境污染的严峻形势，但对绿色生活方式内涵和意义的认识较为浅显。这造成的潜在问题是，随着环境状况不断改善，居民将重新回归物质竞生的生活方式。因此，应当加强绿色生活方式的价值观引领，使个体认识到绿色生活方式的好处，应当摒弃对物质主义和消费主义的过度迷恋，丰富人在物质占有之外的精神世界，推动践行绿色生活方式。推动居民转变生活方式，有必要推动形成绿色的示范效应，通过少数人群形成示范效应，倡导绿色生活理念，率先践行绿色生活方式，以此对其他生活主体发挥直接或间接的积极的示范效应，使以往不利于环境保护的习惯得到改变，让绿色生活方式成为一种新风尚。

第五，研究环保行为机制，推进大气治理。随着环境治理不断深化、环境宣传不断推进，我国居民和村民的环境意识和环境关心水平日益提高。然而，环境意识的提高并没有直接带来环境行为的增加，居民对环境问题的关注和认识，也没有直接促使他们进行能源改造。这表明，虽然环境意识对环境行为有重要作用，但是仍需探究意识向行为转化的机制。要着眼于挖掘居民的现实诉求，总结散煤治理过程中存在的问题，抓住促进居民接受洁净能源改造的关键因素。由此可见，环境治理不仅仅是自然科学问题，更是社会科学问题，相关的政策制定和执行过程，不应忽视对社会机制的分析，而应充分采纳社会科学视角，并吸收更多的社会学者参与其中。

综上，开展散煤燃烧治理，全面推动居民生活方式转变，实现绿色发展，是一项长期而艰巨的工作。党的十九大报告提出，我们要建设的现代化是人与自然和谐共生的现代化，既要创造更多的物质财富和精神财富以满足人民日益增长的美好生活需要，也要提供更多优质生态产品以满足人民日益增长的优美生态环境需要。在中国目前发展阶段和现行体制下，政府仍然要在环境治理领域发挥重要作用，但是政府发挥作用的方式需要不断调整、不断实现科学化，以持续增强政府作用的效果。与此同时，要把握中国公众从环境关心到环境行动的重大转变，探索多个社会主体互动、协商、共治的有效机制。

参考文献

《习近平就推进京津冀协同发展提出 7 点要求》，共产党员网，https：//news. 12371. cn/2014/02/27/ARTI1393497255784752. shtml。

国务院，2013，《大气污染防治行动计划》，https：//baike. baidu. com/item/大气污染防治行动计划/10318682？fr = aladdin。

习近平，2007，《决胜全面建成小康社会　夺取新时代中国特色社会主义伟大胜利》，《人民日报》10 月 28 日，第 001 版。

田野中的大气污染防治攻坚战[*]

李　阳[**]

2015 年 8 月，我第一次跟随洪大用教授及项目组老师前往定州开展试调查。这一年底京津冀及周边地区多次出现大范围连续雾霾天气，大气污染防治成为舆论的焦点和政府工作的重点。新闻媒体和网络上关于空气质量指数、雾霾成因、健康风险和环境移民的报道不计其数；各级政府纷纷提出治理策略，例如"齐抓共管"的分工协作机制、网格化管理的智慧环境保护平台，甚至启用应对抗洪抢险等自然灾害时采用的"调度令"，等等。

当时这一带大气污染的严峻形势令我印象深刻。春秋两季天始终是灰蒙蒙的，遇到雾霾预警天气常常是大雾弥漫。在调研几天，耳鼻喉会出现不适反应。

我调研的村庄是当时华北地区有名的废旧塑料加工汇集地，也是定州大气污染形势最为严峻的地方。村民赖以生存的生计方式就是回收周边地区的废旧塑料，在自家的手工作坊加热融化后再加工成塑料颗粒。当地村民这样描述：

> 到了晚上就开始点火蒸（鞋）底子。白天弄了一天，到了晚上点火。熏着，没有晴天气……不敢晒被子。到晚上咳嗽，那痰都是黑的，家雀都是黑的。

这些不符合产业政策和布局规划、未办理相关审批手续、不能稳定达标排放的企业被称为"散乱污企业"。根据定州市环保局历年工作报告，

---

　*　调研时间：2015 年 8 月。

　**　李阳，写作本文时为中国人民大学社会与人口学院社会学专业 2015 级博士研究生，现为北京工业大学社会学系讲师。

定州最晚从 2005 年起就开始对这一行业进行治理，十多年间，定州市环保局、乡镇、村"两委"尝试了各种不同的方法，但是它犹如野草一般"春风吹又生"。即便是在严格的行政指令下，仍然体现出极强的顽固性。违法成本低、执法成本高是问题顽固性的原因之一。同时，因为从事废旧塑料加工是村民的主要收入来源，村民采用非制度化手段、"游击战"等形式坚持从事这一行业。如同其他地区、其他行业的散乱污治理一样，定州的废旧塑料加工行业散乱污治理也是当时环境治理中难度最大、敏感度最高的问题。

国家开展大气污染防治攻坚战以来，各级政府、社会、市场对大气污染防治给予了极大的关注，并采取了多项应对举措。最终定州市政府通过在村庄附近建立再生资源产业基地，鼓励村民"退村入园"，帮助入驻企业补齐审批手续并配备环保设备。原来以家庭作坊形式从事废旧塑料加工的村民有的搬入园区继续生产，有的转行改业，原有的污染环境的生计方式转变为亲环境的生计方式。

从应然的角度看，政府采用了合适的环境治理方式自然会实现预期目标。但是在长期的田野观察中，问题的复杂性就逐渐显现了出来，"事件—过程"变得丰富和生动了起来。事实上，环境治理目标的实现并非一蹴而就，随着环境治理力度的加大，当前环保相关工作人员承担的工作也越来越多，他们面临着"超负荷"的工作压力、被追责的责任压力、缺少工作保障的风险压力。以下是环保局一名工作人员的陈述：

> 不说别人，我就跟局长辞职就辞了三次了，确实一天到晚压得你一点私人空间都没有，都是围绕着工作在转。我这里长了两个瘤子，长了两年了，我说做手术去，到现在都没做，你也走不开。我跟局长请过假，头一天局长给的话特别暖心，他说："去吧，医院我给你联系联系，我给你找找专家们。"我说："不用，都联系好了。"头一天挺感动。第二天七点半打电话把一天的活给布置完了，来了就又干半天，吃中午饭的时候我跟局长说："我跟你请了假了。"他说："是啊，我忘了，过两天再说吧。"这就没影了。我从来没请过年假，没办法，工作在这儿摆着呢。

环保局的一位工作人员曾到上级部门挂职锻炼，比较高层和基层的工作，他说道：

在那干活就行了，下边弄不好就是责任。上面就是管理、写方案、调研，出台相关的法律法规和指导意见。下面全是执行，执行不到位，企业乱排污都得追究环保部门的责任。

乡镇也抽调出各科室的主力来应对日益严格的环保要求，他们与市局的工作人员相比，离村民"不远"，与村干部相比又"不近"，总是最为直接地面对冲突。

我这每天六点多从家里出发，不是八点出发，确实是真忙。现在我每天就带着切割、气焊，发现违法生产了，把他的设备抱回去切割。我干的是什么？绝对是硬仗，我那会儿不是说了，不是砸他饭碗的事儿，是砸人家锅的事儿。我得罪完了，想打我的有四五十人。我干这个工作，每天有跟踪我的，跟到我家，你刚才说群众有没有不接受的，有不接受的。其实在这个方面我最有发言权。给我打架，给我吵架的，给我拿刀子、动斧子的，铡刀、菜刀。那怎么办？立法，报案！该拘他就拘他，别的没法。到家了给我打电话："下班我在这等着你呢。"威胁恐吓已经成常事了，现在环保工作不但要不怕累、不怕苦，还要有不怕死的精神。

村"两委"作为政府臂力的延伸，在"散乱污企业"治理中也发挥着至关重要的作用。村党委书记曾提到，在治理的初期，村民们不理解，就连村里的"积极分子"做起工作也很吃力，那个时候走在村里，路边有聊天的人，他走过去，人们就安静了，也不打招呼也不说话，脸色难看。

上面的压力传导到市里面，市里传导到乡镇，乡镇传导到村"两委"干部。具体的办法，还得村"两委"干部，还是在村里……最难的时候，是一开始那会儿，因为直接妨害他人利益的。老百姓挣个钱不容易，又不是一户，他带动好几十户。一开始也是前期做了大量的工作，干部的亲戚提前做工作，提前拆。先是通知让自己拆，然后过半个月下去检查，再不行就限几天硬拆，把原料清完，最后联合执法，就是强制执行。

对于村民而言，放弃手工作坊也是一项艰难的决定。他们的劳动技能（务农和废旧塑料加工）适用范围较小、收入结构单一、收入水平不高、教育基础薄弱、就地就业机会不多、异地就业难以符合其劳动想象和满足照顾家庭等需要。"散乱污企业"的取缔需要村民承担一部分转型成本，包括购买或租赁厂区、变压器和环保设备，以及原先给手工作坊投入的资金、时间和劳动无法"回本"。

自 2013 年国务院实施《大气污染防治行动计划》以来，大气污染状况得到极大改善。环境保护部发布的《2015 中国环境状况公报》显示，2013 年，全国废气中二氧化硫排放总量为 2043.9 万吨，氮氧化物排放总量为 2227.3 万吨。到 2020 年，二氧化硫排放总量为 318.2 万吨，氮氧化物排放总量为 1019.7 万吨。经过田野实践，才能深入理解这些数字背后的意义。

田野调查帮助我理解了生存逻辑与发展逻辑之间的张力。在市、乡镇、村相关工作人员身上我看到了基层干部的不懈追求，和"环境保护最严格"时期环保人的担当与坚韧。同他们一起工作和生活，使我觉得无论自己的研究能否实现宏大的学术抱负，但是能够成为环保人和基层干部拼搏不息的注脚，也是有意义的。

参考文献

国务院，2013，《大气污染防治行动计划》，https：//baike. baidu. com/item/大气污染防治行动计划/10318682？fr = aladdin。

内生资源：历史文化名村的困境与重生[*]

郝孟哲[**]

记得初到翟城时，我曾惊叹于这个华北平原上并不起眼的小村庄在乡村建设史上所拥有的独特意义：中国近代村民民主自治第一村，中国创办最早的村级女子学校所在地，中国最早的农民合作社——"因利协社"的所在地、中国乡村建设运动的发源地……这些众多的历史头衔，被村民们骄傲地写在进村入口的影壁墙上。对于一个没有多少驻村调研经验的人，在暑假的那几天里村内发生的每一件事情都令我感到欣喜和激动。2018年元月，我再次来到翟城村，准备为我的毕业论文收集实证材料。冬日的翟城村显得格外的宁静与闲适，这样的环境能让我用更为理性和冷静的态度去看待这个正在发生着沧桑巨变的村庄。

一 村治的困境与矛盾：巧妇难为无米之炊

家庭联产承包责任制的实行使得翟城村的生产力得到了质的提升，城乡之间劳动力和资本的流动在市场化的过程中愈加频繁，越来越多的农民家庭享受到了改革开放所带来的富足和便利。但一个实际的问题是，随着人民公社的解体，由国家在几十年的时间里塑造的公共生活空间进一步地被私有化的力量所消解。农民们在失去集体生活场域的同时，也在失去着将他们这些独立的个体相互整合在一起、共同应对各种风险的社会纽带，随之而来的是村庄内部个人主义的盛行以及集体荣誉感的消减。

在村党委的米书记看来，过去大家在生产队时的物质生活虽然艰苦，文化生活也同样匮乏，但是人们与集体的关系更为密切，对大型的建设工

---

* 调研时间：2018年1月。

** 郝孟哲，写作本文时为中国人民大学社会与人口学院社会学专业2016级硕士研究生，现为中国人民大学社会与人口学院社会学专业2018级博士研究生。

程投入巨大的热情。现如今村民物质生活水平提高了，文化生活也日益丰富，但在市场化进程的影响下，人与人原本亲密的关系渐趋疏远，对村庄公共事务的关心也有所减弱。米书记感慨道："想想现在农民们浇地用的井水和河水都是靠当年毛主席那时候修建的水利工程哩，那时候老百姓很容易就动员起来了，无论是修路还是修水渠，只要喇叭里一喊就能来好多人，农民们又出工又出力也没有一点怨言。但是你看现在呢？让老百姓们清理下自己门口的垃圾他们都嫌麻烦，更不用说来参加什么大型的建设工程了。"他点燃了一根香烟，重重地嘬了一口，又缓缓地吐出来，烟雾缭绕之下，书记的眉头一直紧锁着。"对于我们这些村干部们而言，不仅要面临来自上级的压力，听上面的政策搞乡村规划或者是迎接检查，又要应对村民们的各种需求，解决他们的生活问题。要两头都兼顾是根本不可能的，自己搞乡村规划要不来国家的经费款项，为老百姓解决问题人家又觉得你独断专行，效率低下。反正是两边都不落好，这个工作（当村干部）实在是太难干了。"

面对着利益多元化和社会关系原子化的乡土社会，过去依靠地方权力精英和国家主导下的村庄治理格局变得难以为继。当下乡村研究的主流观点是，乡村党组织的坚实领导、乡村精英的踊跃参与、乡村资源的有效动员和合理分配以及多主体协商共治的乡村治理体系，是实现乡村振兴战略的充分条件。而实际上，翟城村并不缺少思维活跃、有致富头脑的经济能人，也并不缺少将地方文艺发扬光大的文化能人，更不缺少敢于创新、兢兢业业的村干部们。但乡贤和能人的带动效应仍不明显。在相当长的一段时间内，比起周围那些在乡村能人和工商业资本的相互运作下实现经济繁荣的村庄，翟城村的发展却显得有些平淡无奇，即使它也有过曾经的辉煌，但那段历史现在只是村民们茶余饭后聊以自慰的谈资罢了。

抽离于村民生活共同体之外的村庄政治，是难以获得村民们的信任和支持的。这个道理村干部们并不是不明白，实际上他们很清楚，现在的老百姓需要的不是那些虚无缥缈的承诺和口号，他们希望村干部们能够为他们的家庭带来看得见、摸得着的好处。问题在于，人是实现社会发展的必然要素，青壮年群体更是乡村治理的主体和动力来源，但目前翟城村面临的最严重的困境，就在于那些本应该为民谋福利的公共事业，最终因为人力资源的外流而化为了泡影。可持续性的乡村治理是要将村庄精英和村治资源相互结合起来才能实现的，但是农村青年群体的缺位使得村治资源一直处于流失的状态，这也使得村庄的造血能力被进一步地削弱。

在进行问卷调查的过程中，我们发现城乡之间日益扩大的收入差距以及收益低下的农产品市场，已经让翟城村越来越多的年轻人选择到省内城市、省外城市甚至是出国务工。然而，他们在为自己的未来和家庭的生计努力奋斗时，却给村里留下了众多的老人、妇女和儿童。这些非劳动力群体是村庄资源的需求者，但并不是一个很好的供给者，乡村精英想要以这些人为主体开展乡村建设无疑是很难的。据米书记讲，翟城村已经有很久没有发展年轻党员了，现在村庄大大小小的事务，都要靠他们这些平均年龄在五六十岁的老党员来处理，他们觉得现在村民们对村政事务漠不关心，也没有入党和参政议政的意愿。党员队伍缺少新鲜血液的涌入，基层组织的动员能力和行政效率自然会打折扣，从而进一步影响到了村庄精英和基层组织的公信力。村委会即使想要办一件事情，也很难得到非劳动力群体的积极响应，更不用说将他们组织起来实现乡村"自发"的治理了。

同样的困境也出现在翟城村文艺队的身上。韩大叔是翟城村剧社"德宏戏曲之家"的组织者。他告诉我们，现在的文艺队主要是依靠临近花甲和古稀之年的老艺人们在苦苦支撑着，随着岁月的流逝，不少老艺人相继过世，曾经让翟城村引以为傲的定县秧歌和河北梆子随时面临着失传的危险。在视觉文化和娱乐文化至上的互联网时代，传统民间艺术的表现手法已经很难再吸引村民，尤其是年轻人的兴趣了。一个文艺团体赖以维系的基础，就是庞大的文化消费群体，而随着现代传媒工具的普及和青壮年劳动力的外流，翟城村文艺队不仅流失着观众，也流失着文化遗产的继承者。

但事情似乎并没有那么糟糕，翟城村村民在建设群众组织的实践中发现了这样一个道理：只有建立在公共利益的基础上，并且嵌入农民日常生活实践为老百姓带来实质性帮助的组织，才具备持续性合作的可能，才拥有源源不断的发展动力。"312"经络健身小组是翟城村于2003年在晏阳初乡村建设学院和北京炎黄经络研究中心的帮助下自发组织成立的群众性健身组织。健身小组由离退休老师和干部负责向村民宣传，他们教授村民经络健身的方法，并定期到村民家里督促指导。翟城村5000多名村民中一共有1415名老年人参加了这个健身小组。锻炼之后身体有明显好转的老年人有600余人，达到了总体的40%以上。家住村南的张大爷是这个健身小组的负责人，他也是 20 世纪 70 年代大队的支部书记，是一个标准的村庄精英。他介绍说，和他年龄相仿的这些老年人自 2004 年健身小组成立开始，几乎每天早上都能准时来到村委会大院合着音乐的节拍锻炼身体，坚持了整整 14 年而未曾间断。张大爷自己的高血压就是在这十几年的锻炼中逐渐康复的。同时，越来越多的老年人从这种集体健身的生活中得到了实实在在的好处。大家情同手足，相互扶持，当得知队伍里某个老人生活上遇到困难时，队员们都会慷慨解囊，与那位老人共渡难关。我们也曾经访问了其他几个在健身队锻炼的老人，在提到"312"经络健身小组时他们一直赞不绝口，他们经常说的一句话就是"好像重新回归到一个大家庭里一样"。

二　出路与未来：重启历史资源，打造文化名村

比起周围依靠农业产业化和在乡镇企业带动下实现经济繁荣的村庄，翟城村并没有什么太多的优势，也不具备充分的就地城镇化的社会经济条件，所以在今后的几年里，翟城村青壮年劳动力外流的现象仍会持续，但这是否就意味着翟城村从此便会一蹶不振，从曾经的"模范村"变得"泯然众人矣"了呢？

不仅是我们，村干部们和其他村庄能人们同样在思考着翟城村未来的发展道路。在我即将结束调研的最后一天，村委会的刘主任与我进行了 2 个小时的长谈。对于翟城村的明天，刘主任有着自己理性而清晰的规划。他认为，翟城村之所以在历史上久负盛名，一个关键的事实就在于这里曾经是著名的平民教育家晏阳初先生开展定县实验的中心，直至今日，"晏阳初"这三个字不仅仅深深地烙印在老一辈村民们的心里，更成为一块响当当的文化品牌让众多的媒体记者和知识分子慕名而来。翟城村的幼儿园、小学、村民的健身广场，农历十月初四的庙会，甚至是东亭镇上的高中都是以"晏阳初"来命名的。所以，刘主任计划与定州市的文化部门进行协商，将市里的晏阳初故居搬迁至翟城村；并且通过对外招标引进工程项目，在村和镇之间修建更多的公路和环村的观光道；充分收集当年平民教育时期的历史资料，在村内建设一座"晏阳初文化馆"，充分利用晏阳初的品牌效应打造一个远近闻名的文化村，通过发展旅游业实现村庄的整体发展。不过，这样一个看起来充满希望的村庄蓝图，刘主任并没有在公

共场合提起过，他说："这个只是我的一些不成熟的想法，具体到了实施环节肯定会遇到不少的困难。所以我希望你们这些中国人民大学的知识分子们，能够为我的这一点想法提供更加专业的指导。"如果刘主任的规划能够实现，则这种产业升级不仅可以为当地村民创造更多的就业机会和经济来源，还能留住村庄中的青壮年劳动力，让他们能够以积极的态度参与到乡村振兴的事业中来。

有通过打造文化品牌带动村庄发展的想法的村干部并不只刘主任一人，村委会分管文化和民间习俗的锁忠叔也同样有着自己独到的想法。他十分怀念20世纪三四十年代的翟城村貌。据老一辈的村民讲，那个时候村里有五条街：仁、义、礼、智、信，每条街都有自己独特的文化和建筑风格，在村中心的十字街有一个非常气派的古式戏楼，每当村内举办一年一度的十月初四庙会时，这里会上演各式各样的文艺节目，戏楼前挤满了从全县慕名而来的人，场面甚是壮观。不仅如此，在"破四旧"和"文革"以前，村西和村东分别有一座气势宏伟的牌坊和一座供奉雨神的寺庙。锁忠叔的想法是利用翟城村作为高等院校社会调研基地的便利条件，在青年知识分子的帮助下，抢救尚存留于老人脑海之中的"村庄记忆"，用电脑技术还原当时翟城村的古式建筑和街道布局，将翟城村打造成为一座古色古香、具有地方特色的文化名村。除此之外，与文艺队的韩大叔一样，锁忠叔也意识到了翟城村庙会的衰败，但是精明的他一直对翟城村的庙会有着自己的憧憬，他说："去年的庙会办得太仓促，今年想找镇和市里的领导，争取把我们的庙会立个项。还想找个做商场的，这也算给他们做个宣传，请定州电视台来个主持，演这么一回节目就算个广告了，还可以减少村里的开支。"而在村里刚刚结束的晏阳初文化节和元宵节联谊会上，一出出精彩纷呈的节目和来自全镇络绎不绝的观众们，见证了文化能人，创新意识与资源动员相结合所散发出的独特魅力。

三　反思：村庄内生资源的培育

虽然相比起周边发展较好的几个村庄，翟城村内部并没有形成明显的"精英效应"。首先，翟城村的村干部们既不是经济意义上的"富人"，也不是拥有卡里斯玛人格的"强人"，他们在村民动员和资源整合上的作用存在着客观条件的限制；其次，即使村内不缺少像农业大户——尤其是苗木行业的带头人或者是德高望重的乡村教师以及民间艺人，他们独特的社会行为和价值取向也难以形成整体性的、积极向上的"村落文化"和示范效应。即使翟城村面临着诸多结构性的难题和困境，但我们依然不能忽视村内目前的这些拥有丰富的生活经验和超越普通村民视野的乡村能人们，他们在与自己身边的社会网络进行实际交往和信息传递的同时，正潜移默化地影响着村庄整体的治理规则与精神风貌。例如在移风易俗方面，过去拜年时候的磕头礼已经在逐渐消失，在人情往来上的攀比之风也在被群众自觉地抵制……这些翟城村正在发生的变化，与村"两委"、红白理事会以及其他党员们做的思想工作是分不开的。

不可否认的是，基层社会的参与性治理结构仍然处于一个正在发展但还尚未形成的阶段，"规则治理""制度治理"的法理型社会框架到目前为止还较为模糊，因而乡村能人们的个人行为目前仍然深刻影响着村落中的权力生态以及村民们的行为模式。与一般村民相比，乡村能人不仅在社会制度、国家政策、技术手段的理解和运用方面具有更为明显的优势，更重要的是，他们比起一般的村民具备对当前社会问题更加深刻的反思性，这种反思性来源于他们在与国家、市场、基层社会和个人生活这几种场域之间的互动实践。这使得他们能够较为清晰而理性地认识到自己所在的社区存在哪些突出的问题以及与之相适应的解决途径，并且能够有意识地总结本土社会在发展问题上的优势与劣势。尤其是在面对严峻的外部竞争时，如何提升乡村能人的能力、拓展影响范围以及增加乡村能人可以利用的村治资源，就成为问题的关键所在。

村治资源是村庄公共权力进行社会治理的物质基础，包括经济资源、权力资源、文化资源及人力资源。对于目前的翟城村而言，不仅村庄公共权力在市场化的冲击和乡镇权力的回缩之下逐步减弱，而且四个方面的村治资源也都存在着需继续填补的空缺。其中，人力资源是一个极为关键的变量，实现乡村社会良性治理的前提就在于用制度化和技术化的手段，为留在乡村的这些干部和能人们创造更多能够动员的人力资源。农村的青壮年劳动力群体是乡村治理的主体，是保障一切工作能够顺利开展的根本，它的存量甚至直接决定了前三种资源的供给。因为只有拥有了丰富的青年群体，才能实现农村的产业优化和收入的增长，才能有足够的党员参与到基层组织的建设中来，才能实现文化上的继承和创新，乡村才能永葆活力实现不断进步。

参考文献

米鸿才，1996，《我国历史上最早出现合作社的地方是河北翟城村》，《河北经贸大学学
　　报》第一期，第 53 ~ 56 页。

从一个村庄窥探中国农村革新之路[*]

杨思琪　刘　斐[**]

中国首都北京西南方向 200 公里外是冀中平原，坐落于此的河北省定州市高蓬镇钮店村是远近闻名的"明星乡村"。

房屋高低错落，排列有序；街道干净整洁，绿树成荫；公园和广场风景秀美，老少悠然……但 20 多年前，这里还是一个偏僻穷困的村庄。

从 1992 年开始，大刀阔斧的建设和改革带领钮店村一年一个台阶，一改昔日"宁可姑娘垫猪圈，也不嫁给破钮店"的样貌。2013 年，钮店村获评"全国十佳小康村"。

人居环境整治

"晴天一身土，雨后一身泥。街道弯弯绕，处处断头路。"这句顺口溜，是 20 世纪 90 年代初钮店村旧貌的真实写照。当年，村内有 8 个大壕坑，最大的有 40 亩，最小的也有 2 亩，把村子分割得七零八落。

"只有科学规划，才能实现科学发展和可持续发展。"村"两委"班子达成这样的共识。1993 年，他们聘请河北省规划设计院对村庄进行全面科学的规划设计，拆迁了 118 户民房，实行一户一宅制度。

经过多年建设，全村形成了九纵五横的棋盘式格局，14 条主要街道、20 条小街小巷实现了路面硬化，栽种各类树木 150 多万株，樱花、玉兰、法桐等高质量、高品质的绿化带营造出"一街一景"的风情。

村东西两边各建有一座公园，这也是定州市第一座农村公园。

公园门口立有两只黑白猫的雕塑，呼应中国改革开放总设计师邓小平

---

*　调查时间：2015 年 8~9 月。

**　杨思琪，写作本文时为中国人民大学社会与人口学院 2014 级硕士研究生，现为新华社记者；刘斐，新华社记者。

的名言"不管黑猫白猫，捉到老鼠就是好猫"，既富有鲜明的时代意义，又是钮店村实干精神的象征。

假山、石桥、人工湖、喷泉、休闲亭等十几处景观，成为村民休闲休憩的理想场所。每天傍晚，这里都聚集不少村民跳广场舞，热闹非凡。

在村容村貌改造提升行动中，钮店村把环境卫生整治纳入整体发展规划，制定了环境卫生管理制度和卫生公约，建立了长效保洁机制。村委会通过聘用制度，组建了专业保洁队伍，购买垃圾车专门收走垃圾。

村党委副书记张国平说："看着街道干净，没垃圾、没树叶，村集体每年在垃圾处理上 20 万（元）的投资，是值得的。"

"十三五"规划提出，开展农村人居环境整治行动，统筹农村饮水安全、改水改厕、垃圾处理。

现代农业转型

中国以占世界不足 7% 的耕地成功解决了占世界近 22% 的人口的吃饭问题，靠地吃饭的乡土情结在传统农民心中根深蒂固。

然而，传统农业粗放型的耕作方式下，规模经营的水平低下，集约化、科学化的现代农业技术很难推广普及，制约了种植业的发展。随着科技的发展，农业耕作方式也发生着从传统到现代的转变。

2013 年，中共中央、国务院出台的《关于加快发展现代农业进一步增强农村发展活力的若干意见》指出，要大力支持发展多种形式的新型农民合作组织，鼓励农民兴办专业合作和股份合作等多元化、多类型合作社。

2015 年是钮店村开展农业合作社的第二年，经过土地流转，农民手里的 1000 亩土地由农业合作社经营。靠村干部牵头、能人带动，采取"自愿、有偿"的原则，农业合作社引导农业产业升级，从分散经营向集约化经营、低科技含量向高科技含量转变，实现农村人力资源和生产要素的合理配置。

按照 1700 元一亩的价格，村民张拴国把土地流转给合作社。如今在铝合金门窗厂做会计的他已经意识到："现在有了好的农地产权制度，有自由的农业市场环境，农民自己会选择适合的农业技术路线，也会重新择业，找新的途径来增收、创收，过上更好的生活。"

多元产业培育

从单一种植业到多元化产业发展，钮店村立足实际情况，不断调整产业结构，挖掘本地资源优势，引进项目，着力打造新的经济增长点。

1996年开始，钮店村在沙荒地上造田3700亩，种上速生杨，并抓住大城市绿化需求增长时机，在村南建成了占地300多亩的苗木花卉基地，种植雪松、桧柏、玉兰等树种。

1999年，总投资上亿元、占地600亩、存栏10万头生猪的国香养殖项目落户该村。他们充分利用猪舍屋顶有效空间，打造太阳能发电项目基地。村里有100多人进入公司工作，成为"上班族"。

村支部副书记说："适应市场需求，坚持绿色发展，将农业发展理念与现代科技发展结合，不但改善了村庄的生态环境，也让村民富裕了起来，为进一步建设美丽村庄打下了坚实基础。"

小康生活保障

55岁的村民赵淑芬为了收玉米，从河北秦皇岛的儿子家搬回了老家。而她丈夫则在北京的建筑队工作，2014年行情好，挣了四五万元。儿子和女儿大学毕业后都留在了城市工作、生活。

回到阔别一年的家，赵淑芬说："这几年不常在村里住，很多邻居翻盖了新房子。"

随着农村劳动力从耕地里解放出来，越来越多的青壮年农民走出农村，离开农业。然而，这也造成农村的空心化和老龄化，给农村养老带来了不小的压力。

"老辈人吃饱饭都是问题，根本没钱看病买药，不像现在吃喝不愁，看病也方便了，参加了新农合，看病能报销了。"村民张庆才说。

新农合自2002年开始试点，已经为占全国人口总数近2/3的农民提供了基本的医疗保障。多年来新农合筹资水平和保障水平在不断提高，到2014年，新农合参合率维持稳定在95%以上。

基层民主建设

自 1994 年钮店村出台第一部村规民约以来，20 年间已因应时代变化修订了 6 次，共涉及安全、土地与交通、村内环境、土地承包、尊老爱幼、环境卫生和计划生育等 7 个方面 24 项具体内容。

2010 年，钮店村在全市率先推出以"四议、两公开、一审核"为主要内容的工作法，对涉及 11 项村级重大事务全部按工作法程序要求决策实施，让广大党员群众自己议、自己定、自己干。

钮店村坚持以制度管人、管权、管事，大力推行"阳光村务"，着力构建科学完善、运行有效的乡村治理机制，确保党务、村务工作制度化、规范化。

在财务管理上，钮店村把集体财务监管作为村务监督委员会的重要工作职责。村集体财务大到十几万元的经济收入，小到一盒订书针、一把锁的财务开支，均由经手人和书记、主任签字，村务监督委员会集体审核盖章，每季度末以会议通报和专栏的方式向全村进行公示公开，接受广大群众监督、质询。

中共十八届三中全会通过的《中共中央关于全面深化改革若干重大问题的决定》要求"发展基层民主"，建立健全村民监督机制，促进群众在城乡社区治理、基层公共事务和公益事业中依法自我管理、自我服务、自我教育、自我监督。

钮店村的发展是中国农村的一个缩影。在现代化过程中，中国农村不断适应，不断更新，促动着农业生产持续发展、农村经济全面繁荣、农民生活显著改善、农村社会和谐稳定。

从城乡共融视角看乡村转型与发展[*]

黄　政[**]

在城乡人口流动、市场经济驱动、户籍制度松动等多重因素作用下，农村开启了系统性的社会转型过程，但在获得快速发展的同时也出现了诸如村庄共同体瓦解、规则秩序混乱、人情关系异化等问题。截然不同的图景在乡村转型过程中并存：一是欣欣向荣的农村，随着经济快速发展，农民生活更加宽裕，基础设施更加完善，秩序更加井然；二是衰败的农村，空心化日趋严重，规则秩序愈发失衡，乡村共同体不断瓦解。面对乡村社会的多重复合面貌，如何正确认识、理解乡村至关重要。

一　问题论、发展论的审视与反思

对于如何研究乡村，学界主要有问题化视角和发展视角两条理论路径。持问题化视角的研究者主要关注农村社会中存在的诸种问题，认为当前改革进程和农村社会文化、现实基础相背离，致使乡村社会陷入困境，进而从农民本位出发主张恢复原有的社会组织模式、生活方式，重建传统的价值观念。发展视角则聚焦农村既有成果，强调从动态发展的角度看待农村社会，认为改革开放以来乡村取得的成果是主要的，农村虽出现大量问题，但这是转型的必然现象，也将随着转型的推进而消失。在最终归依上，发展视角的学者支持既有道路，认为农村衰败现象和秩序混乱问题实属正常，不应放大问题而阻碍转型进程。两种视角的核心区别在于如何看待乡村社会困境。在问题化视角看来，虽然农民生活水平较之前确有大幅提高，温饱问题得到解决，但农村整体状况不容乐观，农村变为少数人的

---

[*]　本文发表于《中国社会科学报》2022 年 1 月 26 日。调查时间：2020 年 9～10 月

[**]　黄政，中国人民大学社会与人口学院 2019 级博士研究生。

农村，变成社会联结松散化、治理同质化、去道德化的农村，对乡村未来持消极观点；发展视角的研究者同样关注到上述问题，但认为问题并不是主要的，是发展过程的必然产物，由发展方向、速度与原有社会结构、社会环境脱节所致，强调既有发展道路带来巨大成果，应坚持而非否定，主张通过进一步发展解决现有问题。

当前我国正处于持续性的转型过程中，新农村建立在旧农村的基础上，传统与现代交错、新事物与旧事物并存是这一时期的典型特征。当农民的思想观念依旧传统、物质世界被迅速现代化时，观念与现实的差异导致农民无所适从，诸如在"法律下乡"过程中，法律与地方性规范之间往往存在差异并导致乡村秩序体系的混乱。这是后发国家现代化进程中出现的普遍现象。社会转型速度越快，传统与现代、思想与现实的差距就越大。同时，由于发展方式与既有社会文化环境相背离，农民在享受发展成果的同时，也承受着发展的阵痛。

总体来说，问题化视角的学者带有浪漫怀旧色彩，在本质上是对农村现代化的一种消极或者否定性回应。研究者认为社会转型导致系列问题，使得传统的文化基础、治理基础开始瓦解，乡村陷入失序状态。即使不从经济层面进行评判，仅就乡村权威而言，学者所推崇的传统精英/士绅并不是高度道德化，当前关于传统乡村精英的历史研究多呈现"谋利性"的一面，集体化时代的村庄精英也有诸多"反行为"。因此，我们一方面要对过去有更加客观清晰的认识，走出对传统的憧憬与幻想，避免陷入理想的桎梏，另一方面在看待乡村现代化过程时应当更加积极、全面，避免因只关注问题而陷入消极否定的境地。而发展视角则对问题持合理化的倾向，虽然承认发展给农村带来系列问题，但将发展作为突破困局的依托，在一定程度上忽视社会的发展阶段、国内外环境的变化，这样容易抱残守缺并陷入发展困境。当前中国社会迈入新阶段，如何避免落入发展陷阱，实现更加健康、科学的发展成为我们首要解决的问题。这就需要对既有道路有审慎而必要的反思，根据内外部形势的变化进行相当程度的调整。从乡村的历史传统和现实出发，笔者认为应将城乡共融视角作为研究农村社会的理论资源。

二　从城乡共融视角看待乡村的路径选择

从历史上看，城与乡并非单独存在，总是相互依存，只是在户籍制度作用下农村和城市超越地理文化属性，开始被赋予身份特征。但在城乡人口大流动和户籍制度逐步放开的背景下，地理区隔逐步被打破，农村和城市关系重新由割裂走向融和。在现实方面，费孝通先生深情描述的"生于斯、长于斯"的安土重迁社会，"老幼相闻、守望相助"的熟悉社会，"无为而治、教化使然"的无讼社会都在现代化浪潮中悄然变化，"乡土性"在转型中被渐渐磨灭，农村中传统和现代的因素交织融合。现实的复杂性要求我们不能单从乡村一维来理解乡村，更应该考虑到城乡交融互动的实然状态以及这种互动对乡村发展的作用。从国家战略来说，城乡共融并非意味着农村向城市的单维度趋同，而是双方要素间的平等交换和双向流动，是农村城市互补发展的新阶段。加快推动形成工农互促、城乡互补、协调发展、共同繁荣的新型工农城乡关系，健全城乡融合发展机制也是乡村振兴战略的着力点。对研究者本身而言，即使出身农村的研究者也同时遭受农村文化和城市文化的洗礼，双重文化共融于研究者的思想和人生体验，在开展研究时，双重文化会潜移默化地形塑研究者的认知和判断。因此，采取城乡共融视角看待乡村转型和发展契合历史和现实环境，符合研究者的实然状态。

首先，客观、整体性地看待乡村现实。一是要客观、辩证地看待新旧事物的更替，在社会转型过程中，新事物的产生与旧事物的消逝相伴而生，这是社会进步的必然过程，有相当部分农村文化传统会在整体转型过程中消逝，这让人痛惜。但新生事物要多于消逝的旧事物，逝去的事物并不都是落后的，它们只是未能适应时代发展。因此，要以更加包容、开放的心态看待新事物，而非在怀旧观作用下一味质疑、否定新生事物。二是要全面、历史地观察乡村社会。全面意味着要在对问题各方面有准确掌握的基础上做出综合评判，而不能盲人摸象，在有限的了解上大发阐释，以偏概全。转型的重要特征就是不断有新问题、新现象出现，这些新事物在促进社会进步的同时难免与当下社会有不相契合之处，要全面看待问题，避免因为问题的不断放大而影响新事物成长。尤其是应当看到事物发展中的普遍性，切忌抓住少数的特殊性案例不放，将其无限扩大。摒弃城乡对立观，我们要用繁荣的区域带动落后的区域，但绝不能用落后区域否定繁荣区域。此外，要将农村的特定现象置于历史进程中，明确其在发展历程中处于何种地位。任何事物、问题都不是凭空产生的，历史地看问题能够把握事物发展的前因后果，对其有清晰的认识和定位，如此更能理解转型

的社会基础、理解转型的必要性。

　　其次，坚持区域协调一体化的分析思路。随着城乡边界日益开放，相互影响、彼此形塑成为常态，在研究中不能割裂农村和城市，避免单纯从农村自身来看待农村问题，应看到城市的影响和作用，在探寻解决问题的出路上亦然。而当前部分研究者为研究方便，将农村假定为封闭的文化、社会共同体，主张"农村本位"，忽视外部环境对农村的影响作用，这不仅与现实不符，更导致难以对问题展开深层次、整体性的探讨。因此，有必要对城乡进行整体性研究，尤其注重不同区域间的比较，如此方能把握问题的全貌。如黄宗智曾在他的经典著作《华北的小农经济与社会变迁》一书中指出中国农业的有关问题，对比20世纪30年代，当前中国人口压力和商业化的趋势并未改变，甚至有所强化，但农业的一些问题基本得以解决，甚至在部分农村地区出现"过疏化"问题，如个别地区出现的农村劳动力不足，土地大面积抛荒等。这主要是因为改革开放后，农村一改以往的向内收缩，实行外向型的策略，农民有更多外出就业的机会，城乡要素间的流动交换更为频繁。

　　最后，以实现城乡你中有我、我中有你的和谐发展态势为目标。随着社会转型的持续深化推进，城乡融合的程度必将更加充分。这也给农村研究者提出诸多有待解决的重大问题，诸如，城市在农村发展中应如何作为？城乡二元体制将如何破除？城乡会以何种状态共存？如何以最小的社会代价确保城乡顺利融合？……在研究中，学者应始终牢牢把握城乡共融的目标和方向，推动城乡居民的平等交流、经济的互利共赢、文化的共同繁荣，为实现城乡融和贡献力量。

参考文献

黄宗智，2000，《华北的小农经济与社会变迁》，中华书局。

农村社会转型中的村干部与村民关系初探*

赵汗青**

自古以来，"官民"关系都是社会治理中绕不开的一个问题。传统的"官本位"制度在民间社会形成了牢固的上下等级秩序，"只许州官放火，不许百姓点灯"体现了二者之间的特权和区隔。而在农村社会中，等级秩序和尊卑意识根深蒂固，宗族关系盘根错节，"村官"和村民的关系在乡土社会中被构筑得更加复杂而微妙。

村庄作为最基层的治理单位，村干部和村民之间的接触更为直接，相互之间的影响也更加深刻。在基层政权的运作和村庄治理的实践中，村干部的一言一行、对上级政策的推行、对问题的解决都给村民带来最直接的冲击，而村民们对村干部的影响不仅仅体现在街头巷尾、闲言碎语中，更重要的是村民是否继续支持选举、是否配合工作。在当今实施乡村振兴战略、建设美丽乡村和推进农业现代化的大背景下，农村社会面临着激烈的社会转型。在变动和震荡中，村干部和村民的关系可以说是这一大背景中的重要底色。

一

借着专业实习的机会，笔者与同学们一道在河北省定州市东亭镇的多个村庄进行了实地调研。在 2019 年 8 月 11 日到 18 日调研的一周里，在镇政府、村委会和向导的帮助下，我们进入一家一户与村民进行了面对面问答。在这个过程中，同学们得以与村干部、向导进行沟通，观察村庄和房屋院落的环境，了解对方的家庭情况，获知村民对村干部行事的态度，直

---

 * 调查时间：2019 年 8 月。
** 赵汗青，写作本文时为中国人民大学社会与人口学院社会学专业 2016 级本科生，现为复旦大学社会发展与公共政策学院公共政策专业 2020 级硕士研究生。

观地观察村民的第一反应。回顾入户调查过的 27 户人家，首先是问卷调查中的题目涉及了村民对村干部的态度，其次在延伸的访谈中，都免不了谈到与村干部的关系。此外，从访谈对象的言谈举止中也能看出他们对村干部的看法。这引发了笔者对这一问题的好奇心：村民与村干部相互之间形成了什么关系？双方之间为什么会产生这种观念？村干部与村民的关系会对村庄治理与村民生活带来什么样的影响？

由于本研究实际上是基于专业实习的发现和思考，研究资料主要是通过实习过程中入户调查获得。因此，研究的方法就包括了村庄调研中的观察法和半结构式访谈法。观察是在整个调研的过程中不间断进行的，观察内容包括村委会的会议室、办公室环境，村干部的行为举止，村庄内道路、商店、植被环境，访谈对象的院落、房屋和室内陈设，以及访谈对象在回答问卷和聊天中的语言、动作、表情、神态。实习的主要任务是填答问卷，不过笔者在实际操作中并不仅仅局限于问卷的题目，而是以问卷为提纲，对其中的一些问题进行追问和引导，通过访谈的形式获得访谈对象的更多想法。为保护受访对象的隐私，本文中的所有名字均做了匿名处理。

二

已有关于村干部角色的研究，提出了"双重角色论""代理人"等理论。村干部的特殊之处就在于，一方面，他们身处基层，吃住都和村民一样，和村民没有清晰的界限，仍然保留了农民的身份；另一方面，他们是政府的"代理人"，能够在村里行使权力，推进上级的政策，完成上级的任务。这样的双重角色给村干部带来了两难的境地。

在此次调研中，笔者访谈到了 H 村的老主任 a。老主任 a 说："当干部就是吃力不讨好。"其实 a 一直都"把村民当自己的孩子看待"，愿意为村民多做事，做实事。但是村里所有的工作都和村民生活息息相关，一不小心就不能"一碗水端平"："你做的越多，村民更容易发现你工作中的问题，说你不公平。"言谈中 a 透露出深深的无奈。

调查中发现的一个现象是，村民对上级政府的信任远大于对村委会的信任。不止一位访谈对象提到："中央的政策都是好的，被下面有的人念歪了经。""上面的想法是对的，都是下面有的官员念经念歪了。"总的来说，村民对中央的政治信任远大于对地方的信任，而且越是基层干部，老百姓越不信任。村民偏信中央政府的原因是相当复杂的，包括历史因素、结构因素等，具体来说，可能涉及传统历史文化、政府的理性选择、新闻传媒的影响等。

调研中的一个共同现象是，村民虽然大多表示与村干部接触不多、不关注村干部的日常工作，只希望过好自己的日子，但是当政策影响到自家生活时，村民们会了解得清清楚楚，在访谈中会滔滔不绝——例如华北地区推行的"煤改气""煤改电"。这种"过日子"的逻辑吴飞在《浮生取义》中已经有过详细论述，这次调研的结果算是一个印证。而在问及是否与乡镇干部有接触时，村民的回答是"更没有接触""更不认识"，意在表明不接触上级政府是村民普遍认同的观念。也就是说，村民在主观意愿上与各级政府都接触不多，然而客观上与村干部接触得多，与上级政府接触得少，自然会带来信任的偏好。这种结构性的因素正是村干部的无奈之处。

三

村民在言谈中流露出的不关心和单个个案的不信任并不能表明村民对本村的村干部真的存在负面的态度，或者不愿服从村干部的安排。在行为上，村民的表现非常微妙。在各村调研的几天里，我们并没有机会直观地看到村干部在村民间推进工作的情况，也没有遇上村干部选举的时期，只能在观察中去捕捉村民和村干部接触的情况。

以此次调研中的向导为例，同学们顺利入户需要经由向导介绍，而每村安排的向导往往是本村能力强、声望高的人物，部分向导本人就在村委会任职。如果没有他们引路，村民大多不会接受陌生人的访问，会把调查员拒之门外。在 D 村的调研中，我们组的向导 c 是新上任的村干部。在带领调查员进入村民家里时，村民首先会热情地请 c 进屋坐。c 也不进门，在院子里给村民进行大致介绍："这是北京来的大学生，来入户做社会调研的。"大部分村民会态度友好地答应下来，有的年纪大的村民会简单地推脱两句："为什么问我呢，我也没上过学，什么都知不道。"c 再次说服："他们问什么你们答什么就行了。"村民便会配合地领着我们走进房间。由此可见，村干部和村民的生活联系紧密，村民与村干部的互动是在友好正

常的范围内——起码是表面上的。

而在向导离开房间以后，访谈过程中村民的言辞和表现十分有趣。问卷中有一道题问的是"村干部在解决纠纷中的作用大不大"。得到的一部分回答是："怎么没作用呢？"反问式的回复让人难以揣摩受访者的真实态度。是真的觉得有很大作用，还是一种暗暗的讽刺？在后续的访谈中，受访者谈到对目前村干部的评价，大部分的表述是："现在这届新上任的还可以，跟以前的相比好多了。"但是接着追问他们具体好的表现时，村民却推说："知不道""不清楚"。村民和村干部之间的关系是真的有所改善，还是迫于现任干部的压力，不得不说出这样的话？俗话说"不怕县官就怕现管"，同在村子里生活，村干部和村民"抬头不见低头见"，村干部对村民生活的直接影响可能是村民态度模糊的重要原因。

四

乡村振兴战略是在乡村社会巨大转型的背景下提出的重要命题，要支持农业农村优先发展，建设产业兴旺、生态宜居、乡风文明、治理有效、生活富裕的新农村。我国对三农的重视由来已久，村民和村干部的关系也一直是基层治理中的重要一环。村民与村干部的良性互动是农村建设的重要前提。本文通过探究村干部与村民之间的关系、互动模式和印象变化，希望为乡村建设和发展提供一定的参考。我们调研发现，村干部与村民的心理距离拉大，村干部的双重身份也造成了工作的特殊性和困难之处。村民与村干部的关系形成微妙的平衡，但村民真实态度的模糊和语焉不详又隐约能看出二者关系中的问题。从文学作品中的形象来看，村干部是大公无私的领袖、精明强干的能人，再到如今变得有多重形象，村干部与村民的关系受到社会变迁的深刻影响。

要进一步改善村民与村干部的关系，应该从政府、村干部、村民各个方面入手。要形成理想的干群关系，需要多个主体共同努力。首先，政府的管理和政策安排，如安排第一书记挂职、改革村委会职能、加强对干部的考核和培训等。其次，村干部本人的工作态度、能力和素养也非常重要。在实施乡村振兴战略的背景下，村干部需要明确角色和职能，不断提高自身的文化素养和管理能力，以民主决策和民主管理方式处理村庄公共事务，主动地接受村民的监督，带领村民共建美丽乡村。最后，要改变部分村民对村干部的偏见，需要长期的正面形象的树立和工作程序的公开。为了避免信息不对称，所有村务应向村民公开，要公开透明、简明易懂。

至此，在这里对此次实习的不足之处做一个反思。首先，本次调研中我的观察不够细。虽然有意识地用眼睛看村庄、院落、房屋，但没有及时拍照记录或做笔记，导致日后的回忆不够准确。其次，访谈的同时虽然有录音，但是没有对要点进行标记，这导致在需要寻找录音资料的时候没有头绪，增大了后期的工作量。最后，社会调查应当关注访谈对象是如何做出回答的，对背景和细节要做好笔记。而这次调查的主要目的是完成问卷，是以问题为导向的，对其他的重要问题的延伸还有不足。

从传统乡村的治理形态到现代农村的新型乡村发展模式，巨大转变的现实就活生生地摆在我们面前。作为社会学专业的学生，理应对这些现象深入挖掘、引起思考、发挥社会学的想象力，而不仅仅是像外行一样看个热闹。感谢老师和师兄师姐的辛苦付出，让我在短短几天的实习时间里，看到了充满希望的中国大地、听到了饱含深情的乡村故事。在农村生活着的是中国人口的大多数，只有去亲身感受乡村，才能倾听到真实的声音。只有村民与村干部和谐相处，才能共建美丽新农村。有了多姿多彩的美丽乡村，才有气象万千的美丽中国。

关于农村调解的若干思考[*]

郑绍杰[**]

我的研究兴趣在于农村调解制度。调研之前，我事先有一个预设，就是想看当前农村调解制度的变迁，进而通过调解的变迁来理解当前农村的社会变迁。以往农村的调解主要是依靠宗族长老等乡村权威，更多的是依靠风俗习惯、农村行为方式、乡规民约等非正式制度或地方性知识来进行，而随着现代民族国家的政权建设，国家权力的下渗，现在农村调解的方式因之发生了相应的变化，或许现在的调解更多是依靠正式的制度，依靠相应的国家机构来进行。因此，我想看看这种调解方式或策略是否发生了变化，以及发生了怎样的变化，并进而思考这种变化背后反映的社会变迁。

"乡土中国"是费孝通提出来的概念，它也可以看作是韦伯意义上的"理想类型"，我们通过这种理想类型来把握和研究中国社会的特点与面貌。但"乡土中国"的概念是中国传统社会下的一种总结，它主要讲述中国传统社会的特点。但随着社会的转型，现代性的因素不断地渗入，"乡土中国"下的中国农村是否还是费孝通笔下的特点？是否发生了相应的变化？"乡土中国"依旧能概括目前农村的社会特点吗？我正是想通过考察调解制度及其变迁，对"乡土中国"的概念进行思考。但我们需要注意的是，不管农村发生了何种翻天覆地的变化，"乡土中国"依旧是我们研究的基石。因为中国社会，不管是延续着乡土性的特点，还是突破着乡土性特点，我们对中国社会的理解和把握都是建立在"乡土中国"的基础上的。

---

[*] 调查时间：2017 年 1 月。

[**] 郑绍杰，写作本文时为中国人民大学社会与人口学院社会学专业 2015 级硕士研究生、2017 级博士研究生，现任中国（福建）对外贸易中心集团有限责任公司集团办公室副主任、外贸中心物业公司副总经理（兼）。

一 调解是一个讨价还价的过程

通过对乡村调解员的访谈，我们搜集到了数个案例，在对这些案例进行共性比较时，我们发现调解的过程是一个讨价还价的过程，是纠纷双方当事人与调解员三方之间的斡旋，调解员作为中间人，要在纠纷双方之间使用某种手段或策略（法律的、风俗的等）来应对双方的讨价还价，进而达到双方能接受的最低限度的要求。纠纷一方可能会因为对方的金钱赔偿数额过低而要求对方增加赔偿。而纠纷的另一方可能会因为对方的要价过高觉得不合理而要求减少赔偿，此时就需要调解员进行沟通协调，调解员会运用各种绝妙的技术和策略以应对双方的讨价还价，使之达成共识，促成和解。

调解员是本社区当中的一员，熟悉双方当事人，了解本社区中的人们的风俗习惯、行为方式、互动特点与文化传统，并运用这些传统的方式从中进行调和。另外，他还需要具备一定的法律知识，具备这些法律知识，并不是要求他们像律师那样需要精通民法等的法律条文，他们仅需要大致了解法律的原则、规则，能够判断何者违法何者不违法就已基本足够。因此，乡村调解员不仅需要掌握地方性知识，还需要知晓国家法律、政策与规定，并运用不同的知识策略从中进行调解。

二 调解的过程和策略是一种格式化了的事件

调解员由于长时间在乡村生活，对大大小小的农村纠纷进行过多次反复的调解，使得调解的过程和策略变成了一种格式化了的事件。换言之，调解员在调解的过程当中，都是按照固定的格式、固定的策略来进行的。这些调解的过程和策略他们已经熟稔于心，信手拈来。他们按照某种策略或规则进行调解，明白如何才能使双方尽可能达成一致，知晓何时运用哪些策略、采取何种方式，从而以最小的代价和最快的速度达成调解。

三 调解方式的变迁

传统的乡村社会，被认为是一个无讼的社会。在无讼的社会当中，打官司会被认为是不道义、不受赞扬甚至是遭人排斥的。人们产生纠纷，主要是通过乡邻的调解，通过长老的权威与乡村习俗的教化、传统的习惯进行调解。原来人们的调解着重于说理，以理服人以及以德服人。纠纷双方倘若一直不服从调解，会被认为是破坏了乡村的和谐，破坏了乡亲之间的社会关系。熟人之间，没有必要闹得不可开交，免得里外不是人。此外，调解员主要由乡村权威担任，在一定程度上，这些调解员在乡村具有某种权威，具有某种合法性，人们对乡村权威存在一定程度的敬畏和服从。

然而随着国家权力向乡土社会的不断渗透（如送法下乡），正式制度成为解决纠纷的另一种可选择的方式。人们已经懂得利用一定的法律知识来保障自己的合法权益，尽管这种法律知识不一定是正确的或全面的。例如纠纷当事人会根据国家相关的法律或政策规定与调解员及其对方讨价还价，以期得到最大的利益。这样，法律规定便成为纠纷当事人的战略性武器，是他们讨价还价的筹码。尽管很多情况下，他们只看到或选择有利于自己的法律规定，而刻意避免不利于自己的法律规定，但我们可以看到法律在此的作用是强大的，费孝通笔下的法律在乡土中国不适用的情况已经发生了转变。在这里，调解的过程立即变得生动有趣，是一种情、理、法各方面的互动，是多种策略的战术性运用，调解变成了一门学问与技艺，需要调解员在情、理和法当中游刃有余地运用与实施相关策略。

在当前农村，教化的作用在一定程度上有所减弱，人们更为注重法律原则或规则，调解员在说理不成的情况下，会摆出某些法律来，以法律的强制力进行压制。调解员会给纠纷当事人强调，"你这是违法的行为，如果不交钱赔偿，那么你就会有牢狱之灾，你坐个三年五年牢，所付出的代价（丧失自由与劳动力，坐牢没有收入等）远远大于你所赔偿的钱"。这样，纠纷当事人在法律的威慑下，对自身的利益得失进行了合理的计算之后，调解就达成了。调解的过程展现的是一幅多重权威实施的场景，是乡村社会当中的习俗惯例，是民间权威与国家法律、政策等正式制度之间长期互动的场面，是调解员运用多种策略、原则与权威来进行调和的过程。

民调工作的界限、效力与民间智慧[*]

潘 桐[**]

我们此次去定州的收获是异常丰富的，无论是对基层的司法状况还是乡村的纠纷调解都有了新的且丰富的认识。笔者想根据自己的兴趣，对民调工作的一些状况谈谈自己的看法。

一 三个案例

先从三个案例说起。

案例一

某村的兄弟二人虽是房前屋后，但多有嫌隙。冬天雪后，弟弟将自家屋顶的积雪扫到哥哥院中，哥哥气愤不过，与弟弟大打出手，二人关系更为僵化。一日，弟弟酒醉后去哥哥家闹事，当时哥哥不在家，嫂子无奈之下拿刀自卫，致使其弟弟受了重伤。事情被报到派出所后，派出所的意见是先调解，后在兄弟二人父亲及民调委员等村干部的调解下，双方和解。

案例二

某村的一对男女在大学毕业后都在当地的县级市工作，女方为教师，男方在事业单位上班。二人恋爱多年，且男方家庭优渥，但由于女方父母不同意，二人的婚事一拖再拖。据悉，女方父母之所以不同意，是因为听到很多同村人说男方私生活不检点，曾经诱骗过村中女

---

* 调查时间：2019 年 1 月。

** 潘桐，写作本文时为中国人民大学社会与人口学院社会学专业 2018 级硕士研究生，现为中国人民大学社会与人口学院社会学专业 2020 级博士研究生。

性。但女方对此毫不在意，为了这件事，女方多次通过男方父母找民调委员去其家调解。过了几年，女方母亲罹患癌症，将不久于人世，于是对女儿的婚事就基本同意了；但父亲的态度还是很坚决，扬言女儿若结婚便杀妻并自杀。此后，女方又找民调主任去她家调解。主任登门当天，其父在家磨刀，当着主任的面，斩断自己左手手指。自此，民调主任不敢再去调解，二人婚事始终拖着。

案例三

调研团队在访谈镇司法所所长的时候，恰逢一场漫长调解的尾声，团队成员"参观"了此次调解过程。A、B村发生了纠纷，起因是 A 村所种的高大树木影响了 B 村作物的采光，这是此次纠纷的一个直接原因。但在了解情况后，团队成员才知道事情并不简单。起初，由于 A 村附近没有水源，想通过 B 村土地修一条引水渠进行灌溉，但 B 村始终不同意这件事，B 村村民认为，修引水渠对 B 村灌溉没多少好处反而还侵占了他们的土地。因此，A 村土地在无水可浇的情况下只得放弃种植农作物而改为种树。倘若仅仅是种树，那么这件事和 B 村还没有太大关系。可 A 村在种树前，将土地下挖近三米，在将挖出的土方售卖后，才种上树，这件事极大地刺激了 B 村村民。团队成员到场后，两村村民正在现场协商砍树，树木砍伐完毕后两村村民去 A 村村委会签署协议。按理说，树都砍完了，签协议只是后期一个形式化的过程，但在此过程中，A 村村民多次反复，其间还与司法所及村委会发生口角。临近中午，协议全部签署完毕，司法所与 A、B 村村干部及部分村民共同在镇上饭店吃饭，气氛十分融洽。在饭桌上，司法所所长说这起纠纷是定州市委领导"承包"的。

上述三个案例都共同体现了基层纠纷与司法调解工作的复杂性，并且都给了笔者以较大的震撼。

二 "进退两难"——民调工作的界限问题

在访谈过程中，几乎每位民调主任及司法所工作人员都跟我们强调过，民调工作这些年进步的一大特征就是对合法调解的普遍共识。正如几位民调委员常挂在嘴边的那样："民事能调就调，刑事肯定不能调。"基层纠纷的调解工作这些年已逐步步入了合规合法的阶段。但在现实生活中，民调工作的界限却总是模糊的。在案例一中，弟弟受了重伤且已报案，这是一起很明显的刑事案件，但派出所却希望他们能够私下解决。先且不论派出所的做法是否合适，其行动的逻辑确是很值得我们讨论的。对于家庭中的刑事案件，其往往是刑事、民事与亲事三者共同交织的产物，单一的司法途径并不是解决问题的最好手段。在这里，法律似乎并不是用来解决问题的，法律的逻辑与纠纷解决的逻辑本身产生了冲突。因此，这也就导致了民调工作界限的模糊性。由于"依法办事"在基层往往并不是解决问题的最合适手段，民调工作者在实际工作中则不得不常常越界办事。即便是基层政府，对于调解工作的一贯态度都是问题解决，换言之，只要可以不把事情"闹大"，那么达到目的的方法就是合适的，虽然这一状况在当下的基层调解中已有较大改观，却依然存在。

相较于案例一的"不能调而调"，案例二中的"能调而不调"则引发了笔者更多的思考。这里的调与不调并不是从调解者的主观意愿上来谈的，而是从是否合法的角度上考虑的。案例一中的纠纷很明显已成为一桩刑事案件，但最后通过民调委员解决了相关问题；但在案例二中，年轻人的结婚问题似乎是一个更符合调解工作的问题，但民调主任却遇到了困难，因为他不敢调解。换言之，调解的目的是解决问题，化解基层纠纷，但在这一案例中，调解工作恰恰是激发问题的一种因素。在这里，笔者产生了两个疑问：其一，调解者的行动逻辑是什么；其二，即便是民事纠纷，是否就该归民调委"管"。

由于民调委员一般都是本村人，往往还是德高望重的人，因而，他们的调解工作便很难不顾及地方情理。正如我们在访谈案例二中的民调委员时，他不止一次说道："都是一个村的，他万一真自杀了怎么办？"作为本村人，民调委员在具体工作中既要运用自己的身份和威望，也要顾及自己的身份与名誉。换言之，纠纷如果真的无法调解，那顶多是一个工作能力的问题，但倘若为了这项工作而使得自己在村中难以立足，则未免得不偿失了。案例二的事件恰好使民调委员陷入了这种尴尬境地。从法律的角度看，婚姻自由是需要被保障的，当女方找到民调委员时，其有责任与义务替她解决问题；但女方父母之所以不同意这桩婚事则又涉及男方的生活作风问题，而这又是乡土社会所排斥和贬抑的，当女方父亲磨刀威胁时，民调委员进退两难的尴尬境地就显而易见了。我们发现，即便是普通的民事

纠纷，民调委员所能起到的作用也是有限的，甚至会出现无能为力的情况。

三 "进退失据"——民调工作的效力问题

在访谈中，我们发现了一些截然相反的看法，一些人直截了当地认为民调委员调解的结果就应当认可，另一些人则对这种调解的效力产生了深深的怀疑。基本上认同前一看法的大多数是上了年纪的人，而年轻人则多抱持着后一看法。

在案例三中，A村村民多次反复，即便是在前期口头协议已经达成的情况下在最后签署协议的时候还是犹犹豫豫，但这尚算调解工作中较为乐观的状况。在团队的访谈中，我们多次听到有当事人在签署调解协议后拒不执行甚至撕毁协议的情况。那么，这些情况又是怎样解决的呢？除了反复劝说以及一些有技巧的工作方法外，我们听到的很多做法却是"该揍还是得揍""他不敢不听，不听我揍他"等。当然，这也是乡土社会中德高望重的老辈针对小辈的独特纠纷解决方式。基于此，民调工作的效力问题引发了笔者两方面的思考：其一，民调工作的效力到底在哪些方面；其二，为了达成调解而采取的暴力措施对调解本身产生了什么样的影响。

民调委员不是执法者，因此，当当事人毁约时，民调委员按照相关规定并不能对其意愿产生强制影响。民调工作应当是走法律途径之前的一个协商阶段，民调委员扮演的角色更类似于一个使双方坐下来谈话的主持人而不是纠纷的平息人。但在实际的工作中，出于地方性的社会关系以及乡土伦理，民调委员的调解效力往往又是很大的，人们找到他们，就是让他们"做主"和评理的。所以，民调委员的"权利"在现实操作中被放大了，但是这种放大了的权利却又是不稳定的，因此它需要强制力的辅助。

一个显而易见的事实是：调解不是为了违法，调解工作既是为了最大限度地将纠纷化解在基层，也是为了法治国家的建设以及对基层民众进行普法教育。无可否认的是，当下的绝大多数民调工作还是起到了很多正面的普法功能的，而这些"暴力"行为往往也是当民调委员觉得己方站在了无可批驳的道德制高点时才会采取的行动。譬如我们在访谈中听到的两起"打人事件"都是因为儿子不赡养父母且不听劝解的情况下发生的。对于国家而言，正义的标准更多是合法，但对于乡土社会，正义的标准则更多是合乎道德；同样的，对于国家而言，非正义的行为需要受到法律的制裁，而对后者来说，非正义的行为需要受到道德共同体的谴责，即便这种谴责在国家的逻辑中是非正义的。

四　民间智慧与相关思考

这是案例三给笔者的启发。在 A、B 村的纠纷中，A 村由于不能修引水渠而无法种植粮食作物，那么他们种树的行为触动了 B 村的什么利益呢？既然是种树，又为什么要下挖土地呢？我们在实地的观察和询问中，深刻地了解到了 A 村的“智慧”——种树是为了遮挡阳光，影响 B 村毗连作物的采光；下挖土地致使 B 村在灌溉土地时，水分会因地势而汇入 A 村洼地，加之日积月累的灌溉冲刷，A、B 村的土地分界线将会移向 B 村。这种民间智慧给了我们以极大的震撼，似乎那些看起来再简单不过的事情背后竟有着精心设计的部分，智慧与学识也并不完全挂钩。

不过，案例三所体现的还不仅仅是这些。在案例三中，我们可以看到诸多乡土纠纷引发的共性原因，那就是“吃亏”与“占便宜”。在 B 村看来，修建引水渠会让他们吃亏，因此他们就不同意 A 村修建，即便这种亏似乎并不算什么；即便是遮挡阳光与水土流失，就现实的效果看，对 B 村也不会有太大的影响，但是 B 村的神经却绷不住了。而 A 村的行为实际上也带给不了他们什么经济收益，但是他们这样做了。我们可以看到，一方面，集体化时代终结，农村的公共设施的建设问题成为纠纷产生的一个主要原因；另一方面，农民的行动逻辑看似斤斤计较，实际上却是如上文所提到的关于乡土道德和正义的体现。吃亏是不正义的，因此需要通过占便宜的方式去补回来，在这里，价值理性要远高于经济理性。

此外，定州市委领导的“承包”成为此事能够解决的重要原因，在压力型体制下，民调工作也不得不有政治方面的考量，如前所述，在这一体制下，民调工作的主观目的和客观行动难免产生脱节，即为了尽快解决问题，可能产生更多的非法行为和纠纷。

基层治理：一线干部共建基层和谐[*]

丁稚花[**]

2019 年 1 月 15 日至 22 日，我们一行人来到河北省定州市调研。在定州市级层面和部分乡镇调研基层治理情况。定州是河北省中部区域中心城市。历史悠久，底蕴深厚，是中山古都，拥有 2600 多年的建城史，是"中山文化"的主要发祥传承地。本次调研的内容主要围绕定州司法系统整体概况、工作职责、工作内容等方面展开。

一 基层司法状况

司法局有 6 个部门，政治处、办公室、基层科、社区矫正科、普法科、法律援助中心，及一个下属事业单位——公证处、25 个派出机构。领导班子 9 名（其中，局长 1 人、党组书记 1 人、副局长 3 人、副主任科员 4 人），在岗 132 人，共 86 个编制（含司法所）。

截至目前，定州市每个村都建立了人民调解委员会，届别和村委会一样，由村民代表推选产生，调委会主任主要是由村"两委"干部担任。农村调解员没有工资，根据调解的纠纷案件实行"以案定补"（有条件的村可能会自筹经费发放劳务报酬）。另外，定州市也设有第三方调解中心，还包括行业性、专业性调解机构。2018 年，全市调解 2000 多起案件（纳入以案定补的），其中家庭纠纷、交通事故纠纷、土地纠纷占比较高。在人民调解的信息化建设上，"民调通"使用了 2 年，于 2018 年 9 月底到期。由此可知，定州市在人民调解体系已经日趋完善。

在公共法律服务体系建设方面，村里都建立了公共法律服务公示牌，

---

  * 调查时间：2019 年 1 月。

  ** 丁稚花，写作本文时为中国人民大学社会与人口学院社会学专业 2018 级硕士研究生，现
    为中国商飞上海飞机制造有限公司党委工作部（企业文化部）编辑干事。

1 名律师负责几个村庄（共 88 名律师），但实施效果有限。法律援助中心 2018 年处理法律援助案件 640 起，占法院总案件的 1/10。在社区矫正方面，矫正对象共 392 人，其中新接收 192 名。社区矫正对象需要实行"2 个 8 小时"（8 小时学习 + 8 小时劳动），司法所自行组织法律学习、义务劳动。在普法宣传方面，主要采取"线下培训 + 电视宣传"相结合的方式，培训主要是针对农村干部的，依托律师和电视节目的宣传，对干部和群众进行宣传。

司法所的工作内容还包括司法鉴定和公证。司法鉴定机构是一个中介服务组织，有 13 名鉴定师，7 个辅助工作者，共 20 人。公证处有 3 名公证员，3 名公证辅助人员。每年大概要承办 3000 多件公正事项，平均 1 个公证员负责 1000 多件。公证的主要内容包括继承、涉外公证等，需要对某些内容进行核实，或线下或网上核实。

二 法律服务市场

在基层法律服务市场方面，目前定州有法律服务所 6 个，市里 5 个，集中在市人民法院附近，还有一个定南法律服务所位于李亲顾镇；有 7 家法律事务所，88 名律师。律师队伍中以 70 后为中坚力量，还包括 60 后和 80 后的律师。女律师的占比较高，有 40 人。律师收入水平不一，差异较大。目前存在的问题是缺少大规模的律师事务所，业务形态还较传统、单一。

三 基层纠纷调解

基层纠纷调解是此行关注的重要内容，调研发现定州市基层纠纷类型以赡养类纠纷、土地类纠纷居多，新型纠纷案件出现，纠纷调解方式不变中有变。

1. 产生纠纷原因多样，但均与经济状况密切相关

1 月 17 日，我们去了明月店镇司法所。我们跟着所长下村，到二十五里铺调解一个长达一年多的案子。案子的起因是两个村庄村民有点摩擦，A 村村民不愿将自家地里的水引到 B 村村民的地里，于是 B 村在自家的土地上种树，树木生长，在夏天就会影响采光等，因此两村就产生了纠纷。

由于种树的村民较多，因此调解的难度就更大了。在这起调解案中，我们观察了全过程。第一，纠纷调解之所以发生，是因为两村村民的收入水平都不高，百姓穷，因此对这些小利益锱铢必较。第二，跟经济发展水平有关，两村不仅穷，而且没有土地可分，导致村民们对这一亩三分地十分看重。如果在经济情况较好的村，矛盾可能会自行解决。第三，与村民的受教育程度和文化水平有关。

另外，当地干部跟我们分享了征地纠纷的几个阶段：第一阶段，农民对于征地没有太多要求；第二阶段，农民对于征地的附着物开始提出要求；第三阶段，老百姓不光要钱，还要看征地手续合不合法。我们也可以通过征地过程来思考纠纷问题的产生，不论是小纠纷还是大纠纷，都牵扯到经济问题，在相对富裕的村庄和乡镇，纠纷的类型、数量都与经济相对落后的村庄与乡镇有很大差别。经济状况好的村庄，较少存在那些传统纠纷。

2. 纠纷以赡养、婚姻、土地纠纷为主，纠纷数量减少

在清风店镇司法所和清风店镇西三路村调研过程中，我们有以下几点发现。第一，纠纷调解有特色，实行逐级解决的模式：村里解决—片里解决—镇上解决—市里解决。2018年，司法所调解纠纷70多件，以赡养类纠纷、土地类纠纷居多。第二，"村干部都是调解员"。调解工作也不一定会找民调委员，有的会先找镇里的干部。第三，调解是个技术活。调解工作有些情况是不能完全依照法律规定来执行的，因为乡镇是关系社会，需要通过关系、人情等来解决问题，鼓励互相谅解，一般不鼓励告状，尽量想方设法调解。

乡镇干部说，与以前相比，到镇上来调解的纠纷数量减少了。这主要是因为大量纠纷化解在村里了，只有村里解决不了的才到镇上来。另外，由于"帮大哥"等普法节目的推行，农民的法律意识有了明显提高，知道什么是合法的、什么是不合法的。

3. 互联网在基层纠纷调解中的运用

在清风店镇调研过程中，郭晓明所长提到定州市之前推行"民调通"，要将调解纠纷的案件在"民调通"系统上汇报。但是网上申报比较麻烦，加上很多上了年纪的工作者，对于新型设备的使用存在困难，所以大家网上报的纠纷案件很少。办公电子化是大势所趋，但是基层情况并不符合。"民调通"对于基层老百姓而言是很不适用的，因此，开展一年多就取消

了，改用"以案定补"的方式。不过即使采用这种方式，也有很多调解委员并没有将处理的纠纷案件上报，因为钱不多，上报还麻烦。

此行调研我们发现定州市公共法律服务体系建设取得了阶段性成果，在每个村庄都公示了法律援助中心主任和律师的二维码，只要扫一扫二维码就可直接与法律援助中心的相关负责人保持联系，也可直接向援助律师咨询情况，这为村民们开通了了解法律信息的新渠道，也在一定程度上丰富了农村法律资源市场。

四 基层治理：多方聚力，发展可期

此行调研在市级层面和乡镇层面了解了定州市的基本司法情况，定州在司法建设和法律市场规范方面都取得了很多成果。基层治理的状况与上级部门的政策环境密不可分。在本次调研过程中，许多司法所所长提出民调委员对于基层纠纷调解起到非常重要的作用。同时，在福利补贴方面，司法局也在不断为农村调解员争取。随着司法局的垂直化管理和政府机构改革，相信在资源配备、人员设置等方面，定州的基层治理会取得进一步发展。多方聚力支持，干部久久为功，基层治理发展可期。

定州的基层治理状况是中国基层治理的一个缩影。通过这次调研，我们对于县域社会下基层治理有了一个较为具体的感性认识，这是我们在校园里无法获得的。

当前农村纠纷及其调解机制调查[*]

孙书彦^{**}

定州各乡镇村级人民调解人员在基层工作中积累了大量工作经验，将大量矛盾纠纷化解在基层，为人民调解工作提供了宝贵的经验借鉴。我们的调研主要围绕基层司法工作展开，对于农村纠纷的基本形态，纠纷的调解机制、原则和方法进行了基本调研，也提炼了定州人民调解的一些工作经验，总结了纠纷调解的影响因素，提出了人民调解工作下一步的改进方向。

一 农村纠纷的基本形态

首先，农村纠纷的基本形态随时代变迁不断变化。随着农民生活水平和素质的提高，定州农村纠纷的基本样态发生了一些变化，主要体现在量变和质变两个方面，具体来说就是纠纷的数量和类型两个方面。整体来看，近些年送法下乡等普法活动带来了农民法律意识的提高，农民对于法律的边界有了一定程度的了解，从而减少了违法犯罪行为。另外，20世纪90年代以来，农村劳动力大规模流动，既离土又离乡，外出打工人口的增加也在一定程度上使村庄纠纷数量减少。通过访谈我们了解到，现在农村的年轻人都忙于挣钱，往往不会因为"细事"而产生纠纷。

在农村纠纷内容的变化方面，相对于传统的封闭型村庄，开放性无疑是当今村庄最大的特点。随着工商业的发展和人口的流动，村庄自身也孕育出现代性的因素，一些与现代生产生活方式相关的纠纷日益增多，例如因道路交通事故肇事而导致的人身损害赔偿案件逐年递增，农村婚姻家庭

　＊　调查时间：2019年7～8月。

＊＊　孙书彦，写作本文时为中国人民大学社会与人口学院社会学专业2018级硕士研究生，现为中国人民大学社会与人口学院老年学专业2020级博士研究生。

纠纷成为农村纠纷的主体。以前农村占比最高的宅基地纠纷和土地纠纷也随着土地确权和土地流转不断减少。相较于以往，现阶段村庄的纠纷主要因婚姻家庭、赡养、交通事故、人身损害、土地、宅基地、债务等问题而产生，其中婚姻家庭纠纷是最重要的一种纠纷类型。新兴的一些矛盾主要来自新的社会环境和制度安排。历史上有三次离婚纠纷数量上涨的高峰期，第一次是20世纪50年代到60年代初期，这是集体化时期反封建婚姻运动的产物，当时不少妇女在离婚要求相对松弛的大环境下抓住了机会要求离婚；第二次是1980年，新出台的婚姻法对离婚条件比较宽松的规定掀起了新一轮离婚纠纷的高潮；第三次就是20世纪90年代以来农村劳动力的大规模流动，夫妻长期分居、异地生活，导致离婚纠纷数量的上涨。现在婚姻纠纷上涨的原因主要有以下几个方面：①年轻一代独立性提高，不仅仅考虑传宗接代，更强调自由恋爱和感觉，因而也更容易分开；②离婚条件更加宽松；③外出打工夫妻长期分离。此外，还有一部分离婚纠纷已经与村庄调解机制脱离，直接进入法庭系统。伴随经济发展与人际关系中对金钱的重视，涉及经济赔偿的纠纷增加，现在村民之间的纠纷往往离不开一个钱字，涉及利益的纠纷最多也最难调解。

其次，农村纠纷的基本形态具有地域性的特点，各村具体纠纷类型随村情而各不相同，但近些年总体纠纷数量在不断减少。这与农民法律意识的提高不无联系。农民法律意识总体提高，这对于农村纠纷的发生和解决既有正面的积极影响也有负面的消极影响：一方面，农民法律意识提高，知道法律的界限和边界，违法行为相应减少，纠纷也相应减少；另一方面，农民法律意识提高后知道维护自己的利益，常常利用自己一知半解、只言片语的法律条文为自己争取利益，从而增加了纠纷的发生。在我们的调研中，不少人民调解员都提到现在有些农民只知权利不知义务，从而产生不少纠纷。

伴随集体时代私有产权的基本终止，土地、债务、继承、分家等纠纷基本消失，宅基地纠纷在土地确权之后也变少了，之前土地没确权，农民经常因为多占一点土地而吵架甚至打架引发纠纷。现在新宅建好了宅基地纠纷自然也就少了。现在发生纠纷的年轻人比较少，老年人相对比较多，这主要是因为年青一代长期外出打工，村庄内部人际互动减少，且以经济利益为导向，不愿意打架赔钱，发生矛盾纠纷的比例也因此下降。

二 农村纠纷的调解机制

纠纷解决机制一般主要包括私力救济、社会救济、公力救济和无救济。中国特殊的文化传统和社会环境孕育了中国农村的纠纷调解机制。当出现纠纷时，普通民众优先考虑调解，把调解视为一个可能借以解决纠纷的选择，期盼某种和解，真正迫不得已才会告上法庭。这是中国法律文化与西方的基本不同之处，也是中国广义的传统法律制度的基本延续的最好证明。农村纠纷发生时的优先选项是通过社会机制来解决纠纷，纠纷一旦出现，主要由村庄内生的非正式的有威望的人士调解解决，其主要原则和方法是基于人情考虑的妥协，辅之以法律和道理。村庄的调解员首先是有信用的人，或者是年老有德的人，或者是公平和懂事理的人，绝大部分是村庄内生的非正式的有威望的人士。换届以来定州基层调解工作倾向于由村支部书记和村委会主任负责，调解人员趋向干部化和半正式化，由国家机构认可和委任的社区人员来替代原来村庄自生的有威望的人士。他们不仅是村庄自然内生的社会声誉较高的人，也是得到国家认可的村庄治理人员，因此权威更高于一般的精英。这一传统来源于集体时期调解人员的干部化，从过去的社区的有较高威望的人士，一变而为国家的干部，同时他们也是村庄社区的成员之一。这个时期村庄的纠纷多由生产队队长、党支部成员、妇女主任、村治保主任等处理。

三 调解原则和方法

从我们访谈的众多调解案例可以看到，农村纠纷的调解主要依赖的原则和方法是妥协，由调解人员协助双方形成双方都能接受的解决方案。调解的主要目的是在一个熟人社会中尽可能地息事宁人，避免长时间的相互敌视，这与基本不使用调解的、高度原子化了的西方陌生人社会形成了对照。面对习俗和法律间的矛盾，调解员既要考虑到从习俗视角来评判道德上的对错，也要考虑到从法律角度来看合法性的现实。当我们问到实际工作中如何平衡法和理的关系时，调解员大多说不清楚。如在访谈中，一个调解员说：

很多事讲不清，老百姓也听不懂，我也发挥不出来，好多事情按照我这个土法解决，按法律说不过去，按人情事理也解决了。法和理冲突这种情况，小事上不了法，跟他们商量；大事上了法，但法不外乎人情，有些事合情合理不合法，只要老百姓同意，没犯多大刑事案件，老百姓都认可这个事，即合情合理但是不合法。你说这个事办不办？肯定要办，法律不外乎人情，打架伤害这种事必须要按法律来，只要老百姓双方都认可的事就按理说，没必要按照法律来。我们基层调解就这么办。所以说，好多事合情合理不一定合法就在这个地方，好多事情按老百姓的理来办就行了，大事必须按法律来。

黄宗智在对20世纪20年代到40年代华北农村的实际调解案例分析后得出的结论是，当时的调解原则和方法主要是考虑到人情关系的妥协，但不是完全没有考虑法律和道德妥协。他们是在把息事宁人作为最高目标和把妥协解决作为主要方法，是在考虑农村习俗所包含的道理以及法律条文所包含的合法性现实之基础上拟出解决的方案。对比我们在定州农村的调研，农村基层纠纷的解决主要遵循两套逻辑：一是符合老百姓的公平正义；二是以解决实际问题为导向。在老百姓心中情和理要大于法，先从理后从法，但这必须在法律的框架下运作。在日常实际调解中，调解员主要运用情和理的原则和方法，同时援引法律。中国调解制度的和谐与妥协、忍让理念，可以按照自己的实用道德主义思维，从紧密连接事实情况出发，采用以下的原则：在无过错（以及双方都有过错，或双方都有合法主张或同等义务等）的事实情况下采用调解，而在有过错和侵犯权利时则采用正式的维权制度。

四　纠纷调解的影响因素和经验总结

我们在调研中发现，农村纠纷调解的影响因素主要包括村庄基本情况、村庄调解队伍建设和村民个人素质三个方面。在村庄基本情况方面，首先是经济基础好、有集体经济的村庄纠纷相对较少，农民忙于工作较少发生矛盾纠纷；其次是乡风民风好的村庄发生矛盾纠纷的比较少，这与村庄的文化建设、风俗习惯紧密相关。有些村庄重视档案材料的留存，这为纠纷调解提供了一定的依据。经常开展文艺活动能够加强村民之间的互动来往，对构建和谐邻里关系具有积极作用；重视教育的村庄，村民整体素质较高，受教育水平对农村纠纷的发生也有一定影响。在村庄调解队伍建设方面，村干部的带头作用和领导力有十分重要的影响，村庄纠纷的调解很大程度上依赖于调解员的公信力和调解技术。此外，农民个人素质也是影响纠纷调解的重要因素。调解员有"五不怕""五怕"，即："不怕横不怕楞就怕不讲理；不怕法盲不讲理就怕法盲讲道理；不怕通情达理就怕蛮不讲理；不怕脾气大的就怕不讲理的；不怕不讲理就怕理对理。"

在对多个村庄考察调研的基础上我们总结了影响村庄矛盾纠纷解决的几个经验。

①调解员素质直接影响矛盾纠纷的化解，掌握更多法律知识、学法懂法的调解员在调解矛盾时更能游刃有余；除了人民调解员的工作能力外，对调解工作的热爱程度、责任心强弱直接决定了调解员是否具有权威、说话是否管用、是否能够取得老百姓的信任。

②提高农民法律意识，划定违法行为的边界，把矛盾纠纷化解在萌芽状态，从而起到预防的作用。民风乡风的建设对于预防矛盾纠纷也有积极作用。

③充分发挥人民调解的纽带作用和引导作用。人民调解是基层矛盾纠纷化解的重要渠道。对于小的纠纷即"细事"要尽量化解在基层，调解之后当事人不满意的可以提供起诉的途径，不可以调解的案件移交司法部门或提供法律援助的渠道。

④律师在内部调解中的咨询作用很重要，律师为调解工作提供准绳，保证调解在法律范围内进行。调研发现，村里张贴有法律援助律师联系方式公示牌的村庄矛盾纠纷较少。

⑤调解队伍要结合人民调解的实际工作合理分配人员，兼顾性别、年龄因素。外出调解最好2人以上，单独办案容易有失偏颇。

⑥建立人民调解的横向和纵向网络，纵向由乡镇人民调解委员会牵头，整合各村调解力量；横向加强各村民调员之间的沟通和合作，这是解决跨村庄矛盾纠纷的重要工作经验。

⑦鼓励由村党支部书记和村委会主任兼任调解员。村干部不仅是村庄自然内生的社会声誉较高的人，也是得到国家认可的村庄治理人员，因此权威高于一般的村庄精英。而且村支"两委"本身肩负有调解责任，更熟悉村庄情况，这对于纠纷的调解大有裨益。

⑧基层矛盾纠纷解决要看火候，有时不能拖，有时需要冷处理，有时还要采用软硬兼施的策略，因此调解工作很大程度上依赖于工作经验，只有在实际工作中才能积累调解的技巧，比如动员家族的"老辈子"①、当家子出面调解；利用当地管事的，社会关系好的人。

⑨对于一些民族村来说，人民调解工作对于民族团结发挥重要的作用，在处理民族村的矛盾纠纷时要尊重少数民族的习俗，和平解决矛盾纠纷。

五　人民调解的工作改进

民调员普遍觉得现在调解工作越来越难做了。一方面，村干部的权威在下降；另一方面，要学习的法律条文越来越多，实际调解工作中有越来越多的限制和掣肘。在办案程序标准化、正规化的影响下，农民不愿意登记人民调解协议书，因此实际调解的多上报的少。而且实际纠纷调解中多为口头调解，签订协议书等程序繁杂，填写内容繁多，解决纠纷时民调员一般把事情说清楚、将问题解决好就结束了，不愿意按照程序填写相关材料。在调解员看来，办案程序标准化、正规化固然好，他们也明白这对于基层工作的改进有积极影响，但是还是很难改变他们的工作观念和习惯，这导致"以案定补"实际发挥作用小。因此，可以考虑推广口头协议登记表，简化登记内容，落实人民调解员的补贴。调解工作不能仅靠调解员的责任心和自觉性，长此以往会有损工作积极性。另外，还要提高调解员的补贴标准，让他们劳有所得。此外，还要加大对调解员的培训力度，提高调解员的法律意识，推动调解工作的正规化。

参考文献

黄宗智，2001，《清代的法律、社会与文化：民法的表达与实践》，上海书店出版社。

---

① "老辈子"是当地对老人的一种说法。

遭遇熟人社会的送法下乡 *

林　聪 **

　　本次调研的主题是"法律与农民生活",调研地点是在事先抽取的河北省定州市东亭镇八个村落。问卷分为 A 到 D 四大模块,A 模块记录村民基本的家庭结构与经济状况,后三部分设置旨在考察农民对法律的认知,对纠纷解决方式的了解与选择,对基层政府、法律与相关工作人员的态度与评价。

　　在田野调查过程中,我充分感受到了现代法律与乡村社会之间的张力。在调查过程中,我一直在思考的问题是,当前农民对现代法律的认知是怎样的? 现阶段"送法下乡"背景下,农村法治建设会遭遇怎样的困境? 这些困境与现状又有哪些影响因素?

一

　　在由传统"乡土中国"向工业化、城市化方向发展的过程中,我国乡村社会的生产生活方式和社会结构也发生着深刻的变化。有学者认为,血缘关系和地缘关系依然是当前乡村最基本的关系,也是在村落中人们习惯性地将人群分为"自己人"和"外人"认同的重要基础。也有学者认为,在社会流动加剧,生活圈边界被突破的情况下,市场规则越来越多地渗透到乡村社会交往中,工作关系和邻居关系逐渐重要,但亲戚、亲属、人情、礼节等乡风习俗仍然发挥作用,农村走向了一种"半熟人社会"。

　　无论是基于传统熟人关系网,还是当下的"半熟人社会",不可否认,

---

　　* 调查时间:2019 年 8 月 11 ~ 19 日。

　　** 林聪,写作本文时为中国人民大学社会与人口学院社会学专业 2016 级本科生,现为中国人民大学新闻学院新闻与传播专业 2021 级硕士研究生。

中国农村不再是一个封闭的、对内的、长久稳定的共同体，村庄的流动性和异质性与日俱增，复杂性和不确定性也在不断增加，而源于农村本身的关系维系资源和内生权威正在减少和削弱。在农村发展与现代性逐渐接轨的过程中，赋予更多法律的力量，借助法律维护社会秩序具有了现实的迫切性。在全面推进依法治国的背景下，弥补我国乡村在法治观念、法治实践上的严重不足，推进乡村治理的法治化，是健全我国自治、法治、德治相结合的乡村治理体系，推进乡村治理现代化的必然要求。

新中国成立以来，尤其是改革开放以来，我国农村法治建设已经取得了巨大的成就。然而，现代法律在以内生权威和礼治为主的农村社会的落地并不是那么简单。20 世纪上半叶费孝通先生就提到，如果在社会结构和思想观念没有改变之前，单把法律和法庭推行下乡，结果只能是"法治秩序的好处未得，而破坏礼治秩序的弊病却已经先发生了"（费孝通，1998：58）。

传统中国法律文化以"秩序"追求为轴心，发展出以"无讼""调解"为核心的纠纷解决体系，想要突破原有结构而构建法治秩序绝非易事。即使是在当代，乡村普法活动积极开展，普法标语随处可见，然而历经几十年的宣传与实践，"送法下乡"依然任重道远。重新反思"送法下乡"的过程与效果，摆脱当前面临的困境，优化乡村法治建设的路径势在必行。

二

本次问卷的第三部分涉及村庄中近年来的纠纷变化，村民自身对矛盾纠纷的感知、接触。在访问中，村民们高度认可村中矛盾纠纷减少。即使是问卷所列举的纠纷形式涵盖农村生活的方方面面，如从山林土地、房屋宅基地到家庭婚姻、老人赡养等，村民经仔细思考依然认为"很少发生""基本没听说过"。而我访问的多位村民都向我提及"我们村风气非常好，很少发生矛盾纠纷""现在都讲文明，操家伙打架情况很少发生"。

另外，关于家庭本身或村民个人，当被问到"你自己家同他人是否发生过上述纠纷"时，村民表现出疑惑讶然的态度，继而非常肯定地回答"从来没有发生过"。我访问的一位大妈被问及本题时回答："不不不，我家从来不发生这种事，我们不惹事也不犯事，更不犯法。"

牵涉法律的问题，村民的理解存在很多的误区和偏差。在问卷中，首先涉及的"法律"问题是："您认为法律对村民生活的影响大吗？"预期中本题的回答不会存在障碍，法律处处牵涉到农民生活、对农民本身产生诸多的保护或制约显而易见，影响非常大不言而喻。然而实际上农民对"法律"本身却有重重盲区或误解以至于调查员对本题的引导解释存在困难。

在农民眼中，一方面，法律被理解成是与政府机关相关的，是与国家相关的事物，与自己作为普通老百姓甚至文盲毫不相关，因此往往生发出"法律跟我农民有什么关系啊"的疑惑。另一方面，法律被狭义地理解成牵涉治安、处罚相关的制度规则，即法律＝司法＝刑罚，因此，又表现出"我安稳过日子，不触碰法律"的态度。在对法律本身的狭义理解下，村民在无解释情况下的第一反应是对法律"敬而远之"。

第三部分考察村民对纠纷解决方式的选择，以及村民对多种纠纷解决方式在解决问题的速度、效果、成本等多方面的认知。在纠纷解决的选择上，多数村民选择小的矛盾"忍忍就算了"，比较严重的问题"找相关方面调解"，只有极少数人选择严重的矛盾寻求"司法途径""报警"。而在"诉讼""上访""调解"三种途径中，绝大多数村民认为调解对他们来说是最重要的。与此同时，村民们对于上访、诉讼、报警的接触少之又少，几乎没有村民知道定州市法律服务热线电话。

关于纠纷的解决，村民的普遍态度是大事化小、小事化了，生活中发生的可能都是些只要退一步忍一忍就能即时化解开的小矛盾，即使是发生了较为严重的纠纷，最多找邻居或者村干部帮忙说和调解。

三

农村的法治现状和农民纠纷解决方式的选择，是由多种因素决定的。

（一）农村经济状况改善，但发展依然滞后

改革开放以来，我国农村经济状况得到了很大改善，社会文明进程和法治建设不断推进。大部分农民反映物质条件的改善使得广大农村地区不再因为生计需求而挣扎打拼，经济发展带来的更多新鲜事物也改变了过去乡村闭塞愚昧的状态，过去常发生的鸡鸣狗盗财产损失纠纷基本上已经消失。

但在区域发展不平衡的大背景下，乡村依然是经济发展整体滞后的一环。而法治作为上层建筑的组成部分，是建立在经济基础之上的。一些地区相对落后的经济环境，单一常态的社会环境，根深蒂固的礼俗传统，使现代法律失去了扎根、生长的环境，法律在调整社会经济关系方面所能发挥的作用和价值不能得到很好的体现。

（二）传统熟人社会的固有模式与情感联结

村落社会经过长期的积淀形成的行为模式、"和为贵"、"尊卑长幼"等文化传统深刻地影响着农村社会的方方面面，影响着法律在传统村落社会的运行和有效性。比如，熟人社会基于血缘、地缘关系的情感联系和人伦礼节，与刚性的、强制性的法律对违规的惩罚难免会发生冲突。又比如，乡土社会的差序格局使得涉及纠纷的各方必然存在人伦等级秩序，与之相应的社会信任、权利和义务都各不相同，而法律面前人人平等则默认公正看待一切纠纷主体，且他们享有无差别的权利，承担无差别的义务。

几千年来礼治文化秩序下，需要接受并建构起新的法治体系，农村社会难以避免会有直接或间接的抵制。所以即使是在充分了解上访和诉讼等途径的基础上，法治途径依然不太能被接受，调解依然是村民认为的最重要的纠纷解决模式。相反，如果在发生纠纷时决绝选择法律途径，不仅不符合相互情感期待的需要，这种一次性的博弈更是破坏了熟人社会里在共同空间继续生活的长期性互相牵制互相影响的规则，其实相当于宣告关系的彻底结束，这在农民们看来显然是不理智的选择。

（三）个体对交际平衡状态的追求

纠纷问题的解决本质上是人和人之间的互动关系和社会交往。涉及农村的人际关系变动、个体的心理变化及行为选择，林耀华在《金翼：中国家族制度的社会学研究》中提出的平衡论指出："人与人的互动关系无论如何变动，都始终趋向维持一种均衡状态，人类的生命无不摇摆于均衡与不均衡的状态之间。"即使出现混乱的不均衡状态，个体也会通过调适最终恢复平衡。平衡则会顺利，失衡则会遇到挑战。而"这种调适能力决定于各种技术、行为、符号和习惯等文化因素"（林耀华，2000：209～210）。

可以说，农民们会自然地对导致自我心理状态和人际关系失衡的选择

产生抵触。而从调查中我们得知，无论是"上访"还是走法律程序的"诉讼"都一定程度地存在"对自己名声不好"或者"完全恶化纠纷双方关系"的风险问题，因此在努力维持人际交往平衡的基础上，村民会更钟情于相对温和的"忍一忍""找人调解"。

（四）基层司法行政存在不足

在"送法下乡"的效果方面，基层司法和行政系统本身存在的不足也是要考虑的问题。基层司法和行政机构本身建设不足，资源短缺。农民可接触、可获得的司法资源和服务少之又少，甚至无法成为村民所认为的可以纳入考虑的发声渠道。在调查中，大部分农民对"上访"与"诉讼"渠道从未接触甚至一无所知，在调查员反复引导解释下依然无法凭借"印象""想象"对这些渠道的具体效果有所感知。此外，诉讼过程的烦琐、复杂、高昂花费等，也使得农民打官司的成本较高，抑制了部分农民对通过司法程序维护自身利益的需求。

四

"送法下乡"在我国农村社会已经实践长达几十年时间，其落地过程和现实成效仍有待加强，这也说明了农村法治建设现代化道路的漫长。

一方面，的确应当反思工程本身在推行和建设中的问题所在，但更重要的是考察了解农村社会本身的种种原因，明确在不同时代、不同阶段乡村社会的经济发展状况和现实需求，将农村熟人社会的传统礼治秩序文化和"无讼"道德规则纳入考量。"送法下乡"要与农村社会的发展水平相适应，在注重乡土规则和实际的过程中也可以巧妙利用乡土社会内部资源对接法治，实现村落逻辑和国家法律的互融。法治建设关系农村的切身利益，"送法下乡"是必要的，但也需要循序渐进推行。

值得一提的是，本次入户调研访问过程本身也对受访者的回答产生了较大影响。首先，调研中很多时候访问员被看成与政府密切相关的人，农民对于完成带有政治性的任务始终保持敏感和谨慎，因此在填答时以正面积极肯定态度为主。由于本次调研中向导多为与村支"两委"、村干部相关联的人，在入户过程中也必然会首先影响到被访者的心理预期和场景预判。从"拟剧论"角度看，访问者或向导的角色塑造了被访者的情境估计，而这一估计又决定了被调查者对角色的选择和"表演"。

同时，在农村环境中调研，我们既无法选择具体的访问场合，也无法完全去除周围人的"噪声"干扰。访问环境和场合将会高度影响被访者的专注力和思考力，而"噪声"干扰导致个体意见变成群体互动和意见交换后的结果。同样，在多人的公开场合访问，被访者的回答也变成了一种"表演"，其真实性和有效性也会折损。

参考文献

费孝通，1998，《乡土中国　生育制度》，北京：北京大学出版社。

林耀华，2000，《金翼：中国家族制度的社会学研究》，三联书店。

内外有别，以和为贵

——对农村矛盾纠纷问题的思考[*]

曾倩倩[**]

　　河北省定州市是一个以农业为主的县级市，其下辖的东亭镇位于定州东部，下辖 15 个行政村。笔者实习期间，分别前往了翟城村、东庞村、安家营村、黄家营村等地，其中翟城村是中国近代历史名村，1927 年著名的平民教育家晏阳初在此推广平民教育运动，形成了一套"乡村治理和建设的经验"，为全国各地甚至国际乡村建设运动都提供了宝贵的经验。东庞村的交通相较于翟城村更加便利，在入户访问的过程中，笔者发现村民普遍对"煤改气"政策的落实和执行方式有所不满。安家营村的特色在于中药材作物的种植规模比较大，并且该村的劳动力海外务工人数比较多。东亭镇的不同村庄总的来说是相似的，可以作为典型的华北农村的缩影，但是不同村庄的基本情况和存在的问题也有所不同，值得更加深入的研究。

　　改革开放以来，尤其是进入 21 世纪以来，随着社会主义市场经济的发展，人民的生活状况得到了改善，并且随着义务教育的普及和农村青壮年劳动力进城务工的增加，受访对象普遍表示农村的矛盾纠纷比以前减少了很多，打架斗殴等比较严重的恶性事件基本上没有发生过，但是，家庭纠纷、土地纠纷、政策纠纷、环境问题等矛盾依然存在。

一　内部纠纷与外部纠纷

　　目前，农村常见的纠纷包括赡养纠纷、婚姻纠纷、房屋宅基地纠纷、

---

[*]　调查时间：2019 年 8 月。

[**]　曾倩倩，写作本文时为中国人民大学社会与人口学院社会学专业 2016 级本科生，现为中国人民大学信息资源管理学院图书馆学专业 2021 级硕士研究生。

交通道路纠纷、农田林地纠纷等，这些纠纷根据不同的标准可以分为不同的类型。笔者以纠纷双方是否为家庭成员为标准，将其分为内部纠纷和外部纠纷。内部纠纷包括婆媳纠纷、夫妻纠纷等，卷入纠纷的主人公之间的关系比较亲密。外部纠纷包括个人与非家庭成员的个体、村委会或者政府之间发生的矛盾，比如常见的有因为耕地边界而发生的纠纷。

内部纠纷在多数村民看来，都不算作"纠纷"。在访问过程中，笔者询问"村里有没有什么突出的矛盾纠纷"，回答一般都是"没有"。但是，当笔者换一种方式，问"有没有婆媳矛盾、夫妻纠纷"时，常常又会得到"经常有"这个回答。受访对象的言谈举止，普遍反映出他们并不把家庭内部的争吵和矛盾归类为通常所说的纠纷。在村民的话语体系中，纠纷的程度过重，家长里短的小事关起门来解决了就好，甚至可以长久的搁置，算不上纠纷。

外部纠纷才是村民眼里真正的"纠纷"。对村民而言，家人及自己与其他人发生矛盾时，一般他们也不称其为"纠纷"，而是称之为"受欺负"。这样的表达方式反映了村民面对矛盾纠纷时"外部归因"的心理，他们常常不认为自己是引发矛盾的责任方，而是认为其他人不讲道理，或者有关方面侵犯自身合法权利等这些外部因素，才导致了矛盾的发生。

> 我们一家人都是老实本分人，这不，我们家有一块地边界被人多占了一大块，多年都没有要回来，这可不就是受欺负吗？
>
> ——受访对象

一位阿姨向笔者讲述了他们家持续了十余年的农田林地纠纷，起因是两户人家对于相邻的田地的边界存在不同的看法，并且在矛盾产生时，两家人也曾在一起协商和找人调解，甚至曾为此大打出手，两家人的关系也因此恶化。但是，按照受访对象的说法，由于纠纷对象家中有三个儿子，人丁兴旺，而自己家里就只有小两口，人力上比不过人家，并且，纠纷对象态度强硬且恶劣，因此，受访对象选择吃"哑巴亏"，"被欺负了十余年"。当然，这也只是受访对象的一面之词，如果条件允许，再去访问一下纠纷的另一方主体或者当年的知情人士，可能会帮助笔者更全面地了解和分析这场纠纷的情况，但因时间原因，我们并未深入探究。

总的来说，村民看待和区分矛盾时，秉承着一种内外有别的眼光。内部纠纷通常被村民定义为"家长里短的小事"，外部纠纷则常常被看成

"受欺负"。当然，笔者认为，在一些情况下，这种内、外的界限是模糊的，甚至会被打破。比如说，当夫妻关系恶化，走向离婚和财产分割官司时，原本的内部纠纷也变成了外部纠纷。在农村，普遍存在区别看待家庭纠纷和非家庭纠纷的现象，从而导致人们对于这两种纠纷的处理方式也不一样。

二 农村矛盾的解决渠道

"法律与农民生活"调查问卷关于如何解决矛盾给出的备选答案包括"忍忍算了"、"双方协商"、"找有关方面调解"、"诉讼"、"上访"、"武力解决"和"其他方式"。笔者认为这些备选答案几乎已经囊括了所有可能用于解决矛盾的方式，同时这样的备选答案也充分考虑到了农民的生活实际。

已有的研究将这些解决矛盾的方式分为三类传统——忍让、协商和调解，这属于中国本土的文化传统。"退一步海阔天空""把话说开""找个中间人说道说道"等民间俗语为大众所普遍接受，这种文化传统实际上是希望将大事化小，小事化了，包含一种村民自我管理和乡贤治理的美好期望。对于村民而言，家庭矛盾和比较轻微的邻里纠纷，都可以用这种方式来解决。受访对象也普遍认为，协商和调解解决问题速度比较快，效果比较好，并且花费的金钱成本也比较低。基于文化传统解决矛盾纠纷，在农村发挥的作用十分重要，对农民的日常生活影响也最为基础。

上访这一方式源于中国的政治传统。在封建社会，官僚制层级严密，地方的主要官员被称为"父母官"，中央外派的巡查官员（钦差）被称为"青天大老爷"，更有"拦路递诉状""进京告御状"等案例成为美谈，甚至被写进戏文，这都成为通过上访解决问题的历史渊源。有两位访问对象向笔者讲述了他们各自的上访经历，其中一位上访的原因是在外地打工时，老板拖欠工资，上访后得到了工作地政府有关部门的帮助，成功解决了问题；另一位受访对象上访是因为不满意村干部的工作，上访后经镇政府、市政府有关部门指示，最终仍旧交由村委会自行解决，受访对象对于这样的处理并不满意。笔者在访问中发现，上访这一方式在农村的应用并不广泛，一个村里最多只有两三家上访户，大部分受访对象表示普通的矛盾没必要上访，且上访解决问题花费的金钱成本比较高。

诉讼这种方式并非完全源于中国的本土传统，主要是基于国外传统。通过访问，笔者发现农村居民普遍存在的问题是不懂法律知识，大部分的受访对象表示自己不了解律师和法院的工作，不懂诉讼的程序。甚至有一位受访对象表示，当法院的传唤单下发至家里时，自己都不懂发生了什么和应该怎么办。诉讼这种方式在农村的应用也比较少，一方面，可能正如村民所言，村里没有什么尖锐的矛盾需要打官司；另一方面，也可能与村民不懂法律知识，诉讼解决问题时间比较长、花费金钱成本较高有关系。

笔者在访谈中发现，在农村，一些现象或者行为"污名化"问题比较严重。比如矛盾纠纷、诉讼、上访等。当笔者提到这些词语时，村民多数会立刻否定，让人觉得如果承认自己和这些行为有关联是一件比较耻辱的事情。这样的现象引发的问题有：一方面，对于村民自身而言，矛盾和纠纷可能难以得到正视和高效的解决，诉讼、上访等正规途径无法被正确和充分的使用；另一方面，对于研究者而言，这使得在问卷调查过程中一些人不愿意说实话。

三　总结与反思

笔者于 2019 年 8 月 12 日至 18 日赴河北省定州市参加专业实习，主要工作为入户访问，完成"法律与农民生活"调查问卷。其间，笔者在定州市东亭镇翟城村、东庞村和安家营村入户访问共计 30 余户，完成有效问卷 27 份。此外，本次实习还包括现代农业、历史文化、乡村发展等多个主题的参观学习活动。通过这些活动，我对定州农村的发展和变化有了更加直观和生动的体会。但是，由于实习时间有限，且暂时无法使用本次实习所收集的数据，因此笔者的本篇实习报告主要根据自己在实习中观察到的现象和问题，结合已有的文献，进行了简单的阐述与分析，所得出的结论需要研究数据进行检验。

笔者认为，随着农民生活水平提高，农村的矛盾纠纷数量明显减少，解决矛盾纠纷的途径更加理性，武力解决问题很少甚至近乎没有。村民无论是看待矛盾还是解决矛盾，都坚持"内外有别、以和为贵"这一原则，区别对待家庭矛盾和非家庭矛盾，常用的解决矛盾的方法为协商和找有关方面调解，但是不同村民对于有关方面的界定并不完全相同，它包括有威望的家族长辈、公正的邻居、村委会（大队）的干部等，人们根据不同的纠纷寻找不同的中间人进行调解。值得注意的是，在访问过程中，村民之间的矛盾被提及的相对较少，村民与村委会干部之间的矛盾相对较多，主要源于村干部对于一些问题的处理方式比较简单粗暴，没有得到村民的充分理解和认同。

　　内外有别，内部矛盾比较隐蔽，外部矛盾相对暴露，不同的矛盾解决方式也不一样，基层治理如何对症下药，解决矛盾纠纷，建设和谐、幸福乡村，值得进一步探索。

第二篇

方法自觉

到田野中去：初入田野者的震惊
与角色转换[*]

黄　政^{**}

田野对于社会学者，尤其是选择定性研究的社会学者而言绝不陌生，在田野中体察未知的世界，寻找契合无二的素材；在田野中生发灵感，感受直击心灵的震撼；在田野中编织学术，最大限度地升华实践。田野工作的重要性已无须赘述，而每一次田野进入的时间、接触的人物、所处的情境与遭遇都会给我们带来不一样的观感，收获迥异的田野体验，这些体验建构了我们的田野生活与研究。一般而言，调查者大多是田野的外来者，从进入到开始研究工作，其接触最多、最想接触的是被调查者。可以说田野中最核心的互动发生于调查者与被调查者之间，田野研究的过程也就是调查者与被调查者相互研究、互动的过程。因此，这二者之间的互动可以衍生出不同的角色定位、相应的田野权力及技术。

一　田野中的角色

戈尔德依据研究者在田野中的参与程度将其角色划分为完全参与者、作为观察者的参与者、作为参与者的观察者、完全观察者四个类别，但这种类别性的衡量未能展现出研究者在现实情境中的角色呈现（Gold，1958）。根据研究者在田野中的行为模式，笔者认为研究者在田野中至少存在着如下几重角色。

一是学习者。大多数的田野工作者都是对异己的世界展开研究，当进

---

* 调查时间：2017 年 7 月。

** 黄政，写作本文时为中国人民大学社会与人口学院 2017 级硕士研究生，现为中国人民大学社会与人口学院 2019 级博士研究生。

入到陌生的田野中时，展现在眼前的是全新的事物，包括陌生的人、未知的情境以及差异性的社会生活方式，调查者需要去观察、学习这些新的东西，抛却自身的主观预设并尝试用内在性的视角来理解、体会这些新事物，怀着谦虚之心，向被调查学习，这是一个田野调查者应当具有的基本素质，故学习者是调查者应当扮演的第一重角色。

二是聆听者。田野工作的过程是调查者与被调查者建立感情并让被调查者讲出自己故事的过程，而调查者需要做的就是促使被调查者讲出故事并聆听故事。感情的流露在田野中着实必要，不能以理性而冰冷的面孔来面对被调查者，唯有与被调查者达致共情，研究才能得以开展，资料收集才能够顺利进行。否则只能是干瘪的提问、敷衍的回答所造就的肤浅而苍白的文本。一方面，需要聆听被调查者的论述并给予及时回应；另一方面，寻找自身与被调查者之间的共性来使彼此产生共鸣以促进访谈的顺利进行。

三是研究者。作为研究者的我们相较被调查者最大的优势在于能将看似平淡的生活知识重新组合、抽丝剥茧，找到不同经验知识的内在耦合之处，将其归纳为更为抽象化的概括与一般的原理并用学术的话语加以表述，在此基础上力图丰富已有知识体系并对现实生活有所裨益。但需指出的是，田野中的研究者角色要与资料收集过程相区别，其是研究者的自我反省或者在研究团队内部的交流沟通，经验与学术的勾连更多生发于研究者的内在，是其获得的资料与固有知识之间的碰撞，被调查者往往处于这一过程之外。学术与生活存在一定距离，若强行将学术向被调查者灌输，只能使他们无法回答或者得到含糊的回答，需要用生活的话语来应对生活，用学术的话语来应对学术，而由生活到学术的转变则依靠研究者作为中介来完成。不宜将生活与学术相杂糅，这样会造成生活的学术化，从而使得生活过于严肃，以及学术的生活化，使得学术过于泛化与肤浅。

二　田野中的权力

作为田野中的外来者，调查者所拥有的权力微不足道，一方面，需要突破守门人的限制，得到进入田野的许可；另一方面，需要面对被调查者的层层盘问，打消其盘踞在心中的疑问。要想从一个完全的外来者进入田野并最终收获到翔实的经验材料，着实不易。当我们进入翟城村时，所幸的是作为守门人的村干部对我们态度良好，使我们能够顺利进入。但在着手访谈工作时我们难以避免地遭遇到最大，也是最为重要的挑战，即如何与被调查者建立互信关系。一方面，村民有着完全的主动权，其能够做出拒绝或接受访谈的决定；另一方面，在信息披露上其决定着透露多少或者如何透露。

虽然可以通过诸种技巧来挖掘我们所需要的信息，但毫无疑问的是，访谈的重心及主动权掌握在被调查者手。对于调查者而言，其希望从被调查者处获得一定的信息，故维持良好的互动关系以保证访谈的顺利进行是必要的，这种不对称的关系决定了二者田野地位与田野权力的不对称性。但这也不意味着调查者没有任何权力，但其所拥有的权力大多是后发性的，即建立在被调查者接受访谈的基础上，具体而言调查者所拥有的权力主要有以下几种。

首先是选择被调查者的权力，与谁开展访谈这一最初始的选择决定着与调查者发生互动的被调查者，因此调查者是积极建立关系者，正是调查者的努力才使得二者的关系得以形成，而这种选择权掌握在调查者的手中。其次是引导话题的权利，调查者作为一个外来者，是打开话题的人，也是引导话题走向的人。其可以在一定程度上选择并开展话题，并且这一权力也为被调查者所认可，被调查者深知调查者带着一定目的开展研究，这也为主导话题创造了条件。最后是控制访谈节奏的权力，与被调查者一样，调查者在田野之中也可以根据自身需要以及情境的限定来掌控访谈的节奏，并在一个合适的机会之下来结束此次访谈。

三 田野中的技术

进入田野伊始，我们遭遇到的便是田野中的人对我们的审查，这一审查主要包括如下方面：一是关于我们身份的审查，即我们是谁；二是关于我们目的的审查，即我们来干什么。"我们是谁"是调查者被问得最多的一个问题，调查者对自己身份的介绍决定着被调查者是否会接受我们的访谈。在回答该问题之前我们需要知道在确保真实性的同时给予被调查者一个可预期的、安全的身份，一个正式且非敏感的身份十分必要。就当前而言，大学生及高校教师的身份再适合不过，一方面，大学生及高校教师给人的威胁性小，不会给被调查者带来不安全感；另一方面，大学生及高校

教师的社会声誉度较好，会较容易获得被调查者的尊重、理解与接受。

在亮明身份之外，对自己目的的伸张变得复杂得多。在阐释目的时，我们需要均衡利己目的和利他目的。对调查者而言，田野工作更多可能是为一项研究或者课题收集资料，并在此基础上完成论文或者报告来实现自身的学术理想或完成任务，这也许是大多数调查者开展田野的动力。但对被调查者而言，田野工作对其自身可有可无，反而是少则几十分钟，多则几个小时的访谈极大地占用了被调查者的时间，除了赠送礼物外，要想使被调查者配合访谈，我们需要最大限度地伸张研究对被调查者的效用。从为被调查者带来效益的立场出发，一般而言田野工作很难将效用落实到每一个受调查者身上，故村庄将会是一个很好的落脚点，即阐释研究对于村庄发展的意义所在。诸如，研究乡村中存在的问题，为乡村的发展提供帮助等，突出我们田野工作对乡村发展的实际效用，伸张研究的利他性。

参考文献

Gold，R. L. 1958. "Roles in Sociological Field Observations." *Social Forces* 36（3）：217 – 223.

田野调查中信任关系的建立与维系[*]

刘　凌[**]

我算是非常幸运的，2015 年读博入学恰逢系里启动了定县追踪调查项目。读博四年，我基本上参与了该项目的整个推进过程。同时，因项目执行过程中中国人民大学与定州市政府开展校市合作，并在当地挂牌建立了"中国人民大学社会调查与实践教学基地"，这为我及此后在定州开展社会调查的同学们提供了极好的田野支持。基地帮我解决了田野进入难的第一个问题，而进入田野后真正要面对的是如何与调查对象建立和维系较稳定的信任关系。

进入田野时的局促

2016 年 8 月 23 日，作为基地第一批驻点定州的调研员，我与同年级的杨峥威、李阳、张龙一行四人分别前往定州市李亲顾镇、东亭镇、环保局、农业局，计划以非正式实习的形式进行为期四个月的驻点调研。当天上午我们乘坐 G571 次高铁至定州东，下午 3 点在定州市李副市长的主持下，我们与各自所要驻点的乡镇（科局）负责人进行了对接。一方面，杨峥威代表调研员表态：此行开展非正式实习并不是正式的挂职，主要目的是进行博士学位论文写作主题相关的研究和实践学习；我们公开发表的信息、文章等，均会由项目负责人全权把关；食宿上尽量不给基层添麻烦，项目费用给予我们支持；实习时间安排上以灵活、协调为原则。另一方面，李副市长要求各对接单位与调研员认真沟通，安排一位副职专门负责落实对接工作，并全方位提供研究支持，强调要展示无包装的形象，并提

---

　*　调查时间：2016 年 8 月、2017 年 8 月。

　**　刘凌，写作本文时为中国人民大学社会与人口学院社会学专业 2015 级博士研究生，现为北京科技大学文法学院讲师。

供资料支持。可见，我进入田野的方式和过程是比较正式的，有官方渠道的背书，在很大程度上提升了对接单位的信任度和合作度。但是，起初，我仍陷入了短期的局促状态。

究其原因有两点。第一，乡镇给予我的支持与我对乡镇的期待有出入。对接会结束当天，我立即联系了李亲顾镇政府办公室高主任，确认第二天前去报到事宜。为此，第二天一早，我从市里打车到李亲顾镇，在高主任的引导下，我跟镇长、书记碰面，并简单沟通了实习期间的计划，表明我比较关注当地铁网企业的绿色转型实践。由于企业的转型发展在乡镇工作模块中归属于经济和环保领域，陈镇长把我引荐给主管经济的高副镇长，由他具体负责协助我开展调研。与此同时，陈镇长又帮我在镇政府办公楼二层协调出一间独立的办公室（兼宿舍），知会我一日三餐均可在食堂解决，并表示有任何生活或调研需要均可找办公室同事或直接联系他处理。至此，我大抵算是找到了田野的驻点。

报到之后，我并未直接住在李亲顾镇。因为生活用品还未置办，同时，由于我2016年秋季在中央财经大学兼了一门本科生的专业选修课——"环境社会学"，上课时间在每周五下午，因此，田野调查期间我基本上每周五会回北京，周末又从北京去定州。最终我搬入李亲顾镇宿舍已是9月4日。当天，收拾完宿舍，我独自上街采购生活用品，回到镇政府刚好是下班时间。陈镇长招呼几个值班的同事，并邀请了几位铁网企业主，为我以及几位新来李亲顾镇工作的年轻同事接风，这顿晚餐以非正式形式介绍了我此行的目的。这种非正式的情境帮助我拉近了与大家的距离。

但是，这与融入他们的生活还有很长的路要走。站在乡镇政府的角度来说，他们把自己置于支持者、协助者和服务者的角色，目的在于帮我顺利完成博士学位论文相关的调研实践，因此，他们并未给我安排具体的工作任务，也不要求我参与内部工作群、工作会议或活动。这样做的好处是，我在田野的时间几乎都是自由、自主的，而它的挑战在于，了解乡镇运行机制，走近调查对象，收集研究资料，均需要我积极、主动地去联系乡镇工作人员，或请他们给予具体支持。相对来说，我缺少了通过参与乡镇工作获取相关资料的机会。尽管我的调查对象并非乡镇工作人员，但是，从田野调查本身来说，这多少会有一些遗憾。尤其是在初期，我与乡镇工作人员并不熟悉的情况下，有时候，调研求助带给我的压力并不小于陌生拜访。当然，这主要源于我感知到在初期，乡镇工作人员与我有距离感，这导致我未能与乡镇工作人员详细阐述我对他们的期待。

第二，我对乡镇机构的日常运作缺乏了解。在去定州调研之前，我的生活阅历均来自童年在南方农村的生活经历，初高中寒暑假期间往返于广东的流动经历，以及读博前在银行的三年工作经历，所以，我对北方农村、对北方农村乡镇运行缺乏基本认知。这在一定程度上，影响了我熟悉乡镇政府工作人员和工作机制的速度，进而延长了我通过乡镇工作人员获取有效研究资料的时间。即便如此，我依然说服自己要积极行动起来，不能懈怠，坐等大家来问我需要什么支持。我的办法是从日常生活事件逐渐走进田野，比如：我早上会早早去食堂，碰到见过面的同事，会主动打招呼，时机合适的话，会坐到一起闲聊几句；我尽量参加乡镇的早会，了解乡镇内部工作流程、工作内容和分工情况，有感兴趣的工作，主动提出来去参与；下午下班后，我会看看值班表，尝试约晚上值班的同事，或常住在镇政府的同事一起出去晚餐，在晚餐时，跟大家相互熟悉，有不明白的事，也可请教一二。在田野，研究人员的存在感直接来自自身与田野人物之间通过互动所构建的联系，这种非正式沟通慢慢地拉近了我与田野的距离。

在初入田野时，我基本上本着不错过任何一个人和任何一次沟通机会的原则，能接触到的、愿意跟我聊的人，包括乡镇工作人员、食堂阿姨和厨师、办公楼清洁员，镇政府周围店铺的店主、街边摊位的摊主，出租车司机、公交车司机、三轮车司机等，他们都是我熟悉田野或获取潜在研究资料的渠道。虽然，在起初将近一个半月的时间里，我一直徘徊在研究主题周围，获取到的有效调研资料非常有限，有时候这也给我心理上带来较大困扰。我不断给自己打气，告诉自己只有来了田野，深入进去，才能静下来仔细思考想要做的研究，才能好好梳理研究思路。事实证明，这样一个从陌生到熟悉，再逐步深入的过程是有必要的，既能磨砺自己的心性，避免急功近利，浮于表面，又能让田野里的人熟悉我、了解我的调研，在需要时，他们也更愿意提供力所能及的帮助。

扩展访谈对象的方式

田野调研过程中的访谈如果均以陌生拜访开始，就需要你有充分的研究准备和心理准备，也需要有一点运气。如果你运气不错，能碰到一位热心而又愿意分享的受访者，那么，条件允许的话，将他发展成为你在田野的关键人物，可大大提升调研的效率。我在定州的调研就遇到了几位热心的企业主，他们是我打开田野局面的重要引路人和支持者。

如前所述，初入田野时，我经历了一段因未能打开调研局面而导致的局促期。事实上，在我正式驻点田野之前，已分别于 2016 年 1 月和 6 月先后两次到李亲顾镇开展过小范围的调研，这两次调研为我开展深入的田野研究做了铺垫：一是帮我明确了博士学位论文的选题方向，即聚焦于农村小微企业绿色转型实践；二是为我积累了一定的研究对象，这是我扩展和深入田野的基础。具体来说，我主要通过以下三种方式接触到新的访谈对象。

首先，在整个调研初期，采取由"乡镇政府联络村委会，再由乡镇工作人员或村委会委员陪同初访小微企业主"的方式。初访的目的很简单，一方面了解企业主及其企业的基本情况，另一方面介绍调研的目标和初步计划，从而与研究对象建立起最浅层的信任，增加再访的机会，降低再访被拒的可能性。初期，我所做的初访都是在乡镇或村干部的陪同下进行的，因此，时间长度大概在一小时到一个半小时，同时，由于并不是一对一的单独访谈，访谈很少涉及企业绿色转型方面的深层内容。初访的意义在于留下联系方式，表达再访的期待，确认企业主接受再访的意愿。

其次，在调研进行到中期时，从以乡镇或村委会为中介的约访流程，转向由再访企业主推介的方式扩展新的受访企业主。以乡镇或村委会为中介的访谈流程存在几个不足，比如：难以实现一对一的深入访谈，需要在中介者和拟受访者均方便时才能开展访谈，中介者并不熟悉企业主群体内部特征，未必能推介合适的受访者，等等。因此，在对部分企业主进行了多次回访，且我与他们之间的相互信任度有显著提升后（比如：他们主动邀请我去家中做客，他们攒局把我推介给其他企业主，他们愿意分享一些内心真实的想法，等等），我开始调整扩展受访者的方式。我尝试请求较为热心的企业主帮忙联络或推荐他们熟识的企业主，通过他们作为第三方的介绍，其他企业主通常都不会拒绝访谈邀请。如在钢网行业和村委会有较高声望的几位熟人不仅先后多次耐心地、坦诚地接受我的访谈，而且，多次帮我联络其他企业主，为我的调研提供了无可替代的支持。

最后，在田野调查的中后期，我基本上能脱离乡镇或村委会，独立地联络访谈对象，除去请再访企业主推介外，我也鼓起勇气进行陌生拜访。

对田野里的社会主体而言，我的调研在某种程度上与他们日常生活的关联是非常弱的，有时候他们忙于工作或生活事务，并无暇顾及我的研究需要。此外，经由中介者联络新的企业主，多少会给人一种受到推介者"监督"的感觉，有时受访者还是会顾及这一点，对我有所保留。因此，我有必要充分发挥主观能动性，去田野里寻找合适的访谈对象。这种陌生拜访的阻力在于，需要研究者有足够的勇气敲开受访者的门，并准备好面对被拒绝的可能。当然，作为女性调研人员，还有一个关键点，就是要在对个人安全有充分考虑的情况下，再进行独自陌生拜访。

信任关系的维系过程

我的驻点调研于 2017 年 9 月 16 日正式结束，调研时间跨度长达一年多，在此之后，除 2018 年未再访田野外，我每年都争取抽出一周左右的时间，去定州李亲顾镇及其他乡镇进行短期的回访和观察。迄今为止，我在定州的受访者除了企业主、政府工作人员，还有环保工作人员、银行职员、村民，等等，累计 80 余人。其中，部分受访者已与我建立了较深的信任关系，总体来说，我们的相互信任感是在不断的沟通与互动中提升的。具体包括以下几点。一是田野调研期间，以赠送小的节日礼物或纪念品的方式，真诚地感激关键受访者的支持和帮助。从最基础的人际交往来说，我的调研工作占用了受访者的时间，受访者向我分享了他们的故事和想法，对此，我始终心存一份最朴实的感激，言语上的感谢是必要的。同时，带有中国人民大学标识的纪念品等，也是表达感谢的一种方式，通常受访者也是比较愿意接受的。有一个小细节是，我会在每次访谈结束后的第二天，以信息的形式向受访者表达感谢，同时，表明如果有不明白之处，会再请教。我觉得这在一定程度上会提升再访成功度，也能增进信任和联系。

二是在受访者需要支持时，及时提供力所能及的帮助。比如：有时候，企业主有文字材料编写工作需要，我会主动提出一些完善建议或帮助完成；有时候，乡镇工作人员在孩子学习上有困扰，我会在自己能力范围内帮助其获取学习资源或教育资源；有时候，同龄小伙伴遇到家庭沟通问题，我也乐于担当倾听者或提供建议的支持者；等等。这些不起眼的小行动，能帮我拉近与田野的距离，也让我感觉自己在某些时候成为田野里的一分子。其实，田野的信任就是在日常相处中，通过相互联系、相互帮助建立起来的。所以，很多时候，在田野中，我们也要避免目的性过强，要有沉下去，既来之、则安之的心态，就好像自己在体验生活的同时，顺便进行调研一样。

三是在虚拟空间的积极回应。现在是网络社会，通常我们都会与受访者成为微信好友，那么，逢年过节的微信问候、朋友圈里的点赞和转发等，都能帮助我们在离开田野后，仍与受访者保持互动。这种虚拟空间的互动，能使我们的信任保持温度，在田野回访时也能获得线下积极的回应。

总结来说，我在田野里，与研究对象之间建立和维系的信任关系并没有太多技巧，有的只是以真诚换真诚。由于我们做田野调查需要以自己作为工具收集研究资料，因此，在调研开始前除了必要的知识素养、实践能力外，还需要对研究对象保持一种最朴素的敬畏之情，这会让他们感知到被重视、被尊重，他们才更愿意倾诉、分享。

天真的社会学入门人：理论、经验 与田野现实之间[*]

张琪琛^{**}

　　田野，于我们年轻的社科学子而言，是一个再熟悉不过的概念。学科的研究方法训练和学科史教育让每一个初学者都对它有着不同程度的美好幻想。尤其是受那些富有异域色彩的早期人类学研究的影响，于我而言，对进入一片未知的区域，发现、探索并创造属于自己的研究成果有着近乎浪漫主义的各种构想。只是当我们经历了一次又一次田野观察，探索了一片又一片陌生土地后，那个幻想的远方真切地映入我们的眼帘之后，一切的新鲜感逐渐被熟悉的感觉消磨殆尽，幻想中散发着迷人魅力的田野可能在某一瞬间失去了滤镜，恢复了原本朴素、平凡的样貌。天真的社会学入门人，在这时或许就会感到迷茫了，不知自己该怎么描绘自己经历的一切，也不知该如何开展一个研究。在本科阶段早期，刚开展研究的那段时间，我常会陷入这种困境。慢慢地，随着研究经历的增加、理论经典与专题文献阅读的充实，我已学会了沿着前人给出的一些道路进行自己的研究。然而，每每开始一场新的研究之旅时，那种天真的状态，它又会回来，此番五一前往定州的调查便是如此。

　　定州，是一个曾在中国社会学史课上听过多次，那个每每提起便会在脑海中刻画出发黄印记的图景的民国试验田，那个晏阳初先生开展早期现代化实验的地方。定州，也是一个进入中国人民大学后，听师兄师姐们分享过多次，产出了颇多优秀研究成果的学术沃土。在踏上这片土地前，我也不知幻想过多少次，想要在此开拓自己的一片田野，延续本科时便想做

　　*　调查时间：2021 年 4～5 月。
　**　张琪琛，写作本文时为中国人民大学社会与人口学院社会学专业 2020 级硕士研究生，现为中国人民大学社会与人口学院社会学专业 2022 级博士研究生。

的公正研究，最好再能有些学术创造与成就。

只是疫情的阻挠使得前往定州调研的行程一再拖延，而我也到了不得不面对毕业论文的方向选择的现实问题的时候。为了让调研更有效率，我也依着规范那般，做了各种前期准备工作。了解定州的基本民情，阅读前辈们在定州的著作和论文，以及紧密结合着本次有关"矛盾纠纷排查化解机制"的主题阅读了大量的文献，妄图从文献中找寻到一个可能的研究问题，以便更好地开展研究。只是缺乏田野经验体验的阅读只是单向的知识汲取，而无法同汲取的知识开展什么有效的对话。不过是被一个又一个的作者牵着鼻子走，有时借助以往的调查经验，自觉找到了研究者的逻辑弊病，或是对某个理论应用有了一些自以为独到的反思，却不过是深陷一个又一个的逻辑迷宫，被一个个学术概念与宏大的理论理想类型所迷惑。因而当我同导师聊起自己的一些思考的选题方向时，总会被提醒太理论化了，也缺乏问题感。的确，那时的我太心急了。

因而，当踏上定州的土地之时，我虽然有了各种预设与构想，但在调研开始不久，我便发现我的理论完全照不进现实。

一 初遇"旧城"

因为遇上了"五一"前的出行高峰，我们未能买到北京西发车经停定州东的高铁车票，只能选择了北京东发车停靠定州站的老式绿皮火车。坐落于四环东南角的北京东站的陈旧已令我颇为惊讶，而当火车一路慢悠悠地穿越华北平原，停靠在了一个老式的露天月台车站，我才意识到，我眼前这低矮的黄色二层小楼竟是一个县级市的火车站。恍惚间，那些发黄的图景变得清晰了，我曾在脑海中构想过多次这座小城的街头景象，也深知河北在过去的十多年里经历了怎样的艰难发展境遇，只是不曾料想它是这般的"旧"。

久居繁楼，不识暗巷。过去我的调研多是以东部地区的城市为主要田野点，即使是去了浙中永康的古村、黔西镇宁的山村、鲁西南单县的乡村，也不曾有过这种恍若隔世的感觉。可定州就在这儿，这座中山故城已经在这儿坐落了千余年了，约百年前的乡村建设实验也让其成为最早在精神上接触现代化的华北县城。只是改革开放多年了，路上的自行车大军也逐渐被滚滚车流取代，但与我过去调研过的东部城市相比，这里仍缺少了一些现代的气息。

四月末的正午阳光正好，天空蓝得通透。走出车站，视觉的冲击带来的震惊很快就平复了，车站前没有熙攘的人群，没有叫卖的商贩，宽阔的路对面的餐馆也因受疫情的冲击，大都紧闭着店门。由于同行的同学的研究方向的需要，下午安排了去教育局的调研，我们一行便匆忙赶往了酒店。同在车站的感受相近，定州的城区还是保留了些时代的特征，高楼不多，多是六层以下的筒子楼。当然，后来熟悉了才知道，因为发展成本的问题，定州的产业多位于临近城区的近郊地区，像是万达广场等新的商业综合体也在原本空旷的城市北部重新另立了中心。我们住的酒店比邻定州旧的商贸中心大世界，位于商业街上，距离商贸中心大世界隔壁的定州市政府各机关也十分近，师兄开玩笑似地同我们说："这可是定州的 CBD 了，白日里看不出，可晚上却是热闹得很。"只是到了晚上在古城中散步时，他却也不禁感慨疫情的冲击，即使是这 CBD，夜里的人流也不比往日了。

晚风不太冷，就轻轻地吹着。空气里淡淡地飘着有些闻不着的烟火气息，漫步在定州主路——中山路上，我一时忘却此行的来意。我曾预想过许多要来此开展的研究，也曾设想过它在发展中也必然会面临转型困境。只是回想下午在教育局调研课外教育的情况时遭遇的尴尬①，便心生一丝忧虑，定州的情况其实远不如我所推测的那般理想。思索间，师兄提议去他调研时意外找到的小酒馆喝点，说是这家的精酿味道非常好。我一听来了兴致，便应声说去尝尝。于是四人便在古塔边的一家卖酒的小店坐了下来，我们竟是当晚唯一的客人。店面不大，找了个角落坐下，从琳琅满目的啤酒中点了几瓶陌生的精酿，借着酒精的麻醉，大伙也聊起了各自的八卦，开题的事儿自也被我抛到了脑后。

二　意外之喜——理论照进了现实！？

正式的调研由第二日方才正式展开，老师也一早搭乘着绿皮火车来了定州，约是早饭时段后不久便能下车。我们四人便一早吃好了饭，等在了门口。只是老师并非只身一人，而是被定州接待的领导一早便用车接上

---

① 同行的同学曾想调研定州的课外教育的情况，并以此为田野对我国县域的课外教育体系进行描绘。可调研后才得知，定州的课外教育机构并不发达，也缺少发展课外教育的土壤。在高压的应试教育体系下，学校的教育已然占据了孩子们的大部分时间，孩子们根本没有必要像城市里的同辈那样在课余还需要自己去补课。

了，不等车停稳，老师便招呼我们上车了，一脸茫然的我就这样踏上了前往田野的路。

在路上，我得知陪同的是教育局的副局长，正好奇为何是教育局的领导陪同时，车辆很快便到了我们的第一站——杨家庄乡。来之前对于定州各乡镇的情况了解得并不多，甚至连名字都叫不出几个，甚至是整场调研完了，我也才大体了解了几个去过的乡镇的情况，对于定州的全貌也仍只是一个非常模糊的认识。在杨家庄乡的调研似是乡镇政法口单位的观光，先是在司法所与"一乡一庭"①的几栋平房里参观了办公室与调解室，后又在派出所的大院里坐下了，听乡镇领导汇报了该乡矛盾纠纷的出色成绩，尤其是派出所的各色荣誉。或许是早上起得有些早，脑子还稍显迟钝。在杨家庄乡的一上午，并未记住些什么，只记得这儿拥有全市唯一的枫桥派出所，有一个调解能力很强的调解员。而后又回到了城区，在南城区法庭做了短暂的停留，也是了解了个大概便匆匆离开了。

午休过后，也清醒了不少。因为得知下午调研的地点是定州市信访局，在出行前甚至还有些兴奋。定州市信访局位于市中心，几分钟的车程便到了。接待窗口仅有一个，但并未见到有人前来。

在信访局的调研是以座谈的形式进行的，而这场座谈也是颇具规格，会议由定州市委政法委常务副书记亲自主持，公安局、法院、信访局均派了相关副职参加，为我们介绍各自单位在矛盾纠纷排查化解方面的工作情况。与正式的报告会不同，参会的领导们用非常亲切的家常话介绍了各自真实的工作情况和面临的主要工作困难，尤其是参会的公安局副局长，说话十分接地气，还有些幽默感，常会拿他一线工作中遇着的事儿来打趣。

> 一个就是人们的维权意识（提）高了。（只是）他这个维权意识吧，光讲权利，不讲义务。就像刚跟你们说的（不孝顺老人）那事儿，家里五个兄弟就会说自己（孝敬老人）多给了，其他兄弟少干了。他怎么不说他自己本来就有赡养老人的义务嘞。这个（义务）他不讲，他光讲他的权利。有个说自己哥哥（给东西）给得少，说那话儿就是"我哥还比我多吃两年奶呢"。咱别笑啊，教授，这（种）话（他）就真说出来了。当时老太太都90岁了，有五个儿子，四个都结

---

① 定州市参照邯郸的地方经验模仿学习的一个法院组织机制创新，在基层设立"一乡一庭"专职负责调解工作，完善诉前调解的组织机制，推进调审分离的工作。

婚了，就一个还没结婚。说实在的，她就只能跟着光棍的这个儿子过。五兄弟当时定的，说是过年的时候一人拿50斤肉。结果其中一个拿了两年就不拿了，用他的话说，是（觉得）肉都让（单身的儿子）老三吃了，（老三）不仅不拿，还吃他们的。就为这么个事儿，就到我们（派出所）那儿去了。那是大年三十，是除夕啊，老太太就这么坐在我们那儿。（为解决这个事儿）我就故意说，"这么着的，你们哥五个，一人给我出200块钱，我去老三家给你们安个摄像头，都给你们连到自家的手机上。等你们老太太再吃饭了，就（对着摄像头）跟你们四个小子汇报，说自己在这儿吃肉呢，儿你快看啊"。就这么着，这么磕磣他们一会儿，就把这事儿解决了，后来就都老实了。签协议的时候我还说了，"你们谁再不拿（肉给老太太），再拖着迟拿，我就让老太太住你们谁那儿去"。就这么着，（用）这种土法儿，给解决了。（这种事儿）你要是让老太太告这几个小子去，仨月你也解决不了，就（让我）这么一弄，就（解决了）……这回他们村选举我还去看了，老太太还在村里呢，身体可好咧。你说，就为老太太多吃几口肉，兄弟们发生这种纠纷（多丢脸）。（可）你要在农村时间长了，什么稀罕事儿都能碰见，（都是）千奇百怪的（事儿）。（20210430ZFLXH 13）

在听他的分享中，我突然意识到，这场会议的特殊性，在场的副职大多都是政法口单位的领导，尤其是公安局的副局长，在我的印象里那更是有威严的部门的人物，怎么今日我们这一场小小的调研会便能将他们几个组织到一起呢？而且主持者还是政法委的常务副职。我记忆中有关条块的知识迅速地翻涌了出来。一时间，我感到无比的兴奋，感觉自己可能发现了某个突破口，并隐约意识到这种关系背后必然存在某种支撑的体制机制。

在后来政法委常务副书记的汇报中，这种隐约的意识得到了印证，自2019年中共中央印发《政法工作条例》以来，政法委的地位便有了显著的提高。

虽说只是一线工作者用朴素的语言对自己经验的总结，但其后隐含的我国体制的变革也呈现给了我们。一时间，我突然有了一种"理论照进了现实"的感觉。当然，由于当时的相关文献阅读的局限性，事后印证那只是种自我感觉良好的错觉，却也打开了我在此方向不断拓展的突破口。

三 突破：综治体系

在此后三日的调研中，我的思路也逐渐变得清晰，在听取各乡镇的汇报时也会着重观察其有关条块协同的机制建设情况，在各乡镇政法口的诸条块均围绕矛盾纠纷化解工作形成了联动的体系。

以叮咛店镇的综治体系设计为例，由乡镇党委副书记兼任的政法委员牵头，建立由派出所、司法所、信访办、护路办、土地所、民政所、计生办、安监站、社保所、财政所、镇教办、卫生院组成的乡镇综治中心（见图1），几乎覆盖了所有可能涉及矛盾纠纷调处的单位。值得注意的是，伴随近年来定州法院的下沉实践，在每个乡镇都设立了专业化的调解法庭，而调解法庭也被纳入乡镇综治中心的组织框架。同时，在党务实践改革过程中，派出所、司法所、信访办等部门的派出性机构的党组织关系和生活也逐步纳入了乡镇的党委体系之中。这在一定程度上避免了双重领导。

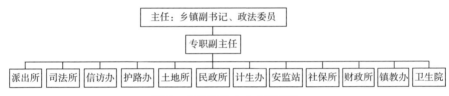

图1 乡镇综治中心组织架构

在运作上，其兼顾了日常性与突发性，既包括定期的集中学习、矛盾研判、重大纠纷化解的工作例会，也包括了对突发重大纠纷的应急会议机制。其工作原则坚持以预防和协调为主要工作方式，依靠统一的管理体系、管理平台、管理网络实现对域内的社会治安状况的实时监控、动态监测、整体研判，最大限度地实现多元纠纷解决机制的有效运行。

在具体的运作上，乡镇综治中心也有了比以往的体系更频繁的上下互动。从自下而上的视角来看，镇综治中心除了接收群众来信来访，还会每日接收辖区内农村基层党组织的纠纷调解员排查出的纠纷，经过初步研判之后，将纠纷分类、交办给相应的主体单位。一般民间纠纷交由各村村委会解决；复杂矛盾纠纷交由乡镇综治中心统一开会解决；涉法涉诉的纠纷则交由派出所、司法所来解决（见图2）。对于交由乡镇综治中心解决的复杂矛盾纠纷，镇综治中心会通过会议组成调解小组、明确责任人，在调查

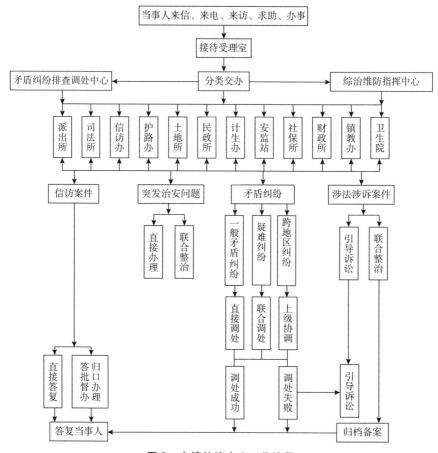

图 2　乡镇综治中心工作流程

核实情况过后，再确定调解时间、制作调解协议书。对于分流、交办的矛盾纠纷，乡镇综治中心会督办、落实，每周收集纠纷调解的进度信息，及时研判，并整理归档（见图 3）。以 30 天为底线周期，乡镇综治中心会将纠纷矛盾调解的情况反馈至市级综治中心，尤其是那些乡镇层面无法有效化解的矛盾，由此可以及时上报寻求帮助。这种清晰的信息互动路径将原先复杂的纵向互动线条重新整合并精简，从制度上消除了纵向互动中的多元路径矛盾。从核心逻辑上看，这正是基于统合效率逻辑以及制度化的逻辑来推动的体制改革，这种改革相较于以往的"搭台"更深地触动了原先僵化、杂乱的组织体制，并以事件的解决为中心对条块组织进行了重新安排。

值得注意的是，这种机制与以往运动型机制具有根本性的差异，首

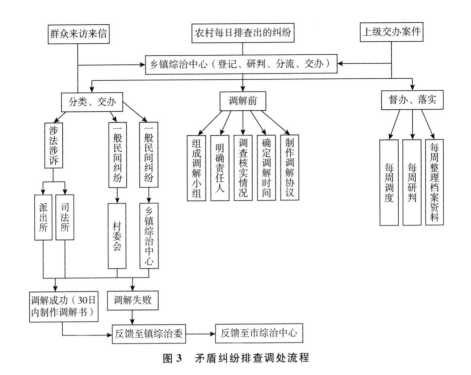

图3　矛盾纠纷排查调处流程

先，其是在对条块已有共同责任事务的基础上的整合，而不是给非责任性的部门增加额外的工作负担，因而其本质上是对原先重复劳动的消除。其次，其一定程度上是依事件本身定权责的动态灵活逻辑，与"块块"将责任推向"条条"的责任分摊模式不同，当事件本身的解决超越乡镇综治中心的能（权）力之后，这一事件解决的责就可借助向上报送的机制转移至更高的块，其在运作中灵活动态地实现了对权责不对等问题的解决。

四　小结

当然，这样的结论和发现是非常粗浅的，在回校进一步写作的过程中，我发现这类协同性的机制在全国各地早已有了广泛的实践，只是在过去我未曾关注罢了。但是这并不意味着此次调研的完全失败，正是由于对定州体制机制的掌握，我才渐渐发现了已有文献中有关协调方式和协调过程描绘的模糊性，以及对有关单位角色强调的不足。

因而在阅读大量有关专题文献后，我也针对这一现象提出了有关条块矛盾双向复杂性回应的命题，并依此撰写了一份完整的研究设计，计划于暑期重返定州，对政法委和各乡镇的综治中心运行情况进行一番细致的观察，也期望能借此完成自己的硕士学位论文。

在初入田野时，我们入门不久的初学者难免会有自己天真的一面，对田野点些许片面的信息有所了解，对阅读的某个领域的文献有所反思，便自以为能开展某个领域的研究了。其实，当我们真正深入田野，那些天真的想法也并非完全无用。与奈吉尔·巴利笔下天真的人类学家相同，在田野中我们也会面临搜集信息和发现问题的困难，而恰是我们的天真为我们创造了真实感受的可能，继而可以使我们发现一些常年浸润于其中的"常住民"们无法发现的有趣现象。可能这些现象也并不是完全新颖的，天真的我们还会错把它们当作具有突破性、创新性的研究发现，但是它能实实在在地将我们领入对一个领域的深入思考。借助理论与经验现实的碰撞，我们也会有更具体的思考，反思过后，当我们重返田野时，也便有可能做些脚踏实地的田野研究。

我想，在定州这座"旧城"上，走出的一代又一代的优秀研究者，我的前辈们，他们也曾天真过吧。

浅谈结构访谈法中的测量

——来自定州"法律与农民生活调查"的思考[*]

郝孟哲[**]

刚一入校，我便一直跟随黄家亮老师做定县调查，目前为止来来回回不下五六次了，每一次与乡土社会的亲密接触都令我印象深刻，受益匪浅。2019 年 1 月，我们再次到定州开展有关农民生活与法律意识方面的调研。在四个村庄开展问卷调查时，我发现自己认为逻辑缜密、天衣无缝的结构式问卷在当时的访谈现场可谓漏洞百出，我一板一眼地提问在村民们看来就是"不说人话"，而听着村民们一半带着浓厚的乡音，一半带着对日常生活的戏谑和调侃的回答，我一脸茫然，完全不知道该怎样将问卷上格式化的选项和村民们聊家常式的回答匹配起来。那一刻我才意识到，结构式访谈作为质性研究常见的资料收集方式，虽然可以依靠访谈者本人的访谈技巧将情境会话（conversation）灵活地转化为标准化选项，但只有完善操作化的概念和与之匹配的测量指标，才能更准确地用"问卷语言"反映真实的生活世界。现在回想起来，前几次的定州调研过于在意获得"经验感"，未能关注到结构式访谈中的测量问题，实在是一种遗憾。

提起"测量"，史蒂文森（S. Stevens）认为"测量就是依据某种法则给物体安排数字"（Guy, et al., 1987）。在本土语境下，国内学者将测量视为一种用数字或者符号将某种研究对象的属性与特征表示出来的过程，以实现对社会现象的数量化与类型化。由此可见，测量不仅可以运用符号和数字对事物的数量及分布进行定量说明，也可以运用符号对事物的属性做定性说明。简言之，社会科学研究中的测量具有将复杂的社会事实进行

---

* 调查时间：2019 年 1 月。

** 郝孟哲，写作本文时为中国人民大学社会与人口学院社会学专业 2016 级硕士研究生，现为中国人民大学社会与人口学院社会学专业 2018 级博士研究生。

简化、数量化和特征化的多重功能，就如同物理学将物质运动中受到的各种作用力都用"牛顿"作为计量单位一样。测量理论与测量方法不仅可以让研究者们能够更为便利地认识复杂的社会事实，也可以构建学术共同体，让研究者们相互之间形成明确的学科规范和学科认同，从而推动社会科学整体的知识进步。

因此，测量的实现本身就是一种将抽象的概念转化为可观察的具体指标的过程，这些指标得以让我们在现实生活中用肉眼观察到这些已经"显形"了的概念。在我们这次的问卷中，很大一部分内容与农民们的法律意识有关。那么如何才能将"法律意识"这个概念变成可以被测量的具体变量或者指标呢？尤伊克和西尔贝在对美国人日常生活中与法律的关系进行考察后认为，居民是在现实情境中及具体实践中建构法律意识（legality）的，因此两人将法律意识的测量分为关系、规范、能力和策略四个子维度，用"服从法律"、"利用法律"和"对抗法律"三个图示来建构量表（Ewick & Silbey，2005）。以这样的方法，研究者就可以通过三个量表上的综合得分来描述人们法律意识的强弱。但中国人的法律意识与美国人相比具有很明显的差异，以"服从法律"为例，中国人对法律是否服从源于他们是否认同法律的"合法性"，因而"合法性认同"构成了中国人法律意识测量中最为关键的一维（郭星华，2003）。但无论是"服从法律"还是"合法性认同"都是在经验层次的概念，我们还需要进一步将这些概念具体化为诸如"遇到纠纷后选择的解决方法"、"是否熟悉社区的法律宣传"和"是否知道哪些行为是违法的"这些可以让受访者直接回答的问题，只有这样，我们才能够收集到可以进行统计推论的数据。

认为"测量"仅仅是自然科学和问卷调查的"专属词语"，是远远不够的，之前似乎一提及"测量"，我就自然而然地延伸到对"量化指标""尺度"和"题目设计"这些议题的讨论。而在上次的定州调研中，我发现自己对"测量"这一概念的理解存在着很深的偏见，由此，不妨提出以下几个问题以做讨论：第一，质性研究中访谈法的测量和自然科学中的测量有什么不同；第二，它和问卷调查中的测量有何不同，它有哪些特殊性；第三，什么样的测量才能称得上是一个"好"的测量。

费孝通在提及20世纪二三十年代中国社会学的发展情况时，就尖锐地指出，当时的社会学者曾企图模仿自然科学的测量方法，建立"社会学科实验室"的理想是无法实现的。这是因为自然科学研究对象的状态与性质丝毫不会受到科学家们主观态度的影响，因而可以通过控制变量的方法在实验室模拟出物质运行的客观环境（费孝通，2013：300）。而对于社会学测量，第一，它带有一定的主观性。作为研究对象的个人、组织或者社会团体很可能会随着研究者的调查方式的变化而变化。对于研究对象而言，他们要"先调查研究者，然后再决定是否让研究者调查他"，而这是一个"互相调查的微妙过程"（费孝通，2013：314）。也就是说，人和物质的最大不同就在于，人既可以作为测量的主体，也可以成为被测量的对象，这种主客观矛盾是社会学测量天生无法回避的。第二，任何一种社会测量都会干扰和影响现实生活中研究者所要或正在测量的对象，"霍桑实验"就是一个经典的案例。拿这次的调研来说，当我们在向村民们解释"我们是在和村干部们联系好后再来做访问"时，村民们难免会大量使用一些中性词语或者含糊的表述来回答我们的问题，比如用"一般""不清楚""不知道"这些表达来遮掩自己内心真实的想法，因为他们可能会有顾虑。第三，社会科学中的测量对象比自然科学中的更为复杂、多变，会随着时间、地点、空间、社会结构和社会关系的变化而展现出不同的形态。尤其是人的情感、态度等主观层面的测量就更是如此。就好比，我们用同一个仪器测量恒温下一个标准大气压下水的沸点，无论我们是一分钟前测还是一分钟后测，得出的结果都是 100 摄氏度，但如果我们拿着同一份量表去测量某个村民对村委会工作的满意程度，白天他可能对村委会的工作大发牢骚，而晚上我们再去问他同一个问题时，得到的回答可能就截然不同了，因为他可能会受到一些因素的影响。这种情况在关乎社区成员政治意识、政治态度等这些敏感性问题的测量上尤为明显。

那么访谈法中的测量是否有特殊性？实际上，访谈法和问卷调查中的测量无论是从定义上还是从操作流程上看差异并不明显，我们甚至可以说测量压根就没有定量和定性之分。问卷调查的测量路径为"概念—变量—指标体系—量表—数据"，访谈法的测量路径为"概念—变量—符号—访谈提纲—文字描述"。两者虽然在一些具体问题测量的操作方法和得到的结果上都有些许差异，但在定义上，"用某种符号表示社会事实的某种属性"就已经清晰地总结了访谈法测量的基本特征，和问卷调查唯一不同的是，访谈法的操作化结果是一份半结构或者无结构式的访谈提纲，虽然他们本质上仍然属于问卷中的"开放式问题"。因此，两者是求同存异的，无论是哪一种测量，都要经过"①参考已有研究界定概念、②研究者按照特定标准选择某一类的概念定义、③列出概念维度并建立测量指标"这三大步骤（风笑天，2013：79~84）。也就是说，我们拿来测量某一社会现象的指标体系——无论是量表还是访谈提纲——都不是凭空捏造的，都要有理论渊源和经验资料的建构，都要由对象、内容（客体的某种属性）、法则、数字和符号来构成定量与定性测量的基本要素。

由此可见，访谈法中的测量与自然科学中的测量差异显著，而和同属于社会科学领域内的问卷调查测量差异并不明显。以上的讨论只涉及测量问题的皮毛，关键的问题在于，访谈法中的测量是否能够如实反映"真实的社会"。

有学者指出社会学调查中测量的根本目的并不在于"测量真实的社会"，而是用一个基于理论假设而建构出来的逻辑框架来套这个社会，以便对社会做出解释（潘绥铭、黄盈盈，2011：422）。也就是说，我们无论是用调查问卷还是用访谈提纲，所获得的"社会真实"仅仅存在于我们自己设计出来的框架之中，因此在所获得的资料是否足够真实这个问题上，问卷调查与定性访谈之间实际上是半斤八两，并没有多大区别。我们用于认识社会的测量工具最后变成了阻碍我们认识整体社会的障碍，这本身就是一种悖论。在定州某个村庄做问卷调查时，我发现无论我们把某个问题的选项设置得多么完备和详尽，但当村民们用方言把答案传递给我们时，总会说一些问卷题目没有涉及，但真真切切地反映他们对这个村庄最为直观的态度和评价的内容。我们虽然很想把他们的这些"补充说明"记下来，但因各种局限无法达成。当我们结束填答，返回住处整理问卷时，就发现那些高度结构化的问题和选项已经从具体生动的社会情境中抽离而出，最后摆在我们面前的只是被题目"剪辑"的社会事实。

那么访谈法中的测量是否也会遇到问卷调查中的这个悖论呢？访谈法的优势就在于尽可能用灵活和开放的题目来还原当时鲜活的社会情境，但是这种"还原"时常影响研究者对某一问题的真实判断。例如，当我们问到某一户村民是怎样解决近期他所遇到的宅基地纠纷时，答案有"忍忍算了""请人调解""诉诸法律""诉诸暴力"等选项，这些原本是用来测量农民的法律素养的。这个村民最开始跟我说的是"和那个人打了官司"，但是他始终跟我强调"和那个人是自家兄弟，原来想忍忍算了，但最后实在没办法了才在别人的鼓动下打了官司"。最后他还补充道："以后遇到这种事情还是会选择忍忍算了。"那么我们是否就可以十分肯定地下结论，认为这个农民有比较高的法律素养呢？从问卷调查的结果来看，这是没问题的，但从当时语境下形成的对话记录来看，这样的结论是有很大的问题的。那么哪一种测量更能了解访谈对象的本意？显然是后者。毫无疑问的是，访谈提纲也并不总是包罗万象的，所以就必然会造成对社会事实的主观裁剪，但我们只是说这种"裁剪"比问卷调查考虑得更加全面一点而已。

回想起我的硕士学位论文，我研究的是农村仪式场合中的礼物交换现象。农民之间的亲疏远近、情感的表达、文化的认同似乎都和他们每天进行的礼物交换有着密切的联系。礼物的价值、礼物交换的频率，礼物交换涉及的人数等这些数量化的指标的确可以测量上面提到的若干概念。例如，某个人如果频繁参加村庄内部的礼物交换，那么就可以认为这个人的交往圈要比那些足不出户的农民更加广阔。但这还远远不够，因为人们基于不同的仪式场合选择不同种类礼物的实践，同样反映了一个社区内的人际关系和社会互动，至于如何去测量这种"实践"，就不是一两句话能解释清的了。

参考文献

费孝通，2013，《怎样做社会研究》，上海人民出版社。

风笑天，2013，《社会研究方法》，中国人民大学出版社。

郭星华，2003，《走向法治化的中国社会——我国城市居民法治意识与法律行为的实证研究》，《江苏社会科学》第 1 期，第 81 ~ 86 页。

潘绥铭、黄盈盈，2011，《论方法：社会学调查的本土实践与升华》，中国人民大学出版社。

Guy，Edgley，Arafat & Allen. 1987. *Social Research Methods.* Allyn and Bacon，Inc.

P. Ewick，&，S. Silbey，2005，《法律的公共空间——日常生活中的故事》，陆益龙译，商务印书馆。

关于"想象不出来"的思考[*]

陈安然[**]

本次在定州的实习，尤其是在东亭镇进行的五天问卷调查，于我而言算是一次崭新的体验和接触。在本科的社会学学习进入尾声之际，能够有这样一次较为纯粹、真实的农村调研经历，让我切实感受到了"课堂在田野"这几个字的内涵。在元光村、南齐村和陈村营的五天时间，除了队友，我们接触最多的就是这份"法律与农民生活调查问卷"。这份陪伴了我们五天，已经熟稔于心的问卷，带给了我许多的思考。关于问卷，在实际对村民进行提问的过程中，除了看一次害怕一次的表格题，记忆最深刻的就是情境假设题。因此，我希望能够就问卷中的这类问题，基于在东亭镇的实际调研经历与文献的阅读，提一些自己的思考与分析。

一 总在"想象不出来"的村民

在调研的这些天里，同学们总是会打趣地模仿在村里听到的最多的几句话——"知不道"、"闹不清"、"听不懂"和"想象不出来"。这几句话频繁出现在这几天的调查过程中，几乎每个村子的每户受访者都或多或少要说几遍这些话。这种回答会出现的情况主要有两种：一是对问卷题目和选项内容本身就不理解的情况，例如"法律援助""信访工作"这些词语对于文化程度相对较低、信息相对匮乏的村民来说是无法理解的。二是当题设中出现"如果您与他人发生了轻微纠纷/严重纠纷""如果您去法院打官司"这种情境假设类型的问题时，题设与选项的文字含义是能够被理解的，但同样无法获得村民的答案。除了"闹不清"和"知不道"，许多村

民都会立刻瞪大眼睛，告诉我"咱家咋会有这种事，不可能有这种事，想象不出来"。在之后与队友和同学们的交流中也能够发现，这种反应并不是我入户的这些受访者出现的特例反应，而是几乎所有村子的绝大多数受访者都有的。基本上，"我们家是良民，我们家不可能发生这些事"是对这种问题的一致反应。

在多次获得这种回应之后，当他们的反应是"知不道"和"想象不出来"时，我会换一种提问方式，例如"您想想别人家/别的村民家要是和人家起矛盾了"或者"您想想要是我和那边那个姑娘起冲突了/甚至都要打起来了"。在进行这种提问方式的转换后，村民基本上就会对问题进行回答。尤其是后者，当对象转换成"我"，一个和村民以及他们的村庄完全没有关系的主体时，他们会非常自然、轻松地进行问题的回答，有时还能主动延伸一些问卷外拓展的内容。

二　问题意义的两种理解

从心理的角度看，问题的理解包括两个相互作用的心理过程。第一种是指能否理解题目的语义，即是否理解题目与选项的字面意思、明确定义。这种理解过程对应的是我们在东亭镇访问过程中遇到的第一种"知不道"和"闹不清"。这是一种相对来说较为客观的理解，文化程度高低、社会地位高低等可量化的因素都会直接影响对题目语义的理解程度。村民对法律专有名词或者术语的不理解，与他们的受教育水平、年龄、长久居住于农村等因素直接相关。当我们发现他们存在对这种问题理解的障碍时，需要做的就是将无法理解的语义转换为可以理解、容易理解的"白话"。

但问卷能够顺利完成绝对不能仅仅停留在这一层面上，即被访者理解题目，更为重要的是，调查员能够把握受访者理解问题的实际意义。受访者如何理解在纯粹的语义、词语、语句下，研究者对问题的设定。这种理解过程的复杂在于，相比语义理解只有"知道"与"不知道"的区别，对实际意义的理解基于不同个体的理解差异而存在各种各样的回答和反应，就像一千个人眼中有一千个哈姆雷特一样。回到东亭镇我们遇到的这类情景假设的问题，题设本身没有语义或者逻辑上的问题，如果放在城市地区进行调查可能不会出现较大的阻碍，但从农村地区的思维习惯和观念来看，打官司、起纠纷这些事件是恶性和贬义的，哪怕是想象村民都不愿意，他们也没办法去想象。也正是这种对问题的实际理解存在的差异，使我们在入户前的讨论会议上都觉得基本没有什么问题的题目，在实际完成问卷的过程中却总是无法直接得到答案。

三　客观问题也是人为预设

黄盈盈、潘绥铭、王东（2008）将问卷的每个提问都称作一个元假设，我们经常使用这样的提问方式："您有过……情况吗？"这其实就是提出了这样一个假设：无论被调查者是什么样的人，都必定有可能出现这种情况。

从研究者的角度来看，问卷中"您如果发生矛盾""假设您去法院打官司"这些情境想象的题设主要是希望通过让受访者想象来获得一个客观的、可度量的对于问题的态度与看法。但是在东亭镇完成问卷的过程中，题设的这些情况哪怕只是想象、幻想对于村民来说都是根本没有可能的。我认为，这是因为在农村地区运用这种提问方式，虽然还没有达到文献中提到的对受访者情感与自尊心产生伤害的程度，但也在某种程度上冒犯了受访者。在我们进行问卷调查的过程中，村民们对其他问题的回答都需要一定的时间去思考，但是遇到这类问题时，抬头、瞪眼、说"怎么可能"等可以说都是即刻反应。与其说是想象不出来，不如说是不愿意想象。有很多次我甚至感觉村民对我提出这种问题的不解，又很像是想直接对我说"你胡说八道吧"。

黄盈盈、潘绥铭在分析问卷的主体构建时，指出："生活环境对于人的意识与行为发挥着巨大的影响，这是社会科学的基础共识。在不同的生活环境之中，被调查者可能给出不同的回答，这也并不是什么标新立异之见。因此，研究者必须注重考察被调查者的生活环境，才能最低限度地实现'受控条件下'这一科学的前提。"（黄盈盈、潘绥铭，2010）在东亭镇的问卷调查过程中，我感受到，在农村地区进行问卷调查时，充分了解农村地区的观念和心理特征，并以此作为开展调查的基础在前期准备和实际问卷过程中都是相当重要和必要的环节。

四 场域中的访谈，互动中的问卷

相比于田野观察和访谈这类定性研究，过去我们总会将问卷看作一个客观性、量化性极高的调查方式。我个人认为，这种认识也许与我们平日里进行的问卷大部分都依托问卷星等渠道有关，我们缺少足够的面对面问卷调查的经验。但通过这次面对面问卷调查的实践，我能清楚地感受到问卷调查绝对不是一个我们照着纸张念题目、村民直接从选项里选一个答案这样简单而又机械的过程。问卷调查同样是一个受到多重因素影响的复杂互动过程，它发生在某个特定的场域和情境，并且基于我们（访问员）、村民、问卷及其背后的研究者，有时甚至还有其他方，例如坐在一旁参与讨论的向导阿姨和村民，这些多方的互动。根据王晓晖、风笑天对多元建构视角的解释："问卷调查的资料收集过程构建了一个'访谈场域'，至少存在六个主体，即研究者、问卷、访问员、受访者、访谈场景、利益集团，六个主体的相互作用共同建构出问卷调查的资料。"（王晓晖、风笑天，2017）而在这种访谈场域中又存在一些比较明显的关系链条，例如"调查者—问卷—被调查者"和"研究者（问卷设计者）—访问员—受访者"这两种模式。问卷调查是一个多方互动的过程，实现互动最主要的媒介和工具就是语言。问卷调查的语言主要包括文本语言和口头语言，分别对应的就是研究者的问卷设计和访问员的实际提问（蔡禾，2004）。基于问卷的互动关系及媒介，下文我将就在问卷设计与实际访问过程中，问卷设计者/研究者和访问员可以做的改善以及能够发挥的作用谈谈我的一些思考。

五 问卷设计的"因地制宜"

从问卷设计的角度来说，我觉得最主要的就是问卷的题目和选项的设定要尽量做到"因地制宜"，也就是说，在问卷的主体构建中提到的"到什么山唱什么歌"。问卷设计者为了保障问卷的有效性通常都会考虑如何尽可能地让受访者理解自己的问卷，但大多都还停留在确保语义上的理解，即字、词、句能否在所调查地区对象的理解能力之下被理解，使问卷一定程度上与当地的理解能力相匹配。但许多问卷都比较容易忽略前文提到的问题理解的第二种过程，即语义理解外的受访者基于观念的实际理解。总的来说，除顾及农村地区的文化水平、理解能力之外，文化氛围和心理感受也是在问卷设计时应当考虑的因素。可以在实际进行问卷调查之前进行多次且充分的预调查，以此判断问卷的设定是否符合当地的思维模式和观念，基于结果进行问卷文本语言的调整。

六　问卷调查最灵活的访问员

问卷调查总归还是有别于定性研究的一种形式，是收集真实的定量资料的一种研究方式，体现的是实证主义的理念。因此，我们无法要求问卷设计完全遵从受制于调查地点的情况，问卷的文本不可能通篇都是大白话，或者因为受访者的观念问题就直接删除研究所必需的问题。那样的做法虽然会使提问更加顺利，却减损了问卷的科学性和实用性；因此对于这类题目，相比于问卷设计者我认为更需要发挥作用的应该是访问员。在整个问卷调查的过程中，问卷与研究者都是在与受访者进行着一种间接的互动，而访问员则是唯一与受访者直接进行符号互动的角色，所以访问员在与受访者的互动过程中能否熟练地引导、促进问卷调查是极其关键的。从实际操作的可行性来说，"语言是静态的，言语是动态的"（林静蔚，2002）。访问员是通过话语而非文本与受访者进行互动，能够更灵活地感知受访者话语中透露的观点与想法，并且可以更灵活地用可变的、适宜的话语来替代固定的问卷文本。

例如，在东亭村进行这类想象型题目的提问时，我们大多数都采用了转嫁法，即将被调查者要根据自身情况回答的问题转嫁给他人，但被调查者在潜意识里往往是根据自身情况来回答的，只不过回答问题时内心没有那么多束缚（高凤伟等，2018）。将村民自家与法律事件、各类纠纷的关系转嫁到其他村民身上，或者村外人的身上。虽然在调查中部分村民会提到如今花钱的雇佣关系取代了互帮互助的村民关系，但农村的邻里关系还是比城市邻里关系的亲密程度高许多。所以谈及大纠纷、打官司的事，很多村民连发生在本村都"想象不出来"，直接转嫁到和他们没有丝毫关系的村外人士身上通常都会更有效。实际上是相同的问题，都是基于情境的想象，但角色转嫁后能够很明显地减少村民反应的敏感程度，有时他们决定了问题的选项后还能对此再延伸出一些个人观点，使我们能够获知的材料更加丰富。除转嫁法之外，问卷调查还有许多其他非数据化的技巧和方法，通常也需要采用数据化的模型将这类误差考虑在内。在本次东亭镇的调研过程中对于其他方法我还没有足够的实际体验，需要更多的学习来补充这方面的知识。

七　小结

在查阅文献的过程中，黄盈盈、潘绥铭教授的这样一句话给我留下了很深的印象，"其性质绝不是如何使调查员工作得更顺利更方便，而是全心全意地替被调查者着想，千方百计地让他们更加自在，能够更加充分地呈现自我"（黄盈盈、潘绥铭，2010）。村民们的"知不道"、"闹不清、"听不懂"和"想象不出来"等回答其实是使问卷完成最快速的答案，只要在旁边标注一个"0"即可，但我们并不希望获得许多这种答案。尤其是村民可以理解字面意思却回答不出来的问题，我们希望能够获知他们最真实的想法。我们希望与村民间的关系是自然而然的畅所欲言，而不是生硬的我问你答。在本次实习经历中能够亲身体会与感受到，我们的调研不是机械化地完成足够数量的问卷任务，重要的是通过问卷与东亭镇的村民建立起自然、轻松的互动关系，通过问卷了解他们所想，也通过问卷实践我们对社会学的所知。

我选择去定州部分原因是一直觉得学习社会学专业的学生总应该去一次定州，这七天的实习也给了我意料之外的体验与收获。在各个乡镇的参观学习、对定州文化的接触让我了解了定州这个听过无数遍却实际很陌生的城市，也接触到了社会学先辈在这座城市留下的印记。我对农村不算很陌生，但这是一次真正意义上与农村的亲密接触，也算是我与北方农村的第一次接触。在一个定州，不同的乡镇、不同的村子都有其独特的故事与各异的发展脉络。农村地区有太多东西值得我们去发现和思考，需要我们掌握更多的社会学知识，更多地投入到农村地区的社会学研究中。

最后，感谢在这次实习中帮助并照顾我们的黄家亮老师和朱斌老师，协助我们完成问卷的村主任、向导和村民们，一直陪伴我们实践的各位师兄师姐，以及这几天同甘共苦的同学们。在定州的这一周时间，不论是参观调研还是在元光村、南齐村、陈村营的五天，都是我珍贵而美好的记忆。以上就是我本次定州实习调研的思考与感想。

参考文献

蔡禾，2004，《语境与问卷调查》，《中山大学学报（社会科学版）》第 3 期，第 115～120＋128 页。

高凤伟、李耀红、武以敏、费时龙，2018，《问卷设计中敏感性问题的设计与研究》，《阴山学刊（自然科学版）》第 1 期，第 5～7 页。

黄盈盈、潘绥铭，2010，《问卷调查的"过程控制"：论主体构建视角下调查方法的整合》，《社会科学战线》第 6 期，第 174～181 页。

林静蔚，2002，《语言、言语及言语的语言学》，《陕西师范大学学报（哲学社会科学版）》第 S1 期，第 209～211 页。

黄盈盈、潘绥铭、王东，2008，《"元假设"：社会调查问卷的灵魂》，《学术界》第 3 期，第 85～92 页。

王晓晖、风笑天，2017，《"多元建构"视角对问卷调查的方法论意义》，《南京社会科学》第 5 期，第 46～52、80 页。

从田野调查中的"三不"谈起[*]

黄恩陆^{**}

在老师的带领下，我和同学、师兄师姐们一起，在河北省定州市进行了为期一周的专业实习。我们在定州市东亭镇的农村里开展了问卷调查，并参观走访了定州市多个历史文化景点，包括晏阳初旧居、北齐庙、定州市博物馆等，让我对社会调查与农村生活都形成了更为深刻的认识与理解。以下，我主要想从三个方面谈谈自己的思考：一是对调查中所遇到的一些普遍现象的思考；二是对调查方法的思考；三是基于调查内容与结果对农村社会生活的一些方面所产生的思考。

一 对调查中普遍现象的思考

（一）现象与问题

在调查过程中，我所听到的最为普遍的几个回答便是"闹不清"、"知不道"与"差不多"，三者恰好可以组成一个"三不"。"三不"所反映出的问题主要有两个方面：一是村民对于问卷的理解；二是村民对于问卷的回答。

在调查的过程中，大部分村民对问卷中的问题都有不理解的地方，尤其是一些日常生活中较少使用的专业术语，如"法律援助""法律文书"等。尽管这些词语都可以用较为通俗易懂的语言进行描述与解释，但是大量新知识的集中灌输会让被访者一时间难以消化，因而很难对这些概念形成准确的认识。例如，针对法律服务这个问题，我会将每一个选项转化为

---

　* 调查时间：2019 年 8 月。

　** 黄恩陆，写作本文时为中国人民大学社会与人口学院 2016 级本科生，现已从哥伦比亚大学硕士毕业，在美国从事数据科学相关工作。

简单、常用的语言，有时还会对这些服务所适用的场景进行大概描述。在我完成对单个选项的解释后，大多数情况下被访者会表示自己能够理解，但是当我再次将问题完整地向他们进行提问时，仍然会出现一些他们"闹不清"或"知不道"的情况，有时还会出现长时间的沉默和思考。这些词语的出现还会让被访者与问卷之间产生距离感，不仅影响到他们对于相关问题的理解，还会影响到他们对于整份问卷的态度与看法。同时，由于问卷中的"生僻词"数量较多，有些时候需要花费大量时间在解释题干和选项以及反复确认被访者是否理解上，这不仅大大降低了调查的效率，也在一定程度上导致整个调查过程的碎片化，影响到问卷的整体性和连贯性。

从问卷回答的角度来看，"三不"实际上是被访者对自己的观点和态度所做的模糊化。大部分被访者对于自己未亲身经历过或是与自身生活没有紧密关系的问题很少有过思考，这导致他们很难回答问卷中大量存在的观点和态度题。很多问题我刚问完，他们便会立刻跟我说，"我又没经历过这个事儿，我知不道"或者"家里/村里不会有这样的事儿，我也不好说"等。在我耐心解释或进一步追问后，部分被访者会勉强给出一个"差不多"的回答，但大多数情况下还是"闹不清""知不道"。对于这些没发生过的事情，被访者很难形成一个清楚、明确的认识，所给的回答也只能是模糊化的。对于一些日常生活中经常能接触到，甚至是已经习以为常的事情，被访者也会存在没想过、没考虑过的情况。例如，对于自己对村干部的看法、与村干部之间的关系等问题，一些被访者会认为这些都只是平常生活的一个部分，谈不上什么观点和态度，所以也会给出模糊化的回答。此外，"差不多"这个回答是多数被访者的习惯性回答，但是根据不同的语境、语气，结合不同的表情、动作，这一回答所传递的信息"差很多"。"差不多"将这些差异都模糊化了，只能依靠调查员对于具体情况的主观判断将被访者的真实想法反映在问卷中，从而大大增加了问卷调查的误差。

晏阳初（1933）曾提出，中国农村社会的调查要特别考虑两点：一是"所问能使他们回答"；二是"他们所能回答的，又是我们所需要的"。"三不"一方面说明我们所问并非他们所能答，或是因为无法理解，或是因为没有思考过，另一方面也体现出他们所能回答的并非我们所需要的，他们基于经历、事实所形成的认识无法完全满足我们对他们观点和态度探究的需要，模糊化的回答影响了问卷调查的质量。

（二）原因思考

在整个专业实习的过程中，我反复问过自己这样两个问题：他们真的"闹不清""知不道"吗；他们真的觉得"差不多"吗。在思考与交流过后，对于"三不"现象，我总结了以下三点原因。

第一，较低的文化程度限制了被访者对于问卷的理解与回答。我所遇到的被访者大部分都只上过小学或者小学都没毕业，很少有上过初中或高中的，而且很多都是上了年纪的。这些被访者往往需要我花费大量时间和精力去解释问卷，但很多时候我可以说是在"白费口舌"。不论我换了多少种表达方式、举了多少大小例子，当我回到问题本身的时候，当我问到他们的想法的时候，他们所表现出的疑惑与不解让我相信他们是真的"闹不清"，也"知不道"，或者只能回答个"差不多"。有的时候他们会露出不好意思的表情，也有的时候他们会犹豫后再表示真的不知道，还有的时候他们会认真地跟我说自己的文化水平不够说不好。尽管他们大多数时候能够理解我给他们解释的词语、问题，但是很难立刻做出思考、判断，所以也无法给出一个明确的回答。

第二，固有观念使得被访者对于部分问题下意识地回避。这一现象主要存在于与矛盾纠纷相关的问题中。受中国传统文化的影响，"和"一直是人们所倡导的价值取向，而矛盾纠纷所代表的正是"和"的对立面"不和"，往往为人们所排斥与否定（杨伟东，2006）。尽管村民大多表示现在村里的矛盾纠纷已大幅减少，他们对于矛盾纠纷的态度仍然较为消极。例如，一些被访者会反复和我强调自己和家人都很"本分""老实"，从来不"惹事儿"。尽管我会尽力减少他们对矛盾纠纷的抵触情绪，例如说"矛盾纠纷不可避免""邻里之间难免平常有个什么小矛盾""有时候会和别人有个什么小摩擦、闹个什么不愉快"等，并试图向他们阐明矛盾纠纷并非"恶事"而是日常生活不可或缺的组成部分，但被访者仍然会用模糊化的回答来避免将矛盾纠纷所代表的"污名"与自己、自己家、自己村所挂钩。

第三，用模糊化的回答降低自己所需要承担的风险。正如晏阳初所说："人民饱受乱世之害故时有戒心，防备受害，早学会了搪塞支应的技术。"（晏阳初，1933）用"三不"来表达态度能够将自己置于一个安全中立的位置。例如，有一位被访者不论我问什么问题，她都只有一个回答："我也不去说谁好谁不好，大家都好，你说对不对？"还有一位被访者会不断问我哪一个选项好，希望我能够帮她选择最"好"的答案。还有几位被访者会向我表达出自己对某些事情的不满情绪，但仍然要求我在问卷上选择"一般"或者"好"。更多的情况是，被访者大量使用"差不多"这一回答，但是语气与面部表情会有所不同。"三不"很好地将被访者的观点、态度模糊化，让他们觉得自己"这样答肯定没问题"，就算将来出了什么事，也不需要他们来负责。

"三不"一方面是"愚"之体现，另一方面又是"大智若愚"之结果。困扰我的两个问题无法用简单的"是"或"否"来回答，其背后的原因可能是农村中长期存在的问题，也可能是农民长时间以来形成的智慧。这次的专业实习仅仅只触及"冰山一角"，更加深入的探究需要更长期、更全面的调查做支撑。

二 对调查方法的思考

（一）方法与技巧

这次的专业实习让我对于调查方法有了更好的掌握，尤其是通过不断的试错与调整摸索出了一些较为实用的调查技巧。虽然这些技巧在方法论的书籍中都或多或少有所提及，老师在课堂中也曾讲过，但只有通过亲身的实践与应用，与自身的感悟与经历相结合，这些内容才能够真正内化为我自己的东西。

李景汉曾提出："真要把社会调查做得通办得成功，达到可靠圆满的地步，非得注重一点不可，就是如何使一般人，尤其是老百姓，接受你的调查，相信你的调查，甚至于欢迎你的调查，而达到积极帮忙合作的程度。"（李景汉，2019：8）因此，被访者的接受度与配合度对调查的成功起着至关重要的作用。基于此次专业实习的经历，我总结了以下几点方法与技巧。

首先，如何介绍自己的身份与来意是与被访者建立基本信任的关键。一开始我只会单纯地跟随村委会所安排的向导入户开始调查，但我很快就发现这样做存在很大的问题。由于向导与村委会有着紧密的联系，而我又由向导介绍，村民会下意识地将我与村委会甚至是上级政府联系起来。这种联系会让村民产生警惕，极大地影响了他们对自己真实观点和态度的表达。于是，我逐渐开始用"北京来的大学生"这个身份向被访者进行自我介绍。同时，我还会强调"我们是学校老师带过来的""暑假过来做个社会实践""这个问卷主要就是我们学习用的"。"北京来的"会让村民觉得我大老远跑过来不容易，"大学生"则会让村民对我减少戒备，"老师带来的"会撇清我与村委会或上级政府的关系，"社会实践"和"学习"则表示调查结果并不会上交给领导。用这段话对自己的身份与来意进行简单介绍，比我直接强调自己与政府无关、调查内容绝对保密等效果好很多。

其次，礼品的展现方式与赠送时机对礼品在调查过程中所发挥的作用有重要影响。礼品能够很好地激励被访者积极配合调查工作，这在我之前"千人百村"入户调查时就有所发现。然而，如果在调查的一开始就明确表示会有礼品相赠，或是直接将礼品送给被访者，那就可能会导致敷衍作答的情况。因此，在这次的调查过程中，我选择将礼品放在透明塑料袋中拎在手上。这样做既可以给被访者以"有礼品"的暗示，又保留了"是否会赠送"的不确定性，不仅能够让礼品发挥一定的激励作用，还在一定程度上减少了礼品对调查效果可能造成的不利影响。这种做法的效果在翟城村开始第一天的调查就得到了一定的印证。当时我的搭档正在路边与被访者进行交谈，一位路过的年轻女性对我手中所提的礼品产生了兴趣，并问我是不是在进行推销活动。我向她说明我们正在进行社会调查，完成后会赠送礼品，她表示自己十分愿意配合。虽然由于抽样问题她最终并未能参与到我们的调查中来，但这一事件的发生表明村民确实能够注意到我手中的礼品、礼品确实可以起到提高村民配合度的作用。

最后，根据实际情况对问卷进行调整、转变提问方式能够提高问卷调查的完成质量。问卷的设计往往考虑到的是逻辑与层次，主要从理论角度出发，实践中则需要调查员根据具体情况做出相应调整。这种调整主要针对的是问题的顺序。在这次的调查过程中，我主要做了两点调整：一是将内容相近的部分调整到一起提问，二是将涉及较多复杂词语、与村民生活关系较远的问题调整到靠后的位置进行提问，主要遵循的是"循序渐进、先易后难"的原则。通过对比调整前后的调查效果，我发现这些做法确实能够加快调查的速度，也有助于被访者更好地理解问题，提高问卷作答的质量。此外，由于大部分村民对"法律"等抽象概念难以把握，我在提问的过程中会通过一些贴近生活的例子将这些概念具体化。这种提问方式确实能够减少被访者"闹不清"的情况，但也带来了一些新的问题：具体的例子会将抽象概念狭隘化，被访者对问题的理解很大程度上取决于调查员举例的内容。这对调查结果的客观性可能会造成一定的影响。

总而言之，调查技巧的使用能够对调查效果的提升起到一定积极作用，但是一些技巧往往具有双面性与局限性，并非在所有的情况下都能够达到预期效果。根据调查的实际情况做出灵活调整，才是调查员最需要掌握的调查技巧。

（二）思考与新认识

在实习开始之前，我对问卷调查一直存有一些刻板印象。例如，一提到问卷调查就想到是定量研究，一提到定量研究就想到统计模型。但是通过这次专业实习，我对问卷调查有了新的认识，也对调查方法的本土化有了一定的思考。

问卷调查并非只存在于定量调查中，它也可以是定性调查的一个部分。黄盈盈、潘绥铭（2010）将问卷调查分为描述调查和检验调查，描述调查是为了查明某一个特定现象，而检验调查是为了检验某个已有理论。前者偏向于定性研究，仅对现象进行简单描述；后者则是真正意义上的定量研究，涉及较为复杂的统计分析方法，数据量往往更为庞大。我先前对问卷调查的认识仅局限于后者，将问卷调查直接划归定量研究方法，而这次专业实习中所使用的问卷更符合前者，所以我在调查过程中产生了一些疑惑。例如，为何问卷中大部分的问题都是针对观点和态度的主观题，客观基础数据的收集却很少涉及？这样的数据收集上来要怎样分析，用什么样的统计分析方法？这些疑惑都是源于我对问卷调查的误解，如果从定性研究的角度来看这次的问卷调查，这些问题就都迎刃而解了。这次的问卷主要就是想要了解村民对于法律的一些认识与看法，为的是对法律与村民生活形成一个鸟瞰式的描述，所收集的数据并不需要对某个理论进行验证，也不需要使用复杂的统计方法进行分析。

由于大三一学年在国外交换学习，我接触到的社会学方法与理论大多是西方式的，对定量研究方法强调颇多，但对中国的具体国情并非完全适用。中国农村社会与西方社会学理论产生与发展的社会有着本质上的差别，而适用于中国农村社会的本土化理论又十分有限，因此"假设检验"这种定量研究并不是研究中国农村社会的最佳方法。正如晏阳初当初在定县开展社会调查时所提出的："社会科学和自然科学不同，不能依样画葫芦般的抄袭应用。必须先知道中国社会是什么样，然后始能着手于科学的系统之建设。"（晏阳初，1933）因此，在中国农村社会开展社会学研究，需要在掌握现代社会调查的科学理论和方法技术的基础上，结合中国农村社会的特点与具体情况，将社会调查方法本土化。

三　对农村社会生活的思考

（一）农民与土地

随着社会经济的飞速发展，近年来农民的主业已不单单是农业，外出务工人员的数量明显增加。通过这次的调查，我发现很多农民并不以种地作为家庭收入的主要来源，种地所得收入大多以实物形式存在，并且多为自给自足的粮食。只有少部分村民会通过种植一些村中发展较好的经济作物来提高收入，例如翟城村种植绿植、安家营种植药材。村民对外出务工普遍持积极态度，大部分有能力的人都会选择外出务工，或是长期，或是在农闲时期。在我的调查过程中，一些被访者会认为外出务工人员很有能力，凭本事能赚大钱；还有一些被访者会因为自己没有能力外出务工而感到惋惜，例如"要在家看孩子，出不去""前几年生了一场大病，身体不好"等。

然而，尽管从单纯的收入角度来看，农民对农业的依赖程度有所下降，但土地仍然是农民的立身之本，是他们最为关心的问题。无论被访者的文化程度如何、对多少问题"闹不清"或"知不道"，他们对于自家的"一亩三分地"都非常了解，土地问题是他们最敢说也最能说的一个话题。例如，翟城村有几位被访者都和我表示，土地"三十年不变"的规定太不合理，有的人地多得种不了，有的人一辈子没有地；东庞村的被访者则多次向我反映村中存在土地分配不均的问题。

"三十年不变"指的是 2003 年 3 月 1 日开始实施的《农村土地承包法》所规定的"耕地的承包期为三十年"，即三十年内土地承包不变，增人不增地，减人不减地。我所遇到的被访者中不少人都认为三十年太长，令我印象深刻也是较为普遍的说法有："我家现在六口人吃饭，靠的都是我和我老伴儿的地，这怎么够吃"；"我儿媳妇嫁过来，俩孙子都出生了，都没新分地，他们以后吃什么，没得吃"；"不给分地人怎么活"。在实习的最后一天，清风店镇的书记在与我们座谈时也提到了这个问题，他表示"三十年不变"所设想的情况与部分农村的现实状况并不是十分吻合。当初这条规定颁布的主要目的是维持农民耕地的稳定性，鼓励农民加大在耕地上的投入，从而提高农业产出与农民收入。然而，我们所调查的几个村大多数农民都是种植供自家食用的粮食作物，不需要长期大规模的投入，"三十年不变"会造成自给无法自足的情况。因此，这一土地承包规定尽管出发点很好，在一些地区也取得了相当明显的成效，但随着时间的推移和农村社会的发展也造成了很多新的问题。

（二）差序格局与差序信任

费孝通先生针对中国乡土社会的基层结构提出了"差序格局"这一重要概念，认为："我们的社会结构本身和西洋的格局是不同的，我们的格局不是一捆一捆扎清楚的柴，而是好像把一块石头丢在水面上所发生的一圈圈推出去的波纹。每个人都是他社会影响所推出去圈子的中心。被圈子的波纹所推及的就发生联系。"（费孝通，1998）基于此，黄家亮（2012）提出了"差序信任"的概念，认为乡土场域的信任是一种关系取向的人际信任，且呈现差序格局。"差序格局"与"差序信任"的概念在这次调查的过程中也得到了一定的体现。

"差序格局"在村里互帮互助的情况、村民对村中大小事情的了解情况和村民之间红白喜事的随礼情况等方面体现得十分明显，我最常听到的几个说法包括："比较熟的才会帮，不熟的谁愿意，我们也不去麻烦别人"；"随礼的话要看，近亲才会，远的就算了"；"也不都随，关系好的、比较近的才随"；"这附近的事儿基本上都知道，远的我也知不道"。像这样对于一个问题进行分类讨论的情况在我这次的调查过程中经常发生，说明差序思维在当下的农村社会中还是十分普遍的。

被访者的分类标准主要包括血缘和地缘。在翟城村中，地缘这一因素发挥着非常重要的作用。由于翟城村占地面积大、人口数量多，整个村共划分为东、西、南、北、秦五个片区。村民大多只对自己的片区较为了解，将自己片区的人看作"圈内人"，而将其他片区的人看作"圈外人"。例如，被访者经常用"咱们这片儿"和"外片儿"来作为分类讨论时候的指代，对"咱们这片儿"的事情都很了解、大家都互帮互助、红白喜事都会随礼，而"外片儿"的人和事则与自己没有太大关系。

"差序信任"则主要与村民对于矛盾纠纷的解决方式的选择有关。对于轻微的矛盾纠纷，村民大多会采取"忍忍就算了"或"双方协商"两种方式进行解决；对于严重的矛盾纠纷，村民也大多倾向于采取这两种方式，除此之外就是"找个说和人"或者"找个中间人调解"。无论矛盾纠纷是大是小，村民都倾向于自己解决，而非求助官方渠道，如"找有关方面调解"（主要指村委会等相关组织）、"上访"、"诉讼"等。有一位被访者对我说过："我就这么跟你说吧，我们农村里没啥大事儿，基本上都自己给解决了，没啥解决不了的，我们也不愿意去找别的人给解决。"

由于矛盾纠纷的解决非常依赖"信任"，对解决方式的选择很大程度上体现了"差序信任"所发挥的作用。"自己"处于圈子的中心，信任程度最高，因此大多村民遇事会选择"自己解决"；"说和人"一般与矛盾双方关系都较为亲近，对两者都较为了解，因此处在与圆心距离非常靠近的圈子上，双方对其的信任程度也比较高，所以仅次于"自己解决"；而官方渠道则会涉及村委会、政府、法院等机构，其中村委会与村民的关系相对较近，可以说处在圈子的边缘，信任程度一般，还是有部分村民会选择"找大队"这一方式，但数量很少；其他的机构村民几乎没有接触过，属于圈外，根本谈不上信任不信任一说，所以基本没有村民会选择这些方式来解决矛盾纠纷。因此，村民以自己为圆心，根据关系的亲疏远近将各种方式所涉及的主体分别放在一个个由自己出发向外推开的圈子上，对其的信任程度随着与圆心距离的增加而降低。于是，当村民遇到矛盾纠纷的时候，他们往往会愿意选择靠近圆心的主体来解决，而很少会去求助那些圈子边缘的主体，更不会去考虑圈外的主体。

四　总结

这次的专业实习让我收获颇多，对调查方法与农村社会都有了更为深刻的了解。调查中我所遇到的"闹不清"、"知不道"和"差不多"这一"三不"现象，与农村整体较低的文化程度有关，但也反映出村民对矛盾纠纷所持有的普遍消极的态度，还有可能是被访者出于责任与风险的考虑所采取的搪塞手段。在调研技巧方面，我感受到了自我介绍方式与礼品展现方式的重要性，也认识到根据实际情况对问卷顺序做出灵活调整对调研效果所起到的积极作用。与之前我所接触到的定量研究中的问卷调查不同，这次专业实习中所采用的问卷更加偏向于对现象的描述，是定性研究的重要组成部分，改变了我对问卷调查的成见，也引发了我对社会调查方法本土化的思考。

尽管种地已不再是农民唯一的谋生手段，但土地仍然是农民的立身之本。不以社会调查做支撑，片面去看待农村的土地问题，可能会导致出现旧的问题无法解决、新的问题层出不穷的局面。费老所提出的"差序格局"的理论仍然适用于当今农村生活的诸多方面，村民对矛盾纠纷解决方式的选择很大程度上是"差序信任"的体现。村民以自己为圆心，根据关系的亲疏远近将各种方式所涉及的主体分别放在一个个由自己出发向外推开的圈子上，对越靠近圆心的主体信任程度越高，在遇到矛盾纠纷时也越倾向于选择相应的方式进行解决。社会调查的实践经历不仅是对课堂中所学理论知识的应用，还是对理论知识的拓展。只有将理论与实践相结合，才能对社会学产生整体化的认知，才能对社会学进行更为深刻的学习与探索。

参考文献

费孝通，1998，《乡土中国　生育制度》，北京大学出版社。

黄家亮，2012，《乡土场域的信任逻辑与合作困境：定县翟城村个案研究》，第 1 期，第 81 ~ 92 页。

黄盈盈、潘绥铭，2010，《社会学问卷调查的边界与限度——一个对"起点"的追问与反思》，《学术研究》第 7 期，第 49 ~ 53 页。

李景汉，2019，《李景汉文集》（第五卷），洪大用、黄家亮组编，中国人民大学出版社。

晏阳初，1933，《〈定县社会概况调查〉序》，李景汉《定县社会概况调查》，上海人民出版社。

杨伟东，2006，《关于我国纠纷解决机制的思考》，《行政法学研究》第 3 期，第 35 ~ 42 页。

走进乡村生活[*]

张珺涵^{**}

一　问卷调查中观念调查之难为

做好一次以观念调查为主的问卷调查是格外困难的。正如潘绥铭老师所说，观念调查并不符合问卷调查的基本要求（潘绥铭、黄盈盈，2009），而这在我们调研所处的定州农村的语境下似乎格外明显。

首先，在中国的社会调查中调查员往往处于强势的地位，因此对于被访者来说，他们是被强制要求表态的。而农村相对城市情境下的调查，更加缺少自由表达态度的社会环境，被访者往往会表达一个符合社会期待的态度，而非自己的真实想法。比如在调查过程中有被访者不断问我这个问题别人都是怎么回答的，是不是都答"公正""支持"等。

其次，即使是问卷调查也是互动情境中的行为，情境差异无疑影响着被访者的回答，而情境对态度表达的影响或许比对客观行为的影响更大。在调查过程中，我发现被访者有着许多调查者难以照顾周全的对情境的理解，除非将向导、访员的表达方式和调查所处的情境尽量标准化，没有别的方式能够做到减少情境对问卷结果的影响。比如在安家营的调查过程中，我们组有三人在村委会由村干部把名单上的人叫来做调查（在微信群中发消息，愿意参与的人主动响应），有三人依旧到农户家里做调查，这是极大的情境差异。与村委会关系不好、上访过的村民不大可能积极响应村干部的号召，在村委会这个代表着村干部的权力和监督的地方参与我们的调查。而倘若进入农户家里，可以说被访者答案的偏向性在身份不同的向导进门、访员以各异的方式解释调查目的开始，就已经被形塑了。这对

　＊　调查时间：2019 年 8 月。

＊＊　张珺涵，写作本文时为中国人民大学社会与人口学院社会学专业 2016 级本科生，现为中国人民大学社会与人口学院社会学专业 2020 级硕士研究生。

于一个追求"实验性"的定量研究来说，是不可弥补的误差，而对于一个在农村进行的观念调查来说，误差的大小可能远超研究者的想象。

最后，在调查的过程中我深刻体会到"观念"本身所具有的层次性，以及调查者在根据被访者的经验性叙述提取"观念"时所具有的风险性。本次调查问卷所测量的法律观念基本上可以分为外指观念（对法律、法院等的看法）和内指观念（相对抽象地假设遇到纠纷会选择怎么办）两层。但事实上，在调查过程中，我发现被访者的外指观念来源往往有二：一是生活经验（生活策略考虑）；二是宣传。在被访者没有相关的生活经验的时候，往往会选择一个符合宣传的答案，比如"咱也没见过警察啊，应该是公正吧"等，这是使用宣传的结果覆盖了被访者的真实态度，从而难以测量态度的真实情况。

而就观念提问时，如果被访者难以理解这个抽象的假设情境，调查者往往会举例，如有人欠钱不还怎么办、村里占你的地怎么办、有人打架把人打伤怎么办之类，这些例子往往各自指向某个相对确切的选项，而针对这个例子被访者给出的回答往往就作为内指观念问题的答案填入问卷中了。但是在问过几份问卷后，我发现这种由经验到/实际打算推断更高层次观念的方法是十分危险的，因为这是使用生活策略考虑（而且是片面的）替代了内指观念。调查者的例子可能诱导甚至决定了被访者的答案，使问卷调查的结果因访员的个体差异产生极大的误差。而且，这样的调查结果完全忽视了被访者的外指观念、内指观念和实际打算之间可能存在的差异甚至矛盾。总之，这种提问的策略对定量调查的信度和效度或许存在负面的影响。

二 对混合方法应用的理解

本次社会调查采用不同程度的定性与定量相结合的研究方法，原本我对混合方法了解不多，本次实践使我对混合方法应用的理解更加深刻。黄盈盈老师在定性方法课程中讲过，在本科甚至研究生阶段不提倡使用混合方法，因为在研究者水平不足的情况下，容易导致两种研究方法都没有发挥出应有的优势，结果不伦不类，不如单一研究方法效果好。在本次研究结束后，我反思了本次研究设计为何会采用这种困难较多的混合方法，其中不仅有应对研究困境的必要性，采用混合方法对提高我们的研究设计和

实践水平也有着重要意义。

上文中我提及，单一地采用问卷调查这种定量的研究方法对于观念研究来说，是难度极大、难以尽善尽美的，这也意味着单一地使用定量数据并不能相对完整且全面地了解（更不必说理解了）农民的法律意识。因此，使用混合方法是有利于应对本次研究中只采用问卷研究所面对的单一数据源不充分、数据难以解释、缺乏进一步深化研究的方向等困境的。将定量方法与定性方法相结合，可以在一定程度上扬长避短，使研究者既能较为深刻地理解行动者所处情境和他们的逻辑，又能使研究结果具有较强的可推广性。

在实践中我发现，采用聊天式访谈和问卷所获得的信息时常存在一定程度上的冲突，但我认为这不是混合方法的缺点，冲突与矛盾正是帮助研究者找到问题关键的契机。但如果具体到如何将定性和定量数据结合起来处理，是我尚未具体了解到的，这不仅是技术层面的问题，或许还涉及多元视角，甚至涉及哲学理论层次的问题。

三　社会变迁观察

（一）农村的消费社会转向

在实践过程中，村里人的消费热情使我感到十分惊讶。入户时遇到刚赶集回来的阿姨，她对我说："天天就琢磨着买点啥，不买东西还能有啥意思啊？"买到她的丈夫抱怨家里"破衣烂衫到处都是"。她买的东西除生活必需品外，还有孩子的玩具、小摆件、服饰鞋包等。从她的描述中，我发现她对自己买的东西并不可心，只是想进行"买"这个动作，消费能让她的生活找到新的寄托之处。然而集市提供的消费品是匮乏的，也是廉价的、跟不上时尚潮流的。村里有不少青年人或中年人会网购，他们说起自己在网上买了什么东西时，口气都是骄傲的，在他们看来，"网购"本身不仅是一种能力的象征，也是财力的象征。

由于东亭镇新兴农业和其他产业发展迅速，许多村里人都能做到家有余钱（除了基本储蓄之外），但相对于城市中消费品极大丰富、商品广告目不暇接的市场面貌，乡镇还处于市场兴起和发展的最初阶段——消费品廉价、缺乏美感、更新周期慢。从翟城村、安家营的集市情况来看，集市能够满足村里人在衣食上最基本的需求，但村里人的消费潜力远大于此。

随着网络等大众传媒的发展和人口的城乡流动,"物的包围"在网络世界中发生,在进入城市的村里人身上发生,农村人新的消费欲望和消费需求正被消费社会逐步创造出来。各类媒体将城里人的生活方式和美好生活的标准不断输出给村里人,使得他们的生活愿景越来越向城市靠拢,消费的符号逻辑也越来越深刻地影响着乡村,村里人试图通过消费寻找与共享一种生活方式的人的群体认同,获得社会符号距离带来的安全感和优越感,进而努力实现着美好的城市生活愿景。

同时,种种消费的需求也成为村里人外出打工、在家乡积极发展新产业形态的重要动力。有老年人说,现在他们的生活是"有吃有喝就行",而稍微有能力点的人都走出了"面朝黄土背朝天"的生活,在外他们是"农民工",在村里却是受尊敬的"能耐人"。除了生产之外,消费也日益成为衡量人的价值的标杆。

(二)人情社会之衰落

入户调查时我留意到了一种特殊的社会交往状况,即部分村里人处于一种近乎与社会隔离的状态,这种隔离状态是不能一概而论的。除了有部分人由于疾病难以走出家门或由于贫困难以进行正常的社会活动,还有部分人是基于个人主义的一种主动选择,即所谓"个人过个人的""管好自家的一亩三分地"。

一位老人在解释为何互帮互助的人远少于从前时说,现在是一个"经济社会""金钱社会",村里人无私互助、人情关系紧密的时代已经过去了。在更多追逐金钱的时代,人们各凭本事讨生活(或许部分人有着更多机会),使得乡村变成了一个"有本事赚钱,没本事下田"的存在一定贫富差距的社会,金钱往来盛行,而人情在这样的社会中的作用越来越微弱了。这似乎算得上市场经济的逻辑对乡村社会的普遍影响。

除此之外,代际差异也使得在村里进行社会交往、参与会议的大多是中老年人,年轻人则对这些多有反感,更乐意参与网络社交,在网络上发表意见。随着代际更替、信息时代的发展,或许乡村会逐步从熟人社会转向陌生人社会。尽管乡村治理越来越多地结合了新媒体技术(比如微信),使得村民通过网络联结在一起,但对于农民来说,从前的面对面交往已经越来越少,也不再谈论家长里短的事,个人主义和原子化的生活似乎日益扩散开来。

无论是消费社会的广泛蔓延还是人情社会走向衰落，都意味着乡村传统的生活方式正在改变，而城市的生活方式、社会模式正在成为日益广泛的准则。

四　小结

这并不是我第一次走进乡村，然而每次进入乡村我都有新的体会，在调研过程中我时刻提醒自己反思的是：社会学高高在上的理论殿堂和尘埃飘扬的农村大地之间究竟存在怎样的距离，即使用社会学理论描述与解释乡村社会何以可能；我在大城市获得的生活体验与构成中国人口半数以上的农村居民的生活体验有哪些共通之处使得我们可以互相理解，又有哪些不同之处使我们将对方视作"他者"；我对于乡村的想象来自何处，与现实世界又有着怎样的距离。

通过这些反思，我发现自己作为一个调查者，虽然走进了乡村，但从未真正走进乡村生活。社会学的理论与概念相对于极为丰富的乡村生活来说显得单薄而乏味，我可以从生活中发现理论的脉络与痕迹，却同时能感受到理论的无力。我过往的生活与农村的生活经验相去甚远，习惯了城市的生活方式就遗忘了其他生活方式的可能性，乡村世界对我来说是新鲜的，几日调研如浮云过眼，却使我产生扎根田野的冲动，去看乡村社会中人们怎样努力去过好的生活的。

参考文献

潘绥铭、黄盈盈，2009，《反思观念调查》，《学术界》第 2 期，第 89~97 页。

在农村开展问卷调查的困境及解决方式[*]

郑平安[**]

问卷调查是现代使用最广泛的研究方法之一，具有整体性、标准性、便于数据分析等优点。从大的中国综合社会调查到小的企业市场调研，再到软件的满意度调查，大多都是通过问卷的方式来进行的（无论是通过网上填报还是线下填报）。可以说，问卷调查贯穿了我们的生活。通过问卷调查得到的数据在经过编码和录入之后，方便进行定量的数据分析，利用统计学知识来研究变量之间的关系。但研究质量的好坏很大程度上受到数据质量的影响。而数据的质量又与数据的收集阶段——问卷调查的开展息息相关。因此，问卷调查的实行和过程对于研究就具有非常重要的意义。然而，问卷调查是一个充满困难的过程。问卷调查是一个情景化的互动，访员、情境以及问卷本身都会对被访者产生影响，甚至歪曲他们的答案。同时，也可能存在受访者积极性不高，拒绝调查或者敷衍了事的情况。因此，问卷调查的过程是一个不断克服困难、寻找解决方法的过程。出于我国实际情况和研究目的的考虑，在社会研究中大多使用的问卷调查是入户问卷调查，我在这篇文章中所探讨的也是入户问卷调查在农村的开展。下面我就结合定州实习调查的经历，谈谈农村地区问卷调查的困境。

一 农村的特殊性

要想弄清楚农村的问卷调查，就不得不考察农村的特殊性，即农村与城市在问卷调查方面的差别。对于农村地区的特殊性的探讨，主要从人口结构和社会文化两个方面来进行。人口结构上，由于城镇化的加快，农村

---

[*] 调查时间：2019 年 8 月。

[**] 郑平安，写作本文时为中国人民大学社会与人口学院社会学专业 2016 级本科生。

大量年轻劳动力离开农村，进入城镇务工，造成了农村的空心化。农村人口大量减少，留下的还大多都是老人、残障人群和妇女。他们整体文化素质偏低，在回答问卷的时候心有余而力不足，无法很好地理解和回答问卷。社会文化方面，农村作为中国的基层社会，仍然保留着"差序格局"的影子，私人关系发挥着重要的作用，社会联系紧密，是一个"熟人社会"。基于熟人而形成的圈子无疑是排外的，但也可以通过熟人来减少他们的防备，推进问卷调查的进行。总的来说，农村地区是入户容易调查难。在城市的问卷调查中，最难的环节是入户，访员遭遇拒访的情况十分普遍，但当受访者接受调查后，调查的部分往往十分简单。被访者自己有能力完成问卷，访员只需在旁提示和监督即可。而农村地区的情况就完全反过来了，是入户容易调查难。在我们的调查过程中，拒访率极低（除了几户因为要打麻将拒访了，其他村民都很热情地接受了我们的调查）。当然，其中与我们采用了正确的策略有关，如选择本地人做我们的向导，充当我们和村民间的中介，大大降低了村民的戒备心，减少了入户的困难。但最大的问题发生在问卷问答过程中。村民在接受调查的过程中虽然态度上十分积极和配合，但受到自身文化素质和能力限制，在作答的时候不尽如人意。村民大多文化素质偏低，无法自己独立完成问卷，需要访员通过念读的方式来进行问卷调查，这实际上就变成结构性访问了（虽然我们在调查前的培训中提到拥有高中及以上学历的村民可以自填。但在实际情况中，有些拥有高中文化水平的村民依旧无法独立完成问卷，仍需要采用访员念读、受访者回答的方式来进行）。即使是在这样的情况下，受访者在许多主观感受题中还是回答"知不道""闹不清"，大大影响了回收问卷的质量。

二 农村问卷调查的困难

上文我们说到，农村问卷调查的主要困难发生在问卷问答的过程中，村民的作答往往不尽如人意，不能充分满足研究的需要，或大大影响研究的质量。这具体体现在以下几个方面。

（一）受访者对问卷理解困难

受访者大多是留守在村子里的老人、妇女，他们文化素质普遍偏低，看不懂问卷。在听我们念读问卷时也经常会对"法律服务""法律咨询"之类的词表示不懂，对问到他们对"上访""诉讼"的主观感觉和判断时经常用"知不道""闹不清""没经历过不知道"等话语来回答，从而造成问卷上许多题的答案都是缺失值。这一方面是由于他们自身的因素，如文化素质较低和只管自家"一亩三分地"的小农思想，另一方面也是由于问卷上的问题。问卷为了标准化和客观化，采用的都是书面的语言，可能会与他们本地的说法不同。如问卷中的"上访"和"诉讼"在当地常常被说成"告状"和"打官司"。这就导致我们在念读问卷的时候，村民不能很好地理解问卷的内容。

（二）访员解释困难

由于村民无法自填问卷，访员在调查中的影响被无限地扩大了，他的问法、动作、表情、神态会对受访者的回答产生影响。但访员面临的一大难题就是访员无法将问卷解释为通俗易懂的话。一是问卷为了追求普遍性和推广性，不可能将问卷设计得太过于当地化、通俗化，难免会使用一些标准的、书面化的语言。二是作为访员的我们，大多都是第一次去往当地，缺乏足够的生活经验和对当地的认知，不晓得当地的语言习惯。再加上缺乏高度专业化的训练，在问卷调查过程中想要把握好问卷的内容并把它通俗易懂地解释给受访者听是很难做到的，毕竟在访员和受访者之间存在着巨大的文化鸿沟。村民难以理解、访员解释困难，造成村民的答案很值得商榷。

（三）受外来干扰多

在农村开展问卷调查的另一大难题在于外来干扰的影响。中国农村是一个熟人社会，邻里街坊之间关系紧密，经常会相互串门、聊天。这就导致我们在做问卷调查的过程中很多情况下不是一对一的问答，而会有许多无关人员在旁干扰。我们在做问卷的时候常常会发生这种情况：当我们在询问被访者的时候，他旁边的人可能会回答，而这个回答很有可能导致受访者也做出相同的回答。尤其是在受访者支支吾吾的时候，旁人的一嘴可能会导致受访者的沉默，或者对我们说"这个我不知道，你去问他"。除了街坊邻居的影响，向导也会成为一个干扰因素出现在调查中。向导作为我们的引路人发挥着必不可少的作用，然而在介绍过程中，向导的话语可

能会引导或者限制访员的回答。譬如，我们的向导中有的会对受访者说，"他们是来做调查的，问什么你说什么，不知道的别乱说"。在向导这种话语的引导下，受访者可能会对一些敏感问题产生回避的行为，比如他可能本身对政府、法律的评价不是那么正面，但在这种情形下可能会将自己的真实想法隐藏起来，用好话来敷衍访员。

三　可能的解决方式

针对农村问卷调查的这些问题，我想到了一些可能的解决方式来应对这些难题。主要思路还是从访员和问卷入手，想办法解决受访者理解问卷难、受到外在因素干扰的问题。

（一）设计合理的问卷

问卷设计作为一个问卷调查的基础，严重影响到问卷调查的质量以及之后研究的质量。我们此次的问卷还是存在许多问题，比如有些问题重复、没有设置跳题等，导致在问卷调查的过程中存在一些逻辑上的问题。比如在问到村民接触律师多不多的情况下，有些村民可能回答了"没接触过"，但因没有跳答设计，还需要问他们律师服务的质量和收费的情况，收到的答案也只能是不知道。因此，我觉得在农村问卷调查中，可以将一些问题拆分为多个问题。此外，问卷在设计的过程中要兼顾到普遍性和特殊性，在普遍化、书面化的问卷设计出来后，是否可以根据调研地的实际情况对其中一些问题和答案做本土化的修改呢？例如这次问卷调查中的民族那一题，考虑到当地回汉聚居的情况，将答案设置为汉族、回族和其他民族，就很符合当地的实际情况。

（二）培训高质量的访员

在农村这种念读式的问卷调查中，访员发挥着绝对的核心作用，访员的个人水平也在很大程度上决定着问卷调查的质量以及收集起来的数据的质量。因此，在农村进行问卷调查的过程中，要尤其重视对访员的培训，提高他们的随机应变能力，让他们能够利用合适的技巧通俗地将问卷解释出来，同时在调查过程中巧妙减少外在干扰的影响。此次调查中迫于时间的问题，我们在调查前只进行了较为简单的培训，在之后的调查过程中也确实遇到了很多的问题。希望在以后的农村调查中能加大对访员培训的重视力度，提高访员水平，保证数据质量。

（三）问卷调查和其他研究方式交互印证

在问卷调查中，受到诸多因素的影响，受访者最终给出的答案未必是真实的。虽然通过增大样本量的方式可以有效减少误差，但也存在一些由于某些因素导致集体说谎的可能。因此，我们在农村的调查研究中，可以将问卷调查和其他的研究方式结合起来，譬如访问和实地研究。通过深度的访问可以更好地了解个体在动态过程中的情况，结合问卷调查得到的整体的横截面的状况，可以拓展和深化我们对问题的认识。而实地研究可以让我们融入当地的群体，通过感受和理解的方式把握当地的具体情况。在多种研究方式的相互补充、相互印证下，我们能够对实际情况有更深刻、更真实、更全面的认识和把握。

法律与农民生活：从问卷主题入手看农村[*]

邹子晗[**]

此次赴定州进行专业实习，通过对定州市东亭镇三个村庄的入户调查，以及参观走访著名的文化古迹和农业企业，我有幸并有机会对定州市，尤其是定州的农村、农业、农民有更深入的了解。在短短的一周内，特别在我们入户调查的五天里，我近距离地接触到了这片土地的百姓和他们的生活，稍微了解了一些村民的忧虑喜乐。

这次问卷调查的主题是"法律与农民生活"，这就意味着我首先是从纠纷和法律的角度来切入（询问或观察）农民的日常生活，而不是抱着一种"普查"的眼光对所有的农村事物都予以同样的观察分量。在写作这篇实习报告的过程中，我越发感觉到对这个特殊的具体的切入点应该时刻保持自觉。因为我发现，不管是我在入户起始对问卷调查主题的介绍，还是在访问过程中的聚焦，都已经让这个切入点（或是话题）成为我和村民们开展对话的背景，也成为我调研的基本滤镜。在此基础上，我回顾我获得的信息，发现那些事件主线几乎都与纠纷或法律政策相关，而其他的农村特征则是以这个主线的引子、背景或延伸的形式补充进来的。在这个意义上，我深刻体会并认同齐美尔所说的"观看就意味着删除"，因为我的观察最多也只是截取了东亭镇整体的一个特殊片段。如果我们这次问卷主题是"土地制度"，我可能会看到一片完全不同的土地；如果我最初以"土地制度"的滤镜来看农民生活中的纠纷和矛盾，想必结论和我目前所知也不尽相同。

既然以这个角度观看世界，就以这个视角呈现世界和结构。我的实习报告将从问卷主题出发，紧密结合本人入户调查的实际情况，从以下三个

---

[*] 调查时间：2019 年 8 月。

[**] 邹子晗，写作本文时为中国人民大学社会与人口学院社会学专业 2016 级本科生，现为中国人民大学社会与人口学院社会学专业 2022 级博士研究生。

部分展开：第一部分探究作为一种身份的"农民"在今天的意义，第二部分是对问卷调查主体——农村的纠纷解决体系的思考，第三部分则是对本次实习中研究设计和调查方法的反思。

一 从反日常出发看"农民"

当我们在描述一群人为"农民"的时候，"农民"所指代的想必不只是一种职业，更是一种身份，它承载着一种特定的生活方式。在东亭镇，"农民"这个身份意味着什么？在入户调查过程中，面对那些有关法律政策和纠纷解决的问题，村民们往往在思考良久之后还是只能说一句"知不道""闹不清""想象不出来"。他们并非刻意隐瞒，而是我们提出的问题确实离他们的日常生活有一段距离，即问题情境是"非日常的"。同时，村民们除了因为非日常而"不能想象"之外，还表现出"不愿意想象"的态度——"想象不出来这个，我们家以后不会发生纠纷"。笃定地拒绝想象的背后是一套伦理观念，这让纠纷和某些纠纷解决方式不仅是"非日常"，更是带有越轨色彩的"反日常"。如果要从这份问卷切入来看"农民"这个身份的意义，则从"知不道""闹不清""想象不出来"的部分入手或许会是一个好的选择，因为这些跳脱出他们的思维方式的"反常"提问有可能折射出他们日常生活的界限。

（一）非日常——过日子的生存状态和生活逻辑

提问情境的"非日常"体现了农民日常生活内容的边界。农民们在面对法律政策相关的提问时，老是回答"不关心这个""我们不知道这个，平时也不会接触到这些"。和他们聊起政策，他们首先想到近期的收煤，因为这个政策对他们的生活影响很大。村民和政策通过村里的高音喇叭相连，喇叭里的内容已经是村干部用实用原则筛选过一遍的结果了，之后村民又继续筛选出那些和自己生活密切相关的政策。在调查过程中，村民们回答的最顺畅的往往是那些和日常生活息息相关的问题，尤其是关于家庭、土地和收入的问题。吴飞用"过日子"的概念来理解中国文化中人的生存处境，认为只有在这个基础上才能更一般地理解中国人的幸福观、正义观和社会生活（吴飞，2007）。吴飞所说的"过日子"是以人、财、礼为基本要素的家庭生活过程。我认为"过日子"的状态在东亭镇的农民身

上是成立的，这表现为他们的思考都是以自家的日常生活为起点的（是以家庭而不是自己做思考单位）。

（二）反日常——伦理观念深入人心

"不愿意想象"背后凝结着一套深入人心的伦理观念和社会规范。在调查过程中，被调查对象有时候并非真的"想象不出来"一些纠纷的场景，而是"不愿意想象"这种场景，特别是不愿意想象自己家里出现什么纠纷，不愿意想象打官司、上诉和报警。"我们都是老实人"——"老实"是他们青睐的社会评价；"邻居们都相互帮忙，都挺尊重的，我们也不会有矛盾"——和谐是他们理想的社会状态；"有问题都是小问题，我们这村里没有人闹到打官司告状"——打官司和上访都是把事情"闹大"，诉诸公权力是超出常规的举动。这体现了农村社会对打官司和上访的"污名化"现象，正如费孝通在《乡土中国》里所说的那样，在乡土社会中，"打官司成了一件可羞之事，表示教化不够"（费孝通，1984：56）。

村民们不愿意想象纠纷的情景，连对"轻微的矛盾"的想象都非常抵触，更不要说想象打官司和上访。这种想象成为反常的、不吉利的甚至羞耻的，这反向地说明伦理观念是如何牢牢扎根在农民身上的。

二 纠纷与秩序：内外有别

农村的纠纷解决机制是这次调研的重中之重。在调查过程中，我的感受是，农民们对纠纷解决机制有内－外的分界方式。

内－外的分界指的是农民对内部解决矛盾和诉诸外部力量来解决矛盾的区分，相当程度上就等于民间－正式解决渠道的区分。一般来说，忍一忍、双方协商、村内熟人调解、调解委员会和村干部调解是属于"内部解决"。内部解决一般是大事化小、小事化了，是在农民们划定的安全和谐的范围内解决问题。而报警、打官司和上访则是诉诸外部的公权力，属于把事情"闹大"。这种分类是最日常的，也是农民在处理或评价一场纠纷解决时首先会运用到的。在东亭镇，农民们几乎不选择用外部渠道来解决纠纷，这也符合学者们一直以来对中国纠纷解决体制的认知。黄宗智（2019）对比中西方的正义体系，认为"中国的正义体系有两大特点：一是高度依赖非正式的民间调解，而西方法庭则基本不调解，在法庭体系之外进行的真正的调解只占很低比例（美国不到 2%，即便是被认作典范的荷兰也大致如此）；二是庞大的中间领域——非正式和半正式渠道占到所有纠纷解决渠道的 80%，在 2500 万起纠纷中，成功解决纠纷的妥协性、部分妥协性的调解和行政调处结案的数量则达到 1000 万起"。

但是不用民间－正式这个分类而讲内－外，是因为我认为内－外更生活化，且带有明显的情感和伦理色彩，能体现上述所说农民"过日子"的生存状态以及礼治的伦理观念。另外，随着时代发展，很多半正式的纠纷解决渠道（如调解委员会）出现，并在农村的纠纷解决机制中扮演了重要的角色。这些半正式的渠道打破了民间－正式的分类标准，却能被纳入村民心中内－外的分类标准。黄宗智（2019）认为，在现代化的客观环境下，村庄熟人社会逐渐转化为半熟人社会，农村不可能再完全基于人际关系来调解纠纷，必须不同程度地诉诸政府权威，众多的半正式渠道应运而生。这次调研中，我发现元光村和南齐村的调解委员会作为民间半正式的调解组织，在解决纠纷中能起到很大的作用；但在回民集中居住的陈村营，调解委员会被他们认为是与打官司和上访比较接近的外部解决渠道之一，这或许是因为回族社会的联结相对来说更为紧密，更为接近传统的"熟人社会"，社会内部对矛盾的解决力更强。在这个意义上，内－外分类标准不断地将新出现的纠纷解决渠道纳入考量，也体现了时间维度和空间维度的多样性。

地方－中央的区分在这次调研中虽然不那么明显，但仍然可以感觉到农民对遥远的国家权力的信念。基层政权在农民眼里很多时候是相对负面的形象。而国家权力遥远地在场，并且神奇地以一种极为美好的形象给予农民信心和安慰。虽然村民们从来没接触过最顶层的国家权力，但"中央"永远是正确和温暖的，是在冤屈的时候最后可以求助的去处。

三　对问卷设计和调查方法的反思

对问卷的质疑贯穿了我们整个调研过程，同学们第一天晚上熟悉问卷就提出了很多质疑，而实际入户的时候又遇到很多无法在问卷调研过程中解决的情况。虽然都是反思，但前后期我们主要的质疑点明显是不一样的。在没有下田野之前，我们主要的质疑是针对问卷题目的概念界定和选项设置，比如如何界定常住人口、在某些问题中是不是要加"无"或"不知道"的选项……但在入户调查最后一天的总结会上，大家的讨论集中在"这份问卷的主题和发问方式适不适合农民"，并继续延伸到"访问员在调查中的角色""问卷调查的设计应该从理论出发还是从实际出发"等问题。当然这个讨论的开展很大程度上要归因于我们极弱的定量研究理论功底，但由实地调查生发出来的朴素疑问慢慢推进到比较深入的数据探索和量化研究的整个过程，还是让我受益匪浅。

对于上面说的一系列疑问，最完美的状态当然是，问卷设计时有一套理论或者构想，同时访问员又可以灵活地根据实际情况调整发问方式，同时这个调整还不会改变问题本身的意思。但很明显这种依靠访问员素质的方式在现实中不太可能完成，因此我确实觉得有必要在两者之间达成一个平衡。在将研究构想和假设操作化为具体问题的时候，应该考虑被访目标人群的实际情况和思维习惯，这样才不会出现对于一大部分问题村民都完全"想象不出来"，因此无法回答的状况。

此外，访问员这个角色也让我感触颇深。首先是要快速进入一个完全陌生的环境，与陌生的人交谈，在这个过程中习得新的用词习惯以顺畅地完成调查；更困难的是要继续快速地从上一个访问中抽身奔赴下一家，有时候被访者会在我面前吐露心声表达情绪甚至求助，但我只能默默听完故事就走掉。在陈村营入户调查时，我碰到过一户被"孙媳妇"骗了十几万元彩礼钱的婆婆，她求助于法律，但法庭的判决却始终没办法执行。她和我聊到这个的时候眼泪哗哗流，寄希望于我能够向"上面"或老师反映她的问题，甚至一定要我留下她的电话号码。我深深感觉到自己很难帮助到他们，但也正因此，当他们被问卷激发起倾诉欲和情绪时我会产生愧疚感。在这个过程中，我的疑问是：研究者到底能够在多大程度上介入被调查者的生活，界限在哪里？瑞恩哈茨曾用"强奸模式"来形容传统的实证主义知识生产方式中研究者与被研究者的关系："在'强奸模式'的研究中，研究者开始研究、进行研究、然后溜之大吉。他/她们介入其他主体的隐私，扰乱他/她们的认知，使用着错误的借口，操纵他/她们之间的关系，却压根不给，或者仅仅给被研究者以极少的回报。当研究者满足了自己的需要，他/她们就中断与被研究者之间的关系。"（Reinharz, 1983）虽然我们为被研究者和向导提供了一些礼物或补偿，尽量让双方的关系更公平，但我们确实仍然是瑞恩哈茨意义上的突然闯入者和抽身走人者，而我认为这对研究者和被研究者都会产生影响。

在定州市的调研给了我两种完全不同的体验：在第一天和最后一天对几个企业和特色村庄的考察中，我感受到了现代的农业农村发展模式的日新月异；但在东亭镇的 5 天，当我深入接触东亭镇三个村庄的农民生活时，我又觉得很多现代的生活方式、思维方式和治理模式对这片土地的影响微乎其微，农民们只是默默地、勤勉又和谐地"过日子"。在我眼里，定州拥有一种变化 - 停滞的张力，这种张力不仅体现在经济上，也体现在社会观念上。这也许就是中国农村现在面临的转型困境，而这是需要我更深入探索的课题。

最后要感谢这段时间张罗安排、忙上忙下的黄家亮老师和黄政师兄，不管是调研内容还是饮食住行都考虑周全；感谢班主任朱斌老师烈日下还始终陪在我们身边，带给我们很多欢笑；感谢第二组的同学，在这个不悠闲的夏日里，我们一起度过了最轻松快乐的"课余时光"；感谢东亭镇元光村、南齐村和陈村营的村民们，我会努力记住你们的故事，谢谢你们帮助我完成第一次正式的社会学调查。

参考文献

费孝通，1984，《乡土中国》，生活·读书·新知三联书店。

黄宗智，2019，《重新思考"第三领域"：中国古今国家与社会的二元合一》，《开放时代》第 3 期，第 12 ~ 36 页。

吴飞，2007，《论"过日子"》，《社会学研究》第 6 期，第 66 ~ 85 页。

Reinharz，S. 1983. "Experiential Analysis：A Contribution to Feminist Research", in *Theories of Women's Studies*，(ed.) by Gloria Bowles & Renate Duelli Klein，Routledge & Kegan Paul.

农村问卷调查中的问题与技巧反思[*]

陈瑾楠^{**}

2019 年 8 月 12 日至 18 日，我们收获了一次难忘的专业实习经历。我组成员深入河北省定州市东亭镇的三个村，元光村、南齐村和东堤阳村，通过问卷调查这一定量收集资料的方式，来了解当今时代农民的法律认识和法律态度。在本次调研中，我也收获了很多关于问卷调查的知识和技巧，包括对于问卷本身内容设计的反思，对于调查过程中如何合理利用向导这一资源、如何降低被访者的戒备心理等实用性技巧的掌握，以及对于问卷调查这一定量方式的一些思考。

一 关于问卷设计

基于对农民普遍文化素质不高的考量，本次问卷大部分采用访问问卷的形式，即由调查员对被访者进行提问从而获得回答。因而事先对调查员的培训就尤为重要。而在此次正式入村调查之前，通过"战前"的培训会议，我也确实对问卷本身有了更加详细的认识和理解。

（一）问卷基本结构

一般来说，问卷的基本结构包括封面信、指导语、问题和答案，以及其他资料，例如问卷名称、问卷编号、问卷发放日期、调查员姓名、审核员姓名等。封面信的功能是帮助被访者了解此次调查的目的、调查的内容和范围、获悉调查的主办单位和调查员的身份，并向被访者表明对其隐私的重视等。本次问卷设计就很好地做到了这一点，在最开始，清晰地说明

---

* 调查时间：2019 年 8 月。

** 陈瑾楠，写作本文时为中国人民大学社会与人口学院社会学专业 2016 级本科生，现为中国人民大学社会与人口学院社会学专业 2021 级硕士研究生。

了调查员的大学生这一身份，并告知本次调查旨在了解村民的法律生活，对其生活不会产生任何影响。这些细节对后续正式调查中消除被访者的戒备心理起到了很大作用。指导语，即用来教被访者如何正确填答问卷，教调查员如何正确完成调查工作的一组陈述。问卷在最开始列出了填表说明，但是我认为缺乏卷中指导语，例如 A12 题，对于家庭成员和劳动力的定义没有明确规范，很容易与前面的 kish 表产生歧义，对作答的准确性产生影响。

本次问卷的题目多为封闭形式，这样做的优势在于后续处理数据的便利。但是很多题目在选项设置上有漏洞，例如对于"上访"和"诉讼"，很多情况下被访者反映的都是"不知道""不清楚"的情况，但是答案缺少这些选项。这点也是我们在实地调查中发现的理论与现实脱节的现象，也许我们想当然地认为在法治化时代，法律应该在农村越来越普及，但实际上村民们很少接触到法律知识，也缺乏相关的经历，这也是我本次实习中印象深刻的一点。在今后的定量研究中，我们可以更加巧妙和恰当地运用定性方法来进行辅助。例如，针对以上情况，我们可以在设计问卷前先进行几个个案访谈，大致摸清调查对象的现状，再根据访谈得到的线索进行问卷内容的具体设计。

除了上述提到的信息，本次问卷还加入了 kish 表，希望以此平衡调查对象的性别比例。但是在后续调查过程中我们发现，这一原理在理论上是行得通的，然而在实际操作中，想要一直遵守是比较困难的，经常会因为抽中的对象不在家等原因顺延，失去了随机性，不过这也与我们本次调查周期短有关。

（二）问卷设计基本原则

问卷调查实质上是调查者与被调查者之间的一种社会互动过程，因而一项问卷调查成功与否，关键在于能不能使被调查者同调查者较好地合作。这种合作一来体现在问卷设计的贴合程度，二来体现在调查者在实际操作过程中的具体表现。

在问卷设计中，研究者应该把为被调查者着想作为问卷设计的出发点。诚然，研究者发放问卷是为了服务于自己的研究目的，但我们也应该看到被调查者才是问卷所作用的对象，不同质量和不同形式的问卷对被调查者的刺激和影响是不同的。而对于阻碍问卷调查的因素，例如畏难情绪、有所顾虑、毫无兴趣、态度散漫等主观障碍以及理解能力差等客观障碍，也应该被纳入考量。同时，我们要根据被调查者的文化程度、生活方式和心理状态合理地设计问卷题目。例如，对于被调查者比较熟悉、没有什么心理压力、容易引起他们的兴趣的内容，可以设计得详细一些；但是对于他们来说较为陌生、容易产生戒备和厌倦心理的内容就用较少笔墨带过即可。本次问卷中的部分问题是为了了解村民对一些纠纷解决方式的解决速度、效果和金钱成本的态度，然而实际上回答这些问题非常的烦琐，尤其是在多数村民实际上对其中一些方式毫无概念的情况下，更会使其产生应付和厌烦的情绪，非常不利于问卷调查的开展。

二 关于实地调查的技巧

第一个感触较深的点是对于向导资源的合理运用。每个村都会给四人小组配备一个当地村民作为向导，但是在与向导磨合的具体过程中也存在很多差异。我印象特别深刻的是第一天调查时，元光村的组员们的进度相对于翟城村来说快很多，究其原因还是我方的向导在调查前先对样本名单进行了进一步的筛选。向导根据自己掌握的情况，首先排除了名单中已经过世或者全家都已搬走的成员，其次根据剩余成员分布的地理位置划了片区，一位向导负责一片区域。这样就大大节省了我们花费在各家奔走的时间，可以更加精准地锁定和寻找到调查对象。另外就是，小组四人与向导如何高效地合作。前期我们对于问卷不是很熟悉，再加上安全的考虑，因而采取的是两人一组的工作模式，但后来我们发现其实这样非常浪费时间。两人一组访问，经常存在一人无事可干的情况，而且很多人会在路上遇见，也不存在安全的问题。因而在后期我们就单独行动，经常是向导阿姨一车载四个人，一个个下车调查，自己完成后联系向导，因为大家完成的时间都差不多，因而这种时间差可以一直保持，由此极大地提高了效率。但是也有其他组出现了与向导联系不及时、向导寻人速度慢等情况。然而，调查中有向导有利也有弊。因为向导大部分也是村委会成员，因而在提问过程中，向导坐在身边这种情况就很影响被调查者的态度和观点。例如，对于涉及村干部或调解委员工作情况的问题，就很难保证其答案的真实性，从而影响问卷的效度。

第二个感触则是如何降低被访者的戒备心理。一方面，如上文所说，向导的存在会使被调查者感到拘束和紧张；另一方面，被调查者本身也会对我们这些外来的陌生人产生戒备心理。因而提问的语言和方式就要有讲究。首先，我会先说明自己是大学生，来这里做个暑假作业，问他们一些关于生活和法律方面的小问题，以打消他们认为我是政府官员或者记者等顾虑。其次，在提问过程中尽量保持聊天的状态，说话方式也偏口语化，避免使用抽象的概念，聊到相关话题时也不拘泥于问卷问题，可以和村民们多聊聊，让彼此的相处更加自然。

三　对于问卷调查的思考

首先，纵观全程，我认为问卷调查这一定量方法并不适合在农村开展，其填答质量很难得到有效保证。

第一，从提问方式来看，问卷调查其实对被调查者的文化水平还是有一定要求的。然而目前农村的情况是较多留守老人和儿童，即便有成年劳动力在家，文化素质也普遍较低，因此不适合自填问卷，只能通过调查员提问的方式开展调查。而其中较多的态度观点题需要调查员本人结合被调查者的语言和行为表现进行主观判断，而且很多村民其实也没有"非常同意""比较同意""一般"这样划分详细的概念，此时，问卷的效度就很难保证。同时，前面的客观题也存在一些问题，例如"收入"，自我感觉很多人出于顾虑或者不想说等原因，实际上并没有反映真实情况，因而这项重要的测量指标的效度也较低。

另外，如上文所说，调查对象文化素质普遍较低，但是此次问卷有很多对其来说较为抽象和陌生的概念，例如"法律"，例如"诉讼"，此时调查员只能具象化一个情景来引导他们，但是这又会导致两种情况：一是被调查者将这个具体情景当作问题的全部来回答；二是调查员的情景设计跟问卷问题本身表达的含义有偏差，这些都会影响到问卷的效度。

第二，从填答环境来看，乡村依旧是个熟人社会，村民对于外来人会产生天然的戒备心理。很多时候在路上遇见的被调查者，身边总是聚集了很多其他村民，因而其在回答问题时会受到周围人的影响，再加上向导这一影响因素，使得乡村整体环境不利于问卷的填答和调查的开展。

其次，就是关于"法律"这一主题的思考。农民会关注的是与他们生存息息相关的土地、养老金、医疗保险以及各种补助等问题，法律知识对他们而言还较为遥远。我在调查中听到很多声音，"我一辈子也没出过村子，你问的这些我从来没听过""你们为什么问我法律的问题，怎么不问问土地的问题""我不需要法律服务，我就是种地的，不需要那些"等，这些他们不怎么接触的领域你就算设置再多情景让他们想象，他们也很难想象得到。因而此次问卷很多关于上访和诉讼的问题的答案都是"知不道""闹不清"等，效果并不好。因而我认为在农村还是开展定性访谈会比较好，很多农民的看法、农民的经历没法通过问卷展示，反而是个案访谈更加适合深入挖掘农村的故事。

在田野实践中认识问卷调查[*]

廖思华[**]

在定州的专业实习期间，我们访问了东亭镇、清风店镇和明月店镇，以及东亭镇下辖的多个村落。参观了定州的各种历史遗迹、大小工厂以及农村治理的示范点等。此行让我们对农村有了新的了解，激发了我们对农村问题的思考，也让我们对本学科的研究技术和研究议题有了新的认识。

一 问卷的设计

尽管本次实习的问卷存在一些问题，但正是这些问题，让我们对我们自己和调查对象都有了更多的思考，也在调查中认识了我们自己。

总体来看，问卷分为四大部分。从入户情况来看，被访者最关心的是土地问题，无论询问哪个家庭成员，土地问题都是最能够被清楚回答的。由此可见，土地问题是人们最关心的问题，我们之后的研究可以从土地问题入手。

在访问中我们遇到了相似问题重复询问，或是同一问题从不同侧面询问的情况，例如"你认为以下六种方式解决问题的速度、效果和金钱成本分别如何"。但是在具体询问时，被访者并不会以我们所期待的方式回应、打分，而是回答一整套自己对于某个事件的看法，这与我们设计问卷的思路是不相符的。我们理所当然地认为被访者能够理解题目，能够按照问卷上的答案回答，但实际上遇到了很多问题，有些甚至是在问卷设计时就埋下的陷阱。我认为主要原因在于此份问卷的设计思路是自填问卷，即认为被访者自己能够阅读问卷并进行填写，问卷中大量的表格题可以证明这一

---

* 调查时间：2019 年 8 月。

** 廖思华，写作本文时为中国人民大学社会与人口学院社会学专业 2016 级本科生，现为中国人民大学理学院心理学系 2020 级硕士研究生。

点。在自填问卷中表格易于理解并且能够加快填写速度，但是在需要询问的问卷中表格则会加大询问难度，重复相似的问题容易让被访者觉得厌倦。因此，我们在设计问卷时应更多地以被访者为中心，在遵从问卷设计原则时也更多地考虑研究对象的特点以及接受能力，以求研究期待与实际研究过程和结果相符。

二　向导与入户

向导在此次调研当中起到了举足轻重的作用。向导在此次调研中的工作主要有如下几点：第一，识别样本户中去世及不在本地居住的样本并将其从样本户中去除；第二，带领访问员找到样本户；第三，向被访者初步解释调研目的，引见访问员；第四，为所带领组的访问员分配入户任务。

第一点向导们通常是一起完成的，比较强势或是对村中情况比较熟悉的向导通常能够带领其他向导完成识别工作，因此，在这一点上每个向导没有明显的区别。在无效样本剔除之后，向导们会将样本名单根据集中区域划分为三部分，再均分数量后分给三个向导。以片区为依据而不是以样本编号为依据划分样本主要是考虑到：一个向导同时带4位调查员，那么需要同时进入的户数在2～4户，每位调查员进入每户的时间不同，完成一份问卷的时间也不同，每户之间相隔的距离也不同，因此一位向导要在这么多户之间来回穿梭，难免会有不及时将调查员带入下一户的情况，于是在过程中就会浪费很多时间。采用一个向导负责一个集中片区的方法，可以缩短向导在家户之间穿梭的距离，也可以减少调查员们等待的时间，从而提高访问效率。

在第二点上，不同的向导有不同的方式。一些向导对村中的家户位置不甚熟悉，于是在找路问路上会花费不少时间。由于村中独特的标记方法，很难通过门牌号与户主相对应。人们识记某户位置是先记住其在村子的某个方位或某个大片聚集区，在聚集区中的人则会通过某条巷子第几排第几家来记忆位置，因此前一种方式并不能迅速找到样本户，相较之下另一种方式更为实用。比较熟悉的向导则会选择先到达某一样本户的大致位置，再询问路边乘凉的人某人家具体在哪里，从而减少了寻找的时间。但是在东堤阳村时，我们的向导采取了一种新的方式：在村南选取了一个门口有树桩可坐的小超市作为据点，按照样本名单上的名字挑选自己熟悉的人打电话将他们叫到小超市接受访问，而不是通常的入户访问。可以看出，这位向导想要尽快使我们完成数量任务，但我认为这无法被称为"入户调查"。由于向导的主观选择性，我们无法在户中使用 kish 表，于是会造成性别比的偏差。结果就是我们东堤阳村的被访者中出现了男性大量超过女性的问题，这是造成的第一个后果。造成的第二个后果是年龄段集中，与向导关系好的被访者年龄大多接近（处于同一年龄队列），因此，我们的被访者年龄也较为集中。第三个后果是在某些具体问题上的偏向性，例如问卷中的"你与村干部关系融洽吗"以及"您与村干部接触密切吗"的答案都是"非常密切"或是"比较密切"。其原因就在于向导本人是村干部。

在向被访者初步解释调研目的和引见访问员方面，向导自身的身份和话语方式也会对访问产生影响。例如元光村的向导，自身是村干部，但在其他人眼中她更多的是自己的家人和朋友，而不是村干部，因此她带来的访问员都是平和、不紧张的态度，一般来说会按照实际情况回答。她引见的话语为："他们是大学生，就问你几个问题，她问什么你答就是了。"在引见被访者和访员之后自己走开了。这样可以有效减少被访者的防备心理，并不会给人以"这是村里的任务"的感觉，从而能与访员轻松地交谈。与之形成对比的是南齐村的向导，其自身是村里分管党委工作的村干部，对被访者形成了天然的压迫力。其引见话语是："（对被访者）就是做个调查。""（对访员）你不要问老百姓太难的东西，他们回答不上来。"被访者面临这样的情况时首先将调查员排除在了内群体之外，划在了不信任的范围内。其次是由于向导对于调查本身不严肃、不投入，且出于其自身的身份的要求和价值倾向性，有时会指导被访者回答问题，迫使被访者答出符合村干部期待的答案。例如本身作为调解员的向导引见的被访者对关于"调解"部分问题的打分普遍偏高。但是碍于各种因素，访员在调查过程中无法拒绝向导旁听访问。从以上来看，尽管向导带领访员入户减少了大量的交涉时间，提高了入户成功率，但对问卷质量存在一定的影响。

最后，在组内任务分配上，也有多种方式。有的向导采用依次下车，等到所有访员完成一轮调查之后再集体进行下一轮调查的方式，也有采用一个访员完成调查立即分配下一个任务的方式，两种方式各有优势，都体现了向导们不同的行事风格和共同的智慧。

本次调研中我们获得了向导的巨大帮助，如果没有向导，我们无法完

成数量如此庞大的入户访问；也是通过向导，我们才得以了解村落中人们的人际关系、思维方式以及语言等，因此我们对向导是心怀感激的。

三　关于解释研究目的的问题

在调研过程中，最经常遇到的问题是："你们是做什么的？调查这些做什么？每家每户都去吗？"每次遇到这样的问题我都有这样的疑问，那就是：我是否应该解释我是做什么的？我是否应该告诉对方我的真实目的？我应该解释多深？

为了获得被访者的配合，我通常使用的说辞是，我们是大学生，来村里做一个实习作业，收集的资料用于我们写文章，而将抽样简化为抓阄抓到了这一户。但我仍存有疑惑：这样说是正确的吗？还是应该解释我们的整个调研流程，从我们的学科背景，到此次调研以及调研所用到的工具及以后数据的分析等，问题在于如果如此解释，对方真的可以听懂吗？观察之前同伴和老师这样的解释，被访者似乎还是一脸疑惑，但是不解释似乎又没有保障被访者的知情权，对此问题我依然感到困惑。

四　调研过程中的一些思考

在入户做问卷调查期间，我发现在题目"如果您遇到比较轻微/严重的纠纷时，您首先会选择怎么处理"上，人们选择最多的是前三个选项："忍忍就算了"、"双方协商"和"有关方面调解"，而"打官司"、"报警"和"武力解决"鲜有人选。究其原因，我认为是在农村人的心里，存在"内群体"和"外群体"的概念。最小的内群体是家庭，而泛化的内群体是自己的亲朋好友及自己本村内的人。除此之外的人则被划归为外群体。内群体中发生的矛盾应该在本内群体中解决，没必要也不应该闹到群体外解决。而人们最常打交道，也最有可能与之发生矛盾的就是内群体内关系较近的人，因此一旦有纠纷，最常使用的就是内群体内的解决方式：自己忍忍，即在家庭内群体中解决；双方协商和有关方面调解则是在更大的内群体中解决问题的方式。

而报警、"打官司"、上访更多的是处理自己与外群体的人发生纠纷时的解决方式。在调研过程中，"打官司"和上访更多的是在本地人去外地打工，出现拖欠工资，或是本村人和其他村人结婚，出现离婚、婚姻纠纷的情况下采取的解决方式。

此次调研中我们近距离接触了农村生活，了解了调查对象的所思所想，一定程度上打破了我们与所生活的城市和所调查的农村之间的隔离与对农村的偏见，为我们未来的研究打下了良好的基础。调研也培养了我们团队协作、克服自身问题、按时按量完成任务的良好习惯，最重要的是，让我们学会了要做一个有温度的社会学人。

问卷调查方法反思[*]

邓淑丹^{**}

本次在定州开展的调研实习,主要采用了问卷调查的形式进行,通过随机概率抽样进行入户访问,了解有关村民法律意识、人际关系及矛盾纠纷等情况。我们仅参与了访问这一与受访者实际接触的环节,但就本次问卷调查背后的理论背景和研究假设等相关工作而言,参与不多。在实际的访问过程中,还是发现了许多针对本次问卷调查而言需要进一步改善的地方:问卷设计的操作化的水平和质量不理想,人的主观能动性对问卷调查的制约,调查主题的影响。

一

问卷调查本质上是以定量的方式,进行测量和收集资料,但针对研究假设所设计的问题存在着考虑不充分的问题。

一是调查内容部分重复,整体结构不够简明。一题多问的方式确实有助于检查受访者是否有逻辑不通、自相矛盾的情况,以判断所取得数据的信度。但对于受访者而言,他们在回答问卷时心态是会发生变化的,外界环境的变化、访问员的提问方式及前序问题的提出,都会影响他们后续的作答,因此部分重复问题出现了逻辑上的不通顺也是在情理之中的。由于本次调查地点设定于农村,且大多数受访者年纪略长,受教育程度普遍较低,或者有视力上的不便,绝大多数问卷都是以访问员转述给受访者听的形式完成的。也就是说,问卷与受访者是一种间接接触。对于这种间接接触而言,容易令年长的及产生不配合心理的受访者遗漏关键信息。比如

---

* 调查时间:2019 年 8 月。

** 邓淑丹,写作本文时为中国人民大学社会与人口学院社会学专业 2016 级本科生。

"您认为本地警察的执法公正吗"及"您对本地警察的执法结果的公正性感到满意吗",这两个问题在本质上的确存在区别:一个强调程序正义,一个强调结果正义;一个是对公正性的判断,一个是强调对公正性的满意程度。对于后者,也就是说,即使选择"满意",也不代表受访者认为结果是公正的,但这又存在着复合问题多的问题,数据分析时无法区别"认为公正且满意"及"认为不公正但满意"这两类人群。这种用阅读的方式可以捕捉到关键信息的问题,非常容易在听觉中被遗漏。这样的问题也不便于访问员转述提问。另外,烦琐的设计更容易引起受访者的反感。

二是问卷问题安排缺乏妥善的逻辑设计,并未充分体现人性化原则。设计人员根据内容主题安排了问题的次序。作为访问员,我能够理解其中的内在逻辑,但在转述时,我又时常产生一种别扭而又不连贯的感觉,比如在问卷前段的人际关系部分提出了"你和村干部关系好吗"这个问题,却在问卷后段的纠纷部分才提出了"你和村干部接触频率"的问题。对于受访者而言,这两个问题其实都是围绕自己与村干部的关系而提出的,这一块的情感与记忆是相通的,若是将这相关联部分的问题拆开回答,这种逻辑跳脱的体验只怕会更加严重。另外,问卷中采用了过多的不恰当的问题设计。比如在"您认为村子里目前最需要解决的纠纷是什么"这一题中,有大量选项。这个问题显然是适合自主填写的,设计人员在设计问卷时并未充分考虑到对于村民而言,这个问题的形式存在极大不便。绝大多数村民不能自主填写问卷,该问员在一个问题中转述出大量的选项,受访者会遗忘掉绝大多数选项,并不利于访问的效率。部分访问员会担心问题过于烦琐,而只是主观挑选几个选项向受访者表达,这同样不利于问卷信度。针对这个问题,可以将这类提问改成开放性问题,或者拆分成多个简单问题逐一提问会更加妥当。

二

问卷调查中,访问员与不同的人群都会有接触,不仅局限于调查对象。他们的年龄、性别、生活经验和文化程度,都影响着他们对于问卷调查的理解甚至是态度,因此,如何设计出更加适用于这一群体的问卷,如何减少调查过程中人为的干扰是需要探讨的核心。问卷的适用性和针对性是相悖的,具有普遍适用性的问卷无法体现因地制宜的特点。

本次调查的对象是农民，但在此进一步定义为定州农村村民似乎更合适。在本次问卷中使用的大量的官方和抽象词语是不适用的。村民们文化知识储备有限，且生活圈子较小，许多村民忙于生计，极少能从其他渠道获取信息。问卷中存在的"法律""上访""政府信访工作"等词语远离他们的生活经验，令他们难以作答，只能凭靠调查员去加以解释和变成生活化的语言。但由于调查员时间、精力有限，且自身对问题的理解不尽相同，从而对问卷结果的真实性、客观性造成了不可避免的影响。对于农民而言，本次问卷的问题设计应更加具体化、生活化，如在问有关于法律的问题时，可提出从各个角度影响了村民生活的法律，甚至把理论层面的法律细化为经验层面的行为和具体情境，使问题所提及的内容对受访者而言不是遥不可及的，而是在生活中切切实实在有所体悟的。

另外，问卷中的词语需要进一步的考量，避免涉及敏感问题或对受访者造成伤害。问卷调查中不可避免会涉及部分敏感问题，比如在问到家庭年收入时，所设定的范围区间也应该事先考虑到调查对象的平均水平或根据定州及相似村落的情况做一个估计。在实际调查过程中，绝大部分受访者的回答都是几千元，但问卷设定以两万元做一个区间，分成了多个选项。显然绝大多数选项是不适用于本次受访者的，且其他选项的存在可能会对受访者的心理造成影响，使其感受到自己与他人的差距，甚至产生自卑心理，应及时对问卷做出调整。

三

在调查过程中，其他人士不可避免地会对整个调查过程产生影响。

一是向导的影响，向导为我们入户调查带来便利，但向导在选择入户的策略上会有主观的偏差，比如会优先到访距离村委会近的家庭，这些家庭大多生活条件较好；如果在路上遇见受访者，这类受访者多是三五成群聊天乘凉的，向导会让我们进行访问，这些受访者更喜欢交往，人缘较好且集体感更强烈。而向导对名单的认知也影响到了样本的随机性。名单上仅列出了抽到的受访者的姓名，无其他信息，在设计上没有避免重名、改名等情况，应增加其他补充信息，便于识别，否则向导会以自身生活经验作为判断依据，破坏问卷调查的随机性。

二是访问员的影响，访问员事先缺乏统一的培训，对问卷的理解不尽相同,提问的方式也各不相同。随着时间的流逝,我个人对问卷的熟悉程度增加,但不可避免会产生对机械式重复提问的厌倦情绪。因此,每次的提问方式存在着差异,每次的访问对我来说都是不可复制的,因而不可避免地带来了误差。

<h1 style="text-align:center">四</h1>

对于本次调查主题而言,以法律为题带有一定的敏感性和抽象化的特点,造成了大量的无回答题项。本次调查中的受访者受年龄及生活经验等影响,对于政治、集体、矛盾等情况的理解与我们不同,他们会更忧虑自己的回答会破坏与他人的关系甚至会给自身带来伤害。因此,在问卷开始前必须对本次调查做出充分的介绍和解释,以获得受访者的信任。

问卷调查本质上也是一种社会互动,这种互动必须建立在平等的基础上。我们必须展露充分的真诚和尊重,才可能得到受访者的配合和付出。加上生活在农村的人们更容易受到表态文化的影响,极其容易受到他人的影响。在涉及敏感问题的时候,如果身边的家人朋友做出了引导或者回答的举动,受访者大多会做出相同的回答。这是基于对作答风险的忧虑而做出的自我保护,他们尽可能做出符合他人期望的回答,以集体来防范个人可能面临的潜在风险,因而也带来了应答率高但数据不客观的问题。这一忧虑光凭借短短的几十分钟是难以消除的,更需要访问员对于他们生活处境的深刻理解和受访者建立起对访问员的认同。这需要长时间甚至是多次的接触和交流,并非短短一两天就可以做到的。加上我们本次的入户是由向导直接引见,碍于情面大多数受访者都不好直接开口拒绝,他们变相失去了拒访的能力。这种强硬的到访自然是不利于塑造平等互动的,从而造成受访者的防备心较强,出现回避甚至敷衍作答的情况。另外,问卷的主题远离农民所关注的问题。受访者大多为中老年人,健康情况并不理想且收入较低,对他们来说,更关心的是养老、孩子成家、医疗等问题。法律这种远离生活经验的体验同样会令受访者感到困惑甚至产生无法回答的挫败感。

第三篇

田野感悟

田野之美[*]

黄情怡[**]

定县这个概念在我脑海中代表着一种规整的美感，每个社会学学生都从课本上读到过它，脑海里想象过它。它是中国社会学学科伟大先行者们知行合一的最好诠释。社会学的学科基因被不断地传承下来，又在不同阶段表达出状似迥异实则同一的美感。而至研究生期间，我幸运地踏上了定县的这片土地，才发现田野能给的，远远不止于脑海中的朦胧美感。

一脉相承的历史与当下

李景汉曾在《定县社会概况调查》的序言中写过定县调查初始的困难，因着"乡村久受贪官污吏、苛捐杂税、兵匪劫掠种种害处，如惊弓之鸟的人民在惶恐中过生活，调查生命财产及种种私事必被视作大祸将至"，只能选择不甚困难且不易引起农民怀疑的事项调查（李景汉，2019）。然而初入田野，迎接我们的，却是一座相当有序、基建"很是像样"的小城，走在定州的"长安街"上，往来的年轻人和橱窗里的婚纱模特，打扮入时而不流俗，他们的审美已经深受当下社会主流的时尚消费和审美趣味的影响。初入田野给我的感觉，就是这样一种新奇又迷茫的混合，好像不应该什么都有，又好像不应该有些没有。

幸而我们是带着问题来的，通过走访、参观、座谈等多种形式，围绕着基层矛盾纠纷排查化解的信息不断涌现出来。所谓的城乡差别、地区差别、工农差别等词语，在田野中被转化成一个个生动的故事。矛盾纠纷因何而起，在处理的过程中由谁接手，有谁参与，参与者表现出怎样的行

---

* 调查时间：2021 年 4～5 月。

** 黄情怡，写作本文时为中国人民大学社会与人口学院社会学专业 2020 级硕士研究生，现就职于上海市某区区级机关部门。

动，和谁一起表现出这样的行动，在一个确定时间段内为何表现出不同行动，都被激发起表达意愿的受访者展现出来。

田野给我的第二感觉，是呼啸而来的海量信息，令人感到千头万绪。一种整体性的朦胧美感坍缩成一个个闪耀的光点，部分能够被加工处理成团块的光斑，组成此起彼伏的亮色。

在信息高度发达的当下，作为社会学专业学生的我们，往往身处生活的场域、想象的情境和立体的田野的叠加态，来到田野之前对田野或浪漫、或先入为主的印象，在田野中对田野的直观感受，对信息的处理、加工、思考以及离开田野后的"回眸"，在内心静观的各种活动，都受到这种叠加态的影响。而田野作为一个自我与他人、理论与现实、细碎生活日常和整体性问题观照的交汇点，便自然而然成为意识、观察、描摹这种叠加态的最好切入点。

在进入定州的田野之前，不可避免地会对其有两种想象。一种是作为普通人的朴素观察与联想，意识到它会表现出一个华北县域社会之典型特征，这种县域社会的团结秉持何种逻辑？这里的人与北方城市中生活的人有怎样不同的生活状态？这种区别和关联，背后是否遵循统一的规律？……这一系列的问题，背后都对应着对它模糊的想象，拼凑想象细节的是日常从媒体信息、平台舆论、个人生活分享等种种渠道获得的材料。一旦进入定州的田野，即使在未访谈、交流的闲暇时刻，作为田野中的主体也在不断地目见之、足践之，大到亭台楼阁、规章制度，小至家常菜色、衣纹花饰，所有饱满的细节都被无意识吸收了，一切想象都在动态中下意识调整、修正。

出于这种想象的因势利导，初次进入田野前，曾试图从普通人日常最为关心的、有足够现实经验的话题切入，描摹田野的基本情境。比如彩礼这样一件小事，因其在生活中所关之"重大"，众人的态度、看法、看法背后的出发点，就串联起了一个丰富的互动场域。和朴素想象相一致的是，定州的彩礼数目相较于当地平均收入水平而言，给民众带来了较大压力。这种婚姻的"女方市场"使得男青年及其家庭选择"早早下手"，平均初婚年龄较低，在县城内有一套房子成为议婚中最重要的事，房价和房地产相关的问题又往往成为矛盾纠纷的中心。面对问题，人们总是在生活情境中能动地反应，一方面，跨国婚姻逐渐增多，带来了新的家庭形式与矛盾纠纷类型，需要新的矛盾纠纷处理方式；另一方面，作为区域中心地，定州吸引着周边区县的居民，而这种互通、汲取又导致与文化、教育、劳动等一系列问题相关的新情况。

在田野中，这些内容都从多个侧面详尽地展示了出来。直接面对纠纷的工作人员提到了近年来家庭纠纷数量的激增、纠纷内容和事由的变化、处理纠纷复杂程度的上升；法官生动地阐述一件件"离婚官司"，表达处理婚姻问题的难处及跨国婚姻等新问题在法律执行层面的隐患；县城内工作的未婚女性抱怨着"优秀的都走了"的择偶难题，话语间流露出对生活和婚姻应该是怎样的美好期待；村支书讲述着村民的家庭情况，担忧大龄男青年"不好找"……

顺着这种对田野中饱满的信息的思考，那些脑海中朴素的想象逐渐清晰、完整。在田野中被提出来交流、表达的议题，本身已经过研究者和受访者的筛选，代表着一种"注意力的分配"，而如何看待这个问题、是否表明自己的态度，又展现出受访者的生活状态，并与其生活模式相匹配。于是在田野中的每天都是精力充沛的，从"见到人和事"开始，回到"回见人和事"。

另一种想象是作为社会学学生与学术关联的想象。从定县调查开始，定州的田野就被一代代学者深刻描绘、记录、解释，在看文献的过程中，自然会接触到印象深刻的内容，也带着这些脑海中的概念，试图去"找对应"。这种对应性的寻找，在初入田野的时候，会有不小的麻烦。例如，一在田野中听到"彩礼"等相关内容，就自然而然地将其与家庭单元、婚姻制度、性别议题等联系起来，注意力于是转向，从田野中的受访者及其情境，过渡到了自己脑海中概念的解释、界定和勾连。有些时候，同样的语词，指向的却是完全不一样的问题，如受访者通过对"彩礼"的讨论，来阐述生活圈内共同的话题、态度的代际差别等，将注意力重新放回，就会发现，其背后往往涉及状似完全不相干但很有思考意义的内容。

在反思中发现，这种问题的产生，是因为对田野的"心急"态度，力图直接在田野现场完成理论与田野实际的联系跳跃，也许更好的方式是忘记自己是一个研究者，以好奇的心态、饱满的注意力、真诚的态度，无所畏惧地和田野现场发生真实的碰撞。

带着这两种想象走入田野，在其中感受到的一切是熟悉亲切的，也是新奇意外的，高度丰沛饱满的信息会在初始给人一种滋养的感受，切切实实体会到学社会学和做社会学研究是有趣的，是一种无异化、有主动性的

活动。然而浸润了一段时间之后，又感觉到线索的散乱和迷茫，因为研究者究竟不同于带有好奇心的生活观察家，最终还是要完成在田野和理论之间的筑桥。

在这个迷茫的时刻，历史的脉络传承给了我们答案。从一开始，社会学在定州这片土地上的问题意识就是同一的，是在观察、寻找甚至身体力行地去创造践行一种秩序的可能，这种秩序在田野内部有规整的美感，亦能够投射在整个中国的广袤土地上。所以在一段时间的迷茫后，我又对自己生发出这样的问题：我是否在田野中看到了什么？我想问什么？我对秩序的理解和想象与我观察到的一致吗？

另外，田野这一课堂最重要的一点也在于研究团队的通力协作，得益于学院和老师的安排，进入田野的一行团队中涵盖了本科、硕士、博士等，不同研究者的注意力、视角、理解方式，都在相互交流和碰撞中渐渐明晰，在观察他人的田野兴趣点的同时，也很容易认识到自己的兴趣点，为何因此不同，顺着比较分辨的思路继续追问，就能够问到自己心中最纯粹的学术兴趣点。

一叶知秋的局部与整体

带着这种从辉煌学科历史一脉相承而来的问题意识和学术兴趣点，在第一次进入田野之后，我又缩小了所关注的兴趣范围，聚焦在乡村警务运行相关的议题上，以更加充分的时间和准备集中进入田野。

再入田野，由于有了更加切近的问题和情境，就仿佛有了一个主体。田野中的人和物都以真诚、亲切的态度，至高的善意向我张开怀抱。在公安局的田野中，和接线员们一起值班，在此起彼伏的电话声中记录、分析警情，身处一线出警的各种场合中，得以有机会一窥执法办案、抓捕逃犯等寻常未见的真实"法的活动"。在乡镇派出所，和民警、调解员一起走入田间地头、村民家中进行纠纷调解，览阅各类档案数据，对地方的矛盾纠纷变化形成最直观、最真实的认知……

在田野内充分感受、在田野外反复思考、在理论中理解田野现象，在田野现象中试图归纳勾连理论，这种循环一日一日不间断地进行着，让人有一种前所未有的充实安定之感。

与公安工作相关的一切田野日常，对我来说都是陌生又新奇的，又因其特殊性，在前述生活场域、想象情境和立体田野的叠加态中，来自前两部分的内容相对较少，但对田野中的每个对象来说，又是习以为常，作为每天生活的日常内容存在的，因此有些问题不是问题，有些细节称不上细节，是"不值得一提"的。这些判断和表达的选取背后，对作为学习者和研究者的我来说，却有非常重要的意义。

于是，一方面，通过对文献的阅读和史料的查询，把握整个警务研究的大脉络。公安工作历来是嵌入国家治安治理的大框架中的。在框架中的定位联系着不同发展阶段的阶段任务、目标重点，可兹利用的资源，在其中达成公安工作整体性与地方性的平衡。比如，只有理解了大框架，才能理解为什么在社会形势日趋复杂、公安工作压力整体增加的情况下，定州的公安力量一直面对警力严重不足的难题。

另一方面，一切理论都来自田野的现实，对田野的问题，终究要还原回归到田野当前的情境。通过对一线工作多年的受访者的多次访谈，我渐渐梳理出地方警务发展的阶段性变化。这种变化潜藏在每个受访者的职业生涯中，体现在对每个阶段"工作是否好干"的直观性回应中。通过对这些微观的职业生涯口述史的梳理，受访对象不同阶段的生活情境、工作中的重点和难处、如何处理这些难题、处理方法体现出的内在逻辑等，逐渐形成了一个明晰的时间轴。这些丰富的田野材料，要在田野中及时整理，才能够在持续进入田野的时候有针对性地搜集到更多内容。

只有浸入田野对象的工作生活情境中，才能深度思考理论到底在说什么，又是否适用于当前的研究。在西方警务社会学的研究中，乡村警务往往作为城市警务研究的附属品或对照组而存在。但是，西方警务社会学面对的是西方城市中心的警务历史沿革和警务运行环境，它与中国乡村警务的现实相去甚远。因此，我们对乡村警务的研究需要立足于中国警务发展的时代背景和独特的城乡关系。当在田野中提出从文献中看到的问题时，受访者往往给出了相似的答案与回应，甚至进一步解释了作为亲历对象身处其中时的想法和情绪，影响的因素和路径。而阐述当下问题时，又能够观察了解到受访者和田野中各个主体基于定州的实际状况，给出的具有特色的解决思路。

可以说，田野给出了这样一种在局部与整体之间贯穿连通的路径。作为研究者所立足的微观田野，能够一叶知秋地看到、描摹细细的纹路，既能够看到和理论的具体联系，又能够看到与理论联结使用的适用性限度。

而在实际中，定州的田野本身就是国家整体治理运行发展的一个局部，人们在生活中如何与法的体系发生互动，在互动的过程中在意什么、执行什么、内化什么，当前发展阶段的目标重点。作为社会秩序建构重要主体的行动过程，也最直接深刻地反映了国家经济社会发展的变革。

滴水见海洋，这种一叶知秋式的理解，只有在田野课堂上才能充分学到的技艺，也充分体现着社会学本源的学科关怀，体现着田野课堂立足本土，读懂中国的本土性面向。

一同建构的信任与联结

沉浸在田野的初期，会感到显著的不适应，对田野来说，嵌入其中的我们，往往也是"扎眼"的，一小段时间内，可能需要"忘记社会学"，"忘记"自己的研究者身份，真正融入进去。和受访者交流时，开始有意识地避免或减少提及学术概念，而更多关注田野对象自己的"概念"，去注重田野中展现出来的小细节，哪怕是接警记录上为何要将"警"写作"井"、吃饭的时间如何安排、办公活动时准备哪些生活器具等这样微小而被当作习以为常的事务。于是这些散落在细节背后的微观环境结构的制约、田野对象主体的能动性，就被牵丝引线般地展现出来，一些在阅读文献时描摹较少或难以理解的点被充分展露出来。在田野的后半段，有纷繁复杂而庞大的田野材料堆在面前，在几次尝试从理论到材料、从材料到理论又失败迷茫过程之后，当千头万绪混杂着在田野中的直观感受通通袭来难以厘清时，又要"想起社会学"，"想起"作为不成熟的一个研究者的自我，回到最开始的初心，最强烈感受的问题意识，剔除掉那些初看新奇，但仅仅是生活情境差异性导致的，而不具有更深理论意义的材料内容，聚焦在自己的学术兴趣点上。此时的主体性，又更多地流动回作为研究者的自我身上，田野更多作为一个虚化的背景，被时时想起、时时回眸，这时一切过往课堂上学习到的内容和田野课堂的内容开始沟通交互，理论与实际的联系真实地发生了。

在这种"忘记"与"想起"之间，田野给作为研究者的个人最宝贵的就是一种"活化"的能力。我开始在研究中，在田野中，理解自己和研究本质的界限，这是一种灵活的，渗透蔓延的美，一种"研究者"的认知和感觉被建立起来，感受到社会学的美和趣味。

　　而同时，田野不仅仅是研究者的田野，场域内还有平等地一同建构田野的研究对象，对于他们来说，田野和社会学学科，也提供了一种独一无二的东西。

　　即便在日常交流中自嘲着"十八线小城"，定州这片田野土地上的人们都存续着一种厚重的历史感和自豪，这种历史感和精神不仅仅体现在超越普通县域规格的博物馆这类有形的外物上，不仅仅是在繁华中心的晏阳初纪念馆等遗存保护上，更是在于田野中每个人的态度与倾向的软性"文化"环境中。他们对社会学曾经在定州的历史发展如数家珍，对社会学现在的发展发自内心地关心。在与学习者的"磨合"中，许多研究对象也慢慢展现出社会学风格的沟通交流的可能。这片田野，有一种不同于别处的独特精神之美。这种"美"是长久以来，几代社会学人和田野对象一同构建描绘出来的，是一种对于田野来说最重要的你中有我、我中有你的信任感和亲切感。

　　田野提供的美，正是这样一种直观的、强烈冲击的、可回味的美。定州这片田野课堂，犹如小径分叉的花园、涌动不息的河流，接续过去的历史传统，我们能够目及其来处，明白其中的要点；观照远望当下，借助理论的透视工具，我们能够描花见叶，提炼想象整个自然生态系统；与繁花流水一道演化变换，我们也正在创造着新的小径、新的溪流。正是因为感受到了这种确切的田野之美，也就更生发出了对这门学科的热爱。

参考文献

李景汉，2019，《李景汉文集》（第五卷），洪大用、黄家亮组编，中国人民大学出版社。

翟城行记[*]

江　沛^{**}

2018 年 1 月 11 日，我同孟哲师兄和雯雯师姐率先踏上了翟城之旅。于我而言，翟城村是个熟悉又陌生的地方。它因民国初期晏阳初的乡建运动而闻名，是中国近代村民民主自治第一村。但这是我第一次来到河北省定州市东亭镇翟城村调研，充满新奇与向往。出了火车站，坐上出租车，穿过定州城，驶过乡道，我们便从南街的入口进入村庄。

始于学术

带着对这个太行山东麓小村的想象与好奇，我们也制定了三项田野任务：一是完成与农村生产生活条件和社会治理状况相关的问卷调研；二是做系列村民口述史，记录村庄的文化与生活；三是回顾翟城村近 100 年的发展，为它写一本村志。当然与调研相配套的，还有学术论文的产出。

结构化的长问卷是这次调研最难的部分，完全随机抽取的被访者使我们遇到了拒访、多次上门不在等情况；村民记不清自己日常开支的细目，也说不清村两委的工作；我们念问题、村民回答，语言不通也给问卷填写带来了不少困难，但我们都尽力克服了。口述史和村志是我相对擅长的部分，经过本科时期的训练，无论是对访谈对象的选取还是对问题的把握，我都比较熟练。随着访谈的深入和资料的收集，我关注了三个有意思的问题。

一是村民自治的现状。作为一个因乡建运动而闻名的小村，晏阳初时期的乡建和温铁军时期的新乡建或多或少地会对当地百姓产生影响，无论

---

*　调查时间：2018 年 1 月。

**　江沛，写作本文时为中国人民大学社会与人口学院社会学专业 2017 级硕士研究生，现为剑桥大学人类学系博士研究生。

是教妇女识字，还是筹建村民自组织，无一不和乡建息息相关。然而如今，村民自组织似乎并不如以前那般红火，我们调查了解到的现存组织有"312健身队"、民事调解委员会、红白理事会、戏班等，参与的成员日趋老龄化，除了红白理事会仍在积极地发挥作用，剩下的组织渐渐没落了。我很好奇，同晏阳初时期相比，如今的乡村基层治理是如何实现的？它的机制、特点和效用都是怎样的呢？

二是环保行为与环保意识间的微妙互动。在一次访谈完回住处的路上，我和钧力师兄看到一群村民围着一辆大车，排队铸锅。据了解，车和车上的模具归铸锅人所有，想要铸锅的村民可以带着废铁丝、废锅、废易拉罐等原料来。铸锅人通过高温加热把这些废金属融化，再倒入模具，冷却成型。融化所需温度极高，其间黑烟滚滚，还伴随着一股呛人的味道。我掏出手机，想要拍下铸锅的全过程，村民们打趣铸锅人说，"小心记者发到网上，把你抓起来"。事实上，村民心里很清楚，浓浓的黑烟污染大气。但当问及为什么要铸锅而不买锅时，铸锅人和村民都觉得这是废物利用的过程。也就是说，在他们的观念里，铸锅行为包含不环保的黑烟和环保的金属回收利用。仔细想来，这是村民环保意识和环保行为间的互动，但这类行为背后的驱使因素不仅仅是环保意识，更有经济因素参与博弈。铸锅的成本远小于买新锅，飘散的受污染的空气与实实在在的锅之间，他们选择了后者。

三是苗木市场的维系机制。其中有两个可以进一步思考的维度，一是农民是如何从农业转向农业和林业结合的，他们是如何掌握种树相关知识的，例如嫁接；二是树的种植组合体现了农民的理性，他们并不会种植单一树种，而是根据上一年的行情多品种组合种植；农民卖树通过中介人，中介人通过村中喇叭广播，告知苗木价格、所需数量等信息，有意愿卖树的农民前来登记，中介人再根据名单进行筛选。用当地人的话说"上赶着不是买卖"，中介人没有主动去找某个农民，而是让农民来找自己，机智地将自己处于有利地位。此外，若是排在名单后面的农民被选中，也能体现出中介人对被选中的农民"施以人情"。

忠于生活

以前听老师和师姐说过他们在做口述史时遇到被访者流泪的情形，这是被访者的真情流露，对我们来说这样的场面也是一种挑战。我从没有遇到过，只是听着他们的描述，想象当时的场景。某天在一户人家做问卷，大娘说着说着就哭了起来，我一时之间有些恍惚。冷静了一下，我把问卷和笔递给同伴，掏出纸巾，起身坐到她身边，拉起她的手，把纸塞进她的手心里。她和大伯似乎被我的行为震惊到了，赶忙起身，我拉着大娘坐下。后面的一半问卷都是同伴问完的，我一直拉着大娘的手。气氛好像跟一开始不一样了，被访者从原先的警惕与谨慎到后来几乎敞开心扉，但本该因获得村民信任而开心的我却心情沉重，一直在思考。

每逢四、九，村中便有集市。集市上商品琳琅满目，有瓜果蔬菜、肉蛋，也有零食、衣服和烟花爆竹。物质的极大丰富让我想起一位老人家在回忆小时候时泣不成声。起初我们问及日本侵略时的情形，老人很义愤填膺，但当问及小时候吃什么时，她的哭泣让我毫无防备。她说那时候吃的连现在狗吃的都不如，为了摘榆叶，从树上滑下来，胸口被树干蹭的都是血。如今她90多岁了，行动不方便，耳朵听不清，事件理不清，被评为劳模时具体在大队做了什么工作也说不清，但她想起的这些琐碎往事必定是她生活中不可磨灭的记忆。

生老病死是每个人都要经历的事情。临行前的某个夜晚，我们终于约到了整日忙碌的秦医生。她是村里"最正规"的医生，在翟城村开诊所行医已有多年，苦心孤诣攻克"疑难杂症"，还经常去定州市甚至是北京市参加医学知识培训班。我见到她时已是晚上九点，诊所里还有零星的病人。她说每天看完病，还要学习，经常熬到深夜。有时候为了赶时间，一天只吃一顿饭。我问她，作为一个医生，明明知道规律饮食的重要性，为什么还不好好吃饭时，她说省下吃饭的时间能多看几个病人，为了大家的健康，有时候要牺牲自己。我的心为之一颤，泪水在眼眶中打转，"医者仁心"大概就是这样吧！

不同于以往田野工作的欢脱与内心的闲适，翟城的调研令我体味到另一种生活方式，另一种境地。田野的困难之处不在获取资料，而在"攻心"；田野的收获之处不仅仅在学术研究，更忠于生活。

发现翟城[*]

马 颖[**]

正如农学家董时进（1932）所言，要知道乡村的秘密和农民的隐情，唯有到乡下去居住，并且最好是到自己的本乡本土去居住。儿时的假期，我曾在江南的村庄度过快乐的时光，真切体验其间平凡而精彩的生活，以及宏大社会变迁中平凡人的"个人困扰"。我对农村问题与农村发展的关注和热情就在那时萌发，并在之后的社会学学习中愈演愈烈。

2018 年 1 月，我有幸加入翟城调研小分队，来到广袤的华北平原上这个具有深厚的乡村建设历史底蕴的村庄。它的古朴与厚重曾无数次呈现在文人和学者的笔下。甚至在我的臆想和神思中，它也曾浓墨重彩地登场。如今，我能够身处其间，近距离地体悟传统内聚力社会何以可能，以及思考它在市场化与现代化的历史变迁中何去何从。

一 从偏见走向融合

初到翟城，我本着定性研究不带任何预设与偏见进入田野的原则，试图以最朴素、最真诚的方式面对周遭的人和事。我告诫自己全身心地沉浸于研究对象的生活世界，感受他们的喜怒哀乐及其背后的意义系统。

然而，由于受时间和目标的限制，本次调查注定是"平地起高楼"式的，在紧张而充实的调查时间中，我很难一下子摆脱对江南农村的熟悉和理解，以及浩如烟海的中国乡土社会研究资料带给我的潜移默化的引导。目睹的土地、房屋、树木和星空，都使我不自觉地联想起远在千里之外的另一番景象；听闻的人生、历史、故事和感慨，都使我不自知地回忆起书

　＊　调查时间：2018 年 1 月。

　＊＊　马颖，写作本文时为中国人民大学社会与人口学院社会学专业 2017 级硕士生，现为中国人民大学社会与人口学院社会学专业 2019 级博士生。

卷之中的另一番表述；心中激荡的快乐、欣喜、苦闷和哀愁，都激发我不自明地遐想起烙印在记忆深处的另一番体悟。

定性研究的魅力可能正在于此，它不仅能够探究未知的经验世界，而且能够在未知与已知的经验世界之间架起沟通的桥梁。研究者一方面要在特定时空限制下讨论社会事实，另一方面要说明现实被赋予的价值与意义的关联，从而对一次性的个别事物进行普遍、有效的表述。在此基础上，我们不难发现研究者"不带偏见"的理解实际上是不合适的理解。其一，从个体推至类型时，阐述现实背后的价值关联是基础性的工作；其二，研究者的个人经验、价值取向、思维方式、解释原则都作为前提存在于理解现实的过程中。在这个意义上，"理解"不再是主体对客体的认识，而是成为不同主体之间的"视域的融合"。

"视域的融合"是参与到研究过程中的多方主体共同努力的结果，不仅要求研究者对定性研究方法不断地进行反思，而且需要被访者更多地发出自己的声音，同时，有效调整研究者与被访者的互动关系也显得尤为重要。

二 从疏离走向在场

在翟城村调查过程中，我和米叔、陈姨夫妇建立了深厚的友谊，他们给予了我无限的惊喜与关怀。米叔是一位20世纪70年代的退伍军人，后在北京闯荡了几十年，到了退休的年纪又在村支书的强力推荐下回到村庄担任了十几年的党支部副书记。"人随潮流草随风"是米叔对自己人生的注解，他一直都在紧紧追随中国社会快速前进的步伐。在他的言辞中，我总能意外地发现他对社会的理解具有非凡的"社会学的想象力"。国家与社会的关系、三农问题、文化转型、代际关系等诸多社会科学研究议题，常常是他在对自己人生经历的解读中以朴实的语言加以阐述的。

这实际上启发了我的很多思考，个人能够在多大程度上感知身处其间的社会以及社会对自己人生轨迹的形塑力量？个人又能够在多大程度上超越阶层、地域等社会属性的界限，从而获得开阔的人生格局？无论上述两者有多么难以实现，对个人和社会科学研究而言，将"环境中的个人困扰"与"社会结构中的公众论题"相联系是重要且必要的。

陈姨是一位在"文革"前期的浪潮中度过中学时代的"老三届"。深厚的家学与良好的教育塑造了她知性的气质、广博的学问、善良的品性和动人的文笔。对乡村建设和农民发展的深切关怀，又使她深深卷入了由温铁军教授组织发起的乡建学院的建设。在丰富的社会生活之外，家庭中的陈姨是循循善诱的母亲和祖母。她在 20 世纪抚育了两位优秀的子女，在新世纪又直接参与到"00 后"孙女、外孙的教育培养中。心理辅导、电子科技、网络通信、海淘网购等现代社会的产物，在她教育第三代的过程中可以恰到好处地运用。

这些特质实在很难和数字鸿沟时代中的老年人形象联系起来。越深入地了解这对老年夫妻，我越是感受到生活世界的多元与田野工作的魅力。认识和理解他们，就是认识与理解我自己，也是理解定性研究本身。面对他们，我开始抛弃原有的对方法和经验的挣扎和彷徨，逐渐真真切切地"在场"。

三　从学术走向日常

当研究者真正"在场"时，理论与方法便开始逐渐"退场"。我尝试着不再戴着理论的帽子，在田野中到处寻找例证；也不再怀揣研究的"套路"按部就班，而是尽可能全身心地观察和记录田野。

此时，田野中的一切变得鲜活起来。外出务工的农民不再只是城市化研究中被反复提及的研究对象，而是千千万万普通农村家庭中的"顶梁柱"；苗木培育不再是跨学科的陌生词语，而是贯穿在日复一日的平凡日常中的一项重要的生产工作。

我开始更加日常而非学术地理解与面对田野。若从方法论的意义上进行反思，我们发现在社会科学研究中，特别是在建构主义范式下的研究中，"现实"是多元的，社会事实并不是一成不变的，而是随着历史、地域、个人经验因素"流动"。流动的社会现实具有李凯尔特所指的连续的异质性的基本特征，与现实主义对现实本身的理解具有本质的差异。

格尔茨的"地方性知识"理论正是对现实主义、实证主义所追求的一般性知识的颠覆与解构，它强调知识的具体性和阐释性。理解一个社会就是在不削弱其特殊性的情况下，昭示其常态。把他们置于他们自己的日常系统中，就会使他们变得可以理解。

陌生和熟悉，排斥和接纳，单调和多元，无论处于哪一端，我都将饱含热

情地迎接。走进田野，不再是精心设计的套路的实践，而是成为我在生活世界中兜兜转转发现自我的旅程；走出田野，并不意味着终结，而是新旅程的开始。

参考文献

董时进，1932，《乡居杂记》，载谢泳《独立评论文选》，福建教育出版社。

三访翟城 *

何钧力 **

提起翟城村，从事中国乡村研究的人一定不会感到陌生。民国时期，翟城村是最早实行村民民主自治的村庄之一，曾被评为"自治模范村"。同时，翟城村也是中国乡村建设运动的发源地。20世纪二三十年代，晏阳初等一批知识分子在该村进行的乡村建设实验曾引起全国关注，在中国农村发展史上亦留下了浓重一笔。2003年，"三农"专家温铁军率领团队在翟城村重建乡村建设学院，再次吸引了全国的目光。尽管由于种种原因，这场"新乡村建设运动"在4年后便宣告终止，翟城村也逐渐恢复平静，但其不平凡的过去依旧吸引着不少人前往这个典型的华北村庄，意欲一探历史在该村留下了什么样的痕迹。借参加学院定县追踪调查项目的机会，我得以与翟城村结缘，自2016年来前后共访3次，每一次"翟城之旅"都有不同的感触与体会，也收获了对当前中国农村社会现状的感性认识。现将这些感受写成文字，不求对乡村研究做多大的贡献，更多的是督促自己多思考与乡村研究相关的诸问题。

初访翟城

2016年的夏天，我来到了翟城。那时我在定州另一个村提前完成了自己的调研任务，于是就去翟城与调研的同伴会合，准备第二天一起返京，因此这次在村里的时间并不长，只有一天。我乘坐出租车从城区到村至少花费了半个小时，驶近村庄后，发现道路两旁种满了苗木，当地主要粮食作物——玉米已不多见。这在一定程度上印证了同伴了解到的情况：翟城

＊ 调查时间：2016年7月、2017年7月至8月、2018年1月。

＊＊ 何钧力，写作本文时为中国人民大学社会与人口学院社会学专业2017级博士研究生，现为中央民族大学民族学与社会学学院博士后。

以种植苗木为主，粮食作物的种植面积仅占全村耕地面积的 10%。下车以后我便直接前往住处。沿路观察，感觉翟城村村民居住区的规划是较为规整的，两条东西、南北走向的主干道将全村分为四大片，长宽均约 1000 米。主干道基本实现了硬化，但与我之前去过的村庄相比，硬化的质量不是很高，仍有不少坑洼，显得毛糙。离开主干道通往民居的小路都是土路，前几天刚下过大雨，一路都是泥泞。由此可见，村庄的基础设施建设仍有很大的提升空间。

从下车的地方走到住处大概花了 15 分钟，接待我们的是村民韩大爷。韩大爷个子不高，偏瘦，皮肤黝黑，在年轻时参过军，说话简短有力，待人热情。我们几个并不是韩大爷接待的第一批中国人民大学社会学系的学生，早在十多年前，他就曾接待过我们的老师，当时他们也还只是学生，跟我们一样进村调研。一提起我们老师，韩大爷就像聊起自己的家人一样讲起老师们在这里住的时候的往事。在那一瞬间，我不禁想到，10 年后假如我们成了老师，也让自己的学生到村里调研，韩大爷估计也会像现在这样给学生讲我们当年的故事。实际上，中国人民大学社会学系很早就与翟城村结缘。早在 20 世纪 20 年代末，社会学家李景汉先生就在定县多个村庄进行社会调查，其中就有翟城村。到 80 年代，李先生任中国人民大学社会学研究所顾问，把当年在定县调查所得的资料全部捐赠给社会学系。之后，已故社会学家郑杭生先生多次组织学生重返定县进行调研，其中翟城村是一个重要的田野点，当时不少学生的毕业论文就以在翟城的所见所闻为资料。如今，定县调查再一次重启，调研的学生又换了一代，变成了我们。我们在村里进行的学术研究便不仅仅是一项着眼当下的事业，更背负着历史意义：这次调研做扎实了，便是翟城村乃至定州农村百年变迁的一个重要注脚。

当天晚上睡的床是我们老师以前睡过的，躺在床上，睁眼看到的也是老师们以前看到过的漆黑的屋顶。一想到这点，我就久不能眠：我们的调研其实带着历史的使命，那就是把当下的翟城、当下的定州了解清楚，再与过去的翟城、过去的定州比照，以反映中国农村百年来的社会变迁。而这一使命背后反映的，是一代又一代学术研究者的传承。我只在翟城住了一晚，根本来不及深入了解这个村庄；但这一晚的顿悟告诉我，我还会再来。

再访翟城

一年后的暑假，我再次到了翟城，这次是带着调研任务来的。1925年，米迪刚和伊仲材合作编著了《翟城村志》，书中介绍了米迪刚等村中乡绅在该村的村民自治实践，吸引了国内有志于改造中国农村的有识之士的目光。而我们这次进村，就是为了收集资料，在原村志出版近百年后，编写一本新村志。资料的收集并不容易，因为想了解的内容大部分没有留下文字记载，需要寻找当事人进行访谈。在调研的闲暇，我对村里的高音喇叭产生了好奇，便执笔把"喇叭的故事"记录下来。

（一）写作缘起

> 有要好杨梅的，有要好杨梅的，大串好杨梅，大串好杨梅，你们有要的，上十字街里来了，这是从石家庄那里买的啊，是市里的产品，你们有要就上十字街里来了啊！

这是清晨6点18分，仍在睡梦中的我再一次被高音喇叭的广告弄得没有了睡意。在短短三周的调研时间里，几乎每个早晨都是被村里的喇叭叫醒的，手机设置的6点20分的闹铃基本用不上。在城里生活时，我早已习惯了7点半左右才起床，因而在头几次被弄醒时都禁不住抱怨"村里人怎么都起那么早"。然而，随着驻村时间渐长，与村民接触增多，逐渐理解到这就是农民生活的常态：日出而作，日落而息。特别是夏季天亮得早，农民在4点多天刚亮就起床下地干活，到9点、10点天开始热了就回家休息，下午3点天开始凉了再到地里干活一直到傍晚，一般晚上9点左右就躺床上睡觉了。由此看来，清晨6点多就听到喇叭的吆喝声是再正常不过了，也正是这时候广告的受众——农民才能有时间听广告的内容。所谓"入乡随俗"，我们这些城里来的大学生要融入村民的生活，首先就要先适应他们的作息。

这次暑假，我到河北省定州市东亭镇的翟城村进行调研，主要任务是为编写村志搜集资料。翟城村是一个典型的华北农村，地处平原，地势平坦，全村总面积约8000亩，总人口5260人，人均耕地面积为1.47亩，是东亭镇最大的村庄。在如此大的村庄里，要知会村民各种消息，除逐户上门通知外，唯一能够依赖的就只有设置在村委会办公楼楼顶的高音喇叭了。翟城村共有五条主要街道，分别是东街、西街、北街、南街和秦街，其中秦街位于村落东北角，其余四条街刚好组成一个"十字"，前文说的"十字街"指的就是四街交会处，是全村的中心。村委会就设置在十字街上，故喇叭的播音范围刚好可以覆盖村庄居住区，半径约为1500米。在驻村调研时，我就住在村委会，所以喇叭的声音就特别大，刚开始确实是有点儿烦，后来住的时间长了也就慢慢习惯了。在离调研结束还有一周的时候，手机上收到学院关于举办第二届日常生活研究论坛的推送，这使我在剩余调研时间里一直在围绕"日常生活"这个概念"胡思乱想"。

我对"日常生活"的认知停留在本科和研究生的时候上的"当代西方社会学理论"课。当时刘少杰老师给我们介绍哈贝马斯的交往行为理论，作为理论背景，他提到20世纪西方哲学的日常生活转向，胡塞尔的现象学、维特根斯坦的分析哲学、海德格尔的存在主义、列斐伏尔的日常生活批判等都是那个年代的代表性理论，自此之后不少哲学家、社会学家开始关注"日常生活"这一研究主题。我在阅读马克思、涂尔干、韦伯等人的著作时，能够强烈地感受到"社会"和"个人"是他们一直都在思考的主题，这也是古典社会学理论的特点。胡塞尔等人的理论让人有耳目一新之感，因为他们的研究对象是人们每日经历的生活，所谓"旁观者清，当局者迷"，当我们尝试以"旁观者"的姿态凝视曾被作为"当局者"的自己熟视无睹的日常生活时，这样的反思是十分有趣的。因此，日常生活研究在我眼中就有着强烈的"后现代主义"色彩，即具有突出的反身性和批判性，且不少观点虽然是"天马行空"但仔细研读后会有"醍醐灌顶"之感。一言以蔽之，"fancy"是我第一时间想到的最适合形容这类研究的词语。

正因如此，当我不自觉地在风一吹就扬起沙尘的农村大街上寻找"日常生活"的踪迹时，"乡村的日常生活会不会太土里土气了点"这个想法时不时浮现在脑海当中。试想想，当别人都大谈特谈后现代主义理论家们是如何一针见血地指出日常生活中的我们正在被现代消费主义"异化"时，你却说"每天种地，偶尔赶集，晚上跳广场舞，这便是农民的日常"，讨论层次的落差是不是让你感到汗颜？然而，我内心还是涌动着一种要以旁观者的视角把农民的日常生活表达出来的冲动。我以为，"日常生活"至少是有两种层次的，一种是哲学层面的，胡塞尔等后现代主义理论家谈论的应是这一层次的日常生活，是在反思人类所生活的世界；另一种是现实层面的，研究者直面"daily life"（每天的生活）本身，力求从平凡中挖掘生活的意义。在这里，我要书写的是后一种意义的乡村日常生活。我将尝试去呈现农民关于生活的理解，而这种理解对于他们而言往往是毫不自觉的。

那么，该以什么为对象进行我的日常生活观察呢？我把目光放在了每天都会响的高音喇叭上，原因有二：一是高音喇叭是村民平时获取信息最主要的渠道，是村民日常生活的重要组成部分；二是高音喇叭对研究者而言是一种文本信息，一方面容易捕捉，录音后转录即可，另一方面相对于通过观察获得的资料而言是一种少见的资料来源，通过高音喇叭透视乡村日常生活将会是此类研究中一次有趣的尝试。最终，我以录音的形式，记录了 7 月 20 日到 7 月 24 日上午离村前每一次高音喇叭广播的内容，共计 29 段，每段广播时长在 30 秒到 3 分钟之间，1 分钟以内的居多。此外，还有 7 月 16 日的一段长达 21 分钟的村主任劝村民投保的广播。

在这 30 段录音中，能够完整转成文字的共 24 段，由于录音环境过于嘈杂而无法识别内容的有 2 段，无法辨别兜售的商品的有 3 段，知道大概内容但听不清所有语句的有 1 段。在此特别感谢翟城村会计米阿姨和她儿子帮助我辨别广播中的方言。除去无法识别的广播，剩余 28 段广播中，村干部进行政策宣传的共 2 段（1 段是征兵宣传，1 段是劝村民投保），寻人启事 1 段，学校招生宣传 1 段，电器维修的 1 段，其他 23 段均为推销粮食、水果、酒、日用品、红砖等各类商品的广告。每天的广播数量是不固定的，时多时少。7 月 20 日下午我到镇上搜集资料，故当天仅记录了上午和傍晚时段的共 2 段广播，7 月 21 日全日共 3 段，7 月 22 日共 5 段，7 月 23 日共 17 段，7 月 24 日上午 9 点前共 2 段。在时间分布上，广播多集中在早上 6 点到 10 点、下午 3 点到 6 点，其中最早的是早上 5 点 47 分，最晚的是下午 6 点 03 分，这与上文提到的农民日常作息时间相符。接下来，我们将通过分析具体的广播内容，来窥探农民的日常生活。

（二）十字街：村民活动的中心

德国地理学家克里斯塔勒曾提出一个著名的"中心地理论"，他把某个区域中起区域中心作用的聚落称为中心居民点，这里的中心是相对于散布在整个区域的居民点而言的（克里斯塔勒，1998：22～23）。施坚雅在其基础上进一步提出"基层市场共同体"理论，认为中国农民所有的社会经济活动并不是以村庄作为边界，其活动范围应是以一个基层集市为中心的六角形区域，平均每个区域包含 18 个自然村（施坚雅，1998：21～22，40）。施氏以基层集市为中心地，建构出一个超越单个村庄边界的农民社会活动基本分析单位。而我这里的分析则尝试借用"中心地"的思想，揭示单个村庄边界内部的农民社会活动的特点。

在翟城村的高音喇叭里，经常可以听到"十字街"这个字眼。

> 有要吃羊肉的，上十字街里来了啊！

> 十字街上有车好红砖，十字街上有车好红砖，有买的上十字街来看了，有买的上十字街来看了！

> 有收麦的，有收麦的，到十字街里去啊，到十字街里去，有人等着了，有人等着了！

> 有买酒的，有买酒的，你上十字街里买了，你上十字街里买了！

> 卖棒子（玉米）来了，有买棒子的，有需要棒子的，你们上十字街里来，你们上十字街里来！

> 尖椒，尖椒，西红柿，西红柿，道西（道路西侧，下同）一块五一斤，道西一块五一斤，尖椒，尖椒，一块三一斤。你们上十字街里买了，上十字街里买了！

> 有卖簸箕的，有卖簸箕的，七公分的，七公分的，喜欢就行，喜欢就来，到十字街道口来，到十字街里来了！

对翟城村的村民而言，十字街是他们所有主要经济、社会活动的中心。村里的集市摆在十字街上，傍晚村民跳广场舞的地点在十字街旁边的空地上，流动商贩也基本都只在十字街上摆摊。前文已提到，村委会办公地也设置在十字街上。在村里问路，住在村东边的人可能就不知道村西边的那一户在哪里，但所有人都能给你指出到十字街该怎么走。十字街在村里就起到了"中心地"的作用。它不仅是翟城村的地理中心，也是村里的社会中心，村民的日常生活都围绕着它进行。类似十字街的"中心地"在中国农村其实非常普遍，它可以像翟城村一样是村里主要道路的交点，也可以是村委会所在的街道，或者是出村的干道。总之，你总能在村里找到一处村民聚集活动的地点，这一地点就是村民日常生活进行的场所。

（三）大队：根深蒂固的集体记忆

年满22周岁的适龄青年，必须到大队来报名参加入伍，必须到大队报名参加应征入伍。

西北齐（音）的卖太岁（音）来哩，西北齐的卖太岁来哩，各种太岁都有，各有太岁都有。有买大太岁的，有买大太岁的，你们上大队门上买去，各种太岁都有，各种太岁都有，西北齐的卖太岁来了。

你们有人就上这个大队门上去看看去啊，看看这个寻人启事，谁要是看见这个人了，你们上大队门口找她的电话，跟她家人联系一下啊！

谁买山药，谁买辣椒？尖椒卖的，20块钱，特便宜。有买的到大队门口，到大队门口。

以上几段录音里提到的"大队"，即村委会。如今距人民公社解体、村民委员会建立已30多年了，但翟城村的村民仍习惯称村委会为"大队"。跟村干部交流时，我们也受他们的影响，把村委会称为"大队"。我们十分清楚"大队"早已是历史的事物，但在农村的语境中，似乎使用"大队"的用词更能拉近我们与村民之间的社会距离。问村民为什么到现在还管村委会叫"大队"，他们说"过去都是这么叫下来的，习惯了改不了口了"。这里的"习惯"看似轻描淡写，但反映了国家的合作化运动在人们的身心已留下深刻的烙印，即使是在公社制度早已结束的今天，仍对人们的行为产生深远的影响。

在《论集体记忆》一书中，哈布瓦赫（2002）将"集体记忆"定义为"一个特定社会群体之成员共享往事的过程和结果"，且具有物质客体和象征符号的双重性质。"大队"在这里便是翟城村村民共享的、作为象征符号的集体记忆。合作化时期的生产队生活是他们生命历程中的一段难忘经历，以至于即使是七八十岁的老人在向我们回忆20世纪六七十年代的村庄历史时，依然能记得诸如工分如何计算、使用怎样的农机等各种细节。关于集体记忆的形成原因，康纳顿（2000）指出，权力对于社会记忆的建构具有决定性作用，权力等级越高，对社会记忆的控制力越强，极权主义国家甚至有能力使社会"忘却"。合作化时期，农民生活于无处不在的国家权力之下，国家通过各种标语口号强化人们对生产队的归属感，语言成为国家权力的媒介。诚如布迪厄、华康德（1998：186～195）所言，语言技能不是普遍共享的，它在现实中是由某些人垄断的；属于某些范畴的言说者被剥夺了在某些情境下说话的能力，而且，人们还经常接受这种剥夺。于是，人们便不自觉地遵照国家设定的话语系统调整自己的一言一行。改革开放后，国家尝试以"村民自治"作为"生产队"话语的替代，但国家权力影响的削弱使这一举措收效甚微，"大队"这样的词语也就一直延续了下来，成为村民的日常用语。

（四）从政治宣传到商业推广：变迁的乡村社会生活

从农村高音喇叭的内容也可以看出村民日常生活的变迁。20 世纪六七十年代，全国农村陆陆续续都装上了高音喇叭，通过每日的广播来宣传党和国家的政策以及做政治动员，"抓革命、促生产"是那个时代广播内容的主题。

> 那个时候，村头的老槐树上挂了一个高音喇叭。那里面放的是毛主席的声音，还有歌颂毛主席的曲子。天刚亮时，喇叭里的第一首歌是《东方红》，然后通知开会或者告知去大队部看文艺宣传队演出。演的是样板戏，就是唱"阿庆嫂"的那些个。有的时候就是听一段简短的报告……报告之前，放《三大纪律八项注意》。最后一首歌总是《大海航行靠舵手》。

这是王华（2013）在研究农村高音喇叭背后的权力隐喻时，一名老人向他回忆村里喇叭广播的内容。翟城村在 20 世纪 60 年代就安上了高音喇叭，遗憾的是我在这次调研中没有让村里老人回忆喇叭广播的内容，但我觉得那时全国农村的广播内容大概是相似的，都与政治宣传相关。

反观现在，在 5 天的广播里，仅有 2 段是宣传国家政策的，近八成是商业广告。尽管样本量有点小，但也多少能够说明当前乡村社会生活已经不是以"政治"为主题。改革开放以来的一系列市场化改革使得市场的力量渗透到农村，经商、销售等商业活动成为农民日常生活中不可或缺的一部分。农村高音喇叭的内容变化折射出乡村日常生活的变迁，其社会背景是中国从计划经济走向市场经济的社会大转型。

（五）余论

行文至此，我对翟城村高音喇叭的"日常生活分析"已接近尾声。结束了这略显冗长的叙述后，我内心其实十分忐忑。我本人并没有深入研读过与日常生活研究相关的理论与作品，总觉得写出来的东西并不"入流"：研究的对象并不是日常生活研究的主流，引用的理论更不在日常生活研究的理论脉络中，以至于我甚至怀疑这是不是一项日常生活研究。不过，本文算是了结了我的一个小心愿，即把我在翟城村看到的日常生活现象记录下来，并尝试从社会学的角度理解这些现象背后的意义，尽管这种努力还是显得生硬、青涩。

最后，我还想谈一下我对日常生活研究的一些粗浅的个人体会。"日常生活如何被叙述，被书写，被表达"是日常生活研究者关注的话题之一。我查阅了一些相关研究，刚才也做了一次研究日常生活的尝试，我有一种愈发强烈的感受：当我们这些研究者试图去表达日常生活的时候，我们时常表现得如同一个"解剖者"，手握"理论"的利刃，一刀一刀地把日常生活肢解成片段，然后逐一端详，最后讲述我们从片段中读出了什么。日常生活的每个细节都是潜在的、可以用来分析的素材，把所有细节和对细节的分析有机地结合在一起后，我们便说"这就是我们理解的日常生活"。这样一来，我们研究日常生活的过程就有点像是"盲人摸象"，每个人说的都是日常生活这头"大象"的一部分，但无法说出"大象"的全貌。我并不是在质疑这种剖析的意义，因为通过这样的叙述方式，我们能够理解日常生活中被大众忽略的部分。我只是在想，是否有一种叙述方式，能够使我们获得关于日常生活的整体认知呢？以我目前的知识储备，我无法回答这个问题，在这里提出来，希望能够有人能替我解疑，或者指出我在理解"日常生活研究"时存在的错误。

三访翟城

通过 2017 年暑假的调研，我们这个村志写作小组大概掌握了翟城村的经济、政治、文化等各方面的基本情况，并利用假期时间分工写成了初稿。在初稿的基础上，需要进一步补充一些细节材料，这是 2018 年寒假我

们又一次前往翟城的目的。

这已经是我第三次到翟城了，我对村里的大街小巷已十分熟悉，对村庄一些"面"上的情况也已掌握不少，但我始终没有融入村民日常生活的感觉，我们在村里依然是陌生的外来者的角色。在做问卷过程中，被访村民对我们依旧心存芥蒂，尽管都十分配合我们的访谈，但总会不时疑惑地问我们"问这些是来干吗的"。还有人怀疑我们是上级政府雇来调查村里的低保情况的。对此我感到有些疑惑，毕竟我们的老师在这个村子已经断断续续调研了十几年，然而村民似乎一点都不了解我们的工作，甚至当我们提起"中国人民大学"的名字时，他们都表示没有听说过。同行的一个师妹也有同样的疑惑，她曾在陕西一个村庄做过一年的调研，内容跟我们这几次来翟城一样，也是写村志。她说，他们的团队跟村民十分熟络，即使换了一批学生去，村民也并不会怀疑他们的身份；而我们在翟城前后已经有十几年的调研基础，按理说跟村民的感情不应该如此疏远。

问题可能出在调研的方式上。为内容更加丰富，有更加鲜活的资料，我们这次尝试通过口述史的方式来收集村民以及村庄的故事，再从故事当中提取需要的信息。而要让村民愿意给我们讲故事，我们在提问时就不能带有太强的目的性，没有提前拟定访谈提纲，基本以被访者的生命历程为线索，提诸如"您在那时有什么印象深刻的事情"的开放性问题，诱导被访者用自己的语言讲述自己的故事。此外，与被访者刚见面就"开门见山"地说明访谈目的并不可取，更好的方式应是先寒暄几句，譬如看到被访者家的院子里种了不少花草，可以称赞几句并问问养这些植物的方法。总之，要尽可能地营造自己是来跟村民"闲话家常"的氛围。本以为做到前边几点就已经足够了，但经师妹提醒，还需在临走前跟每个被访的村民打声招呼。一开始我觉得这可有可无，以前的调研也从来没有这样做过，但在她的坚持下，我们还是逐户回访了。回访的效果出乎我的意料，村民也没想到我们还会记着他们，很是惊喜，一户阿姨还特意给了我们一袋苹果和两块她自制的年糕。尽管回访并不会帮我们获得更多的资料，但这一举动确实夯实了我们与村民之间的感情基础，也为下一次调研做了很好的铺垫。从前我完全没有注重这些能够增进与村民之间感情的细节，这次来翟城是又学到了一些重要的田野技艺。

在对村庄事物的观察方面，这次我注意到了大街两旁的标语。中国共产党自革命战争年代以来就十分重视政治宣传，根据不同的时代要求，编出了很多朗朗上口又言简意赅的口号、标语，并以横幅、粉刷上墙等方式在社会上宣传，以增强动员的效果。我的观察是基于这样的问题：在基层农村社会，党和国家是怎样利用标语进行政策宣传的？为此，我骑着车在翟城所有主要街道上穿行，记录下了所有街道上的标语内容。翟城的街道呈"三横五纵"的布局，每条街等的标语内容详见表1。

表 1　村内各标语一览

地点	标语内容
东 1 街	"安全生产只有起点没有终点"标语，"食品安全每一天，健康幸福每一天"标语，"不忘初心，牢记使命"标语
南 1 街	中央电视台农业频道广告，净水器广告，移动、联通充值广告，"亮丽环境真不错"标语，"珍爱生命"标语，"增加农民收入"标语，"建设南水北调，造福子孙后代"标语
南 2 街	房地产广告
南 3 街	计生宣传画若干，"富国强民全面奔小康"标语，"解放思想加快发展，建设美丽定州"标语，"严把食药安全"标语，"生产可以停安全不能等"标语，"问政于民，问计于民，问需于民"标语
幼儿园外墙	"幸福健康成长乐园"标语
东 2 街	河北银行广告，高压锅广告
南 4 街	"改善生态环境，提高生活质量"标语
小学外墙	"种地不上税，上学不交费，百姓很幸福"标语，"知识改变命运，学习精彩人生"标语
西 1 街	"点燃强村动力，承载富民希望"标语，"一事一议，百姓受益"标语，"走好新时代的长征路"标语

　　从分布上看，翟城村的标语主要集中在村南的街道上；东1街、西1街和南3街作为村庄主干道，标语数量是最多的；北边的街道没有任何标语。从内容上看，村庄主干道上清一色的都是政治宣传标语；其他街道上掺杂有广告标语，并且政治宣传标语由于粉刷时间较早而有些模糊不清；小学、幼儿园这类特定公共场所会有与场所性质相对应的标语。结合分布和内容，则会发现标语的位置是有讲究的：主干道作为村庄门面，自然只能放上政治宣传标语；而在村民居住区的街道，则会多放些广告标语。

　　更让我在意的是会有多少人注意看这些标语。对此我没有做过调查，但根据在村近半个月的观察，并没有人会驻足察看。或许是因为标语都太

"醒目",基本能一览无遗;又或许是因为标语内容离自己的日常生活太远,村民习惯了无视。经常能看到这样的场景:村民在街边闲聊,背后是"富国强民全面奔小康"的标语,标语所反映的国家意志早已消解在老百姓的日常生活当中。

1936 年 7 月,费孝通开始了他在江村的调研,其间的所见所闻写进了《江村通讯》,这可以说是费老在江村的第一篇调研札记。21 年后,费老重返江村,写下了《重访江村》;之后的 30 年间,他先后多次返回江村调研,从《三访江村》到《九访江村》,这些短篇记录了费老眼中的江村变迁。后来在 1986 年,他写作了《江村五十年》,从一个村庄透视我国农村发展的过去与未来。仔细翻阅这一篇篇短文,字里行间透露着费老对我国农村社会的关怀与作为一名社会学大家的学术智慧,尽管写的是一个村庄的变迁,但费老是站在"全国一盘棋"的高度来思考农村发展的出路,"志在富民"始终是他这一系列文章的主题。

至今我已经去过翟城村三次了,每次去都有不同的体验和收获。尽管如此,跟费老相比,我似乎还只是关注到村庄里一些"细梢末节"的现象,对于一些更为宏观的问题,譬如我所在的项目的研究主题"中国农村社会变迁与治理转型",仍欠缺深入的思考。这篇札记的题目有意仿照费老那几篇江村调研报告的格式,既是致敬也是意图学习费老的学术钻研精神。费老一生调研了不少村庄,也提出了不少有益于农村发展的真知灼见,希望我以后亦能用自己的脚来丈量中国农村社会,体察民情,从而为解决我国"三农"问题建言献策。

参考文献

保罗·唐纳顿,2000,《社会如何记忆》,纳日碧力戈译,上海人民出版社。

莫里斯·哈布瓦赫,2002,《论集体记忆》,毕然、郭金华译,上海人民出版社。

皮埃尔·布迪厄、华康德,1998,《实践与反思:反思社会学导引》,李猛、李康译,中央编译出版社。

施坚雅,1998,《中国农村的市场和社会结构》,史建云译,中国社会科学出版社。

王华,2013,《农村"高音喇叭"的权力隐喻》,《南京农业大学学报》(社会科学版)第 4 期,第 31~38 页。

沃尔特·克里斯塔勒,1998,《德国南部中心地原理》,常正文、王兴中译,商务印书馆。

"特殊"的普通人 *

谭芷晔 **

2018 年冬天,这是我第三次到定州,却是第一次到翟城;从小在南方沿海城市长大的我,第一次在一个真正意义上的北方农村待上整十天,与土地和土地上的人"亲密"接触。

这两个"第一次"有一些"不应该"。按理说,照中国人民大学社会学系与翟城这般深厚的情谊,我该早早与这方开启村民自治先河的土地有所牵连;进入社会学学习的第五个年头,美其名曰做了一两个半吊子的农村研究,甚至本科毕业论文也是有关农村纠纷的,我本不该从未完整融入过充满泥土味的真实田野。

我惭愧,愧于与田野的疏离;又觉幸运,庆幸时间尚有。

翟城在我走后的第二天下了第一场大雪,住家的小院里积起白白一层,看到还在前方驻守的小伙伴发回的雪景,心里多少有些遗憾,还是错过了最完整的翟城。

转念一想,学术之外,即使风景变换,也不过外物,人情才是我脑海中长留的。翟城之行,一个半吊子的社会学学生,有幸遇到三个"特殊"的普通人,更深刻地感受到学术研究只有起点,没有终点,遂记之。

一 同龄人:我们一样,我们不一样

这次来翟城是带着问卷调查和口述史资料收集的学术任务来的。走进田野总是需要一个恰当的理由,这个理由往往不是用来说服研究对象,促使其向我们敞开心扉的,因为在接触研究对象时,只有站在他们的立场,

---

* 调查时间:2018 年 1 月。

** 谭芷晔,写作本文时为中国人民大学社会与人口学院社会学专业 2017 级硕士研究生,现就职于北京市西城区区级机关部门。

说朴实的他们能被听懂的语言，才能打动他们。所以这个理由其实是给研究者自己看的，是田野进行前的初心、进行时的航向和进行后反思的标杆。

简单地说，每每走进田野，其实我有自己想了解的一个中心问题，我必须对自己和研究对象的互动有所掌控，才能到达我想去的彼岸。作为分享者，村民在与我们互动时是极少会对我们的问题以及他们的表达进行反思的，他们只是单向的信息输出者，顶多是在涉及相关敏感信息时紧张地提醒一句，"你们这个不会给村委会看吧"。所以研究者必须时刻进行学术伦理的反思，既要适当地敞开自己，又要学会有所保留，让对方感觉到真诚，又保持自己的理智。

到达翟城的第一天下午，我和同门进行了第一次入户问卷调查的尝试。因为我们的调查对象是通过科学抽样决定的，充满未知与挑战。没有村委会的带领，在问路时的小小碰壁让我们有些挫败，以至于在第一户家里发现在家的是两个同龄女孩时不自觉眼前一亮，仿佛看到了希望。我们也是二十出头的年轻人，以心换心，想必交流起来不会太困难。

我们抽中的是那家的户主，当时他不在家，他的媳妇在照看孩子，妹妹也正好来串门。对于我们两个女孩，她们显然放下了戒心，简单介绍我们是来做社会调查的学生，她们就热情地迎我们到沙发上坐下，还一定要塞两个橘子让我们拿着。在做问卷的过程中，涉及土地耕种每年要用多少材料、交多少电费水费之类的问题，她们答不出来却也没有表现出不耐烦，仿佛是课堂上被老师抽中回答问题答不出来的学生，抱歉而羞涩地憨笑。

这两个女孩一直在村里生活，日常生活就是做家务，照顾孩子，逛集市，上上网，看看电视，过着我们期末写不出论文时最羡慕的那种生活。她们从内到外透着一股单纯，那种乐观与豁达是非常能感染人的，第一天下午收获的盛情，让我在接下来连续几天的调查中都保持平和与耐心。但她们也并非什么都不懂，只是她们身上散发出的气质，总让人觉得她们远离尘世，起码她们并不在意名利，生活逻辑非常简单。

后来又在集市上相遇，当时我正在和糖葫芦的摊主李大爷套近乎，看到她们经过，彼此热情打了个招呼。李大爷惊讶地说，"你在村里还不少熟人嘛"，我连忙说"是是是"，然后假装手势熟练地为大爷递上一根香烟。其实那只是我和她们的第二次见面。

但也不是所有人都如此容易接近。

顺利和李大爷套好近乎的那个下午，我和师兄、师姐三人去他家里拜访，正值他在外打工的小儿子回来看望，碰了个照面。大爷表示上午集上糖葫芦没卖完，下午还要去大约二十分钟路程的小学旁再续一摊。我当时正在完成一个额外的课程作业，想对卖糖葫芦的过程进行影像记录，于是一下来了兴趣，表示要一起去。师兄担心我的安全，陪同我前往，师姐留下和大爷的小儿子聊聊。

大爷的糖葫芦摊其实是一个流动电三轮车，上面放着各种工具。他为了方便我拍摄，提议让师兄骑着另一辆电三轮载着我跟着走。我和师兄都没驾驶过电三轮，担心不安全，一下子有些不知所措，大爷误以为我们不知道电三轮是什么，一番描述，双方一来一回都没明白对方的意思。大爷的小儿子一直在屋门旁看着我们对话，最后终于忍不住发声："你们真的是大学生吗？怎么会不知道电三轮是什么？你们有没有常识？真怀疑你们到底上的什么大学。"这是来到翟城后遭遇到的最猛烈的正面质疑，我和师兄都有点懵。大爷倒没再多说什么，让我和师兄都坐上他的电三轮，拉着我们就走了。

回来的时候师姐做完了访谈，大爷的小儿子和她一起在门口候着我们。和大爷道谢完正准备离开的时候，大爷的小儿子再一次发声："他们就是来完成论文的。"这话是和他爸说的，但也明显在暗示着我们些什么。我们在最初就尝试过解释我们的意图，但在真实互动完成后，他还是把我们的目的概括成了"完成论文"。

其实细细想来，一切或许都是由个人所曾经历和正经历的决定的。大爷的小儿子也就30岁不到的年纪，与我们也算同龄人。但他从成年起就在外打拼，现在是天津一个小服装厂的管理层人物了。在他的生活逻辑中，我们占用他的时间，必然也是要为他付出些什么的。但在他的眼中，我们这些"没有常识"的大学生，实质上是不能带来任何眼前的利益的。

对乡土陌生的大学生，村里生活单纯的年轻女孩，在外打拼想要赚大钱的男人，即使我们年纪相仿，经历的天差地别就能在我们之间产生鸿沟。我们都是普通人，可能都被时代冠以"90后"的标签，都一样处于人生最关键的年纪，都一样在找寻实现生命意义的方式。但我们在彼此面前又是如此特殊，特殊到想要靠近，就需要耗费更多的耐心去接纳彼此的差异。

从这些鸿沟中我认识到，要对研究对象的经历有所了解后，再来不断

调整自己与他们的沟通方式。在围绕着研究问题敞开自己时，也要有技巧地引导他们了解真实的我们。我们不仅是作为研究者在场，也是作为一个普通的人在场，接纳差异的同时，也要学会接纳自己。

二 "失声"的老人：他的话也曾掷地有声

每次下午上街问路，经常能看到一些老人扎堆在街角晒太阳。他们脸上皮肤松弛，眼底早没了年轻人的激情澎湃，似乎除了在太平的现世多感受大好的阳光之外已别无所求。生理上的衰老让他们不得不折服于自然的力量，即使他们年轻时也风头正劲过。

其实他们中的很多人并没有忘记曾经的"辉煌"，但这些"辉煌"没能在老年化作洗尽铅华的慨叹与自豪，反而多了几分酸涩与不甘。入户最怕遇到老人，不是怕口齿不清，也不是怕代沟太大，而是怕那种帮不上忙的无力感。

张爷爷和秦奶奶家我去了三次。两位老人年轻时都在村里担任干部。1963年大洪水时，十几岁的张爷爷在民兵连当连长，带领着连里的青年们七天七夜抗洪救灾，因为腿在水里泡得太久，落下了永远的病根。提及这一段经历，耳背的张爷爷止不住地颤抖，重复了好几遍。秦奶奶在嫁给张爷爷之前是妇女会的成员，负责村里妇女的生产生活的带动工作。后来张爷爷成为村支书，秦奶奶就成了背后支持他的人。

张爷爷因故从支书岗位上退下来后，两老的生活还算安逸。直到2000年前后，因村里修路，老人的宅基地被重新划分，却没有分给他们原来的大小。后来持续协商了好多年，问题才得到解决。老人一直愤愤不平地说"村里有人在搞针对"，还反复强调和我们的老师也说过这个问题。其实我们都懂他的言外之意，他是在说，"帮帮我们吧"。

我将离开的那天上午，最后一次去拜访两位老人。临走时我和他们说我就要离开翟城了，老人赶忙走进里屋掏出两个大口袋，把新鲜的苹果和柿子拿出来，怕我们嫌弃，用衣角擦了又擦，一定让我们带着走。揣着老人沉甸甸的心意，心里愈发沉重。

有一个问题一直萦绕在我心头，我们的研究究竟能为这些研究对象带来些什么？我们说要为他们写一本村志，我们说要记录下他们的一生，我们说要了解村民的生产生活现状，我们说要总结地方经验并建言献策，但这些对他们的意义又在何处？

在他们眼中我们都是"上面下来的人"，是有话语权的。他们的话也曾掷地有声，如今不会用手机，不懂用网络，沟通渠道几乎断绝，多希望"上面下来的人"能够把他们的意见与建议传达，带来切实的改变。但我们真的能做到吗？学术"起效"的战线总是拖得很长，有些老人可能真的等不到那一天了。

三　研究者："老土"的城里人

我是个农村生活经历几乎为零的人，我个人认为这是农村研究中非常"吃亏"的一件事。来定州调查三次，我一直是个"老土"的城里人，对一切感到无比新奇，奉献出了无数个"第一次"。

第一次使用旱厕，居然也能有坐便器；第一次赶集，门可罗雀的中心大街竟能一下变得如此热闹；第一次坐着电三轮去小学门口卖糖葫芦，听到小学三年级的孩子因为价格太高说脏话；第一次尝试给人递烟递火，顶着好奇的目光装作老手；第一次碰见每家每户几乎都养狗，一有生人靠近叫声就会此起彼伏；第一次见识到什么叫因土地相联，原来村里人真的都互相认识，报个名字就能准确指出家门位置。

这些都是城市里匮乏的宝贵体验，这种城乡生活方式、人际交往、事务处理上的巨大落差，让我觉得这一片北方农村处处都闪着学术的光芒，这个有趣，那个也有趣。但随之而来的是另一种思考，这真的有趣吗？是不是因为我以前没有遇到过这样的情况才觉得有趣？这真的值得研究吗？

又想起我头回来定州，那是 2016 年的寒假。大三正为保研发愁，希望能再做一些深入的研究丰富一下简历，也增加一下自己的知识和方法储备，于是参加了学校的课题比赛。本没有定下调研地点，机缘巧合找到了黄家亮老师做项目的导师，机缘巧合那是定州百年变迁调查项目起步的第二年，机缘巧合黄老师是这个项目的负责人之一，于是黄老师建议我跟着师兄师姐们过来学习。顺理成章，我和这片土地有了初步的联结。

有了第一年师兄师姐们初步的了解和铺垫，大课题组的调研铺开得非常顺利，不顺利的是我们几个科研小白对北方农村毫无了解。那时以为自己上过社会研究方法，做过几个访谈就可以对调查很了解，现在回想其实对真正的田野调查完全陌生。

　　我们当时的主题与法律传播相关，希望通过追溯村民经历过的诉讼案件来探究法律在农村传播的路径。真的到了地方，和某村村干部聊了一下午，瞬间傻眼，我们之前真的不知道，村子里几乎没有诉讼案件，大多数都只是纠纷调解。我们当时的设想是，法律传播一定在法律程序中最盛，而要走法律程序就一定会诉讼。在推崇理性逻辑的陌生人社会，我们从小接受的教育就是依法守规，有问题就报警或诉诸法律，却完全忽略了村里情况的特殊性。那晚在定州市区的酒店，五个小姑娘焦头烂额将筹划了一个月的调研方案和访谈提纲推倒重来，那种复杂的感觉记忆犹新。

　　这可以算是我田野调查经历的一次失败的起步。之后我每次来定州也都是带着学术任务，无论是问卷调查还是深度访谈，但都会准备充分，我觉得这或许也要感谢第一次时沉重的"打击"。

　　后来我知道了，我的毛病其实是，想得多，看得少。其实有很多经验是可以通过阅读文献、书籍以及与人交谈来获得的。

　　在这片田野上，我们都是"特殊"的普通人，时代之下是如此渺小，却浑身充满力量。从翟城离开的那天我发了一条朋友圈，其中有一句是"互动中不断反诘的，回顾时不停重塑的，既是田野，也是人生"。互动是田野调查中必须要反复进行的操作，只有不断与人沟通，才能使信息逐渐饱满；回顾也必不可少，只有不停反问自己，时刻记住自己的"在场"才能不忘来时的路，盯准要去的方向。

　　这一切都只是起点，路还很长。

村史的书写与感怀[*]

郝孟哲[**]

　　我从不曾想过，有一天我能有幸为一个华北地区久负盛名的村庄书写历史；我也不曾想过，或许从这个夏天开始自己的学术生涯将与这片土地结下不解之缘。

　　在中国华北，除了定州市东亭镇翟城村，很少有一个村落能享有如此之多的历史赞誉：中国近代村民民主自治第一村、中国创办最早的村级女子学校所在地、中国最早的农民合作社——"因利协社"的所在地、中国建设乡村运动的发源地……而这一切的荣耀，则归功于清末开明绅士米鉴三、米迪刚父子和民国"平民教育之父"晏阳初先生的呕心沥血，归功于战争年代翟城村无数革命先烈们的英勇献身，归功于和平时期千千万万的村干部和村民们的辛勤耕耘。一代又一代前人的拼搏进取终于造就了今日翟城人民的幸福生活，也使得翟城村的名字得以走出中国，闻名世界。

　　铭记往昔峥嵘岁月，方可开创万世功业。因而，我们决定编写一部《翟城村志》，详细记述翟城村自 20 世纪初到现在所经历的风风雨雨。当后人翻开这部村志时，他们可以纵观翟城村百年以来发生的沧桑巨变，并以史为鉴，为翟城，也为华北平原上千千万万的村庄规划更加美好的未来。

　　作别车水马龙的都市，我们的翟城之行由此开始。进入村庄，村口照壁上"翟城欢迎您"几个红色的大字虽然在岁月的洗礼下显得有些褪色，却依然熠熠生辉，好似诉说着这里曾经的辉煌。村内宽阔平整的主干道两侧，店铺、民房鳞次栉比，错落有致。过往的农民，有的踱着悠然自得的步伐，哼着欢快的小曲缓缓而行；有的驾驶着拖拉机在马达的轰鸣声中绝尘而去。偶尔几个熟人在街头相遇，便大声地道一句乡音浓重的问候，那

---

　　* 调查时间：2018 年 1 月。

　　** 郝孟哲，写作本文时为中国人民大学社会与人口学院社会学专业 2016 级硕士研究生，现为中国人民大学社会与人口学院社会学专业 2018 级博士研究生。

场面让人倍感亲切。走进村委会，村干部们热情地招呼我们坐在凉爽舒适的办公室里，并安排我们在旁边有床铺和空调的平房里住下，还特意指派村里两位和蔼可亲的阿姨为我们准备一日三餐。这种被奉为上宾的礼遇令我十分感动，虽然门外酷暑难耐，朴实而友善的翟城村民却为我们送来丝丝沁人心脾的凉爽。

闻鸡鸣而起，伴蝉语而眠，在翟城村度过的每一天都是那样的充实而舒心。吃罢早饭，我们便开始了一天的工作。《翟城村志》需要搜集的资料可谓十分庞杂：地理环境、人口、经济、教育、医疗、民政、文化……自这个村庄有历史记载以来的所有信息，我们都需要进行细致的挖掘和整理。除了搜集现有的文献资料，最重要的是去获取村干部和村民们的口述资料，所以走街串巷去做实地访谈是必不可少的。于是翟城村民在那几天里总会看到一队身背双肩包、头戴遮阳帽、手持笔记本的大学生们有说有笑地从自己的家门前路过，并对他们身边习以为常的事情表现得十分兴奋。作为社会科学学术圣地的翟城村，几乎每年都会迎来各个高校的调研队伍在此展开社会调查，村民们对于城市大学生下乡调研的现象早已屡见不鲜，却依然对我们的到来充满好奇。在向他们简要解释自己的身份和目的后，除了收获些许赞美之辞，我们听到的更多的是农民对自己日常生活的感慨，或是抱怨连年水涨船高的彩礼，或是焦虑日益低迷的粮食行情，或是担忧入不敷出的家庭经济。诸如此类，不可胜数。似乎在他们心中，我们不再仅仅是普普通通的学生，而是体民心、察民情、帮他们摆脱生活困境的社会精英。从他们的眼神中，我看到了一丝盼望与憧憬，更看到了一份责任与担当。

虽然生活不易，这里的村民们却依然保持着积极向上的生活态度。村内的青壮年劳动力大部分外出务工，在家里的基本上是老人、妇女和孩子。每天清晨，村内的老人们都会按时集中在村委会的大院中，伴随着悠扬的音乐做起韵律十足的健身操。在晨练结束后，他们还会聚在村委会的活动室里唱起美妙动听的歌曲，充满舒心和惬意的笑容洋溢在每个人的脸上，焕发着如年轻人般的蓬勃生机。盛夏时节，翟城的午后暑气逼人，走在街上，原本热闹的十字大街上人迹难觅，但你依然可以看见三三两两的大爷大妈们聚在小巷民房的阴影处纳凉，手摇一把大蒲扇，或是聚精会神地下象棋，或是轻松愉悦地唠家常。傍晚时分，夜幕降临，大人们在十字大街空地昏暗的路灯下跳起节奏欢快的广场舞，而孩子们则在村南的晏阳初广场上尽情地嬉戏玩耍。

每逢农历的四、九，翟城村总会迎来一次规模盛大的集市。周围村子里的村民都会聚集在翟城村的十字大街上售卖各种粮食蔬菜、水果禽肉和生活用品，原本平静的十字大街变得热闹非凡。在川流不息的人群中，摊主嘹亮的叫卖声、货车清脆的鸣笛声、买卖双方此起彼伏的讨价还价声交织在一起，场面甚是壮观。

村子的西面有一所晏阳初乡村建设学院。2003 年，这里曾经开展了一场轰轰烈烈的新农村建设运动。那时，从城市而来的知识分子和农业专家们在学院里给翟城村民传授先进的文化知识，带领他们改进农业技术，创办各种各样的新型农业合作社。同时，村民们也重新组建了文艺团队，广泛地开展全民健身运动。那热火朝天的场面曾吸引了无数人的目光。然而十年之后，当我们再次走进昔日的乡村建设学院时，看到的只是岁月留下的痕迹。门前草木的叶子上，落着厚厚一层灰蒙蒙的尘土。那锈迹斑驳的大门和残缺不全的晏阳初头像，抒发着一阵阵无声的叹息。

站在满是污渍的、写着"建设乡村"的影壁前，我不禁百感交集。无论是民国时期的平民教育运动，还是新时期的农村建设，知识分子固然会给村庄的发展带来超前的思想和无限的生机，但村庄对外来知识分子的过度依赖也容易使村庄在知识分子撤出之后失去自发创新的动力。村庄自身要打破"因知识分子兴而兴，因知识分子衰而衰"的循环，就必须培养像米迪刚那样的本土精英和村庄能人，由内生的力量带动村庄发展。在 21 世纪，知识和人才是最为宝贵的资源。然而在优质资源不断向城市集中，农村日益走向空心化的今天，我们深知，农村想要留下扎根基层、肯为乡村建设而献身的人才，想要用仅有的资源建立人才培养的长效机制，想要让自己培育的本土领袖引领村庄不断前进，谈何容易。因此，我们的任务不仅仅是要向世人展现翟城村那光辉的历史，更要为翟城村，也为全国千千万万的村庄的发展贡献一份力量。

返京的列车开动了，翟城村在汽笛的轰鸣声中在我们背后渐行渐远。然而我知道，这是一个新的开始，而我也必将回到这里，去完成那一份宝贵的承诺，去实现我们社会学人共同的理想。

实践者比研究者更有智慧[*]

贾雯雯^{**}

第一次深入接触华北农村，收获良多。回京一周有余，很多画面还常常浮现在脑海中。

其一，在东亭镇，师兄在访谈中提到发展集体经济的可能性。镇长回应，农民天天为了生活奔波，但凡有一点能靠这些发展起来的可能性，早就有脑瓜子好使的人去尝试了。一个集体企业的发展需要销路、品牌这些长时间的积累，没有十足的把握能保证盈利农民不会轻易加入，也没有人担得起这个责任。听完突然觉得自己挺幼稚的。

其二，在东堤阳村，村书记提到并村、建新房和土地流转这三者间的关系。村书记表示，农民现在是能不花钱建新房就先不建，想着万一哪天并村了集体建了小区，农民就可以免费住新房。要是国家再把这些土地都流转收上去，农民可以外出打工挣钱就更好了。现在愿意留在农村种地的只是些50岁以上出不去的老人了。镇上的工作人员却表示，集体建楼的可能性不大，一些村随着大量年轻人的流出会慢慢衰落。村书记嘟囔了一句，"那慢啊，至少还得几十年"。

其三，在翟城，遇到邱建生老师一行。翟城村书记拉着邱老师的手，希望老师能帮翟城再多宣传宣传，多吸引些人过来以便发展当地的乡村旅游业。邱老师拍了拍书记的手说，"宣传肯定可以，但是你看看咱们村的环境，至少要先把厕所这些搞干净吧"。对此，书记不由赧然一笑。

"现在种地不挣钱"是我们在每个村都听到的一句话。在固城，我们详细计算了每年农民种一亩地的收支，结果是刨去人工费加上国家的90元补贴，一亩地一年的收入是550元。回京后，我告诉朋友一斤湿玉米的收

---

 * 调查时间：2018年1月。
 ** 贾雯雯，写作本文时为中国人民大学社会与人口学院社会学专业2016级硕士研究生，现为掌阅科技有限公司数据分析专家。

购价不到 3 毛，大家都表示难以置信，可这就是事实。单靠耕种自家土地显然难以维持一家的生存，更遑论"耕地 30 年不变"政策下无论人口增减土地不变导致的耕地多少不一问题。"一口人种五亩地，一亩地养五口人"这句话也几乎是每个村民都耳熟能详的。集体经济的发展同样面临诸多困境，承包土地种粮食可以说是必亏无疑的。大规模种植苗木、药材要看销路和市场行情（种植不需及时脱手的苗木似乎更好一些），集体加工业的发展则需要更多的特殊资源。调研中，我们接触到的唯一一家加工厂是占了东堤阳村旧校址的药材加工厂，它的经营者已从事药材加工销售行业十几年。对于这家工厂，村支书的看法不比电视中的经济学家差：我们会尽村里最大的努力来支持这家药材加工厂的发展，其实我们看中的并不是每年 600 元/亩的土地租金，而是这个厂发展起来后的效益，以后村里人可以种药材，脑子活的还可以帮他去跑销路。然而这种特殊资源不是每个村都具备的，对于很多普通得不能再普通的华北农村而言，其经济发展的突破点在哪里值得我们思考。

外出打工是众多村民的选择。调研最后一天有机会去有名的打工村——吕家庄村转了转。村里的房子都很气派，难得看见了二层小楼，门很高，墙上贴了漂亮的瓷砖。司机连连感叹，只有他们村才贴得起瓷砖。村子里没看见什么人，路边的电线杆子上贴了许多外出打工的小广告，有一则是收女工的，大意是不需要文凭和技术，走出农村，年入十万元。在我们的印象里，外出打工的都是以男性为主，村里多是留守妇女和留守老人。现在看来以后可能妇女也不再留守了。那么农村真的会像镇上书记讲的那样，慢慢就消亡了？这个问题谁也无法回答，但新一代农民对于城市的向往是实实在在的。外出打工带来的不仅是经济上的收益，还有城市生活的便利和多样性。就像东堤阳村村书记提到的，村民们也想要干净，也想住干净的房子。但农民大规模外出打工对农村自身的发展及所带来的社会问题也不是其产生的经济效益就能简单抵消和平衡的。农村如何留住农民，至少让其在农村仍然可以体面地生活下去，即回到之前的那个问题，农村经济发展的突破点在哪里？

美丽乡村建设是目前定州市政府积极推进的一个大项目。翟城村作为项目村之一，政府将下拨 2000 余万元资金用于改善其村庄面貌，具体包括街道、屋顶等的统一规划，改厕，路面硬化等。随着项目的推进，翟城的面貌应该会焕然一新，村书记发展旅游业的想法到那时或许会实现。基础设施的不断完善，也为后续的投资项目引进提供了一定的条件。对定州农村的第一印象真的是很心疼甚至有些无能为力，在访谈中村书记也经常会提到"有心无力""无能为力"这些词，人地矛盾、农村空心化、集体经济的衰落、基层干部收入低、教育资源的不平衡等，乍一看农村似乎快要被这些困难拖垮了，我们能做的不过是杯水车薪。然而，换一种角度看，村民们仍是有盼头的，对于耕地30年不变的政策，村书记表示，十几年后说不定政策就变了(那时候或许就有转机了)；沿路积极建设中的几条公路、刚开业的动物园、发展中的现代农业科技园等至少也为农村经济的发展提供了新的思路；对于基层干部收入问题，有村支书已经能享受每月3000元工资的待遇了，也算是一个很好的开端。

总结来说，的确是我们在向他们学习，实践者比研究者更有智慧。真正要改变农村的这些困境，我们能做的太少。很多时候，我们只能尽可能客观真实地描述他们的生活，并以最大的努力来探讨让其生活变得更好的可能性。

"下乡"还是"上地"：田野调研的
执着与放下[*]

杨峥威[**]

"下乡"是城里人常说的一个词，而"上地"则是北方一些农村地区的方言表达。把这对词放到一起，是我在定州田野调研过程中的联想。"下乡"说的是市里、县里的市民、居民们到农村去，言谈中多少带着些自豪和优越感；而"上地"则是农村人要到田里去劳动、去伺候庄稼，伴随的往往是一身脏土。自小在农村生活，在镇上读初中、在县城读高中，耳边"下乡"和"上地"交织，那时候感受比较深的是城里人的优越感和农村人的土气。

一 "下乡"背后的执着

后来读书，渐渐远离了家乡，就很少再听到"下地"的说法了。但还是会常常听到"下乡"，就是同学们之间聊天，会说自己准备下乡调研，或者说下田野。每次听到同学说"下乡"，都会联想到城里人说的"下乡"，感觉有一点别扭，当然，自己也知道同学说的"下乡"，并不是我联想的那种"下乡"，这种别扭很无厘头。

但是再细想，我自己在到田野调研的时候，又何尝没有过去我所反感的"城里人"的那点优越感呢？这种优越感并非来自城乡的身份，而是来自知识的傲慢，自以为比人家多上了几年学，多读了几本书，调研其实就是带着一些问题来"不耻下问"，得到人家的回答以后回去写文章、去鼓

---

* 调查时间：2017 年 1 月。

** 杨峥威，写作本文时为中国人民大学社会与人口学院社会学专业 2015 级博士研究生，现为北京青年政治学院教师。

与呼……这种心态有点类似于古时候采风官的心态，隐含着一些傲慢和高人一等。在田野调研中，这种"执着"并不鲜见，而我们有时候并不自知，这在田野调研中，是需要持续的反思的。

除了这种虚假的知识占有带来的优越感之外，下乡调研的时候，我们有时候会有另外一种执着或者叫执念，即对某些问题已经事先有了判断、定性，然后去田野调研中寻找支持自己这些判断、定性的证据材料，而对于哪些有差异的甚至矛盾的现象、事实、材料、证据则选择性忽略。这就导致收集到的资料、写出来的东西看似能自圆其说，实际上是片面之词、一驳就倒。

二 "上地"背后的"放下"

调查方法课上，老师们不厌其烦地讲我们要怎么进入田野、建立关系、获取可靠的资料，要怎么多方验证、去伪存真；调研出发前、调研过程中、调研结束后，老师们也常常提点我们要多反思、多总结，但心中的执着并没那么容易放下，障目的树叶也没那么容易拿掉，回顾过去的一些调研经历，时常有一种当时的自己是很傻的感觉，也常常想着提醒自己多注意、多小心，但总感觉没有特别深刻的感受和体会。直到有一次，和调研地镇政府的几个年轻小伙伴一起去村里，到其中一个小伙伴的家里吃晚饭。走到他们村外面的机耕道上的时候，路边有个人和我那位开车的小伙伴有一段简短的对话，又一次听到了"下乡"和"上地"的表达，让我有了进一步的思考。

> 路人："你不是搁市里头住了啊？今个下乡干啥来了？回来看恁爸妈？"
>
> 小伙伴："是哩，住市里头了。今个回来看看，俺爸叫我喊着几个朋友们上家里吃个饭去。你干啥去啊？"
>
> 路人："我上地里去干活哩。你开车慢点儿。"
>
> 小伙伴："好，好，你也慢点啊。"

在这段对话中，"下乡"和"上地"，突然间好像并没有我原本感受的那种高低之别。下乡来带朋友们吃爸妈做的饭，上地去干活，都是生活中的平常事，并没有高低贵贱之分。学生下乡调研这种行为，与农民的日常生产生活一样也都是平常事，在高下上并无二致，要放下下乡调研背后的执着，恰恰需要有上地干活的这种心态，把自己的调研、资料整理、写作、报告等真正与农民播种、除草、收获、投喂这些生产活动放到一起、视为同一，放下高身段、放下知识的傲慢。

此外，上地干活，也意味着背后有一些城市人所不熟悉的生产技术、运作逻辑，这部分知识可能是我们所未能掌握的。这也意味着在下乡调研的过程中，要去了解、感受、触摸调研田野中的故事和逻辑，而不是用城市人、外来人的预先判断限制自己的视野，在思维上画地为牢，这就有助于我们放下前面所谈的第二层执着。

细细琢磨，下乡调研、下田野调研，可能不如上地调研、上田里调研更契合调研的本来主旨。著名社会学家郑杭生先生治学强调"顶天立地"，其中"立地"就是要具有本土立场和草根精神。这里的草根精神，我自己的一点体会，就应该是在调研过程中和调研对象、和老乡们一起上地干活、蹲下来聊天，放下自己无谓的傲慢、执着和偏见，努力做到同行、同感、同理。

希望我们都能践行郑老的教诲，在调研时少"下乡"，多"上地"。

记我扎根田野的日子[*]

刘　凌^{**}

　　田野调查的过程通常会隐匿在研究者的论文或著作中，事实上，相比于研究成果来说，研究本身的实践过程也是值得我们关注的，这既有研究方法呈现的考虑，也有为后来者提供参考的意义。本着分享和交流的原则，基于田野调研期间的实习日志，围绕"我在田野做什么及怎么做"和"我在田野的一天如何度过"两个问题，我大致回顾了自己在田野的行动片段。

我在田野做什么及怎么做

　　我们知道社会运行机制是复杂多变的，因此，我们所关注的研究问题从某种程度上说，与我们在田野所能接触、感知到的一切都有着或多或少、或直接或间接的联系。由此而言，驻点调研其实是以研究问题为中心，全方位收集田野资料的过程，这其实要求调研人员把自我这个研究工具充分利用起来，所以我在田野做的就是挖掘自我这个研究工具的潜能，服务于全面、准确、系统地收集研究资料的目标。

　　具体来说有以下五个方面。一是眼看。我们讲眼见为实，这是田野调查最突出的优势，我们与研究对象共处同一时空，他们的言行举止都是我们观察的内容。有时，他们只可意会不可言说的一些观点、评价，通过他们的非表情语言、肢体动作我们就能准确了解。因此，在定州调研时，我十分注重在食堂、餐厅、街上等非正式情境下，观察研究对象之间的互动，这些观察能帮助我补充、完善、纠正访谈资料。比如，在政府工作人员与企业主会谈时，企业主的表态是十分谨慎的，但是，在企业主聚餐或

---

　　[*]　调研时间：2016 年 8 月、2017 年 8 月。

　　^{**}　刘凌，写作本文时为中国人民大学社会与人口学院社会学专业 2015 级博士研究生，现为北京科技大学文法学院讲师。

日常聚会时，他们会轻松地表达自己对某件事的观点，这对于准确把握企业主的价值取向和行为逻辑是非常重要的。

二是嘴问。这里的"问"不是指访谈中的交流，而是指当遇到或谈及与常识、现有研究发现或理论等存在矛盾的事情时，研究人员要主动追问，或者找机会向其他社会主体寻求帮助。比如，李亲顾镇铁网企业的污染防治经历了一个从不规范到逐渐规范化的过程，那么，是什么促使当地政府和企业开展规范化治理呢？当地村民有没有对企业的污染排放进行过抗争呢？我去调研的时候，企业已开启了环保升级改造，有关污染防治演化过程的历史资料几乎没有保留。最初企业主们介绍说，当地没有环境抗争事件，后来，在一次偶然跟农村信用社职员的访谈中，他们回忆说，附近村民几年前因地下水污染，曾要求企业停产改造。也就是说，环境抗争是存在的，但是，我不能仅听一面之词就进行自我解读。因此，我在回访村委会、铁网协会成员、村民、乡镇工作人员时，具体询问抗争事件，最终才将不同访谈对象的话组合成对环境抗争的描述。

三是耳听。诚然，我所指的"听"既包括正式访谈和非正式交流过程中注意倾听与研究问题相关的人和事，也包含驻扎田野时，听田野一年四季不同时节的社会活动声音，以及不同地点的声音。比如，我住在镇政府，房间里噪声白天是 50～60 分贝，晚上是 50 分贝左右，而镇政府大院外的街道上，噪声白天是 90～100 分贝；在工厂和作坊作业时，厂区和作坊内的噪声平均值都在 90 分贝以上。根据《中华人民共和国环境噪声污染防治法》对工业企业各类厂界噪声标准值的规定，工业区昼间噪声标准值为 65 分贝，夜间为 55 分贝。可见，乡镇户外及工厂噪声污染是比较普遍的，这对于我全面评估企业污染防治情况是很有必要的。

四是鼻闻。如果留心感知，其实田野中我们所闻到的味道跟在学校是不一样的，它所包含的信息也是值得我们去关注的。镇政府每天早上 5 点到 8 点之间弥漫着一股明显的臭味，以至于我每天早上不敢开窗，后来，我打听到，这是因为距离镇政府北面不远处，有一家养猪场，早上正是他们处理排污的时间。由于这个养猪场规模小，并没有全封闭的排污设施，时间长了周围居民反而适应了这种臭味的扩散，未提出过抗议，政府也未强制要求其进行环保升级。这表明，在基层，社会公众的环保参与行动力是比较低的，其环保忍耐度相对是比较高的。这在一定程度上帮助我理解为何铁网企业与当地村民保持一种相对稳定、平和的沟通关系。

　　五是身动。"身动"有两层意思，一方面，这是指到了田野，就不能窝在宿舍，自己一个人待着，不起身去跟田野里的社会主体进行互动，这样其实就好比是困在学校里，无益于丰富我们的田野经验，也不利于我们持续地推进田野调研。我的经验是，不论是否成功预约访谈对象，都应该走出门去，逼自己去找接触研究对象的机会，这种积极的行动往往能有意外的收获。另一方面，这是指可以主动去参与社会主体的工作，比如，跟乡镇工作人员下村，或者去工厂车间做一天工人，就像人类学做研究一样，跟研究对象同吃、同住、同劳动，这样才能更好地理解他们的想法、行动和选择。

　　我曾去工厂体验过车间工人做刺片网的工作，我能做的是打扣的工序，即将刺片网的圈扣在一起。一个 25 斤的网圈，要扣 100 个扣，成品的总圈长是两个 25 斤的圈扣在一起，需要打 200 个扣。虽然，打扣的操作不难，但需要专注地去看扣圈是否有遗漏。打扣过程中，刺网圈很容易绞在一起，我花了近 3 个小时才完成一件，工人每完成一件赚 4～5 元。企业主介绍说，熟练的工人从早上 6 点工作到下午 6 点（除了中午约 1 小时吃饭时间，中间基本不休息）一天能做 30～35 个，日收入大约为 150 元。对他们而言，这 150 元在农村算是还不错的收入，这是他们支付孩子的生活费、学费、彩礼，老人的抚养费、医疗费的重要来源。因此，在打扣时，我看到工人之间很少交流，基本上都是在低头快速干活。这让我看到了村民兼工人与企业主之间紧密的经济联系，以及这种联系在一定程度上左右着前者对后者环境行为的态度和抗争选择。而这种感知，在访谈过程中，很难有切身的体会，因此，行动起来参与实践是有帮助的。

我在田野的一天如何度过

　　我深知在田野的生活是非常宝贵的，因为我很难有机会长时间驻扎在田野，所以，基本上我每天都有具体到时间点的调研或生活计划。在此分为有调研安排和无调研目标两种情况来具体介绍。

　　通常我会在每周一提前约访谈对象的时间，说明访谈的主要内容，确定访谈意愿。由于受访者工作或生活安排时常会有变化，因此，我一般还会在开展访谈前一天，再跟受访者确认一下访谈安排是否会有调整。比如，2016 年 10 月 24 日：上午 7 点起床→8 点去食堂用餐→8 点 40 分在镇政府早会前，副镇长帮我给行业协会会长打电话确认上午 9 点的访谈→9 点到 12 点进行访谈→中午受访者邀请去家里用餐→13 点半左右回到镇政府→14 点半租了三轮车自行前往另两家企业做访谈，并参观工厂车间→18 点左右结束访谈回到镇政府→19 点半开始保存访谈录音，写调研日志，日志主要包括日期、日程、访谈简记、调研要点、感悟等内容。准备睡觉时，已是晚上十一点左右。通常有调研安排的一天是非常充实的，而且，新的调研往往能帮助我对接下来的调研计划进行合理的调整。

　　但是，有时候，由于主客观原因，当天的约访会被推迟，或者会因受访者临时有事而无法进行访谈，我便只能做一些调研准备或资料整理工作。比如，2017 年 3 月 24 日：上午 6 点 40 分起床→7 点多在镇政府大院旁边餐馆吃早餐→8 点 40 分参加镇政府早会→9 点 10 分左右开始写作→上午 10 点半感觉饿了，于是出门去餐馆吃午饭，天气转冷了，买了暖宝宝抗寒→12 点到 14 点午休→14 点 30 分左右整理近期的研究资料→16 点参加学校的党员线上学习会→17 点镇长邀请我参加政企座谈会→18 点 30 分左右结束座谈会后，去吃晚餐→19 点去跑步→20 点帮助镇政府副书记下载一些有关妇联工作的文献，她晚上要写一份材料→21 点收拾准备睡觉。遇到没有调研安排的时候，我遵循的原则是尽可能参与乡镇工作，或者及时整理研究资料，总之，在田野也不能虚度时光，得保持一种时刻准备开展研究的状态。

　　距离我结束驻点调研已三年多了，现在回想起来，眼前浮现的是我每天在田埂跑步或散步的日子，有时候是寒冬的清晨，有时候是炎热夏日的傍晚；有时候碰到农民在灌溉，有时候碰到大家忙收割；有时候我是独自一人，有时候还有年龄相仿的乡镇工作人员一同随行……田野调研只是学术生涯非常短的一段时光，但是，它锻炼了我适应不同生活环境的能力，让我看到很多事情不是因为相信自己可以才要去行动，而是行动了才能知道自己可以不可以完成。这或许是调研者在做田野过程中最大的意外之喜。

定州田野调查的认识与收获[*]

刘 伟[**]

一 初识田野

和定州最初结缘是由于参与《定县农村社会概况再调查》报告的撰写，当时我刚到中国人民大学不到一个月，正好赶上此项工作的启动。不同于课题组其他撰写成员基本都参加了前期的实地访谈和问卷调查，我对定州的认识仅限于之前在中国社会学史相关课程上了解到的李景汉先生及其编著的《定县社会概况调查》。在这种情况下，加上我自小一直生活在南方，缺乏北方农村生活经历，所以迟迟找不到报告撰写的思路。后来去找导师，冯仕政老师说我对定州缺少一种"感性认识"，建议先去定州走一趟看看。我接受了这个建议，并在黄家亮老师的安排下，于 2017 年 11 月初与师门几个同学一起前往了定州。就这样，为了寻找报告撰写思路和可能的资料收集，还带着些许膜拜社会学学术圣地的心情，我第一次踏上了定州的土地。

初到定州，我的第一印象是"大平原"。走在村里路上，放眼望去，尽是一眼望不到头的农田，地势非常平坦，没有任何起伏，这与脑海中留存的南方梯田地貌形成了鲜明的对比，我也由此首先对地理课本上"华北平原"的概念有了直接的感性认识。言归正传，由于我主要参与报告中"乡村治理"一章初稿的撰写，所以为了寻找与此直接相关的感性认识，也考虑到一种"历史的情结"，我们选择了当年中华平民教育促进会在定州最早进行乡村建设实验的地方——东亭镇及其下辖的翟城村作为此次田野调查的目的地。说起"田野调查"，实事求是地说，我当时其实并没有

* 调研时间：2017 年 11 月、2018 年 11 月、2019 年 6~8 月、2021 年 3~4 月。

** 刘伟，写作本文时为中国人民大学社会与人口学院社会学专业 2017 级博士研究生，现就职于福州大学社会学系。

这方面的实战经验（此前接触的主要是基于数据分析的定量研究），所以对它的一种朴素认知是感觉"既简单又神秘"。说"简单"是因为我认为它不需要运用定量研究涉及的统计方法与软件，只是通过聊天和观察就能收集资料，而说"神秘"是因为我对如何将通过聊天和观察收集的资料加工成一篇实证论文或调查报告感到十分好奇，也即觉得这个过程很难。确实，这次在镇上和村里的访谈就遇到了这样的情况，我几乎都是有的没的乱问一气，之后整理时觉得并没有搜集到什么有用的、系统的资料，也不知道对撰写报告有什么帮助，由此还产生了一些挫败感。不过，后面想来，此次定州首访还是有收获的，因为它让我对北方农村基层政权运行状况与当地农民生活方式及观念都有了一定的了解，从而改变了之前一些想象中的错误认知，这无疑有利于从整体上把握所研究的社会事实。另外，更为重要的是，在研究方法上，我迈出了进行"田野调查"的第一步，虽然很难，这次也不算成功，但毕竟是迈出了。再后来，在 2018 年国庆假期，我又跟随黄老师一行前往定州集体调研了三天。这次调研由于有黄家亮老师带领，我积累了不少当地的人脉关系，或者说至少能"混个脸熟"，这为接下来的蹲点打下了很好的基础。总的来说，虽然这两次集体调研在调查内容上可以说是"走马观花"，但是它确实让我形成了对定州的一种"感性认识"。

二　浸泡田野

博士就学期间，最重要的一件事莫过于完成学位论文，由于前期的调研经验，经过一番选择，我最终决定以定州为我的博士学位论文田野点。至于研究问题，我一开始想了很多，也换了很多，但总觉得各种不合适，十分纠结，后来决定先进入田野点长待一段时间看看。于是，我在 2018 年11 月初以实习调研的名义进入到定州下辖的明月店镇政府。这是我第一次独自一人前往定州，并在选定的具体田野点以同吃同住的方式进行调研。面对这样一种相对陌生的环境，还要很快融入进去，老实说，这对我是一个挑战。不过，经过几天的"上班"，即每天参与他们的早会布置和下乡工作，以及各种非正式场合的交流，我基本上了解了乡镇政府的运行体制，并关注到了他们当时正在做的两件事，一是扶贫迎检，二是推广和供应洁净煤。我对后者更感兴趣，因为对于一个南方人来说，北方每年冬季的烧煤取暖还是挺新鲜的一件事，当然我之前只有听说，但没实际体验。大约待了十天之后，我通过一些访谈和实际参与观察，感觉对乡镇工作的内容已经了解得很清楚了，每天就是那些事，没有什么新的东西了，有点待腻了。正好当时学院有个课程马上要开课，我便返校了，但在告别乡镇时也和他们说了，我后面还会再来的。

回来后，我开始整理访谈资料和调研笔记，并在查阅相关领域的文献后发现，我观察到的一些现象可以说是屡见不鲜，在基层政府这一块已经研究得非常多了。于是，我又陷入了无序之中。这期间，我仍"惯性地"试图能拿着一个自认为应有些新意的理论框架去"套"田野材料，后来发现这条道确实很难走通。在导师的启发下，我渐渐真正认识到，还是先不要纠结于某些概念和理论框架的创新性，先找一个可及的案例故事，然后把田野材料做扎实可能比较重要，这也是常说的研究可行性对于需要完成学位论文的学生来说应该是第一位的。于是，在第二年即 2019 年 6 月，我联系了明月店镇政府上次对接我的一位领导，向他表明了我要再次前往待一段时间的想法，他表示"可以"和"欢迎"。由于上次在镇上住了十天，我已经对镇上的人和环境非常熟悉了，所以这次回去感觉非常亲切。我这次的打算是，扎下心待上几个月，要有重点地跟踪一两个事件。接下来的每天，我又开始跟着镇干部参与他们的日常工作，并一起生活，日复一日，有时甚至都觉得我快成为他们中间的正式一员了。在这段时间，我上次过来尤其注意到的推广洁净煤和清洁取暖这件事一直有后续，其中的情节非常复杂，而且这是一个长时期执行的政策，不同时段变化又很大。对于这样一个包含着足够多异质性信息的故事，且收集资料的边界相对清楚（以乡镇清洁取暖政策执行这个事为中心就可以），我隐隐地意识到它可能比较适合做博士学位论文的田野案例。于是，在这次近 3 个月的蹲点调研中，我后期开始重点关注这一政策在乡镇的执行细节，直到 9 月份快开学时我才返回了学校。

应当说，这一次近三个月的调研我收获很大，除了收集到了大量的资料，更为重要的是，通过回来后对资料的整理和相关文献的查阅，我还将研究对象进一步具体化了，感觉找到了方向和抓手。本来准备 2020 年再次前往定州，专门以清洁取暖政策在明月店镇的历年执行为中心收集一些更聚焦的资料，但由于新冠肺炎疫情的影响，以及本人 8 月份胳膊不慎骨折需要手术及康复等，2020 年一直未能成行。最终，在 2021 年 3 月份，再次前往定州及明月店镇，这次依旧住在镇政府，并按照既定计划展开有针对性的补充调研。在黄老师的帮助下，我尽可能找到了市、镇、村等各相关主体，并进行了专门访谈，大概一个月后，基本完成了这项工作，于是告别当地返校。至此，博士学位论文田野资料的收集算是差不多完成了，进而开始进入实质性的理论分析框架准备和论文撰写阶段。

三　走出田野

在定州做完田野后，回过头来看一些问题，有一些比较深的感受。首先，对于理论和材料"谁前谁后"问题的认识。虽说二者是不停往返互动的关系，但从具体操作技术上说，还是应尽早进入田野，并先尽可能多地收集各种资料，进而再通过不断评估研究可行性去聚焦某一方面的资料，这样才不至于一味纠结于理论框架和相关概念构建的合适性问题或者一直沉陷在繁多复杂的各种资料细节之中。其次，做田野不能操之过急，需要循序渐进。我一开始进入田野时，就表现得目的性太强，想尽快完成资料收集的任务，但结果是欲速则不达。因为资料的有效收集往往是建立在与田野对象很熟悉的互动基础上，而这则需要双方有一定的交往时间。最后，放长远一些看，做田野的经历对丰富个人阅历和见识亦有很大帮助。就我而言，在乡镇政府小半年的蹲点调研让我实实在在地加深了对基层社会运行逻辑的认识。比如，基层政府并不是一种简单的"抽象整体"，它是由一个个真实的人组成的，很多事情的处理并不是"非黑即白"，它需要考虑各种在地情境，这也正如蹲点时一位乡镇老干部经常跟我提起的一句话："人不是活在真空中。"正因为现实的这种复杂性，我想社会学田野调查的魅力或者说有用之处也就在于此吧。

参考文献

李景汉，2005，《定县社会概况调查》，上海人民出版社。

开放地走入田野[*]

鲍卫平^{**}

中国的乡村已经发生了巨大的分化，不再存在一个抽象而统一的乡村，农民也发生了巨大的变化。乡村如何建设，不能再建立在以前对中国农村、农民的概括和认知上了，必须深入农村、认识农村、了解农民，才能有真正的答案。另外，互联网的高速发展以及它对社会无所不及的渗入，让人以为自己能够便捷地通过网络了解现实世界，比如前几年说的可以通过"快手"一类的短视频平台一窥小镇、农村民众的生活。海量的信息让人应接不暇，我们也慢慢地把自己包裹在一个个信息茧房里。互联网经济里有个很热的概念叫——"下沉市场"，指的就是三线以下城市、县镇与农村地区的市场。他们似乎在我们的互联网世界里失语，只是作为一个消费者形象偶尔出现。现实世界的分离被复制到了互联网世界。某种程度上无所不及的互联网并没有加深不同人群的沟通、理解，反而提供了新的区隔手段。

当我走出这些信息茧房，走入田野，去听那些基层工作者的讲述，发现我对于农村的想象还来自费老的《乡土中国》和有限的生活经历，受到了信息茧房的影响，简化了现实的复杂性。

第一次感受到自己的封闭是在关于定州教育工作的座谈中。过去"撤点并校"引起不少意见，在我某年寒假回乡调研时就曾了解到这一政策在当时的困境，毕竟在我们家乡，一个主要为丘陵地貌的地方，"撤点并校"会给农村孩子上学带来很大的不便。而在定州这一北方县城，这一政策所遇的阻力似乎没有我们那里那么大，也了解到如今即使"撤点并校"不再持续，农村孩子随迁现象也越来越多，村小学也越来越多地因生源不足而

---

* 调研时间：2019 年 8 月。

** 鲍卫平，写作本文时为中国人民大学社会与人口学院社会学专业 2020 级硕士研究生，现就职于中国融通集团财务有限责任公司。

关闭。这也可以说是因农村人口流动而出现一种现象。在定州，基层工作者告诉我们在县域的教育管理上，保基本教育是最重要的工作目的，要保证人人都有学可以上。而我们所关心的优质教育资源的分配、高中教育质量的提升等，虽然也很重要，但并不是最基本的工作问题。在进入田野之前，我们就有了太多理所当然的经验推演、预设想象。这样一次座谈打开了我的视野，让我能够以更加开放的心态进入田野，认识乡村的变化。

定州乡村的复杂性在于传统与现代的交织，这一点给基层治理工作带来了不小的考验。近些年，随着经济的发展，群众法律知识的增多、权利意识的增强，矛盾纠纷的案例在不断增多，经济方面的纠纷显著增加。但是法官员额制改革之后，法官的数量大大减少，"案多人少"的矛盾日益凸显。在有限的司法资源条件下，如何更好地解决这些矛盾与纠纷，是基层工作人员不断探索的方向。在政法机关的工作人员看来，一个矛盾是现在的村民们在运用法律时只强调权利，不关注义务。民众还是不够懂法，容易断章取义，即用有利于自己的部分来为自己争取过多的利益。而当通过法律无法获得期望的利益时，他们就不会运用它，甚至有时法律的判决都很难生效，这又进一步削弱了法律的威信。即使民众们决心运用法律的武器来保护自己，一系列的程序也让其望而生畏，比如父母状告某一个不孝子没有履行赡养义务，那么他们所有的孩子无论履行还是没履行赡养义务都需要作为被告出庭，这在乡亲们看来是难以理解、无法接受的。虽然农村这些年发生了很大的变化，但是那些基本的观念、人情社会的特点等还是根深蒂固的。在这样一个后乡土社会中，乡土传统的公序良俗、道德准则仍然发挥着很大作用。于是，政法系统的工作人员认识到调解在乡民之中仍是最有效、最经济的纠纷解决方式。现代法律、法庭那一套技术在基层治理上有很大局限，需要调解作为一种节省人力资源、社会资源、减少后果影响的有效纠纷解决手段。

在基层矛盾纠纷治理的经验分享上，一方面，政法委、公安局、人民法院、信访局等都强调了在党的领导下，各部门协调作战，构建多部门互动协商的调解体系非常有利于纠纷解决。这增加了我对多元纠纷解决机制的一种新的理解，多元主体既指不同层级的纠纷调解工作人员，也指互动协商的各个职能部门、社会组织、民间团体等。另一方面，他们都指出了纠纷解决关键还是在基层，越早排查出来，越早进行干预，危害越小，纠纷解决的可能性就越大。所以基层组织建设对早期化解矛盾、调和多方利益关系至关重要。那些没有拧成一股绳、为各自利益分派站队的村干部既无心思也无能力做好基层矛盾的排查和解决工作。他们的无能为力在于很多村干部的权威并不来自选举结果赋予的合法性，传统的长老权威能起到的作用也比较小。村干部的权威主要来自为村里做实事、个人的能力等。另外，河北省高院推行的"一乡一法庭"建设也是在做将纠纷矛盾以调解的方式化解在基层的努力。这个"一乡一法庭"实际上就是将乡村权威与法律相结合以便进行更加有效的调解，通过乡村权威来影响、约束当事人。

在县城中不断发展的志愿团体等组织也在引起政府的注意。当地政府有计划想将社会组织的权威人物纳入治理体系，试图利用有威信的社会精英来影响已经脱离传统乡土权威能够影响到的人。从这种团体组织发展的情况来看，中国人还是注重关系，过着一种有圈子、归属感的生活。脱离了乡村这个大集体，在城市依然试图通过趣缘、业缘结成新的共同体。从政府管理的思路来看，这种计划和"一乡一法庭"利用乡村权威背后的对基层社会的认识是一致的：基层社会是一个处于传统和现代之间的变革中的社会，在其中，乡土传统的人情礼法、公序良俗、道德准则虽受到冲击，但仍发挥很大作用；现代法律虽借助一系列传播手段获得一定宣传，但在农村还不能彻底发挥它的作用，甚至大部分人对法律目前只是工具性的应用，没有真正地形成对法律的信仰。在这样的乡土社会中，多元化纠纷解决机制正是对传统性与现代性交织所造就的权威多元、秩序多元的一种适应。

在走访中，我还特别关注了一下乡村微信群的使用情况，试图一窥现代互联网技术能给传统乡村带来的新变化。因为在走进田野之前，我所阅读到的关于乡村网络公共空间的研究都非常关注网络公共空间的兴起于乡村秩序维持或重构的意义，认为网络公共空间是乡村秩序重构的重要载体。这些研究影响了我对于乡村微信群的看法。现实是，在三十里铺村，他们有村民大群，也有一个妇女群，都是用来进行通知转达、信息交流的。这些微信群也都是村干部模仿上级部门的工作群建立起来的，听起来都是工作通知群，并没有形成什么自由交流的网络公共空间。但这并没有完全改变我对于乡村微信群的看法。它作为新兴事物还需要生长空间。我还是认同一方面，乡村微信群是移动互联网进入农村社会产生的一种新现象，很可能是未来基层治理能够利用的一种有效手段。另外，这种移动互联网的进入，可能会让农民跨越地理空间的限制，展示乡村共同体存续的现实，并提供一种新的维系方式。

　　总的来说，这一次调研我最大的收获在于开放性思维的开发。研究者想认识乡村的现实情况，走出信息茧房并不够，还要摆脱在其中养成的定势思维，以开放的态度走入田野。

参考文献

费孝通，2019，《乡土中国》，上海人民出版社。

初遇乡土：记一次与田野的对话[*]

丁 悦^{**}

在前往定州调研之前，对中国乡村的现实或经验的印象主要局限在家乡农村的变迁。童年时期以来间断性的乡村生活，使我明显感受到了小乡村的"空心化"与人情味的逐渐消逝。伴随着农村人口流动的加快、基础设施的不断完善以及乡村旅游的发展，可以看到部分乡村公共生活、文化生活以及人的缺失与缺位。因此，在前往定州进行调研之前，我对经验性的乡村体验带有一丝消极的意味。然而在社会学课程学习中，乡村发展孕育着生机与活力，也是许多学者研究的起点。过往经验与调研期待的张力推着我走向了田野。

一 基层矛盾纠纷及其治理

我作为一个外来者，凭借调研者的身份进入田野，当地特意准备的座签甚至让我感到有些"受宠若惊"，第一次感受到他者格外的"正式"接待。

在定州市叮咛店镇的座谈与参观走访中，乡镇层面的矛盾纠纷排查化解机制逐渐呈现在我的眼前，这也成为我关注的一个重点。脱离了学术的象牙塔，基层社会的真实感与亲切感扑面而来。

针对矛盾纠纷，乡镇干部特别强调事前排查与事后调解双管齐下。在事前排查的逻辑下，乡镇依托综治中心和政法干线工作人员，设置了定期排查机制，分村分片，每月整理一次台账，民调主任每月定期召开例会，上报矛盾纠纷的排查情况和调解进度。在事后调解的逻辑下，乡镇层面实

---

* 调研时间：2021 年 5 月；2022 年 8 月。

** 丁悦，写作本文时曾为中国人民大学社会与人口学院社会学专业 2018 级本科生，现为中国人民大学社会与人口学院社会学专业 2022 级硕士研究生。

现了调解渠道的上通下达，从村委会下设的人民调解委员会，到乡镇人民调解中心、乡镇法庭与司法所，再到定州市的法院与司法局，调解的基层网络系统为人民调解提供了组织框架。

从矛盾纠纷产生的过程来看，在理想状态下，乡镇的"提前介入"可以从源头上达到大事化小、小事化了的效果，而事后调解则是在矛盾纠纷复杂化、扩大化后的回应型措施。而在与乡镇干部的交流中，事前排查中实际上就包含了问题发现和前期调解这两个环节，调解工作贯穿在矛盾纠纷的整个过程。不同的是，在事后调解中，调解的参与主体和实现方式更具有多元性和多层性，可能会涉及村、镇、县三级的矛盾纠纷调处化解的相关组织。

从矛盾纠纷化解的实效性来看，对于涉事主体较少、案情较为简单的矛盾纠纷，在多元、多层的矛调体系下实施事后调解是解决问题的有效方式。而对于"民转刑"案件来说，除了事后调解外，在事前加强矛盾排查有助于减少未来类似案件的发生。也正如乡镇干部提到的，有些矛盾会脱离调解体系，转而成为信访问题。

二 "多元调解＋速裁"："诉源治理"的法院逻辑

法官员额制改革的本意是追求司法审判中人力资源的最大化利用，实现法官的正规化、专业化、职业化。法官员额制改革使得定州法院现有参与审判的法官人数骤减，现在参与案件审理的员额法官较之改革前减少了近一半。加之随着宏观经济影响下的土地改革、房屋拆迁与房地产市场的持续低迷，导致合同纠纷、民间借贷等相关案件随之增多。"一增一减"加剧原有司法审判系统的不平衡，出现法官"疲于奔命"却依旧"供不应求"的局面。"案多人少"导致每位员额法官需要处理的案件数量每年就在 400～500 件。在绝对的案件处理数量面前，案件处理的精细化程度不可避免地存在不完美、不严谨的地方。此外，在数字化办公、政务系统的数字化转型下，案件管理的流程与手续进一步增加，较之原来的写一份案卷，现在同一个案件需要被整理、录入不同的数字系统，这也成为法官们工作量与负担的来源之一。

在上述情况下，民事速裁程序的适用将案件"化繁为简"。在法院的案件处理前端，对于案件结构、权利义务关系简单的案件，法院一般采取

"多元调解＋速裁"的案件处理模式。

在定州法院，诉前调解中心成为进入法院案件的"必经流程"，诉前调解由"自愿"变"强制"，"案件必须走一遍诉前调解"。实际上，法官们也承认，很多案件并不适合调解，即使进入诉前调解流程，很大程度上也只是一种"空转"，通过"冀时调"系统，30天后又重新回到法院系统。调解结果难以期待，而时间成本则从案件进入系统那刻起，就成为必须付出的沉没成本。在这一点上，法官们的做法似乎让人感觉非常矛盾，但也有合理之处。就案件的动态变化较之机构改革的实效性来说，更具有不可预测性和及时性。两者的不协调促使法院在实际办案中采取灵活的应对策略，将简单案件提交诉前调解是一种案件分流与延后调解的措施，可降低案收比，控制结案率。但是，案件的延后办理是否会加剧当事人之间矛盾纠纷的升级，流程"空转"最后的意义是否只是系统中的几个数字，有待进一步的检验。但是，律师在与法院的博弈中也展现出他们行动中的策略。例如，针对需要保全的案件，律师会采取申请诉中财产保全的方式，一般就能达到快速立案的目的，而跳过诉前调解的流程。

对于诉前调解未能解决的案件，进入立案流程的案件再一次进入案件分流，简单案件则会提交速裁庭进行快速裁决审理。速裁庭作为履行法院审判职能的一环，在案件的速裁中原则上是以快速审判为主，但是根据速裁庭法官的介绍，有时候速裁也带有调解的性质，"可能在法院门口就拉着当事人把案件调解/速裁了"。在以法院为主导的大调解体系下，基层调解机制与组织受制于案件的专业性与复杂性，很大程度上难以发挥以往的有效作用，调解能力不足，案件逐级向上堆积，最后到达最后一道防线的法院。由于现代通信技术和信息网络的发展，案件从源头发生到成为法院的一纸文书的时间和空间被压缩，感受上法院似乎成了处理案件的第一道防线。因此，定州法院在一定程度上担负着调解与审判的双重职能，尤其体现在速裁庭的日常实践中。据法官介绍，司法系统内部在促进"诉调对接"和"诉源治理"的过程中进行了机构改革和人事调整。在机构改革上，在法院调解中吸纳工会、老兵、婚协、律师、企业商会、工商联等力量。此外，16个行业性专业调委会也为诉前调解提供了专业知识和调解资源。在人事调整上，现法院诉前调解中心主任是原司法局工作人员，在业务与工作机制上对两边更为熟悉，更有利于开展法院的调解工作。

三 产业发展与乡村振兴的定州实践

在定州的产业中，农业占比较大。在乡村振兴战略的实施过程中，国家提倡通过产业帮扶实现巩固拓展脱贫攻坚成果同乡村振兴有效衔接。[①]本次调研中，我们赴德胜农林公司、孔园、黄家酒庄、中仓集团以及三十里铺村等农村产业发展的示范点，从经验层面了解了乡村振兴中产业发展的多维取向。走访的产业主要可以分为乡村旅游相关和农业产业相关两大类。

在乡村旅游方面，当地发展结合了自身特色与产业优势，但大多处于建设阶段，在客户回报率上显示出优势与不足。在调研过程中，我也看到了业务负责人对未来游客群体挖掘的一些尝试，如"心连心·城乡牵手定州行"，以及对于相关景点之间的路线规划等。

在农业相关产业方面，存在育种、乡村法治、综合治理、乡村金融及风险等相互交错的发展机遇与挑战。农业企业在现代农业与高效农业（生态农业转型＋高品质农业＋找准市场）的推动下，发生了从农业经营企业向农业服务型企业转变的过程。在与德胜农林公司和中仓集团的负责人座谈的过程中，我了解到，两者都转型为服务型的农业企业，从事大规模的农业生产经营，与高校之间均存在一定合作，重视农业技术的开发与创新，而两者的发展现状与未来面向存在一定差异。一方立足于多元的发展路径，在农业产业发展的基础上注重民宿、农家乐、采摘园等旅游资源的开发与直播平台等新媒体等新技术的运用，融合线上媒介与线下体验，将农业与服务业相结合，探索自主发展的道路。另一方则是在农业领域拓宽深入，纵向上，开拓国际市场、扩大销售规模、推广农业新技术，为企业提质增效；横向上，与农业科技部门、高校组织开展合作，在农业技术创新领域进行研究。与此同时，在农业机械、企业服务领域拓宽有效服务范围，形成以农业产业为主的产业链条。可以看到，后者在盈利能力上较前者更具有优势，在发展过程中与政府之间的联系更为密切。

晏阳初先生在主持定县实验时曾说："调查的目的，既是为了解事实，

---

① 《中共中央 国务院关于全面推进乡村振兴加快农业农村现代化的意见》，2021 年 5 月 1日，http：//www.gov.cn/xinwen/2021－02/21/content_5588098.htm。

但事实的了解不是工作的终了，而是工作的开始，所以调查工作不是为调查而调查，必须要着眼于社会的实际的改造。要根据建设的需要，调查事实。"（晏阳初，2019/1933）田野调查的经历相较于象牙塔中的理论学习，为我提供了更多生动的经验补充。深触大地的命脉，方能感知时代的脉搏，在这次与定县乡土的对话中，收获的是真实、信仰和力量！

参考文献

晏阳初，2019/1933，《〈定县社会调查概况〉序》第 2 页，载洪大用、黄家亮组编《李景汉文集》（第二卷），中国人民大学出版社。

田野调查的艰辛与冷暖[*]

吴　奔^{**}

在这几天的定州调查之旅中，我学到了很多，不仅对农村社会有了更深的了解，也对社会调查乃至社会学这一学科本身有了更多的体悟。

作为一个来自南方的"土生土长"的城市人，我对于中国农村其实是缺乏了解的，更不用提北方的农村了。因此对我而言，这几天的调查也是一个开阔视野、增长见识的学习过程。几天下来，无论是对村子内部的地理分布，还是对村民们的基本生活状况，我都有了大致的了解。就我看到的而言，农村的状况远比我预想的要好，当然，也可能是我们调查的村子普遍比较发达的缘故。不少村民已经住上了现代化的楼房，和大部分城里人住的相差无几，却享受着更加洁净的空气和水源；杂货店、卫生站等基本设施一应俱全，部分发达村子里甚至还有美容院；电视、电脑、智能手机和网络，也不再是稀罕之物。这些都反映出农村经济的良好发展以及农民收入的普遍提高。这离不开国家的一系列扶持政策和体制改革，也离不开农村人民的勤劳和智慧。

当然，村子里也存在着很多问题。首先，农民收入的快速提高很大程度上来源于青壮年外出务工，但大量人口的外流也导致了农村的空心化，带来空巢老人、留守儿童等一系列问题，我们调查时接触的大部分都是老人、妇女。

经过多日的调查，我对农村社会的某些特征有了更深的感悟。我们的调查主题是"法律与农民生活"，问卷中涉及许多与法律相关的问题。当我们真正用法律相关的问题去询问村民时，他们却表现出对法律和诉讼的漠视。村子里并不是没有矛盾纠纷，但他们极少依赖法律解决，而是更愿

---

* 调研时间：2019 年 8 月。

** 吴奔，写作本文时为中国人民大学社会与人口学院社会学专业 2016 级本科生，现为 2021 级清华大学法学院法律（非法学）专业硕士研究生。

意忍让、协商和找人调解，在农村，这些方式足以解决大部分的问题了。打官司虽然在现代化城市居民眼中稀松平常，却从来不是乡土社会中的重要选项。正如费老所言，乡土社会是一个"无讼"的、由长老维持秩序的社会，大部分矛盾纠纷都可以在传统的伦理框架中得到解决，而法律这一高度现代化和理性化的社会控制方式可能并不适合乡土中国的实际。当然，"无讼"也不是绝对的。我也遇到了与邻居发生矛盾因村里无法解决而打算诉讼的村民。总体而言，和置身于复杂城市生活中的居民相比，村民们的法律意识（包括对法律的了解、诉诸法律解决问题的主动性等）都更加淡薄。当然，村民法律意识的淡薄，绝不等同于某种落后或者无知——诉诸法律不意味着先进、高效、公平和正义，在很多时候，协商、调解等非诉讼方式可能更加有效和服众。

除此之外，我们在讨论中，还发现了问卷调查中的另一个问题：村民们对于问题的回答，其实是不够确定、准确和清晰的。比方说，他们可能不想回答我们的问题，于是便用"差不多""非常好"等随口敷衍了事。再如，他们很认真地倾听了我们的问题，但由于自己确实未曾经历过（如诉讼）或对问题理解有误，而给出了似是而非、不置可否的回答。有的村民们的回答也完全超出了问卷上的答案范围。因此，村民们的回答是否和他们心里所想的以及他们的实际情况完全一致，是值得怀疑的。社会调查的困难之一在于：社会调查本身也是社会过程的一部分，受到社会的制约，又对社会本身产生影响，这一点在问卷调查中体现得淋漓尽致。例如，受访者对于一个个问题的回答，本身就是在特定情境下、多方互动的综合产物：受访者对于我们身份和来意的判断与理解、我们提问时的语言语气等、回答当时是否有其他人（如村干部）在场、受访者对于问题的理解、问卷对于答案的设置，都会在很大程度上影响受访者对问题的最终回答。在我们对受访者的调查中，最终能体现在问卷上的，仅仅是一个简单粗暴的选择后的答案。可以预见，它将被录入、处理，在数据分析中成为某个更大数据的一部分。但受访者究竟是如何做出这一选择的，其中的复杂过程只有当时情景中的互动双方才能略有体会。于是自然而然地便产生了一个问题：一个经过如此复杂互动后的回答，能在多大程度及哪种意义上被视为"社会事实"的一部分？它能代表（哪怕只是部分的）真相吗？这样看来，无论是问卷的效度和信度，都会由于问卷这一形式本身的限制而始终有缺陷。

　　在几天的实习中，我深深感受到了社会调查的不易：为完成一份接近二十页的问卷，我们需充分调动自身的智慧和勇气，并付出大量的时间、精力和耐心。整个过程中，身体上的疲惫是一方面，但精神上的疲惫远大于肉体上的：困难不在于路途劳顿，而在于受访者的质疑、迷茫和不耐烦；受访者的态度和情绪很大程度上也会影响我们，而健康饱满、积极乐观的情绪对于作为调查员的我们而言又是必不可少的。经过一天的劳累，我更深刻地体会到那些数据的质量和温度，它们不只是一个冰冷的数字，而是无数调查员夜以继日的付出。

　　另外，我也感受到了人们的温暖：村委会的向导大姐不辞辛苦，顶着烈日，骑着自己的电动三轮车带着我们前往全村各个角落进行调查；我的一个调查对象在调查结束后给了我一个漂亮的苹果，并将我的水壶重新装满了凉白开；村民们积极给我们指路；老乡在收到我们的小礼物后热情地装了一袋新鲜花生送给我们；大部分村民都能积极配合我们的调查，乐于回答一个又一个的问题。出乎预料地，我没有吃过一次闭门羹。这也反映出农村民风的淳朴：若我们在城市开展调查，有时在入户时就会遇到巨大的困难。因此，村民们的帮助让我十分感动，也让我感到了社会调查的不易：若没有当地这些热心人的帮助，人生地不熟的我们必将陷入巨大的困难，遑论良好的调查体验了。当然，我也听说有的同学由于向导工作不力而屡屡碰壁，这充分说明在社会调查中，调查者非常需要当地人的帮助和指引，以迈出进入社区的第一步；如果仅凭一己之力，调查者可能难以获得他人信任并融入当地群体，就如同被抛入大海里的沙子一样无能为力。

　　在参观晏阳初纪念馆时，我深深地为晏阳初先生的奉献精神和高瞻远瞩所打动。晏阳初先生学成回国后，大力推广"平民教育"，旨在提高国民的基本素质，改变人们消沉颓靡的精神面貌。为此，他主持开展了一系列社会实验并积极投身其中，对中国的教育发展产生了深远影响。有人可能会认为晏阳初先生不像一个典型的社会学家：没有提出复杂高深的社会理论。但他扎根于中国的社会实际，踏踏实实地为社会做出贡献，这难道不值得我们尊敬吗？擅长长篇大论的理论家不在少数，但能真正俯下身子、亲近社会的实干家实属凤毛麟角。晏阳初先生的经历，既体现了社会学这一产生于西方的学科在中国的本土化历程，也展现了社会学人应有的情怀和胸襟。

　　无论怎样，我非常感激所有在本次调查中为我们提供帮助的善良的人

们：辛勤付出的老师和师兄师姐们、同舟共济的同学们以及定州的村民们。我能在这短短的八天时间内略有所获，全仰赖各位。经过这次实习，我也对社会学的使命和情怀有了更深的理解，我相信无论今后大家是否从事相关工作，这些见闻与感悟也会伴随着我们一直走下去。

参考文献

费孝通，2019，《乡土中国》，上海人民出版社。

田野调查的技艺[*]

孙一鸣^{**}

京畿南向四百里，便是我们社会学系师生调研的目的地定州。此次在定州实习调研的一个多星期里，我们领略了定州市博大精深的历史文化，追寻了晏阳初先生当年平民教育的足迹，更在乡村的入户调研中对社会调查有了更加全面的认知，增强了自身社会调查的技能，学会了反思社会调查中可能会出现的问题，提升了社会学的专业素养。

一 人地矛盾

通过在东亭镇一个多星期的入户调查，我们对当地农村社会的基本情况和村民们的生活有了更深的了解。首先，总体上，感觉当地农村并没有太多矛盾纠纷，即使有矛盾纠纷，也是倾向于通过协商、村内调解等途径解决，而抵触通过诉讼、上访等经过"公家"的途径解决。在这里，上访、诉讼等通过国家机关来解决问题的途径似乎有着一种污名化的现象，如果村民通过这些途径解决问题，往往会对自身的名声有着不好的影响。

虽说农村矛盾纠纷不太多，但有一种矛盾是村民反映较多，并且触及村民们底线的，那就是农村的人地矛盾。在此次调研之前，我对农村人地矛盾的理解是很浅薄的，只是单纯地认为农村的人地矛盾可能主要是谁家占了别家的地，因此而引发的矛盾纠纷。但实际并非如此简单，其背后有着更深层次的政策的因素。本地在 1996 年之前是每三年调整一下土地，即以这三年人口的增减为根据进行调整。但是由于后来政策强调农村土地三十年不变，因此 1996 年以后，直到现在，当地的土地都没有再调整过。这

---

* 调研时间：2019 年 8 月。

** 孙一鸣，写作本文时为中国人民大学社会与人口学院社会学专业 2016 级本科生，现就职于中国金融期货交易所。

种情况就带来了人地矛盾，即这二十多年，有些家庭爷爷奶奶去世，父母去世，第三代享受了以上已经去世的两代人的土地利益；而有的家庭可能在最后一次土地调整中获得的土地较少，而后来家庭开枝散叶，也没有土地的增加，也就是说"生不增，死不减"。这是农村人地矛盾的主要原因和表现。也许我们需要适当地对土地做出有效的调整。

二 田野调查中"引路人"的角色

在我们进入田野，正式开展调研的时候，"引路人"是十分关键的。我们问卷完成的顺利与否很大程度上受到引路人的影响。而关于田野中引路人的角色，似乎天然地存在一种矛盾。一方面，我们为了更方便地获得真实的信息，需要这么一个引路人，不然我们可能连田野都进不去；另一方面，引路人的存在可能会影响到被访者的回答，比如如果引路人是一个村干部，那就可能会导致被访者在某些问题上的回答缺乏客观性，因为他们可能会出于自我保护而本能地虚构部分问题的答案。在本次实践中，这种矛盾的解决我们是通过以下的途径进行的：一是选择那些和村民们地位身份差不多的人，这样可能会减轻村民们的心理压力；二是尽可能通过交流减轻被访者的警惕性。比如可以通过唠家常的方式，并且尽量使用他们本地的语言，这样可以拉近双方之间的距离，获得更多的信息。但这种交流的艺术我感觉自己目前明显掌握不够，需要在今后的实地调研中不断地磨砺。

三 定量研究是一项系统性的工程

在本次调研中，我感受最深的还是自己在深入实地调研过程中，要对社会调查有了一个更加全面的认识。我越发明白做定量研究是一个系统性的工程。对于定量研究来说，我个人感觉最重要的就是数据，数据方面出现错误会影响整个研究的科学性。而像我们这样通过问卷调查收集数据是定量研究中非常重要的一环。因而问卷的设计就显得尤为重要，对于问卷设计，我充分认识到要做好一份问卷设计是十分困难的。

个人感觉问卷设计总体上要分两个阶段，第一个是设计阶段，此时要围绕自己想要收集的信息，并且要时刻注意不要犯一些基本的错误，比如表意不明、问题重复、选项冗杂或缺乏、逻辑矛盾等；第二个阶段我认为是将初步设计好的问卷进行一个预调研。此前，关于问卷设计，我并没有意识到第二个阶段的重要性，但通过此次实地调研，我感觉很多在第一阶段无法意识到的问题都在实地调研中暴露出来了，这些问题可能会对信息的收集造成很大的障碍，甚至影响社会调查的科学性，比如 Kish 表抽样中出现的顺延问题等。此外，在我们进行问卷设计的时候，应该对被访者有一个基本的预设和"画像"，对访员的技能有一个预估，并据此及时调整我们的问卷设计。比如说，我们这次调查的很多村民，他们中间受过高中教育的属少数，大多数都是初中或以下学历，他们都不知道法律公证、法律援助、上访、信访工作等说法，那我们在问卷设计的时候就尽可能地少用书面化或者学术化的语言，尽可能地想一些他们能够理解的语言和例子，这样收集到的数据可能会更好一些。而假如说我们的调查对象是大学生群体，那我们问卷设计的语言即使很书面化，他们也大都能理解。

定量研究是一个系统性的工程，其中一些环节的失误可能会对数据的科学性产生很大的影响。从访员的角度来说，我们在询问被访者的过程中，很容易就会对他们的回答产生某种引导性。比如说，本次问卷中很多问题村民们都不太清楚，我们就需要举例子，或者我们需要建构出一种场景，就像讲故事一样。那在这种情况下，我们选择举什么样的例子，构建什么样的场景，就会对他们的回答产生重要的影响。而这种举例和构建场景，本身就存在着一种"选择性"，这种选择在一定程度上可能反映了我们的价值取向，或者在无意中导致了某种结果，这就会影响被访者的回答，影响我们获取的信息的准确性和客观性。

四　社会调查的"前台"与"后台"

每个访员对于部分问题的解释可能不同，会带有很强的主观性和引导性，这就可能导致我们所收集的数据带有一定的偏差；另外，从被访者的角度来说，我们能感受到村民们会觉得部分问题在政治上有些"敏感"。他们可能认为我们是政府派下来做调研的，从而不敢表达真实的想法，或者他们理解能力有限等，都可能会导致他们对某些问题的回答并不符合其实际情况，从而可能会导致数据出现偏差。而此时，访员的作用就凸显出来了。按照戈夫曼的拟剧理论，我们在访问的过程中，访员和被访者都是在表演，这是一个"前台"，而我们在很多时候是想要得到被访者的"后台"情况，了解他们自身的真实想法。访员并不是一个只会照着稿子念的问卷机器，而是要尽可能地通过技巧挖掘出背后的真实信息。我们作为访员要找清楚自己的定位，在实地调研中不断地反思如何获得准确、客观的信息，在之后的社会调查中精进自身的访谈技能，积累经验。

另外，此次调研也让我充分认识到，在之后的定量研究中，对待数据，一方面，要心怀感恩，知道数据来之不易；另一方面，要批判性地看待数据，察觉其中可能存在的问题，通过研究者个人的数据筛选和清洗，提高原始数据的科学性和可利用性。同时，自己要加强在统计方面的学习，要通过统计技术减少数据的随机性误差。

同时，在此次调研的过程中，我也对定性研究和定量研究各自的优缺点有了更清晰的认识。定量研究的优点在于其能够宏观地考察整个社会的状况和变迁，而缺点在于不太好了解问题内在的运行机制；而定性研究则弥补了定量研究的这一不足。以农村社会中突出的人地矛盾为例，通过单纯的定量研究，可能很难深入地了解农村人地矛盾问题，而通过访谈的定性方式就能够使我们更清晰地了解这种问题背后的运行机制和政策性因素。因此，我觉得在学术研究中，只有定性和定量相互补充，才能帮助我们更好地认识社会。

虽然在此次定州实习中，我们经常感到非常疲惫。但实习归来后回首这段经历，它的确磨炼了我们的耐心，提高了我们的社会学专业技能，帮助我们更好地认识了中国农村社会和社会调查的过程，我们在这段经历中也收获了宝贵的友谊。无论我们今后是否继续学习社会学，这种经历都会化作养分，促进我们今后的成长。

用双脚丈量真实的农村[*]

王　源[**]

选择了社会学的我不断地被告知，应该走向社会、走向实践。前有
"千人百村"项目让我们体验不一样的中国，体验农村；后有各类"大创"
"小创"等创新训练项目让我们在实践中操作和演练自己掌握的方法。而
这次定州调研，则体现了严谨方法导向下的实践精神，让我收获颇丰。

有一个问题时常会困扰我：学习社会学之后，对我们看到的事物，我
们应该采取何种态度？有人说，我们与平常人看问题的方式应该不同，我
们应该站在更宏观的角度上看问题；有人说，我们看问题不能脱离实际，
要通过个体的视角去反映问题。这次调研过后，当我真正以一个"社会学
学生"的身份，而不是以一个"大学生"的身份去接触农村时，我体会到
这两者其实各有所长，也代表着两种争论已久的方法论。但无论如何，二
者皆有一共同准则——真实。

首先，环境是否友好会影响到我们获得资料的途径。我们去的几个村
因为有老师提前与镇上沟通和接洽过，环境就好很多。有的村干部很热情
很上心，对我们的问题都给出了比较详细的回答，遇到自己不清楚的数据
还现场计算。但有的地方调研就很难顺利进行下去，存在不配合的情况。

其次，我们的技巧与方法会影响我们获取资料的真实程度。这一点体
现在从问卷设计到调查的全过程。其一，问卷编的科学不科学、问题设计
得合理不合理，影响到我们能不能以最合适的方式获得答案。其二，我们
有没有掌握户内抽样等方法，能不能将问卷上要收集的信息以巧妙的方式
较为准确的收集到，有没有"谈话"的能力，能否尽量避免主观影响等，
这些都会影响资料的准确性。如果我们的某一方面的问题（比如不会进行

---

*　调研时间：2017 年 1 月。

**　王源，写作本文时为中国人民大学社会与人口学院社会学专业 2017 级硕士研究生，现就
　　职于北京市西城区委组织部。

户内抽样、对某些问题表达不准确）较为突出，则可能会为答案准确性带来一定偏离。其三，环境一定程度上是可以被人为改变的，我们在几天的调研中，也逐渐学会了如何与村委会、与村民沟通，用什么样的方式让他们能接受我们说的话，用何种方式解释我们为什么要来，做这个对他们有什么用。如果他们不能明白我们是需要客观地收集他们的想法，并且不会造成他们任何负面影响，则他们提供答案的真实性就会受影响。

最后，有一种科学严谨的精神是做好一件事情的根本所在。这是这次调研教给我最重要的道理。来到农村就是要尽量发现事实、了解事实，这样才能够进一步分析事实。诸多因素影响我们发现事实，但是最重要的还是我们有没有一颗追求事实的心。我觉得，在整个调研过程中我们面临了很多考验，这些考验让我成长很多。

第一个考验是，我能否保持诚实。问卷都很长，连续五天问同一份问卷，有的时候真的是无比想自己去填，因为这样快、轻松。最累的是调查第三个村的时候，有的人家做到一半不想做了，这时真的想回去自己填，但最后还是坚持求情，坚持再坚持，哪怕改个时间再来一趟。有些数字，怎么问，受访者都说不出来，写上不清楚不好看，有时候真的十分想替他编上一个数字，但后来都是乖乖地写上"不知道"。即使这样问卷看起来会很难看，但这样做，就是诚实。

第二个考验是，我能否保持严谨。这一点体现在我是否要追求以达到问卷沟通最理想的状态，愿不愿意向被访者重新说明我们调研的目的，而不是让他们听村干部几句简短的"你有啥说啥，没关系"。当村干部一次次地把我介绍成"上面下来视察民情"的人时，我要不要重新与村民解释？当他们不相信我们的时候，是花时间沟通清楚，还是继续做问卷？这考验的不仅仅是我的沟通能力，更是我的严谨程度。宁可重新解释，也不要掺水的答案。我不断倔强而坚定地重复这几段话。

我是北京来的大学生，是中国人民大学的。这次来咱们村搞一个关于农民就业和生产生活的小调研，就是关于咱们农民的衣食住行。之所以到您家呢，也不是就非要到您家，我们一开始也不知道，是因为每户有一个号，我们摇骰子，出来的号正好是您家。您不用担心，我们的问题都很简单，您就根据您的想法答。您要是觉得有个问题不合适，您就告诉我，我们就不答这个问题了，总之一切按照您说的来。

　　我们这个东西完全保密，记录您家里的信息主要目的，是我们上面的老师要查我们，要是有名字呢就是真的，没名字肯定是假的，对不对？有电话那更不可能是假的。您说的这些，第一不会跟村里见面，第二不会跟专家见面，只会跟监督的老师见面，他们查我们。查完之后，这一页相当于就撕掉了，您放心答！也顺便让您帮个忙，如果有打电话或者来问的，就说我入户做调查了！

这些话看似无用，并不影响我"完成"问卷。但我感觉，严谨是一种态度。哪怕这些话没有用，或者仅仅有一点点用，哪怕仅仅能将真相向前推动百分之一，我也要义无反顾地去做。

　　第三个考验是，我能否客观。我们对于农村的想象一定程度上会左右我们的判断。尤其是我这种从小就对农村接触非常多的人，更容易过于依赖自己的主观判断，而忽视了被访者的客观情况。当问出的事实与我们的判断不相符的时候，是尊重事实，还是进行主观判断？这是一个非常难以回答的问题。但是，无论是用哪种方法，我的目的都应该是尽可能准确地反映事实。如果是为了省事，为了方便，那这就是错误的。调动我的主观能动性，去追问、去提取信息、去判断，去伪存真，这才是我应该做的。

　　"读万卷书不如行万里路。"这句话隐含着古老的智慧：读万卷书之后的所想所思，要在万里路中、在社会中去实践和再思考。北京到定州的路程很近，高铁只需要约一小时。但是，我到定县的路又走了很长，因为它是我从学校的书本中走出来，走到社会的广阔田野中去的道路，是我走向"知行合一"的道路。

第四篇

专题报告

地方戏曲的保护与发展

——基于定州（定县）秧歌的调查研究[*]

团队成员：孙　莹　姜如璋　曾倩倩　冯文昊　黄恩陆[**]

指导老师：黄家亮

摘　要：定州秧歌是著名的国家级非物质文化遗产之一，在20世纪二三十年代的定县实验中，曾作为四大教育之一——文艺教育的重要手段而广受国内外各界的关注。李景汉、甘博、张世文等社会学家，也花费了巨大的精力收集整理了定县秧歌文本。本研究全面梳理定州秧歌发展的历史脉络，详细调查当前定州秧歌的剧目、剧团、艺人、演出等方面的现状。基于文化菱形的视角，本研究发现，近年来由于单位保障缺失、受众群体老年化和艺术特点限制等外在因素及剧团管理等内在因素的影响，定州秧歌在文化传承上面临着困境。针对这些问题，本研究提出了由市政府牵头成立"定州市秧歌剧团"、提高资金利用效率等对策建议。

关键词：定州秧歌　地方戏曲　文化菱形　文化传承

一　前言

（一）研究背景

2018年初发布的"中央一号文件"明确提出实施乡村振兴战略，并且

---

* 调研时间：2018年5月~2019年5月。

** 孙莹，写作本文时为中国人民大学社会与人口学院2016级社会学专业本科生，现为复旦大学法学院2020级法律（非法学）专业研究生；姜如璋，写作本文时为中国人民大学社会与人口学院2016级社会学专业本科生，现为2020级人类学专业硕士研究生；曾倩倩，写作本文时为中国人民大学社会与人口学院2016级社会学专业本科生，现为信息资源管理学院2021级图书馆学硕士研究生；冯文昊，写作本文时为中国人民大学社会与人口学院2016级社会学专业本科生，后为2020级社会学专业硕士研究生，现为福州市2022届引进生，目前在福州市连江县东岱镇挂职锻炼；黄恩陆，写作本文时为中国人民大学社会与人口学院2016级社会学专业本科生，现已从哥伦比亚大学硕士毕业，在美国从事数据科学相关工作。

首次将"繁荣兴盛农村文化，焕发乡风文明新气象"作为一个单独部分列出，乡村文化建设日益受到重视。文件明确提到了要传承发展提升农村优秀传统文化，而传承发展农村地区优秀戏曲便是其中的重要方面。对地方戏曲的保护扶持也是国家和地方工作的重要一环。2017 年，全国地方戏曲剧种普查结果显示，截至 2015 年 8 月 31 日，全国共有地方戏曲剧种 348个。[①] 其中，定州秧歌历史悠久，独具地方特色，并在 2006 年入选第一批国家级非物质文化遗产名录。但在社会转型和文娱方式转变的大背景下，定州秧歌也呈现"衰弱"的趋势。

定州（定县）在中国社会学的历史上有着特殊的地位，定州秧歌也有着深厚的学术背景和历史渊源。晏阳初先生的定县实验，李景汉先生的《定县社会概况调查》，李景汉、张世文的《定县秧歌选》都是社会学前辈们留下的宝贵的学术遗产。以《定县秧歌选》为例，该书对秧歌进行了整理和分类，并论述了其中蕴含的"农民文学"的特质和价值，提出了极有价值的建议，也正是这本著作的出版才使定州秧歌被外界所熟知，进入学术界的视野。20 世纪末，国内外学者沿着李景汉先生的足迹，重新挖掘定州秧歌的文化内涵，形成了一些研究成果，其中以美国学者欧达伟（R. David Arkush）的研究最为著名。

（二）研究意义

首先，本研究对定州秧歌的调查，追随社会学前辈们的研究步伐，在与丰富的史料进行比较的基础上，结合对现实情况的思考，无论是对前人研究的具体成果，还是对中国社会学定县（州）研究这一传统，都是某种程度上的延续、继承和发展。

其次，本研究不仅仅是对于现状的简单描述，更是以现状为事实资料，以秧歌的保护传承为聚焦，以艺术社会学、文化社会学等专业视角为工具的深入分析。本研究形成了一套完整的现状—原因—对策的逻辑，为定州秧歌的保护建言献策。

最后，虽然不同的非物质文化遗产有自己独特的背景和生存环境，但由于定州秧歌是较为典型的华北地区的地方剧种，研究中提供的研究思

---

① 《文化部发布全国地方戏曲剧种普查成果》，2017 – 12 – 27，http：//www. gov. cn/xinwen/ 2017 –12/27/content_5250751. html。

路，即原因分析和对策的提出及背后的理论支撑依然有着可推广和可借鉴的意义，能够促进其他类似地方戏曲的传承和保护工作。

二 文献综述

(一) 定州秧歌的历史脉络

根据地方志和相关史书记载，定州秧歌的源头可以追溯到苏东坡。苏东坡被贬为定州知州时，见城北水资源丰富，故将水稻种植技术传带于此，又编歌谣供农民劳作时歌唱以缓解疲惫（李景汉、张世文，1933）。清末，因资金和规模的限制，在艺人们自发探索下，秧歌逐渐发展成为走街串巷、肩挑戏箱的小戏，虽然没有大戏那样盛大，但更受农民的欢迎。民国时期，演出班社大多以"秧歌会"的形式存在。秧歌会即一个村落为联络中心，召集几个相邻村落的秧歌艺人组织起来联合进行演出的秧歌班。虽然当时社会黑暗而动荡，但对于秧歌来说，迎来了发展的高潮期（焦卿，2011）。抗战时期，由于战争，演出困难，艺人们纷纷背井离乡，秧歌发展受到了严重冲击，直至抗战胜利，外出艺人还乡，定州秧歌才重新焕发了生机（张占元，2008）。

新中国成立后至1952年，秧歌戏班还是以私人形式存在，班主们主动承担起了戏班的支出以及对青年演员的培养任务。直至1952年，民办公助性质的定县秧歌剧团成立，秧歌才有了较为正式的组织。

20世纪50年代也成为定州秧歌历史上的第一个巅峰期，队伍发展壮大、伴奏乐器增加、演出范围扩大是这一时期的特点。但在1960年，由于国家精简机构的政策，每个县被要求只保留一个剧团，彼时定县决定保留梆子剧团，秧歌剧团成员被集体下放，因环境恶劣，许多艺人被迫离开秧歌剧团回家务农。1961年，定县县政府宣布秧歌剧团解散，但在老艺术家的坚持下，一年之后就得以恢复，到"文革"之前，秧歌剧团又重新焕发生机，这是定州秧歌发展史上的第二个巅峰期。

"文革"开始后，秧歌剧团受到冲击，1971年定县秧歌剧团二次解散，财产归梆子剧团所有。等到"文革"结束，原秧歌剧团的几位骨干又重新奔波于石家庄、定县、保定，以期重新恢复秧歌剧团。直到1978年，秧歌剧团再次恢复。但此次恢复后，秧歌剧团面临严重的人员流失问题，从此开始走下坡路。1988年，定县秧歌剧团被第三次也是彻底解散（张占元，2008）。

此后，艺人们或回乡务农，或外出打工，有的艺人坚守秧歌阵地，就回农村唱起了小班。定州市的南平古村、孟家庄、贾村、东汶村等地相继出现私人秧歌戏班，但演员多数未经专业训练，演出水平不一。私人戏班规模有限，大型演出常常需要不同戏班相互配合、搭班共同完成。直到2006年，定州秧歌入选第一批国家级非物质文化遗产名录，随后建立了一批民营剧团，定州秧歌才又有正式的演出单位。

（二）地方戏曲研究综述

1. 早期的地方戏曲研究

我国地域宽广，幅员辽阔，在历史上形成了众多具有地方特色的戏曲艺术。许多地方戏曲产生于劳动人民的日常生活中，是人们劳动生活的写照，是散落民间的艺术瑰宝，对人民的生活产生了深远持久的影响。地方戏曲，是为了区别于京剧这种具有全国性影响力的大剧种而提出的概念，主要用以指代具有鲜明地域特征和艺术表现力的剧种，其文化内涵、表演形式、唱腔特征等都具有浓厚的地方特色（段宝林、祁连休，1988）。对地方戏曲的研究，学术界认为可以追溯到20世纪初期，国学大师王国维编写《宋元戏曲史》，并在《东方杂志》上发表，他利用考据学方法研究戏曲，使戏曲得以成为一门新兴、独立的学科。戏剧的"文学性"研究引发了学术界关注（吴书荫，2000；陈平原，2010）。20世纪初期，学术界延续了原有的研究思路，刘世珩（1919）、吴梅（1907）等学者整理并出版戏剧作品集，包括《汇刻传剧》《暖香楼杂剧》等，延续了对戏曲的文本进行文学性研究的脉络，并探讨其社会功能。

20世纪五六十年代，对于地方戏曲的研究取得了较多研究成果。如哈华（1951）的《秧歌杂谈》从起源及发展、艺术风格、舞台表现手法等方面对解放区的秧歌改编内容进行了研究，体现了较为浓厚的时代特色。何为（1956）对地方黄梅戏曲目《打猪草》的改编进行研究，对传统地方戏曲与现代乐器相结合的表演形式进行了深刻的思考，并对传统戏曲的不当改编提出了担忧。

2. 改革开放以来的地方戏曲研究

20世纪80年代，关于地方戏曲的研究数量增多，研究内容也更加丰富。相较于早期的研究，这一时期的研究更多关注的是地方戏曲的溯源、表演艺术等方面，也更加注意地方戏曲改编与传播中遇到的问题。

流泽等学者对上海戏曲改革30年来的经验教训进行了总结，指出了文化领域坚持"百花齐放"方针和思想的重要性（流泽等，1979）。赖伯疆、黄雨青（1980）对粤剧的起源与发展脉络进行了相关探索；王肯、李文华（1980）对二人转到吉剧的演变过程进行了分析，总结了相关经验与教训；杨予野（1983）从艺术角度研究了梆子腔音乐的共性，发现其中涉及许多与社会学、人类学等相关领域的问题。另外，随着全球范围内经济、文化交流活动的增多，外来文化和流行文化对传统地方戏曲也产生了冲击。地方戏曲在当代中国的文化艺术领域的地位和影响力大不如前，呈现边缘化的趋势，传统戏曲从业者普遍表现出群体性"惶恐"心理（吴书荫，2000）。

21 世纪是中国地方戏曲研究的重要时期，学科视角更为多元。但仍然以戏剧电影与电影艺术、音乐舞蹈、新闻传媒、文学、历史文化等学科领域的研究为主流。

一方面，学术界对地方戏曲的起源与发展、文本内涵、艺术表现形式、文化背景等进行了更深入的研究，研究对象也转向更为小众的地方戏曲，例如"柳琴戏""川北打戏"等（童玉娇，2017；王晓霞、赵梓惠，2017）。随着研究的深入，学者跳出了传统的文本分析的框架，更多从人类学、历史学、民俗学等学科角度对地方戏曲进行研究，注重对研究对象的文化意义与民俗根源进行分析。

另一方面，学术界更加关注地方戏曲在传承中面临的问题，并提出保护和发展地方戏曲的建议。李首明（2007）对方言与地方戏曲传承之间的关系进行了研究，指出地方戏曲改革过程中，大范围把方言俚语改为普通话，不少剧目的演唱语音变成普通话发音，但是实际效果不尽如人意。朱清河、王文龙（2014）在研究地方戏曲的发展困境时发现，地方戏曲人才的培养模式和方法存在严重的问题，招收的学员文化素质较低，并且培养过程忽视学员的文化积累和艺术创作，从而制约了地方戏曲文本创作水平与表演艺术水平的提高。现有地方戏曲艺人的流失和素质降低制约了地方戏曲现阶段及未来的发展。该研究主张发掘地方戏曲的消费点，利用互联网技术，推动地方戏曲进入课堂，促进地方戏曲健康发展。刘宏日（2006）对地方戏曲文化旅游资源的开发利用进行了研究，发现地方戏曲有很高的旅游开发价值，并提出了建设地方戏曲博物馆、制作剪纸等工艺作品和视频等影像作品的构想。

（三）文献述评

通过对已有文献的研究，笔者发现，当前对于定州秧歌的研究主要集

中于对历史脉络的梳理和对艺术特点的分析。对于生存现状、困境及其原因的分析，大都很笼统，缺少相应的实证性研究和结合当地特点的分析。大多数研究采用了艺术发展、传承保护的视角，但将视野仅仅局限于秧歌的艺术属性上。而运用社会学视角寻找相关理论解释、探究其现状的社会成因的研究则较为缺乏。对于部分原因的分析笼统而宏观，局限但不具体，所以所提政策的效果也会受到影响，可行性不强，无法"对症下药"。

三　研究设计

（一）研究方法

本研究主要关注定州秧歌的生存现状和传承情况，因而需要了解剧团与秧歌传承人的行为与态度，以及政府部门有关政策的落实情况，从而把握观众对秧歌演出的喜爱程度和观看感受。所以本研究以定性研究为主，辅以定量研究。

1. 定性研究

（1）深度访谈

深度访谈是非结构访谈的一种，主要用来系统地、深入地搜集非知觉或心理经验等有关人格和动机的资料。本研究的访谈对象分为两类——定州秧歌的传承人和现有秧歌剧团的团长（见图1）。

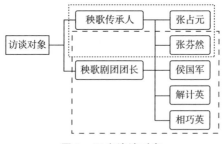

图1　深度访谈对象

通过对国家级传承人张占元和省级传承人张芬然的访谈，笔者详细了解了定州秧歌的历史变迁、生存现状和面临的深层问题；通过对定州秧歌剧团团长侯国军和解计英的访谈，笔者详细了解了剧团的数量、规模、运营管理和演出、经营现状；通过对以上访谈对象的深度访谈，并整理形成口述史，笔者把握了个体生命历程与秧歌的关联。此外，笔者还着重关注了访谈对象对秧歌面临困境、解决措施和未来发展的观点。

（2）座谈会

本研究在定州市文化广电新闻出版局（以下简称文广新局）的帮助下，联系定州秧歌传承人、剧团团长和政府文化部门人员（见图2），就秧歌生存现状和发展前景这一主题，开展了两次座谈会，深入了解政府目前相关政策，以及三方对秧歌传承和保护的看法与态度。

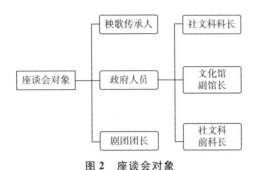

图 2　座谈会对象

（3）实地观察

本研究选取非参与观察法，以旁观者的角度，跟随秧歌班展开调查。于 2019 年清明节期间跟随兴定秧歌艺术团和曙光秧歌剧团，观看庙会演出，观察并记录庙会秧歌表演的流程、内容和形式，深入了解定州秧歌的艺术特点和文化内涵。

（4）文献研究

文献研究是根据一定的题目范围和目的，通过查阅、整理和分析现存的文献资料来获取所需信息的一种研究方式。在实地调研前，笔者了解了有关问题研究的历史和现状，形成了对研究对象的一般印象；在实地调研后，笔者结合相关理论深化了对相关问题的分析。

本研究通过整理和分析现有对定州秧歌的研究和地方戏曲的研究资料，并在调研过程中获取了张占元老师撰写的《定州秧歌史料》，学习相关的研究思路和方法，基本上了解了定州秧歌的历史脉络及现状，为实地调研和撰写研究报告奠定了深厚的资料基础。

2. 定量研究

（1）问卷设计

根据 KAP 问卷的设计原则，本问卷涵盖认知、态度和行为三个层面的信息以及调查对象的基本信息。认知层面主要从主观层面出发，了解调查

对象个人对秧歌的了解程度的评价；态度层面了解调查对象对秧歌本身、现状及其未来发展的态度；行为层面从不同场合下的观看频次来考察调查对象对秧歌的参与程度。最后，通过调查对象的性别、年龄等，了解调查对象的基本信息。

（2）问卷实施情况

本研究根据可行性原则，选取 X 村、T 村、S 村和 Z 小区作为问卷调查地点。选取调查地点民众为调查对象，在调查地点通过偶遇抽样的方式收集资料。X 村秧歌演出历史较为悠久，秧歌兴盛期有多位著名秧歌艺人出自该村；T 村为两位传承人所在的村子；在 S 村和 Z 小区调研时正好有秧歌庙会演出，因此，四个调查地点的调查对象了解和观看秧歌的可能性较大。定量资料的收集便于我们了解定州秧歌当下的市场环境和受众基础。

（二）研究技术路线

本研究的技术路线如图 3 所示。

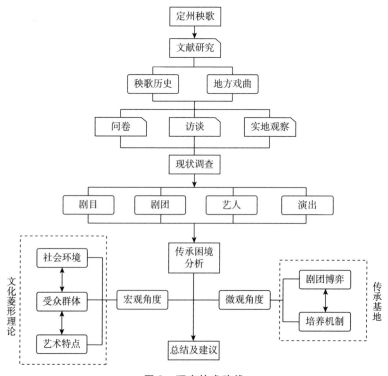

图 3　研究技术路线

四 定州秧歌现状调查与分析

（一）剧目的变迁与分类

在秧歌发展的一百多年历史中，剧目在不断地更新和变化：从最初的"两小戏"到定县秧歌剧团时期的大戏，再到民营剧团时期的大型舞台剧与小戏交相辉映。总的来说，定州秧歌剧目中的内容、时长和艺术风格受到载体、观众及时代的多重影响。

现代化浪潮的冲击使戏曲市场变得不景气（梁二云，2011），定州秧歌的传统剧目虽然有所没落，但由于新剧的出现，定州秧歌能演出的剧目并未显著减少。剧目的消失与诞生并非单纯取决于市场环境，作为定州地方戏曲，剧目的生存还会受到受众的审美趣味的影响。因此，研究定州秧歌剧目的历史变迁能够把握受众审美趣味的变化，从而为剧目的创作提供现实经验。

1. 剧目的历史变迁

定州秧歌是农民自发形成的地方剧种，起初为农民在插稻秧时所传唱，后来因为演出的专业化和正式化程度提升才逐渐登上舞台。定州秧歌本身具有乡土气息，演出以唱为主、念白为辅，内容大多反映农民家庭生活，呈现通俗易懂的艺术风格，随着时代发展，人们的生活方式和审美趣味不同以往，定州秧歌剧目也相应发生了变化。

总的来说，定州秧歌剧目在历史变迁的过程中呈现了三大变化。

第一，剧目题材丰富化，不单纯以农民生活为基础。近年来，一些其他剧种的剧目逐渐流入定州，如丝弦中的《杨二舍化缘》，河北梆子中的《倒庭门》《老少换妻》和评剧中的《安安送米》《小姑贤》。除了从其他剧种引入新剧目，定州秧歌还有内部的造血机制。近年来，定州秧歌新编了许多剧目，如歌颂教育家晏阳初的《晏阳初》、歌颂苏东坡的《小秧歌情》、反映诗中典故的《人面桃花》、政治题材的《青娥冤》。

第二，剧目表现形式多样化。相较于原先大戏的表现形式，现在定州秧歌既保留了传统的大戏，也结合了社会现实的秧歌小品和以现实素材为基础的现代戏。例如，新编的小戏《双插门》就是以小品为主要表演形式，中间加入秧歌唱词的秧歌小品。

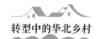

第三，剧目时长逐渐缩短。相较最初的三个小时左右的传统大戏，如今新编的秧歌以小戏为主，时长仅为一小时左右。

最早对定州秧歌传统剧目进行系统性收录和整理的是李景汉、张世文的《定县秧歌选》，其后也有艺术家和研究者对剧目进行修改与补充。本研究以表格的形式将文献与现在实际演出的剧目进行了比较（见表1）。

表 1　剧目比较

	《定县秧歌选》(1933) （48 个）	《定州秧歌史料》(2008) （18 个）	现在主要演出 (2019) （31 个）
夫妻关系类	《王明月休妻》 《高文举坐花》 《蒋士鳟休妻》 《耳环记》 《罗裙记》		《蒋士鳟休妻》
		《李香莲卖画》 《夜宿花亭》	《李香莲卖画》 《夜宿花亭》
婆媳关系类	《金牛寺》 《四劝》 《小姑贤》 《搬不到请客》	《小姑贤》	《四劝》 《小姑贤》
男女爱情类	《杨二舍化缘》 《打鸟》 《蓝桥会》 《双锁柜》 《借当》 《金砖记》 《小花园》 《杨福禄投亲》 《白草坡》 《刘秀走国》	《杨二舍化缘》 《双锁柜》 《跑沙滩》	《杨二舍化缘》 《双锁柜》 《跑沙滩》
		《兰桥会》	《兰桥会》

续表

《定县秧歌选》（1933） （48 个）		《定州秧歌史料》（2008） （18 个）	现在主要演出（2019） （31 个）
孝感类	《朱洪武放牛》		
	《安儿送米》	《安安送米》	《安安送米（打经堂）》
	《郭巨埋子》		
	《反堂》		
	《丁郎寻父》		
	《变驴》		
	《刘玉兰上庙》		《刘玉兰上庙》
	《龙宝寺降香》	《龙宝寺》	《黄氏女降香》
	《描金柜》	《描金柜》	《描金柜》
	《杀婿》		
	《倒庭门》		
	《佘太君观星》		
贞操类	《赵美容吊孝》		
	《双红大上坟》		
谐谑类	《锯缸》		
	《王小儿赶脚》		
	《武搭撒做活》		
	《顶砖》		
	《顶灯》		
	《杨文讨饭》		
	《王妈妈做媒》		
		《老少换妻》	《老少换妻》
杂类	《借鬓鬓》		
	《借女吊孝》	《借女吊孝》	《借女吊孝》
	《崔光瑞打柴》		《崔光瑞打柴》
	《薛金莲骂城》		
	《关王庙》		
	《坐楼杀媳》	《杀楼》	《宋江杀楼》

续表

《定县秧歌选》（1933）（48 个）		《定州秧歌史料》（2008）（18 个）	现在主要演出（2019）（31 个）
杂类	《庄周扇坟》《白蛇传》	《大劈棺》	《大劈棺》
		《三进士》	《三进士》
		《女状元》	《女状元》
		《闫家滩》	
		《看闺女》	
			《打鸟》
			《三拜花堂》
			《三子争父》
			《黄草坡》
			《卖妙郎》
			《张九成私访》
现代戏类			《晏阳初》
			《砸箱记》
			《黑虎岗》
秧歌小品类			《一封邀请书》
			《老陈家的喜事》

从表1来看，实际演出的剧目已大大减少，但减少的部分剧目并没有消失，而是因为没有合适的演员能够出演，只能以文字和光盘形式储存下来。笔者将这些剧目从舞台上消失的原因归为三个方面：符合剧本角色要求的演员紧缺、组织困难和经费有限。

符合剧本角色要求的演员紧缺是秧歌发展面临的重要问题，尽管秧歌演出所使用的乐器、布景和灯光越来越丰富，但是寻找一个符合剧本角色的演员却越来越难。正如文化馆副馆长所说："咱们有好剧本，但是要找一个四五十岁的男演员，一个也没有！"[①] 这制约了新秧歌剧目的演出。

组织困难体现在很少有人牵头排戏，现在秧歌演出以民营剧团为载

---

① 时间：2018 年 7 月 5 日；地点：定州市文广新局。

体，尽管有张占元等老艺人带领各个民营剧团的骨干排戏，但张占元年事已高、精力有限，无法兼顾每个秧歌剧目。除了张老师之外，缺乏其他的有组织能力和号召力的艺人。

经费有限指的是秧歌剧目的排演缺乏政府资金的支持。剧团收入绝大部分来源于商业性演出。为了生计，剧团的演员大部分时间都在奔波于演出，很少有时间集中排练剧目。

2. 剧目的分类

现在定州秧歌演出的剧目主要有 31 个，比较受欢迎的是传统大戏和家庭戏，这些演出剧目的分类如下。

第一，根据主题内容可分为男女爱情类、夫妻关系类、孝感类、贞操类、谐谑类和杂类（张占元，2008）。

第二，根据时长划分。一种是直接按时间长短，将秧歌分为半小时到一个小时的小型戏、一个小时到两个小时的中型戏和两个小时以上的大型戏。另一种是按照时长和情节安排两方面因素将秧歌分为帽儿戏、单边戏和连台戏。帽儿戏又名垫戏，一般在正式演出之前演出的戏，时长在半个小时左右；单边戏自始至终只有一个剧情，时长在两个半小时左右；连台戏和连续剧的性质一致，一般由 1~6 本戏组成，每本戏时长两个半小时左右。

（二）剧团概况

1. 基本情况

2006 年，定州秧歌被列为国家级非物质文化遗产名录。2007 年，在定州市政府的支持和倡导下，正规民营秧歌剧团开始筹办成立。2008 年，国军秧歌剧团在定州市东旺镇由时任定州市委书记亲自揭牌，宣布成立。定州市"四大班子"、各乡镇的书记、镇长等都参与了成立仪式，定州市的七家新闻媒体对此进行了报道。该剧团的成立受到了社会各界的广泛关注和支持，定州市发电厂捐款 3 万元、焦化厂捐款 3 万元、市财政拨款 4 万元，共筹集了 10 万元的启动资金。

正规民营秧歌剧团的成立与政府的重视和支持密切相关。张占元老师作为事件的重要参与者回忆道："当时的市委书记刘书记喜爱秧歌，也支持文艺工作，帮助自己出版书籍，也支持侯国军团长成立了艺术团。"① 而

---

① 时间：2019 年 3 月 30 日；地点：定州市张占元老师家中。

据侯国军团长本人回忆："当时在任的定州市委书记开完会没走，和我一起聊了一个多小时定州秧歌的事情，他表示支持我组建秧歌剧团。"①

自 2008 年起，经定州市文广新局批准、拥有营业执照的民营秧歌剧团共有 7 个，7 个剧团的负责人分别是侯国军、解计英、张芬然、张增星、郭根庆、吴资真、张玉红。民营秧歌剧团历经十年的发展，郭根庆、吴资真相继去世，张增星外出务工，三个剧团也名存实亡。现有仍活跃在演出舞台上的剧团只有国军秧歌剧团②、兴定秧歌艺术团③和曙光秧歌剧团④。但是，这三个剧团的现状也并不乐观，均面临秧歌演员年龄偏大、整体表演水平下降、盈利困难等问题。

现有民营秧歌剧团的规模大小不同，人员构成相似。大型的秧歌剧团有演职人员约 30 人，设备齐全，如兴定秧歌艺术团；小型的秧歌剧团演职人员不足 20 人，设备相对简陋，例如曙光秧歌剧团。剧团成员一般包括团长、秧歌演员、乐队师傅、导演（艺术指导）、箱官、伙夫、会计等。由于目前剧团的规模和盈利能力有限，箱官等后勤管理人员一般由团长及其家人兼任，伙夫只有在大型演出时才配备，导演（艺术指导）由剧团内艺术水平较高的演员兼任。

除了以上正规民营秧歌剧团以外，笔者走访了东亭村、辛兴村等村落，考察了私人秧歌小班的情况。随着秧歌艺人年龄增长，很多民间艺人相继去世，定州原有的以村落为单位的秧歌小班纷纷解散。

综上所述，民间以村为单位、供村民自娱自乐的秧歌戏班正在走向衰落和消亡。目前，定州市登记的正规民营秧歌剧团一共有七家，真正活跃在舞台上演出的秧歌剧团只有三家。民营秧歌剧团经过十年的发展，现状和前景不容乐观。一方面，正规的民营剧团相比原有的小型秧歌戏班，服装、道具等更加齐全，演出更加精美；另一方面，在定州秧歌演员人数有

①　时间：2019 年 3 月 30 日；地点：定州市侯国军家中。

②　国军秧歌剧团成立于 2008 年 2 月 2 日，是第一家民营秧歌剧团。团长是侯国军，现有演员 16 人，有独立的乐队，乐队有 10 余人。剧团服装、道具、影音设备等较为齐全，演出内容有定州秧歌、歌舞和河北梆子。

③　兴定秧歌艺术团成立于 2008 年 4 月 26 日，团长为解计英，现有演员 15 人左右，乐队人员 7 人，编剧 2 人，导演、音乐设计 3 人，其他事务人员 2 人。

④　曙光秧歌剧团的前身为郑彦哲和张芬然的戏班合并而成的定州秧歌团，后因剧团负责人张芬然年事渐高，精力不济，热爱定州秧歌的投资人张女士接手定州秧歌团，成为该剧团的法人代表，并更名为曙光秧歌剧团。张芬然作为定州秧歌的省级传承人继续留在曙光秧歌剧团，指导秧歌排演，兼做服装、道具等管理工作。现有演员 12 人，乐队人员 6 人。

限的情况下，多家民营剧团并立，不利于优秀演员的集中，也不利于物质资源的集中、统一调配。剧团作为定州秧歌的组织基础，其存亡深刻影响定州秧歌的兴衰。

2. 剧团的训练

训练是指演员被组织起来练习基本功或排练剧目。目前，所有民营秧歌剧团都没有日常训练。一方面，因为剧团里的演员参加演出时间较长、演出经验比较丰富，传统的剧目演员张口就能唱，并且同一个剧团的演员经常同台演出，相互配合也比较默契，因此不需要反复排练剧目。另一方面，剧团资金有限，没有专门的场地，并且演员除了演出以外还有农活、家务劳动，时间难以协调，因此，组织演员练习基本功、排练剧目并不具有可行性。

但是定州市文广新局有时会组织演员集中排练新戏，如2018年，组织秧歌艺人到文化馆排练新剧，共用20余天。大型庙会演出、文化节演出之前，剧团也会自发组织训练，但不是训练"手、眼、身、法、步"这些基本功，而是排练走位、演员对戏。这种训练的流程一般先是哑排，不带乐队；然后是响排，带上乐队；响排之后是彩排，彩排满意了以后才是正式开始录像或者演出。例如，国军秧歌剧团在前往中央电视台戏剧频道录制节目之前，连续在团长侯国军家中排练了一个月。

总而言之，演员的演出水平提高不依靠日常训练，而是通过舞台表演反复锤炼。这种方式虽然节约了时间、资金，但是缺乏日常训练不利于演出的标准化发展，演员的艺术水平不一，甚至出现了一些传统的剧目在演出时走样，演员基本功不扎实、只会唱白字等问题。问卷调查结果也印证了这一点，观看过秧歌演出的民众中，认为秧歌演出水平一般的比例为52%，认为比较不好和非常不好的比例为26%。

表2　秧歌演出水平评价

单位：人，%

选项	样本数	百分比
非常不好	2	1
比较不好	50	25
一般	105	52
比较好	41	20
非常好	4	2

3. 剧团团长

剧团团长是剧团的"主心骨"和领导核心，剧团团长的艺术水平、领导能力、业务能力对剧团的发展至关重要。不同时期定州秧歌剧团团长的特征有所不同。

1952年，定县秧歌剧团的团长是由当时县文化科任命的秧歌艺人秦志荣、赵凤岐，他们艺术水平高超。在当时计划经济环境下，团长的主要工作是组织、协调剧团成员完成秧歌演出指标，探索秧歌发展方式，按工分记录和发放演员工资等，因而对团长的思想水平、艺术水平和组织协调能力有较高要求。

1988年，定县秧歌剧团解散后，民间戏班班主是热爱秧歌、艺术水平高超的原定县秧歌剧团艺人，以宋文川、秦志荣等为代表的戏班班主凭借自身有口皆碑的演出水平，为其戏班树立口碑、传播名声、拓展业务。

2008年以后，民间戏班衰落，多家民营秧歌剧团相继建立。目前，剧团团长大致可以分为两种类型。

一是演出水平较高、兼具组织、领导和业务能力的秧歌艺人。代表人物为国军秧歌剧团团长侯国军。侯国军曾经在戏校学习河北梆子，20世纪90年代末，师从张占元改学秧歌。侯国军是定州秧歌第一批省级传承人，攻三花脸，扮演的《张化买妾》中的张化、《老少换妻》中的马老滕、《双锁柜》中的于德水等角色都深入人心，其中《张化买妾》曾在中央电视台戏曲频道展播。侯国军的领导能力和业务水平也很强，2008年最早组建民营秧歌剧团，即便在定州秧歌发展不景气的情况下，侯国军依旧积极为剧团谋生路。侯国军表示，其发展其他产业的目的是挽救秧歌，如经营烧饼店可以为秧歌艺人提供稳定的收入。

二是将组建剧团作为投资方式的外行人。代表人物为兴定秧歌艺术团团长解计英，解计英在20世纪80年代到重庆做纺织配件生意，事业发展顺利。在2006年定州秧歌成功申请国家非物质文化遗产后，他决定"弃商从艺"，于2008年4月成立兴定秧歌艺术团。解计英虽不会秧歌表演，但是擅长剧团管理和业务拓展工作。迄今为止，解计英已经把剧团打造为设备齐全的正规化演出团体，剧团规模较大，演员、乐队、导演、管理人员较为齐全。兴定秧歌艺术团的演出业务不局限于定州市，该剧团也是目前唯一一个能代表定州秧歌走出定州、到省里演出的剧团。例如，2019年下半年，全国各地以省为单位派剧团赴江苏昆山参加演出，河北省区十个地方剧种的剧团唱折子戏，其中就有兴定秧歌艺术团代表定州秧歌参加演出。

不同时期的戏班班主、剧团团长的特点和风格存在差异，这从侧面反映了定州社会变迁和秧歌发展状况。在传统农业社会中，班主要艺术水平高、能服众；而随着市场化发展，业务能力、领导能力、组织能力变得越来越重要。对于一个剧团团长而言，"商业头脑"和管理技术不可或缺。

4. 剧团的管理

剧团的管理方式和团长的个人风格有密切的关系。解计英对兴定秧歌艺术团的管理更倾向于现代企业式的科学管理，剧团中除了演员和乐队，还设有编剧、导演、音乐设计和后勤管理人员，由团长统筹剧团各项事务、拓展商业业务；编剧、导演、音乐设计人员负责剧团的演出水平；后勤管理人员管理服装、道具、车辆设备和餐食等。相对而言，侯国军作为定州秧歌省级传承人，对剧团的管理采用的并不是规范的现代化企业管理方式，而是依靠个人魅力和艺术水平服众，剧团无固定组织结构。

不同民营剧团管理方式的共同之处有以下两点。

第一，剧团团长和演员之间是比较松散的合作关系。团长是管理者，也是联系人。当剧团面临重大事件时，团长和剧团成员一起商讨、决策。但是日常演出事物由团长和主办方商讨好并签订合同后，团长通过电话、微信联系演员，组织演出。剧团无定期会议。一般来说，剧团及其团长对秧歌艺人没有强制约束力，秧歌艺人可以在不同剧团搭班演出。

第二，剧团内部秧歌艺人之间的亲缘、地缘等非正式关系是约束和管理艺人的一种重要方式。虽然剧团内部组织松散，但是不同剧团中的主要演员相对固定，因为剧团中的艺人往往"沾亲带故"，或者为同乡邻里关系，从而使得秧歌剧团"松而不散"。

秧歌剧团管理方式的变迁充分反映了在定州社会变迁过程中，传统管理方式与现代科学管理方式的碰撞和融合。探索适合定州秧歌剧团的管理方式，既需要剧团团长积极向成功管理案例学习，也需要政府部门进行规范和引导。

（三）秧歌艺人

定州秧歌发源于农业生产劳动，在发展过程中涌现出了一大批优秀的秧歌演员和乐队师傅，农忙劳作，农闲唱戏。但是随着传统农业社会的逐

渐解体，秧歌的发展滞后于社会变迁速度，秧歌艺人面临青黄不接的现状。定州秧歌艺人可以分为秧歌演员和乐队成员两种类型。

1. 演员

现阶段定州秧歌最年轻的演员年龄已经超过 40 岁，女演员多男演员少，男女演员比例约为 3∶7，演员的文化程度最高为初中，普遍是小学。演员老龄化、男女比例失衡、文化程度较低等因素限制了定州秧歌艺术水平的提高。秧歌演员的年收入为 1 万 ~ 2 万元。每场演出收入为 100 元左右，演员不区分主次演，每场演出收入在所有演员和乐队成员、管理人员之间平均分配。演员除了演出之外，一般通过从事农业劳作、经营小生意等增加收入。

目前，定州秧歌的演员主要有三种类型。

第一，原定县秧歌剧团的演员。1988 年定县秧歌剧团解散之后，一批热爱秧歌表演的演员自发组建戏班、坚持演出。目前，原定县秧歌剧团的演员平均年龄已经超过 60 岁，能登台演出的演员越来越少。演员张芬然已经年逾古稀，现阶段仍然在曙光秧歌剧团演出，兼任剧团的服装、道具管理工作，演出的指导老师，但不再出演主要角色。例如在 2019 年 4 月 6 日曙光秧歌剧团演出的秧歌戏《三进士》中饰演丫鬟，兼任箱官。

第二，原属其他剧种后转来秧歌剧团的演员。定州流行的剧种除了秧歌以外，还有河北梆子、老调等。不同剧中的演员也存在流动现象，这种流动分为长期流动和短期流动。长期流动是指演员从一个剧种转到另一个剧种的时间跨度较长，甚至是终身性的，这种流动通常与政策、市场环境的变化有关。例如侯国军及其妻子王金霞原为河北梆子演员，在 20 世纪 90 年代后期因为定州政府重视秧歌发展，而转到秧歌，后组建国军秧歌剧团，成为长期性的秧歌演员。短期流动指的是剧团因为演员人数不够，而临时请其他剧种的演员搭班。这种流动是临时性的，流动的基础是不同剧种之间基本功的相似性。现阶段，由于定州秧歌演员人数有限，短期流动十分常见。侯国军名下有秧歌、梆子两个剧团，演员常常相互"串"用。

第三，未经过专业训练、师承亲友或随团现学的演员。本研究发现，现阶段活跃在舞台上的秧歌演员，很多人因为亲友是秧歌演员，所以即使自身未正式拜师，但是凭借这样的资源依然可以跟团学习，从而习得秧歌表演的技能。曙光秧歌剧团现阶段的主演是著名秧歌艺人宋文川的弟弟和儿子，以及张芬然的儿媳；国军秧歌剧团中侯国军的儿媳杨丽宁为主要演员，儿子为乐队键盘手。

除了在剧团演出的秧歌演员，也有民间爱好者自发学习秧歌，主要目的是锻炼身体和自娱自乐。随着广场舞文化的兴起，定州秧歌也被中老年人带入了公园、广场。据侯国军介绍，定州有一个爱好秧歌的中老年人自发组建的秧歌团，偶尔会在公园表演，但是演出只是业余水平，会几句简单秧歌唱腔，身段、步伐都不专业。张芬然也表示经常会有秧歌爱好者登门拜访，学习秧歌。

总而言之，定州登记在册的民营秧歌剧团虽然较多，但是定州秧歌的演员人数有限，有时一个演员常常在多个剧团演出。演员老龄化、演出水平不一、纳新困难是定州秧歌发展中迫在眉睫需要解决的问题。

2. 乐队

1952 年以前，定州秧歌只用打击乐伴奏，通常以板鼓指挥，以大锣、水钗、小锣、小钗、堂鼓伴奏，这一时期的秧歌也因此被称为"大锣腔"。1952 年定县秧歌剧团成立后，受其他剧种的影响，剧团成员赵志平、刘小宗等人也开始了对弦乐伴奏的探索，仿照京剧用京胡、二胡、秦琴为伴奏乐器。定州秧歌在此后的发展过程中，逐渐引入板胡、笙、横笛、电子琴等伴奏。乐队逐渐分为以打击乐为主的武场乐队和以管弦乐为主的文场乐队，文、武场乐队相互配合，秧歌的演出更加精致、更受观众喜爱。

乐队师傅多为男性，文化程度最高为初中，多为小学，和秧歌演员一样面临老龄化的问题。由于梆子、秧歌、老调等剧种所用的基础伴奏乐器基本上一致，因此乐队师傅在不同剧种之间的流动更加频繁，乐队师傅的收入也更高，年收入 3 万元左右。

乐队成员通常跟着老师傅学习或者自学，近年来，学习乐器、进入戏班的艺人也越来越少，乐队艺人手艺传承也面临严峻挑战。

（四）演出概况

对于任何剧种来说，演出都是维持当前生存、支撑日后发展的必要条件。笼统来说，演出意味着直接的经济收入，同时，演出还能够提升剧种的知名度，吸引更多的观众、爱好者，为日后的发展提供潜在的经济基础、观众基础和艺人基础。

从上文可知，随着演员的老龄化和学习训练的不规范，演出水平的下降已经是不争的事实。在与观众的交谈中，认为秧歌演出水平不如以前的观众不在少数，半路出家的演员们的演出水平已经难以达到戏校戏班培养出的老一辈演员的高度，而且随着时间的流逝，一些独门绝技也随着艺人们的过世而消失，使得秧歌失色不少。虽然演出的水平和巅峰时期相比有些下滑，但秧歌仍然坚守着定州这块发源地和根据地，目前秧歌剧目仍然在定州的市区和农村地区上演。如今的演出主要分为商业性演出和非商业性演出，寻找演出机会、满足演出要求也成为目前活跃着的秧歌剧团最主要的任务。

1. 商业性演出

商业性演出是定州秧歌最传统的演出形式，也是剧团和艺人们主要的收入来源。目前的商业性演出主要分为庙会演出和红白喜事演出两类。

（1）庙会演出

定州秧歌起源于农业生产生活，因此演出的条件、习惯等也遵循着农业生产规律，并保留至今。每年的 2～5 月和 9～11 月是庙会演出的繁忙季节，因为此时气温适宜，又避开了农忙时节，正是各个村镇庙会集中举行的时候。根据现有研究，定州的庙会传统无论是在时间上还是在地点上，都具有较强的稳定性。但庙会的具体情况会受到环境的制约，以笔者亲身经历的两场庙会为例，Z 小区接近城区，已经被开发成现代住宅小区，所以庙会和戏台在小区外临街而建，S 村依然保留着农村的布局，参加庙会的商摊分列于村中心主干道的两侧，戏台则搭在村委会的大院中。

虽说如今庙会的娱乐功能已大大增强，但其敬神拜神的传统依然存在。例如在 Z 小区的演出开始之前，剧团就举行了正式的拜神仪式，祭拜神农氏、轩辕黄帝和伏羲氏，以祈求风调雨顺、平安吉祥。同样，在 S 村村西，有一个独立的小庙，笔者赶奔之日，虽非庙会正日，但庙里已经有了些香火。正是在这样的环境下，秧歌演出正式开始。

目前，庙会演出的持续时长一般是三天至六天，一天演一至两场戏，一次完整的演出可以演十个左右的剧目。一场完整演出收入的具体数目会随着演出时长、重要程度、演员数量等因素上下波动，但对于所有的剧团，约定俗成的价格范围为 2000 元至 3000 元，对于这一数目剧团和农村（社区）都能够接受。但是不同剧团每年的演出场次则有很大的不同，以目前有演出能力的几个剧团来看，每年的演出总量从 40 场到 200 场不等，以演出次数为单位换算，则是从不足 10 次到 20 余次不等，其中，演出较多且稳定的是兴定秧歌剧团，每年能够承接 20 余次大型的庙会演出，而曙光秧歌剧团一年的庙会演出则在 10 次左右徘徊。

因为庙会演出是十里八村的大事，所以演出的流程也相对正式。一旦前期村庄（社区）和剧团之间的接洽工作和谈判工作进行的较为顺利，村庄（社区）和剧团之间就会签订正式的纸质合同。如果在较为偏远的农村进行演出，则村委会一般会为剧团安排住处，或是集中安置，或是分散安排到老乡家中。

（2）红白喜事：挡小班

"挡小班"即应接私人家中的红白喜事等。在这其中，最主要的就是白事演出。在对观众进行的询问中笔者发现，提起私人演出，人们最先想到并提及的就是白事演出，"村子里老了人，一般会有唱秧歌的，但是和庙会演出比，人就少了不少。"①。

由于这样的演出有很大的偶然性，时间较为灵活，所以一年演出不间断，时间也不固定，据曙光秧歌剧团张芬然老师介绍，剧团一个月演员挡红白喜事至少要去 8～10 天，其余时间在家闲着。红白喜事的戏价一般在每场 1600 元左右，与庙会演出相比，红白喜事演出所需要的演员数量少，由于私人性强，演出的要求也就没有庙会演出那么严格了。

有趣的是，在我们访谈的几位剧团负责人中，他们都没有主动将红白喜事演出纳入商演的范畴，虽然这类演出是典型的商业行为，但毕竟随意性强，没有庙会演出那样"规矩"。收入较低以及演出时间不固定等因素也使人们主动将小班演出和庙会演出区分开来，甚至把小班演出和商业演出区分开来。

2. 非商业性演出

非商业性演出是近年来秧歌发展的亮点之一，是政府为了秧歌的发展和传承进行的探索式的政策支持。这里的非商业性演出的含义并不是没有经济收入，而是经济收入来自政府的资金支持。非商业性演出主要的形式包括送戏下乡、戏曲进社区、戏曲进校园、秧歌艺术展演、戏曲艺术节等。这种演出由政府牵头组织，并给予演出单位一定的经济支持，一度成为秧歌剧团的主要演出任务。以兴定秧歌剧团为例，2015～2017 年来送戏下乡演出 300 多场，2017 年 5 月至 7 月送戏进校园 50 多场次。

但是通过与剧团负责人的交流笔者得知，2018～2019 年，政府组织演

① 时间：2019 年 4 月 6 日；地点：定州市 S 村。

出的数量变得愈发不稳定，呈递减的趋势。同样的，每场演出的收入也出现了波动。侯国军团长说道："公益演出每年的情况都不同，前年一场2700块，去年一场3000块，今年一场只有1000块。"①虽然这样的演出效果很好，观众人数很多，但是不稳定的收入使得这类演出并不能成为维持剧团生存的长久之策。

3. 演出的地域分布

从演出类型上看，非商业性演出的出现的确有利于秧歌的发展。但是和兴盛时期相比，秧歌演出的地域范围有所缩小。据张占元老师回忆，兴盛期的秧歌不仅在定州周围的县市（"保石衡沧"②）广受欢迎，还跨出了省界，最典型的例子当属50年代末在山西阳泉的演出，"一天两场戏，连着足足演了一个月"③。而自1988年定县秧歌剧团第三次解散以后，艺人们被打散，唱了小班，现有的民营秧歌剧团的财力、人力和影响力都无法和兴盛时期相提并论，所以从1988年剧团解散之后，秧歌演出就几乎没有出过省，甚至连出市演出的机会都很少。在这样的情况下，"赴外演出"会被当作特别值得骄傲的成绩，解计英团长当谈及自己的剧团将受邀前往江苏昆山演出时难掩骄傲和自豪："不管什么活动，能代表定州秧歌的只有咱们剧团。"④

即使是在定州市内，秧歌演出也不是均匀分布的。解计英团长介绍，在定州市内，各村的经济水平有着较大的差异，这导致了秧歌演出呈现村庄间的不平衡。经济条件好的村庄，秧歌剧团每年都会去演出，而那些出不起钱、条件较差的村，三五年不去一趟也是常有的事。

五　文化菱形视角下的秧歌传承问题

（一）文化菱形理论

文化菱形理论由著名学者温迪·格里斯沃尔德（Wendy Griswold）最早提出，文化菱形是一种说明性图形，类似于风筝的菱形，四个角分别代表艺

---

① 时间：2019年3月30日；地点：定州市侯国军家中。
② 保定、石家庄、衡水、沧州的简称，这一带是秧歌的发源地。
③ 时间：2019年3月30日；地点：定州市张占元老师家中。
④ 时间：2019年4月6日；地点：定州市S村。

术、生产、消费和社会（见图4）。要全面理解艺术与社会之间的关系，必须同时注意到菱形的四个角和六根线（Griswold，1986）。生产者如何创作艺术、消费者如何使用艺术，他们大脑里呈现的是何种意义，以及最终如何渗透到整个社会当中，都受到整个体系的关联影响（卢文超，2018）。

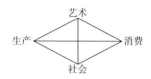

图4 文化菱形理论

现有研究在应用此理论时，将"生产"的含义等同于"艺术产品的创作"，而忽视了"人的再生产"的内涵，这恰恰是关乎艺术能否后继有人的根本问题，也是在调查过程中各方的共识。因此，本研究将应用文化菱形理论来分析定州秧歌的传承问题。

具体到秧歌的语境，生产一端意味着剧目的创作和新秧歌艺人的产生两层含义，所谓新秧歌艺人便是秧歌的传承；社会一端聚焦社会环境的变化；消费一端聚焦受众群体特征的变化；艺术一端聚焦秧歌艺术特点的限制（见图5）。在社会和秧歌历史变迁中，从社会、消费和艺术三方面分析其对生产的影响。

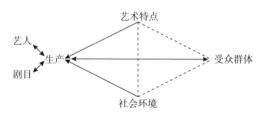

图5 传承困境分析框架

（二）秧歌传承困境分析

定州秧歌作为一种地方性的民间戏曲，一直以来依靠的是亲缘传承和地缘传承，这两种方式是交互影响的，即一村中有有名气的秧歌艺人，同村或相邻村以及家庭成员中便有较多的人成为秧歌艺人。他们以事实上的师徒关系为纽带，跟随戏班学习秧歌。

目前，上述传承方式已基本消失，尚有一部分秧歌老艺人存在，却无

人愿意学习，秧歌面临"有传无承"的困境。在文化菱形视角下，这是社会环境、受众群体和艺术特点三方交互作用的结果。

1. 社会环境的改变

社会是定州秧歌生存和传承所必需的环境条件。在历史变迁中，定州秧歌原有的社会环境早已不在。对当下秧歌传承影响较大的两方面是生产单位保障的缺失和传承政策流于形式。

1952 年，定县秧歌剧团成立，虽此后历经三起三落，至 1988 年解散，但始终是当地唯一的民办公助性质的剧团。定县秧歌剧团作为秧歌的生产单位，承接秧歌全部的演出，收入相对稳定，并且与当地政府有直接关联，虽然不是完全意义上的事业单位，但享有一定数量的"转工指标"和资金支持。据张占元老师回忆："1980 年，当时的石家庄劳动局曾专门给了定县秧歌剧团 32 个专项的转工指标，而当年整个定州市都没有获得这么多数量的转工指标。"① 这一生产单位为秧歌艺人提供了必要的保障，秧歌艺人的生活谈不上富足但有兜底的保障。

自 1988 年后，秧歌的生产单位变为民营自办性质的剧团，完全不再具有获得政府企业编或事业编等单位性质指标保障的资格，而且民间剧团跟风成立，使得本来就数量有限的专项资金分散使用，无法集中支持一个剧团发展。外加整个演出市场的萎缩，各个秧歌剧团艺人的收入都大不如前。生产单位性质的转变，使秧歌艺人这一职业变得无保障且收入低，自然就没有新人愿意学习和传承秧歌，即使愿意，渺茫的未来也使新人在学习过程中极大消磨了最初的信心。

在秧歌传承几乎断代的情况下，当地政府理应及时跟进并出台有针对性的政策，但现有的传承政策流于形式，没有起到实际效果。现有的传承人机制以《定州市非物质文化遗产项目代表性传承人认定与管理暂行办法》和《定州市非物质文化遗产项目代表性传承人绩效考核暂行办法》两个规范性文件为依托，主要有三个机制——传承人认定机制、绩效考核机制、传承人退出机制，目的是切实提高传承人的责任意识，明确传承义务，规范传承行为。但绩效考核过程中培养成果的量化细则落地非常困难，而且在与秧歌艺人的访谈中，笔者得知"这种文件一年年多了，不管

---

① 时间：2019 年 3 月 30 日；地点：定州市张占元老师家中。后因某些原因，定县秧歌剧团实际只拿到了其中的 4 个指标。

用，根本没实行"①。

原有单位性质的生产单位消失、后续传承政策跟进不到位、社会环境的转变使定州秧歌传承丧失了坚实的社会基础。

2. 受众群体的老龄化

学习和传承定州秧歌首先要"知"，即要通过观看秧歌演出对秧歌有一定了解甚至是喜爱，成为秧歌的受众。如果连受众都不是，甚至没有听说过秧歌，那就更无从谈及学习和传承。当下秧歌受众群体最大的变化是老龄化，这是原有观众群体老龄化和无法吸引到年轻人双重因素作用的结果。

从问卷结果来看，对秧歌有一定程度了解的民众中，60 岁及以上的比例为 81%，而 40 岁以下的比例仅为 3%（见表 3）。样本虽然不是随机抽样得来的，但是也在一定程度上反映了受众群体的老龄化。而笔者在观察两场演出时也印证了这一点，台下的观众全是老年人，偶尔有中青年的观众，也仅仅是出于好奇过来看一眼随后便离开。

表 3　秧歌的民众的年龄分布

单位：人，%

年龄	样本数	百分比
40 岁以下	3	3
40～49 岁	2	2
50～59 岁	15	14
60 岁及以上	84	81

秧歌目前无法吸引到年轻人是更为严重的问题，主要原因有三方面。首先，电视、手机等设备的出现，为现代休闲娱乐方式提供了必要的载体，这些载体上提供的视频、音乐等内容不仅形式多样而且方便，从而占据了年轻人大部分休闲娱乐的时间。现在已经不同于 20 世纪秧歌兴盛期，全村男女老少盼着看秧歌演出图一乐。其次，是生产端对消费端的影响。现有秧歌剧目对年轻人无吸引力，传统剧目多关于家庭伦理，且演出水平已不如从前；所谓新戏，也多由张占元老师一人创作，但他很难捕捉到年轻人的兴趣点，主题内容多为红色革命、家庭伦理和政策宣传。并且，秧歌演出主场地还是农村，但在城市化的推动下，农村留守的大多为老年

---

① 时间：2019 年 3 月 30 日；地点：定州市张占元老师家中。

人，秧歌演出自然也就与年轻人无缘了。

受众群体的老龄化是秧歌当下无法吸引到年轻人的重要体现，潜在的秧歌新艺人对秧歌毫无了解，也没有真正看过一出剧目，传承的基本前提都不具备。

3. 艺术特点的限制

定州秧歌有着浓郁的地域特色。从唱腔的角度看，它在当地方言的基础上吸收了梆子等剧种的特点，旋律优美、曲调多变（焦卿，2011）。唱词方面，内容多取材于当地民间故事，吸取了方言俚语，辅之以虚字、衬字、垫字，具有幽默诙谐、雅俗共赏的特点，但由于观众大都是文化程度较低的农民，所以秧歌的另一大特点是深入浅出、浅显易懂（胡振邦、曹光涛，2015）。在演唱方式上，大多采用"真嗓大喊"，且传统的秧歌也没有固定的定调，受伴奏乐器的限制较小；随秧歌的发展，定调分工才日趋明确。秧歌中大量采用下滑音演唱技巧，故而与其他剧种相比具有更悲凉的色彩（杜国生，2004）。

定州秧歌作为一种戏曲艺术，不同于吹奏艺术，它本身是一个综合性的艺术，而它独有的特点更加大了它的学习难度。对秧歌新艺人而言，秧歌的学习是一个严苛而艰苦的过程，需要通过长时间的学习，唱念做打全方位发展，这一过程本身，就是一个较为严格的筛选过程。正如定州市文化馆副馆长所言："不是来的人都能符合条件，学戏长的要标志、肢体协调、嗓子好，学个六七年，才有过硬的基本功。"[①] 通过这一筛选，学戏要同时具备戏曲天赋和后天努力两个条件。

从艺术的内在逻辑看，定州秧歌的艺术特点要求秧歌新艺人应具备一定的条件和素质，高标准的门槛可以防止秧歌传承"不变味"，但也加大了秧歌传承的难度。

4. 传承实践：定州秧歌传承基地

面对传承困境，定州市文广新局与秧歌艺人前后进行了多次探索。2016 年，文广新局和秧歌艺人联合举办会议，经双方商议，决定建设开办定州秧歌传承基地。传承基地建立后，以免费培养的形式招收学员 10 余名，但该基地在运行过程中遇到了许多困难。2017 年，定州秧歌传承基地停止招生，传承实践探索遭遇一定挫折。

---

① 时间：2018 年 7 月 5 日；地点：定州市文广新局。

笔者通过对参与筹办定州秧歌传承基地的政府负责人、秧歌传承人和秧歌剧团团长进行访谈，考察了传承基地的建立发展历程，并尝试探讨其失败的原因。

传承基地《招生简章》规定：学员的培训期为三年，其间学费和日常费用由基地支付，培训期满后定州市文广新局承认学历并推荐工作。实际上传承基地并没有聘请文化课教师，无法替代学校的作用，学历认定成了口头上的承诺。此外，由于当前定州秧歌剧团都是民营性质，缺少政府部门牵头推动的秧歌剧团，推荐工作并不能让秧歌学员的未来就业得到保障。因此，传承基地对年轻人的吸引力不足，招生过程十分困难，招生结果较为失败。

此外，具体的教学工作也面临严峻挑战。一方面，因为传承基地招聘的教师为年龄较大的秧歌艺人，他们精力有限，且缺乏教学经验，故难以保证教学质量。另一方面，传承基地未编写专业的教辅资料，也未对教学流程进行标准化、规范化设计，并且缺乏定期考核机制。这同样与民营剧团分散经营、互相之间的交流沟通不通畅有关，综合以上因素，传承基地的培训效果不理想也并不是无法预料的事情。

六　总结及建议

如今的定州秧歌虽不及兴盛时期辉煌，但依然有民营剧团在坚持演出，演出剧目也有新鲜血液的补充。秧歌发展面临的主要困境并不是现在无人可用、无戏可演、无人在听，其核心问题在于传承，而这种苦果和上述的"三无"局面将在未来更为凸显。根据文化菱形理论，单位的缺失、受众的老龄化和艺术本身的特点导致了秧歌的传承困境，而在微观的实践中，又存在着剧团之间交流不畅的问题。在某种程度上，民营剧团之间、民营剧团和政府之间的关系不清使得传承工作难有稳定开展的条件，这使政策效果大打折扣。要想扭转定州秧歌衰落的过程，就应当对症下药，为此，笔者提出如下建议。

首先，应由政府牵头成立"定州市秧歌剧团"，并给予剧团企业编制或者事业编制的保障。定州秧歌传承基地探索的失败表明，缺乏可预期的未来职业保障，因而对于年轻人的吸引力十分有限；作为土生土长的地方戏曲，秧歌演出市场狭小，剧团分散更容易导致恶性竞争。因此，政府牵头和出面就显得十分必要。成立一个集中的剧团，给予企业编制或事业编制，并结合现代企业的管理体制，有固定的工资或补贴，对许多人来说，已经具有足够的学习和提高业务水平的吸引力和动力。成立集中的秧歌剧团，将各民营剧团的核心力量集中整合，也有利于秧歌演出水平的提高。剧团对可以承接定州市内外的各种演出，对外可以成为定州秧歌的代言和宣传者，一举两得。

其次，提高资金的利用率。按照现有的资金来源和资金数量，如果整合到一起使用，带来的效益还是相当可观的。但正是由于民营剧团的分散，政府、基金会的支持资金往往被打散分到各个剧团，举办几次秧歌展演、戏曲艺术节，资金便消耗殆尽。在这里，笔者并不是抨击展演和艺术节本身，而是认为，应抓住传承这个核心问题，将资金集中到"定州市秧歌剧团"的建设上，以该团为传承的核心载体。

在访谈中，河北的另一地方剧种"哈哈腔"数次被张占元老师、解计英团长、社文科前科长和文化馆副馆长提及。清苑哈哈腔作为地方剧种得到了地方政府的大力支持。剧团自成立以来就一直存在，并且非遗项目的支持资金也归剧团所有，也正是在这样的运行模式下，清苑哈哈腔一直保持着较为健康的传承和演出形式。同样作为地方非遗剧种，清苑哈哈腔的经验有值得借鉴之处。

政府出面并不是对市场规律的不尊重，而是政府积极履行职能、保护和传承优秀传统文化的职责要求。在定州秧歌未来已经岌岌可危的情况下，希望依靠市场的力量使秧歌转危为安是十分困难的，因此，解决的关键依然在政府，同时需要艺人、剧团之间的协作和配合。

参考文献

陈平原，2010，《中国戏剧研究的三种格局》，《中山大学学报》（社会科学版）第50卷第3期，第1~27页。

杜国生，2004，《河北定州大秧歌文化剖析》，《石家庄师范专科学校学报》第2期，第43~48页。

段宝林、祁连休，1988，《民间文学词典》，河北教育出版社。

哈华，1951，《秧歌杂谈》，华东人民出版社。

何为，1956，《关于黄梅戏〈打猪草〉音乐创作的讨论》，《人民音乐》第11期，第9~11页。

胡振邦、曹光涛，2015，《民间戏曲的艺术脉络和传承——定县秧歌戏研究述论》，《上海戏剧》第 5 期，第 44～46 页。

焦卿，2011，《水上白鹤惊飞鹭　稻禾千里尽秧歌——"定州秧歌戏"探析》，《邵阳学院学报》（社会科学版）第 1 期，第 118～121 页。

赖伯疆、黄雨青，1980，《粤剧的历史应从何时算起——关于粤剧源流的探讨》，《学术研究》第 3 期，第 107～112 页。

李景汉，2003，《定县社会概况调查》，上海人民出版社。

李景汉、张世文，1933，《定县秧歌选》，中华平民教育促进会。

李首明，2007，《论方言与地方戏音乐的互动关系》，《中国音乐学》第 4 期，第 77～80 页。

梁二云，2011，《定州秧歌现状调查与研究》，中国艺术研究院。

刘宏日，2006，《浅议地方戏曲文化旅游资源的开发利用》，《江西社会科学》第 4 期，第 178～181 页。

刘世珩，1919，《汇刻传剧》，贵池刘氏暖红室刊本。

流泽、汪培、郁仁民，1979，《上海戏改三十年》，《戏剧艺术》第 Z1 期，第 9～26 页。

卢文超，2018，《什么是文化菱形？——格里斯沃尔德艺术社会学思想研究》，《外国文学》第 6 期，第 71～80 页。

欧达伟、董晓萍，1994，《河北乡村戏曲中的道德观》，《河北师院学报》（社会科学版）第 3 期，第 83～90 页。

童玉娇，2017，《柳琴戏的艺术风格与传承研究》，《艺术评鉴》第 23 期，第 151～153 页。

王肯、李文华，1980，《从二人转到吉剧》，《社会科学战线》第 1 期，第 324～330 页。

王晓霞、赵梓惠，2017，《川北苍溪灯戏之艺术风格透视及现状分析》，《成都师范学院学报》第 33 卷第 11 期，第 100～104 页。

吴梅，1907，《暖香楼》，《小说林》第 1 期。

吴书荫，2000，《论二十世纪戏曲文献的整理和研究》，《中国文化研究》第 4 期，第 121～128、145 页。

杨予野，1983，《关于梆子腔音乐的共性》，《乐府新声》（沈阳音乐学报）第 2 期，第 7～13 页。

张占元，2008，《定州秧歌史料》，定州市文学艺术界联合会，内部资料。

朱清河、王文龙，2014，《地方传统戏曲的凋敝及其媒介化生存》，《现代传播》（中国传媒大学学报）第 36 卷第 2 期，第 75～79 页。

Griswold，W. 1986. *Renaissance Revivals：City Comedy and Revenge Tragedy in the London Theatre* 1576 – 1980. Chicago：University of Chicago Press.

百年变迁视野下的基层医疗卫生体系

——基于河北定州（定县）的实地研究[*]

团队成员：陈晓粤　陈青妍　周凡杰[**]

指导教师：黄家亮

摘　要： 晏阳初等人于 20 世纪二三十年代在定县开展的乡村建设运动，是探索社会改造的巨大实验，其中以乡村卫生保健制度的建立影响最为深远。本研究从百年变迁的视野出发，一方面，利用已有文献梳理定州医疗卫生体系历史脉络，总结其医疗、公共卫生以及防疫工作的成就；另一方面，进行田野调查以了解定县（今定州）医疗卫生体系现状，发现其依然存在着制度信任矛盾、村民选择掉队、政策目标错置和转诊通道堵塞的问题。

关键词： 定县实验　基层医疗卫生体系　百年变迁

一　研究背景

基层医疗卫生制度是提高人民健康水平、推进健康中国建设的重要一环。《"健康中国 2030"规划纲要》中提出，到 2020 年，建立覆盖城乡居民的中国特色基本医疗卫生制度。回首历史，我国对基层医疗卫生制度与体系的探索由来已久。20 世纪二三十年代，晏阳初和陈志潜等人于河北定县（今定州）进行了享誉世界的乡村建设实验，启民智，发民力，文艺、生计、卫生、公民四大教育并举，学校、家庭、社会三大方式综合运用

---

　* 调查时间：2021 年 4 月、8 月。

** 陈晓粤，中国人民大学社会与人口学院社会学专业 2019 级本科生；陈青妍，中国人民大学社会与人口学院社会学专业 2019 级本科生；周凡杰，中国人民大学社会与人口学院社会学专业 2019 级本科生

（晏阳初，1934），点燃了当时积贫积弱的农村的希望之火。其在医疗卫生领域首创的三级保健网络不仅在当时极大地保障了农民健康，更是影响了此后中国乃至世界的基层医疗卫生体系建设。在新冠肺炎疫情防控过程中，作为基层疾控第一道防线的基层医疗卫生体系发挥了重要作用。

在风雨飘摇、内忧外患的环境下所进行的定县实验，带有极强的民族救亡色彩。百年来，社会、政治、经济环境不断变化，但人本精神始终没有变，我们仍旧需要关注基层医疗卫生体系，关注人民的生命健康。在如今新冠肺炎疫情尚未结束的背景下，关注基层医疗卫生体系更具现实意义。由此，本研究聚焦百年来定州市的基层医疗卫生体系，以历史变迁的视野做出系统的剖析与阐述。

二　研究设计

（一）研究问题

本研究意在梳理、描述定州基层医疗卫生体系的百年变迁历程和发展现状，探究定州市目前基层医疗卫生体系的运转方式，通过研究当地农民和相关政府部门工作人员、医疗卫生工作人员对基层医疗卫生体系的认知、态度及行为举措，分析定州基层医疗卫生体系在定州农民生活中所起的作用、存在的问题，分析问题产生的原因。

（二）调研地选择

本文沿用经典的案例分析法，选取定州市东亭镇翟城村作为个案探究农村基层医疗卫生体系。在个案的选取上，研究者主要遵循了典型性、独特性、重要性和可行性原则。

1. 典型性

定州市位于太行山东麓，华北平原西缘，河北省中部偏西。全境南北长48公里，东西宽40公里，总面积1283平方公里，下辖4个街道，16个镇，5个乡。2019年末，常住人口123.09万人。与望都、唐县、曲阳、新乐、无极、安国等为邻，是隶属于保定市的县级市，是华北农村的典型代表。其中，东亭镇翟城村现有居民1260户、5260人，户籍人口的年龄结构比较均衡（定州市人民政府，2019）。村子从前曾有过面积较大的辣椒生产区，现在的主要作物是苗木花卉，主要种植黄栌；除苗木外，花生也

是村中较常见的作物；部分村民家里畜养家禽家畜。村中还有三四家规模较小的服装作坊。村子里外出打工的年轻人从事各行各业，以加工业尤多。其典型的农村风貌，使得有关此地的研究结果在一定程度上可以为其他地区提供参考。

2. 独特性

定县实验和定县调查历来被誉为我国社会学史上的一座里程碑，为此后我国社会调查，尤其是农村社会调查奠定了学术传统。20世纪二三十年代，以晏阳初为代表的一大批学者在这里开展了长达十年之久享誉全世界的乡村建设实验，其中的卫生教育运动取得了特别的成功；中国人民大学社会与人口学院也在那里开展了持续的社会调查。因此，作为定县实验的主要试验区和晏阳初故居的所在地，选取定州市翟城村作为调研地有其独特的历史意义。

3. 重要性

定州（县）作为我国现代基层医疗卫生模式的源头，是本研究最好的研究对象，而东亭镇翟城村作为晏阳初进行平民教育和乡村改造的模范村、定县实验的发源地，更是见证了基层医疗卫生体系的建立和变革过程。该村拥有定州历史上第一部村志——《翟城村志》。而且作为定县调查的重点调查区域，翟城村当时的社会生活也被李景汉在所著的《定县社会概况调查》翔实地记录了下来，这为研究者提供了丰富的研究资料。

4. 可行性

定州市是中国人民大学的重要调研地，而本研究的指导老师黄家亮又是相关负责人，这为研究者与当地有关部门取得联系和进入调研地提供了便利。早在进入田野前，研究者就顺利与乡镇卫生院和村卫生室建立了联系，并收集到了基础的数据和资料。进入田野后，研究者与翟城村村支书建立起了良好的信任关系，获得了翟城村宅基地地图，这为研究者在村中进行访谈与深度调查提供了极大便利。

（三）研究方法

现有相关资料多为过去医疗卫生系统的统计资料，而当下农村相关状况的资料较为匮乏，因此整体上本研究采用参与式观察、深度访谈和座谈会相结合的方式来了解定州医疗卫生体系的现状；关于定州医疗卫生体系历史状况的研究主要采用文献研究的方法。

1. 参与式观察

从 2021 年 8 月 28 日到 9 月 4 日，调研团队在定州市翟城村进行了为期一周的驻村实地考察，了解了村庄建设基本情况，包括村庄历史、自然环境、人文资源、基础设施、村庄产业等方面。研究者与村民同吃同住，同时观察村民的日常生活，在村民茶余饭后聚集闲聊娱乐时加入其中，收集到了大量有关村庄的基本信息。

2. 问卷调查

在驻村考察的一周中，调研团队首先造访村委会，在村支书的协助下获取了村宅基地地图及编号，根据宅基地编号，通过简单随机抽样抽取出120 户人家进行入户问卷调查（为避免因部分户主无法回答带来的问卷数量不足，另外抽取 30 户作为备选，合计 150 户），最终实际发放问卷 78份。受调研时间、人力、物力以及问卷的信效度限制，问卷结果的统计意义较弱，因此我们将其作为筛选访谈对象的依据。

3. 深度访谈

最终研究者选取 12 人进行深度访谈，包括本村的村支书、私人药房的医生、独居耕作的奶奶、艰难生活的低保户、饲养老鼠的中年人、高龄退休教师爷爷、回村务农的商人，基本覆盖了村中各类人群。深度访谈的过程不仅帮助我们从面上了解了村民的健康状况、就医选择以及对于基层医疗卫生服务体系的基本态度，还使我们得以通过典型案例考察其背后的更深层次原因。

4. 座谈会

在与村民聊天的过程中，调研团队发现在相对随意的情境下，调研团队能更好地与村民形成良好的信任关系。座谈会上村民之间相互启发、相互议论，与深度访谈所得资料形成了相互补充、相互对比。与数个村民聚在一起开展座谈会帮助调研团队收获了更加丰富且异质性强的信息。

5. 文献研究

由于实地研究难以较为系统地获得定州基层医疗卫生体系在历史上的发展过程，调研团队采取了文献研究的方式以补充在时间维度上对定州基层医疗卫生体系的研究。调研团队线下在国家图书馆，线上在中国知网、万方等数据平台查阅地方志、部门志、统计年鉴等资料，丰富了定州基层医疗卫生体系相关的数据材料，并对其历史发展有了更全面的认识。

转型中的华北乡村

三 研究发现

（一）青山座座皆巍峨：成就斐然，百年契阔

定州医疗卫生事业在不断变迁的社会、政治、经济条件下，循着定县实验的基本思路与精神持续发展。本部分将从医疗与公共卫生两个基本方面以及防疫工作这一特殊内容描绘百年来定州基层医疗卫生体系的变迁图景。

1. 医疗

定县实验所开展的医疗工作显著改善了当时定县的医疗条件，提高了人民健康水平，更为此后的医疗事业发展提供了宝贵经验。近百年来，受社会环境等因素影响，定州医疗事业曲折发展。总体来说，定州市医疗体系内部联系愈发紧密，医疗条件不断改善，农民看病就医更加便捷与高效。

（1）医疗机构及人员

1926年，晏阳初等人开展定县实验，设立县、区、村三级医疗卫生体系，最初培训50名保健员，每名保健员负责一村基础卫生医疗工作；每3万人的区域设保健所，负责培训村保健员以及接诊村中转诊来的病人；县设一个保健院，设置住院部，负责培训区保健所的医护人员、管理医疗资源和接诊区保健所不能医治的病人（陈志潜，1998）。此举在医疗资源极度匮乏的情况下显著改善了农民缺医少药的状况，据《定州市志》记载，到1937年，全县已有约150名卫生人员，另有开业医生400余人。然而因为日军侵略，定县医疗机构和农村卫生组织遭到破坏。抗战时期日伪政权设立的"防疫委员会"和抗战后国民党政府所设卫生院徒有虚名，对平民医疗卫生不管不问，医护人员仅有10余人（定州市地方志编纂委员会，1998）。新中国成立后，县人民政府非常重视医疗工作，先后设立县卫生院、县立医院等机构。

新中国成立之初，定县卫生系统仅有68人，床位不过100多张，县直属医疗卫生机构只有定县医院一家。此后的一段时间里，医疗卫生系统建设不断加强。1956～1958年，定县人民政府先后建立东亭医院、李亲顾医院、清风店医院、环城医院和叮咛店医院五所区级医院，其中环城医院之后发展成为定州市精神病医院，其余四所区级卫生院经过1982年公社改乡和 1994 年撤区并乡后调整为中心卫生院，成为辖区乡镇卫生院的龙头机构。在"文革"期间，卫生系统领导机构遭到破坏，相应工作受到严重干扰，但卫生系统工作人员仍然坚持发展基层医疗条件，并于 1969 年开始在农村开展合作医疗工作，到该年底全县 504 个村建有村卫生室 452 个，有赤脚医生 1036 名（定州市地方志编纂委员会，1998）。"文革"结束后，全县医疗卫生机构和队伍继续壮大，医疗技术人员稳步增加，截至 2019 年已达到 6547 人（定州市人民政府，2020）。定州直属医疗机构也逐渐发展到四个，其中有定州市人民医院一家综合性医院和定州市中医院、定州市精神病医院、定州市妇幼保健院三家专科医院。普通乡镇卫生院最初有 45个，1982 年新增 7 个，在 1994 年撤区并乡时调整为 25 个，每个乡镇 1 个卫生院，有中心卫生院的乡镇不再设乡镇卫生院（定州市地方志编纂委员会，2016）。后经兼并裁撤，2008 年至今，有乡镇卫生院 18 个。21 世纪以来，定州市人民政府更加重视基层医疗条件的改善，到 2019 年，定州共建设标准化村卫生室 501 个，个体诊所 399 个，基本达到行政村卫生室覆盖率 100%（定州市人民政府，2020）。

（2）医联体与乡村一体化建设

在平教会时期所设立的三级医疗卫生保障体系中，上级机构直接对下一级机构负责、接收下一级机构转诊患者，下一级机构接受上一级机构监督指导，这一举措使定县在支出更少的情况下实现了医疗条件的显著改善。后来因为抗日战争平教会被破坏，三级医疗保障体系随之解体。新中国成立后，借鉴平教会的经验，定县基层医疗卫生体系也基本按照三级体系来建设，但是一直以来各级医疗机构联系并不紧密，县、乡、村之间虽有指导培训的任务，但是并没有建立起直接的支援、管理关系。特别是在分级诊疗方面，农民如果生了稍微严重的病往往略过村卫生室和乡镇卫生院而直接到县级医院诊治，并且上级医院出于绩效收入等考量往往不愿将症状较轻的病人向下转诊，导致出现医疗资源浪费和医疗资源不足共存的状况。

为整合医疗资源，提高医疗系统的运行效率，2020 年，定州市开始施行城乡医院对口支援工作，由定州市人民医院、定州市妇幼保健院和河北省第七人民医院牵头建立三家医联体，由定州市中医院牵头建立一家紧密型医联体，由牵头医院分区直接对接乡镇卫生院。在医联体内部实际牵头医院与基层医院成为一个整体机构，除了上级医院对下级医院的医疗技术人员负有培训责任外，还实行医联体内部人财物统一管理、共用同一药品库、在不同等级医院就诊按不同比例报销等政策。在运行经费方面，经费打包支付至牵头医院后统一分配到基层医疗机构。乡镇卫生院和村卫生室作为基层医疗机构，实行乡村一体化。乡镇卫生院将村卫生室纳入一体化管理，对乡村医生实行"乡聘村用"，进行统一管理，村卫生室实际成为乡镇卫生院的派出机构。截至 2020 年，定州 478 个村卫生室全部完成了标准化建设，427 个村卫生室、983 名乡村医生纳入了乡村一体化管理（定州市卫生健康局，2020）。医联体和乡村一体化建设真正减少了阻碍分级诊疗、双向转诊的阻力，增强了医疗卫生资源分配的合理性，提升了基层医疗机构医疗服务的能力和水平，更好地满足了农民看病就医的实际需求，为人民群众提供了更加便利、高效和价廉的医疗卫生服务。

2. 公共卫生

作为关系辖区内人民大众健康的重要领域，公共卫生事业历来受到定州市的重视。通过对其变迁过程的梳理可以看出，定州市的公共卫生服务工作坚持与时俱进，不断创新发展，越来越全面化、精细化、人性化。

（1）健康教育与素养促进

在定州市逐步完善公共卫生体系建设的过程中，健康教育与素养促进工作贯穿始终。早在 1929 年，姚寻源到定县实验区担任卫生部门负责人时，就带领卫生教育部门的同事运用各种方法进行公共卫生宣传，如举办卫生保健茶话会、家访和个人谈话，发放图片，举行展览，播放幻灯片和电影，演出健康教育剧等。还向农村学校的教师传授急救知识和有关儿童保健的常识，并努力在农民中普及卫生保健知识（定州市地方志编纂委员会，1998）。

新中国成立后，定州依旧重视卫生健康宣传的作用，出版了《流行性脑脊髓膜炎》，在机关、厂矿、学校和农村发放，进行预防和教育。20 世纪 50 年代，定县分别在塔下广场和县博物馆举办了计划生育、接生新法和健康卫生展览。80 年代，定州市健康教育馆成立，各地工厂、学校积极开展健康教育试点；1988 年 4 月，与联合国儿童基金会合作的"农村卫生培训与示范"项目启动，定州市将开展情况整理编写成了该市健康教育资料（定州市地方志编纂委员会，1998）。2007 年以来，定州市先后开展了"健康管理年"、"农民健康保健工程"和"全民健康生活方式行动计划"等，在试点地区针对 0～7 岁儿童、60 岁及以上老人、育龄妇女和四种疾病

（高血压、糖尿病、肝炎、结核病）患者开展建档工作与健康教育、咨询和义诊活动（定州市人民政府，2009）。次年举办了首届健康文化节，并宣布成立四个增进医患关系的协会（定州市人民政府，2009）。2015年，定州市被国家卫生计生委确定为首批全国健康促进县（区）项目试点地区，在全市实施"将健康融入所有政策"策略，不仅在报纸与电视开辟健康讲座专栏，还尝试建立了互联网健康宣传新模式（定州市人民政府，2016）。2019年，定州市获"河北省卫生城市"称号，这是其长时间来积极倡导健康文明生活方式、不断提高居民健康素养、促使全市卫生环境全面改善和群众健康水平全面提升的最好印证（定州市人民政府，2020）。

值得注意的是，随着国家对中医药效用的重视，中医药逐渐改变了被边缘化的地位，其"治未病"的特点为定州的健康促进活动做出了重大贡献。2014年，为提升基层中医药服务能力，定州市在5个乡镇卫生院开展了"国医堂"建设，在10个村卫生室开展了中医特色示范村卫生室建设试点，并对基层中医药人员进行了培训。为推动中医药进农村，定州市广泛开展中医咨询和义诊活动，免费发放宣传资料和中医药知识手册（定州市人民政府，2016）。2018年，定州启动中医中药中国行——中医药健康文化促进行动，开展"服务百姓健康行动"大型义诊周、肝病防治、义诊等活动，充分发挥中医药"治未病"的优势，大力推广中医药适宜技术，广泛开展养生指导（定州市人民政府，2019）。

（2）妇幼保健

妇女儿童历来是我国卫生保健的重点，其健康水平代表着人口的总体健康水平。新中国成立以来，定州市对于妇幼保健问题越发重视，这点从相关机构的设置可见一斑。1951年，定县卫生院妇幼保健科成立，并于数年后改为定县妇幼保健站，站内医护人员与县防疫站合署办公。此后五年内因为行政区划的调整，经历了同曲阳县妇幼保健站合并与分开等。20世纪60年代中期，定州市妇幼保健工作经历了短暂的瘫痪，直到1970年，定县革命委员会卫生站才派遣专人负责妇女儿童保健工作，1974年由河北省卫生厅拨款建立妇幼保健院。80年代，该保健院屡次获得"文明妇幼保健院"光荣称号（定州市地方志编纂委员会，1998）。2015年，定州市更加重视妇女儿童保健工作的专业化、精细化发展，增设孕产妇和新生儿危急重症救治中心，开展对于妊娠风险的筛查和评估分级管理工作，努力做好预防工作，保障高危孕产妇安全（定州市人民政府，2016）。

同规模逐渐扩大、分工逐渐精细的机构设置齐头并进的是日益科学化、人性化的妇幼保健工作。新中国成立前，定州（县）妇幼保健工作仅包括为生育的妇女干部提供生育费用和粮食，直到1960年才将侧重点放到孕产妇健康上，该阶段开展的普查普治包括闭经与子宫脱垂。同年，定县在工厂内制定和推行了四期（经期、孕期、产期、哺乳期）劳动保护制度，该框架沿用至今。1995年，定州市依据《中华人民共和国母婴保健法》的规定，开始对预备结婚的男女双方进行医学检查，筛查其是否患有影响婚育的疾病（定州市地方志编纂委员会，1998）。2007年以来，定州市实施"母婴保健工程"，母婴保健服务市场得到规范，妇产科质量建设和助产技术规范也得到加强，出生人口素质广泛提高。据统计，该阶段妇女患病率已由1990年的40.9%降低到2008年的30.8%（定州市人民政府，2009）。自2018年起，定州市开始为育龄夫妇免费发放小剂量叶酸，该行动有效预防了儿童出生缺陷。同年，定州市启动免费的唐氏综合征筛查项目和预防艾滋病、梅毒、乙肝母婴传播项目，进一步保证孕妇与新生儿的安全与健康（定州市人民政府，2019）。

（3）传染病防治

定州公共卫生保健工作在传染病的防治方面从未松懈，取得了卓越成效。据《定县县志》与《定州年鉴》记载，1950年初定县便消灭了天花；1990年，定州消灭了脊髓灰质炎，鼠疫、白喉20年未出现病例，百日咳、破伤风、结核、甲脑、乙脑病例逐渐减少（定州市地方志编纂委员会，1998）。

定州在传染病防治方面的主要措施可以追溯到定县实验期间：牛村、高头村等保健站逐个开放，卫生教育部的医生、护士轮流到各保健站诊治，还成立了巡回医疗队赴各村诊治病人。1931年，他们为24所国民小学及平民学校的学生体检，治疗学生中的眼病或皮肤病患者。此外，还改善了学校环境，以控制传染病流行，为人群接种牛痘。新中国成立后，高度重视居民健康，逐步建立健全防治传染病的相关制度。其中，肺结核的防治是工作重点之一。1953年开始，定州（县）在重点地区接种"卡介苗"，预防结核病。1985年，定县防疫站建立防痨科，开始对结核病病人进行调查登记（定州市地方志编纂委员会，1998）。21世纪以来，农村肺结核防治受到重视。2008年，定州市建立了儿童预防接种网络平台，"五苗"接种率为99.8%以上（定州市人民政府，2009），基础性传染疾病得到控制。2018 年定州市改扩建疾控中心 PCR 流感实验室等 4 个实验室,增强传染病检测能力（定州市人民政府,2019）。

除通过接种疫苗来进行传染病防治之外,定州市还利用卫生运动、环境改造等活动来调动农民的主体性,进一步巩固防治成果。20 世纪 90 年代,定州市响应政府号召,积极开展以"政府组织,地方负责,部门协调,人民动手,科学治理,社会监督"为方针的新时代爱国卫生运动,自 21 世纪以来大规模扩展至乡镇。新时代爱国运动的主要内容包括共同筹资进行改水改厕、灭鼠除害防治鼠疫、积极推进健康教育普及工作、培养人民健康生活习惯等（朝阳,2006）。这一行动有效提升了居民生活质量和健康意识,清除了病原微生物的滋生地。其效果体现在卫生保健的各个领域,对于传染病防治有着根本性影响。

3. 防疫工作

卫生防疫是保障民生的重要内容。从历史上的天花、霍乱等大规模流行,到 2003 年的非典,再到新冠肺炎疫情,定州市在面对突发公共卫生事件时的表现一直十分突出。在新冠肺炎疫情尚未结束的背景下,我们回顾近百年来定州的防疫工作,对其特点与经验进行总结,也可为目前的防疫工作提供参考。

（1）利用政府力量进行统一领导

定州防疫工作的特点首先表现在利用政府力量进行统一领导。定县实验期间,晏阳初（1934）认识到,社会建设和社会调查没有县政府的支持是无法实现的,因此与当地政府保持密切联系以开展工作。在抗击非典过程中,定州市根据上级部署,成立以市委、市政府主要领导为组长的领导小组,制定了非典防治的紧急预案（定州市地方志编纂委员会,2016）。面对新冠肺炎疫情,定州市也建立了相应的疫情防控组织架构。实行一组长双主任制度,市长亲自担任防控小组办公室组长,一名市委常委与一名主管卫生的副市长担任防控小组办公室主任,共同调动工作,以保证任务的落实,避免出现部分邻近地区工作分配后无人落实、无人管理的情况。定州市 1.5 万名基层党员干部全部上一线,疫情期间 5600 多名机关干部全部下沉到一线。每个小区门口都有五名机关干部值守。同时,定州市还成立了 21 个工作专班。防控办内任务重时有四五十人,2021 年 4 月疫情不严重时有 18 人,进行正常的工作调度和安排。

（2）团结一切力量实现多方协作

定州市在进行防疫工作的过程中，尽可能团结一切力量，实现多方协作。晏阳初等人在进行定县实验时，为全县人民种痘，但要完成这项工作，仅凭专业医护人员是不够的。在平校毕业生以及多方的协助下，1930年3月开始尝试，一月之内城乡种痘人数高达21605人，占全县总人口的5%（张照青、赵颖，2007）。1931年至1933年种痘工作在研究区集中开展，研究调查农民的天花免疫性，并在研究区普及种痘。1934年至1936年为推广时期，从区单位扩大到县单位普遍种痘。1935年，定县已有14万人种了牛痘。同时期邻县天花流行，定县居民平安无事。在20世纪50年代初定县就消灭了天花（李志会，2008）。2003年，在非典防控工作中，全市各行各业共同行动，所有医疗机构、机关、单位、车站、宾馆、街道配合宣传工作，在城区设立宣讲点。电视台、电台、报社等单位也利用多种形式普及防治非典常识（定州市地方志编纂委员会，2016）。面对新冠肺炎疫情，这种多方协作表现得更为突出。以接种疫苗为例，卫生系统主要负责疫苗的采购、转运、储存和接种。乡镇的接种工作由政府分配和发动组织。农贸市场、大型商场等特殊场所主要由市场监管局、商务局等相应的部门负责。随着疫情的变化，定州市防疫工作的主体也不断增加。2020年疫情防控初期，定州市关停了民营医院。石家庄发生疫情后，非民营医疗机构人手严重不足，定州市开始借调民营医院人员参与全市的疫情防控工作。

（3）充分利用县、乡、村三级医疗卫生体系

定县实验时期，陈志潜主持建立了县保健院、区保健所、村保健员的三级卫生保障体系。这一体系在牛痘接种、健康教育和环境改造等方面发挥了重要作用。2003年抗击非典时，定州市、乡、村三级建立了13000多人的防控队伍，严格布控，对人员聚集场所、公共交通工具定期消毒；对从风险区来定州市的人员全部进行检查，先后隔离高危人群10万多人（定州市地方志编纂委员会，2016）。在新冠肺炎疫情防控过程中，定州市、乡、村三级网格化防控机制发挥了重要作用。村卫生室和乡镇卫生院主要发挥哨点作用，发现疫情及时报告，及时控制人员并进行全流程闭环管理，转移到县级相关医疗机构进行救治或问诊。县级医院建有发热门诊，定点医院收容确诊患者，负责其医疗救治和康复治疗。疫情防控初期，乡镇卫生院由于缺乏专业的设施，在运输发热病人方面有一定的困难，对此定州市财政投入646万元，购置负压救护车1836辆，用于乡镇卫

生院对发热病人进行运输。

(4) 防疫措施不断创新

通过比较不同时期定州的防疫工作可以发现，这些措施在不断创新。这种创新不仅来自对先前经验的总结，也与其所在年代有紧密关联。从防疫宣传来看，防疫相关的宣传工作形式和途径不断创新。定县实验时期，与防疫有关知识的宣传主要是通过集中宣讲进行的。2003年非典时期，在集中宣讲等基础上，电视台、电台、报纸等大众传媒是当时人们接收信息的主要途径，在消除群众恐慌情绪、普及防治非典知识方面发挥了重要作用（定州市地方志编纂委员会，2016）。如今定州主要通过官方的微信公众号等在网络上向民众及时传递疫情相关信息。从排查方式来看，对风险人群的排查也实现了从人排查到人排查与大数据排查相结合的转变。一方面，党员干部、各科局干部、各乡镇干部等结合智能监控平台进行逐一排查；另一方面，定州市成立专班，依托大数据通过电话、短信等进行排查。

(二) 继往开来永求索：弊病仍存，道阻且长

百年来，定州基层医疗卫生工作在基本维持三级体系的基础上，根据现实情况不断调整与创新，改善了人民的生活环境，维护了人民的生命健康，更为定州市经济社会发展提供了良好的条件。百年变迁中成绩斐然，但该体系仍存在一些问题。

1. **矛盾的制度信任**

相较于抽象的理想和主义，乡土场域中的人们更容易对切身感受的事产生信任（黄家亮，2012）。在评价基层医疗卫生体系时，基层民众存在着消极的具象信任和积极的抽象信任这对矛盾。他们普遍认为村内的医疗卫生工作存在不足，对村医、乡镇卫生院等制度体系内角色和组织有质疑，却又较为统一地表现出对制度体系本身的信任，相信基层医疗卫生体系及制度能够维护自己的生命健康，提高自己的生活水平（房莉杰，2009）。用访谈对象的话说则是"大和尚念好，小和尚念糟"。这种矛盾的制度信任与民众的感受和经历是分不开的。

在国家对"三农"问题越来越重视以及乡村振兴战略的大背景下，近年来，翟城村两委班子结合村情实际，积极实施"科技兴农，产业强村，生态富农"的发展策略，发展壮大了苗木花卉产业，使村民收入增加。村内小游园、小广场等基础设施不断完善，街区卫生环境不断改善。国家大

环境与翟城村乡村建设成就两方面共同形塑了村民对于宏观制度的拥护与支持，即积极的抽象信任。

然而这种拥护与支持是十分混沌、十分笼统的。在涉及不同的制度时，村民会在综合考虑成本与收益、信息与经验等后做出自己的判断，显示出实用主义色彩。在翟城村，合作医疗的收费及就医经历等极大地影响了村民对基层医疗卫生体系的信任程度，他们据此做出相应的信任行为。

据村民们描述，刚开始的时候合作医疗每人每年 8 元，而现在每人每年 320 元。这一支出不仅对村民来说负担较重，而且在村民就医过程中也并没有发挥太大作用：急诊不能报销、检查费不能报销、不住院不能报销、进口药和营养药不能报销……这些支出让村民感到无能为力，也让村民在进行成本收益的衡量后产生了消极的具象信任。

2. 掉队的村民选择

根据人的思维逻辑，基层民众针对疾病和就医的选择，可以划分为三个递进的层次。第一层是村民是否觉得自己患病。对于疾病，村民们从是否耽误干活这一生活逻辑出发形成了相对稳定的判断标准，从而决定是否就医。村民认为，只要生产生活没有受到影响，自己就是健康的状态。

基层医疗卫生体系在某种程度上打破了这种稳定性。这一体系运用学理逻辑而非生活逻辑为村民诊治，冲击了村民本身的判断标准，由此产生了选择的第二层，即是否接受自己患病。定州市所辖各乡镇会定期举行针对 65 岁及以上老年人的免费体检，但是村民的积极性并不高。在他们看来，这种下乡的讲座是"糊弄人"的，"羊毛出在羊身上"。即便体检是免费的，也有人也会认为，体检后医生会指出村民的疾病从而卖药获取利润。这也是部分村民不愿去医院的理由：不检查啥事儿没有，一检查浑身都是病，有病就得开药治，医院就从这里赚钱。

部分村民会接受自己患病的事实，但他们在选择的第三层——如何治疗上存在差别。一部分人选择"就在家挺死"，一部分人选择治疗。值得注意的是，选择治疗的村民在就诊时往往会跳过村卫生室、乡镇卫生院，一些人甚至跳过定州市内的医院，直接到保定、石家庄乃至北京的医院接受治疗，违背"基层首诊"的逻辑，因为在村民看来，上一级的医疗条件更好，医疗水平更高。

不管是"在家挺死"还是违背"基层首诊"逻辑的越级诊治，这些行为都没有充分利用基层医疗卫生资源，在一定程度上造成了基层医疗卫生资源的浪费。同时越级诊治的行为还会增加大城市与大医院的医疗负担。这些尚未转变的观念以及由此生发的行为，相较于目前定州基层医疗卫生体系建设来说，很显然是掉队的。

3. 模糊的政策目标

国家政策规定了人们享有的基本公共卫生服务，即健康教育、预防接种、慢性病（高血压、糖尿病）患者健康管理、健康素养促进行动等14项。为普及疾病预防等方面的知识，定州市内乡镇卫生院和村卫生室积极开展健康讲座和疾病咨询活动，并针对不同的疾病设置了多个宣传日，有关卫生健康宣传的政策都在实行。

在定州市所辖乡镇中，可以见到不少村中有卫生宣传日张贴的海报、宣传画。但村民们对"流行性感冒通过什么方式传播""盐吃多了容易导致什么疾病"等许多基本的健康知识依旧知之不详。此外，还存在着许多村民都不记得村卫生室曾在健康知识上给予他们什么帮助的情况。而相关工作人员所提到的众多疾病宣传日，部分村民更是表示从未听闻。

村民缺少积极性固然有其文化、经验背景下个人态度与认知方面的原因，但我们认为，主要问题在于政府在治理过程中目标模糊。政府为实现治理目标，需要制定相应的政策作为工具。然而，正如人常常在追逐目标的过程中忘记原本的目的，政府在其政治理性的治理逻辑下，过分地强调"宣传活动、健康教育"等政策工具，甚至每年设立二十多个卫生宣传日，导致原本目标，即"切实提升村民卫生健康知识"的非现实化与迷失：它成为空中楼阁，甚至反过来以口号的形式充当工具之工具（赵黎，2018）。爱因斯坦说："我们时代的特征就是工具的完善与目标的混乱。"政策工具与政策目标的相互错置就清晰地体现了这一点。

4. 堵塞的向下转诊通道

针对公办医疗机构这种有一定收入但靠自己又无法养活自己的事业单位，国家实行差额补贴，政府财政补贴一部分经费，剩余经费由医疗机构自负盈亏。在传统医疗卫生体制下，医院可以靠药品创收，新医改后"以药养医"模式被全面取消。在药品、耗材等实行零差价销售的背景下，"基层医疗机构日子越来越难"。由于只能对就诊过程中的医疗技术服务进行收费，公办医疗机构则希望接收更多的病人，以此维持正常运转。为获取利益，在基层医疗卫生体系中处于第二级和第三级的镇卫生院与上级医院往往会较多地接收上转的病人数、减少下转的病人数。就整个定州市基层医疗卫生体系来说，"上转容易下转难"都是最主要的困难。上级医疗机构有了病人之后收入能增加。

利益竞争机制下，不同医疗机构之间作为不同的利益主体，为了自身的发展存在利益竞争，导致上转人次往往远远高于下转人次。这种争夺堵塞了向下转诊的通道，破坏了基层医疗卫生体系中"双向转诊"的制度安排。

从2020年开始，定州市以中心医院为试点，开展了紧密型医联体的建设，进行人、财、物的深度整合，实行一体化管理。医联体实行打包支付，打包支付到牵头医院后，由牵头医院再分配到各个基层医疗机构，其分配以基层医疗机构完成医疗卫生工作的情况为依据。这种分配方式重新激发了基层医疗机构的积极性，一定程度上减轻了基层医疗机构的压力，也部分解决了转诊通道堵塞的问题。但由于实施时间较短，因此效果并不明显。

定县实验一百年来，中国农民健康状况和基层医疗卫生状况有了巨大改善。积"弱"的问题，经过几代中国人持续不断的努力，已经在相当程度上得到解决。在从前那个落后、薄弱的国情基础上，我们取得现在的成绩实属不易。诚然，以定州农村为代表的中国广大农村地区现在仍旧面临医疗卫生方面的一些问题。在新的历史时期，面对这些问题，我们回溯定县卫生实验，其对三级医疗卫生体系的探索，以及积极回应百姓需求的精神和态度无疑仍具有鲜活的时代生命力。

参考文献

朝阳，2006，《上个世纪初叶的中国乡村改造运动——晏阳初在河北定县的乡村建设实验》，《档案天地》第2期，第4~7页。

陈志潜，1998，《中国农村的医学——我的回忆》，四川人民出版社。

定州市地方志编纂委员会编，1998，《定州市志》，中国城市出版社。

定州市地方志编纂委员会编，2016，《定州市志（1990—2009）》，九州出版社。

定州市人民政府编，2008，《定州年鉴（2008）》，河北人民出版社。

定州市人民政府编，2009，《定州年鉴（2009）》，河北人民出版社。

定州市人民政府编，2016，《定州年鉴（2014—2015）》，九州出版社。

定州市人民政府编，2018a，《定州年鉴（2016—2017）》，九州出版社。

定州市人民政府编，2018b，《定州年鉴（2018）》，九州出版社。

定州市人民政府编，2019，《定州年鉴（2019）》，河北人民出版社。

定州市人民政府编，2020，《定州年鉴（2020）》，九州出版社。

定州市卫生健康局，2020，《定州市卫生健康局对定州市第八届人民代表大会第五次会议第 165 号建议的答复》，http：//www. dzs. gov. cn/col/1598581540366/2020/08/29/1598690352413. html，最后访问日期：2022 年 3 月 2 日。

房莉杰，2009，《制度信任的形成过程——以新型农村合作医疗制度为例》，《社会学研究》第 2 期，第 130～148、245 页。

河北卫生计生年鉴编纂委员会编，2015，《河北卫生计生年鉴》，河北科学技术出版社。

黄家亮，2012，《乡土场域的信任逻辑与合作困境：定县翟城村个案研究》，《中国农业大学学报》（社会科学版）第 1 期，第 81～92 页。

李景汉，2005，《定县社会概况调查》，上海人民出版社。

李志会，2008，《晏阳初在定县的足迹》，河北人民出版社。

刘杨，2016，《中共中央国务院印发〈"健康中国 2030"规划纲要〉》，http：//www. gov. cn/zhengce/2016－10/25/content_5124174. htm，最后访问日期：2022 年 2 月 22 日。

晏阳初，1934，《定县的乡村建设实验》，载宋恩荣编，2013，《晏阳初卷》，中国人民大学出版社。

张照青、赵颖，2007，《论定县农村卫生实验及其历史地位》，《保定师范专科学校学报》第 3 期，第 97～99 页。

赵黎，2018，《发展还是内卷？——农村基层医疗卫生体制改革与变迁》，《中国农村观察》第 6 期，第 89～109 页。

农村中的"法"：信息传播路径
与法律形象建构

——基于河北定州六村的调查*

团队成员：谭芷晔　蒋欣逸　贾秋韵　蒋　雨　周　涵**

指导老师：黄家亮

摘　要：法律的传播路径如何形塑民众的法律意识，这是法律意识研究中重要而未得到系统研究的问题。研究表明，法律的传播路径包括五类：人际传播、大众传播、群体传播、组织传播和自我传播。不同传播路径对村民法律方面的信息获取、态度形成和行为选择产生深刻影响。不同的纠纷类型形成了差异化的情境，各传播路径所发挥的作用也有所不同。这一发现有助于研究者、从业人员加深对民众法律意识的内在维度、建构过程的理解，具有一定的理论和现实意义。

关键词：农村普法　传播路径　法律意识

一　导论

（一）研究背景

法治化是国家长治久安、经济健康发展的重要条件，建设法治化国家已被纳入国家发展战略。我国的普法活动进行了30余年，在健全社会主义法制、发展社会主义民主、树立人民法制观念等方面取得了显著成就。要

＊　调查时间：2016年1月。

＊＊　谭芷晔，中国人民大学社会与人口学院社会学专业2013级本科生；蒋欣逸，中国人民大学新闻学院新闻学与国际政治专业2013级本科生；贾秋韵，中国人民大学社会与人口学院社会学专业2013级本科生；蒋雨，中国人民大学新闻学院新闻学专业2013级本科生；周涵，中国人民大学新闻学院传播学专业2013级本科生。

推动"送法下乡"等普法活动的进行，法律信息的传播是必不可少的环节，但由于农村社会的特点，法律在农村的传播具有独特的路径。从传播学的角度来看，信息的传播路径对于传播效果会产生影响，因此法律信息沿着农村特有的路径传递到村民群体中，最终对村民法律意识的形成产生影响。而这种影响是怎么产生的，农村中法律信息的传播路径与村民法律形象的建构存在怎样的联系，这些问题值得思考。本文选取定州六个村庄进行了田野调查，通过案例分析，对农村中法律信息的传播路径进行了剖析，探究各具体的路径对村民群体中法律观念的形成和法律形象的建构产生的影响。

（二）研究意义

乡土社会秩序何以建立和维系一直是学界探讨的焦点话题，而作为乡土社会外生性力量的国家司法权力如何深入乡土社会，并在乡土社会扎根以及建立法律秩序又是其中一个关键所在（郭星华、邢朝国，2010）。本文基于交叉学科的视角，对农村的法律传播情况和村民法律意识的形成进行了研究，涉及传播学、社会学、法学和法律传播学的相关学科的理论视角。

关于传播路径如何影响农民法律意识的研究，有助于法律在农村的普及与渗透，具有较强的现实意义。本研究有助于丰富法律在不同传播路径中的传播形式，从而将更多的法律信息传递给农民，增强他们的法律意识和法律观念；微观上有助于公民个人的"法律化"，宏观上有助于"法治化"社会的形成。此外，在农民法律意识更加增强的基础上，探求影响农民纠纷解决方式的因素，有助于构建利益和谐的多元社会主体参与的农村矛盾化解机制，有助于农民依法维护自己的合法权益，推动社会主义新农村的整体建设。

（三）研究现状

在建设社会主义法治化国家的背景下，我国开展了很多"送法下乡"活动。在研究普法活动的过程中，有学者发现农村中的"法"和农民心中的"法律意识"并不符合人们的想象：农民的行为更多被限定在礼俗、人情、习惯、宗法等规范和秩序内，纠纷的解决受到这些非正式民间规范的制约，形成一种甚至比国家正式法律还管用的无形的遵循模式（田成有，2001）。对于农村而言，"法律"主要是按照地方性知识来调解纠纷的一种村庄内生性权威，以此整合地方秩序（郭星华、邢朝国，2010）。

此外，我国地区差异明显，不同的政治、经济、文化、传统、习俗等因素导致普法活动存在巨大的效果差异。在广大的农村地区，尽管农民对法律的认知由感性走向理性阶段，法律意识有了极大的提高，普法工作取得了一定成效，但是一直以来，普法都是政府单方面的宣传，农民的积极性和主动性不高。传统的习俗、道德规约等在农民心中有更重要的地位，他们很少主动运用法律来维护自己的权益，也极少主动传播法律知识（何鹏，2009）。

乡村语境下法律传播的特点与处于社会转型时期我国农村社会的特点紧密联系。自改革开放以来，我国逐渐从传统农业社会向现代工业社会转型，农村社会发生了重大的历史性变迁，传统与现代、本土与外来、落后与进步的各种文化、制度、价值观念、习惯、道德相互碰撞，相互联系（卞晓伟，2010）。

农村中发生的民事纠纷具有以下几个特点：纠纷一般发生在有限的空间范围内，征地和占地问题是土地纠纷的焦点，社会观念的变化冲击了农村家庭内部纠纷（贺雪峰，2013：79）。农村中绝大部分法律信息是在解决纠纷的过程中传播的，因此以纠纷类型作为研究法律信息传播的情境划分依据是有迹可循的。

研究普法的效果，法律的传播路径是绕不开的话题。李振宇（2004）教授参考了传播学中的传播路径后在《法律传播学》一书中探讨了自我传播、人际传播、组织传播、大众传播和技术传播对法律传播的不同作用，其他学者也曾从传播路径上进行过分类，如划分为内向型传播路径、人际型传播路径、组织型传播路径、大众型传播路径、新媒体型传播路径和其他类型传播路径（申腾飞，2014）。

目前，不乏通过分析法律的传播路径来探讨村民法律意识的形成和法律形象的构建的相关研究。如张峰认为国家法和民间法的冲突是法律在农村传播的主要困境。在农民心中，传统道德规范的地位远远高于法律，"民间法"深深影响了国家法活动在农村作用的发挥（张峰，2013）。按照郭星华、邢朝国的观点，乡土社会自身有一套处理矛盾和冲突的纠纷解决机制，农民遇到纠纷时通常诉诸私力救济和社会救济，因而送法下乡难以进行（郭星华、邢朝国，2010）。另外，我国目前的普法活动只重视法律条文的宣传，没有使法律真正在农村社会生根、进入农民的生活（李小萍，2009）。谢晓斌甚至提出普法存在名实不符的弊端（谢晓斌，2011）。在传播路径及效果上，有学者认为，尽管法律宣传使用的媒介日益多元，但农民"却缺乏相应媒介的使用能力，不具备良好的媒介使用意识，没有熟练掌握相应的方法技巧，不能充分有效利用这些媒介资源来获取知识信息"（张峰，2013）。此外，法律语言是一种有别于日常语言形式的语言，在法律的传播活动中，传播者没有将法律语言解码为农民能够理解的语言，理解障碍致使多数农民觉得法律高高在上、不食人间烟火（郑金雄，2011）。

法律的传播路径对法律的传播存在着长远的影响，没有传播，法律既不能为人们所认识，也难以被社会所了解，更难以实现社会法律意识的形成和增强。目前，已有的研究中，学者们大多把传播路径作为一个整体的概念来分析其对法律意识形成的作用，而少有将农村中法律的传播路径进行详细具体分析的研究。本文在已有研究的基础上，建立一个网状的传播路径图，辅之以生动、详尽的案例，深入剖析每条传播路径与最终农民心中法律形象建构之间的联系，探讨信息传播路径对法律形象建构所产生的影响。

二　研究思路与方法

本研究的核心思路是：通过考察"法"在农村中的传播路径来研究村民意识中"法"的建构过程，简单说，就是探讨村民对"法"的看法是怎样的，又是什么导致村民对"法"有这样的看法。

（一）关于传播路径

一般来说，"法"往往是通过多条路径渗入村民意识：第一，民调人员在解决纠纷时持有的对法律的态度以及运用的法律知识会影响村民对于法律的认识和理解；第二，村民在与从法人员打交道的过程中会了解和认识法律；第三，大众传媒会向村民传递法律知识。

"法"以人际传播的形式通过从法人员和调解人员传递给村民；村民在接收信息后会进行再次加工，并传递给其他村民，法律信息在村民群体内部实现了没有固定方向和路径的扩散式传播，即群体传播；另外，"法"也会通过大众媒介传递给村民，属于大众传播；经由以上各种传播路径传递的法律信息最终都会经由村民个人消化，形成对"法"的看法，这个过程则是自我传播；从法人员和调解人员从属于特定的组织，组织内部进行的各种法律信息的交流即为组织传播。

（二）关于传播路径下的法律意识形成

广义上，法是约束与规制人们行为的力量，既包括国家法，也包括民间法。梁治平认为，国家法"可以被一般地理解为由特定国家机构制定、颁布、采行和自上而下予以实施的法律"，而民间法主要是指"这样一种知识传统，它生于民间，出于习惯乃由乡民长期生活、劳作、交往和利益冲突中显现，因而具有自发性与丰富行动的地方色彩"（田成有，2001）。

从社会学视角来看，"法"在农村这片区域中的存在状态是多维的、立体的。它不仅是一种外在的规约力量，也存在于村民的意识中，指导村民的行动。在乡土社会中，礼俗、人情、习惯、族规均属于"民间法"，村民对民间法的信仰是无意识的、不自觉的；而国家法在农村中的渗透，既构成对村民的行为约束，又逐渐进入村民的意识体系中。在访谈中，我们提及"法"，村民就会自然地探讨"法律"，而不会想到礼俗、人情、习惯这些民间法的范畴。因此，我们的访谈主要基于国家法而展开，虽然也获得了部分民间法的事实性成果，但我们并未问出"民间法"在村民意识中的状态。

综上，我们可以将"农村中的法"界定为以国家法律为基本内容的"法"在农村中的存在状态，这种状态既包括外在的约束形式，也包括内在的、村民对"法"的态度和法律意识。

在接受不同传播路径下的法律信息之后，这些信息如何形塑了村民的法律意识，是我们要讨论的核心问题，也是本研究的最终落脚点。

通过访谈，我们将村民的法律意识分为信息、态度和行为导向三个维度（见图1）。

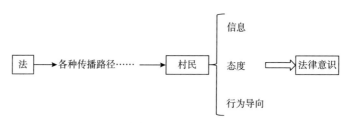

图1　法律意识的形塑过程

信息是指村民所获得的与法律直接相关的事实性信息，包括法律条文、诉讼程序以及与法律相关的国家政策等。村民接受不同传播媒介传播的信息后，往往会在脑海中形成一些或清晰或模糊的印象，主要与村民的记忆有关。

态度是指村民对于法律的看法和认识，即法律"是否有用"。这些看法是村民在接收信息之后进行自我反思时形成的，带有较强的主观色彩，主要与村民的价值观、人生经历和品质等个人属性有关。

行为导向是指村民潜在的行为选择机制，即遇到纠纷之后要怎么解决，是"私了"，还是"寻求调解"，抑或是"直接诉诸法律"。这能够反映出在涉及切身利益时，村民对于法律的真实态度。

总体上，村民所接收到的信息、他的态度以及行为导向三者之间虽然有区别，但是也有交叉的部分，甚至会相互矛盾、相互影响。正是这样的复杂关系，最终构成了村民法律意识的现状。

我们的研究是探寻不同传播路径如何影响村民的法律意识，在法律意识这三个维度上会产生怎样的影响。当然，我们很难透彻地分析村民的法律意识，因此对于其背后形成机制的探寻也不可能做到完全科学的论证。但是，也正是从"传播路径"到"意识形成"之间这种惊险跳跃的分析才使我们的研究主体具有探索性和无限的可能性。

（三）研究方法

本研究选择了河北省定州市作为田野调查点。该市地处华北平原腹地，辖21个乡镇、486个村民委员会，行政区域土地面积1284平方公里，总人口119.51万人①。作为送法下乡的前沿地区，定州市的村民具备一定的法律知识，且民事调解委员会、司法所等机构架构完整。

在访谈对象的选择上，我们主要根据信息饱和原则，分别在明月店镇赵家洼村、李亲顾镇油味村、留宿村，清风店镇吴村、王庄村、西市邑村六个村子进行了调研。我们分别访问了民调员和村委会主任，了解了村庄的基本情况，尤其是纠纷解决情况、诉讼情况和普法活动的开展情况；对村民进行随机访问，了解了他们对法律的态度、对纠纷解决方式的选择、诉讼经历等与法律相关的情况。

在访谈过程中，我们遵循"共述""共景""共情"原则（黄盈盈、潘绥铭，2011），试图从受访者的身份、立场出发，设身处地地理解他们的日常生活，以及他们所经历的事件如何影响他们对法律、当地和国家政

---

① 来源：2015 年《河北经济年鉴》，http：//tjj. hebei. gov. cn/res/nj2015/indexch. htm。

策的看法和态度，以求在交流和互动中共同构建对法律的认知。

除此之外，我们还对司法所所长和法官进行了访谈，根据研究需要，选择切入口小的、与农村纠纷息息相关的事件进行询问，同时兼顾司法所所长和法官的整体工作背景，以求在有限的调研过程中问到最具价值和针对性强的问题，并作为整体研究的侧面信息进行补充和印证。

三 "法"进入农民生活的途径

（一）纠纷与"法"的流动路径

本研究想要探究传播路径对村民法律观念的构建，首先要了解调研地纠纷的解决机制以及其中涉及的相关主体。在访谈中我们发现，当纠纷发生时，矛盾双方（村民）、调解员、村委会、镇和市的相关组织之间形成了一个解决纠纷的逐步推进的链条。同时，法律意识的构建不仅体现在纠纷解决的过程中，一些有规模、有组织的普法活动，也构成了法律意识的传播。将以上两点结合，我们得出如图2的实际情况。

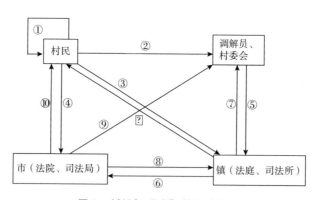

图2 纠纷与"法"的流动路径

图2中标注的数字解释如下。

上行：当纠纷发生时，村民会以①→②→⑤→⑥、①→③→⑥、①→④的顺序寻求解决。

①找"老辈子"或两家人劝和私了；②找民事调解员或村委会；③找镇上的法庭、司法所；④找市里的法院、司法局；⑤当调解员或村委会无法解决时，会找到镇上的法庭、司法所，而且调解员定期向镇上的司法所提交工作记录；⑥镇上的法庭、司法所无法解决时，会找到市里的法院或司法局。

下行：⑦至⑩展示了普法培训在农村的开展情况。

⑦司法所对调解员进行定期的法律知识和调解方法的培训；⑧司法局对司法所进行培训；⑨市里相关部门组织对全市调解员培训；⑩市里相关部门在村中开展普法教育。

（二）人民调解员基本情况

人民调解员简称"民调员"，是村一级解决民事纠纷的专职人员，直接与广大村民打交道，是纠纷信息汇聚的枢纽。民调员受村委会直接管理，同时接受镇上司法所的定期法律培训，因而既被基层行政机构赋予权利，又是国家司法体系在农村的延伸。

定州各村的"民调班子"基本上都是在村委会选举之后成立的，其来源是返聘已经退休的村委会干部或公安人员，或者由村委会成员兼任，而村中有意愿的村民也扮演着"义务调解员"的角色。人民调解制度已经作为国家的一项司法制度存在。人民调解委员会由村委会领导，在解决纠纷的原则和方法上虽然依旧以地方的村规民约和传统习惯为主，但具有现代性的司法原则也开始慢慢渗入其中。各村民调的基本情况详见附录。

（三）分析思路

根据调研地的实际情况，我们将农村中的"法"进入村民群体的途径抽象为概念图（见图3）。

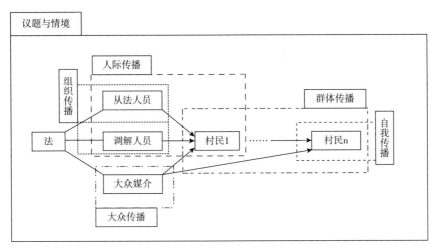

图3 "议题与情境"框架

首先，本报告将展开议题分析，逐一分析在农村中每条传播路径是如何存在的，以及其对村民法律意识的塑造（信息、态度、行为导向）发挥了怎样的作用；然后，我们通过将从村里了解到的具体案例划分到特定的情境之中，结合特定的情境来分析传播路径是如何塑造村民的法律意识的。

四　不同议题下传播路径对村民法律意识的影响

表1展示了农村中每条传播路径对村民法律意识（信息、态度、行为导向）的影响。

表1　不同传播路径对法律意识各维度的影响

		信息	态度	行为导向
人际传播	以从法人员为主的人际传播	村民主动摄取时，信息以实用为主，具有较强的工具性；村民被动接受时，获得的法律知识相对系统全面，且具更强价值导向	村民对于法律的态度往往取决于村民自身的利益诉求，如果他们在相关纠纷中获得满意结果，会对相关法律有正向态度；反之有负向态度。整体来说，村民对法律有敬畏的态度	能够从该途径获取专业的法律知识和合理的行为指导
	以调解人员为主的人际传播	村民以被动接受法律信息为主；信息往往实用、零散、随意；村民获取的法律信息受到民调员的有意限制		能私了就私了，不行再调解，实在不行再走法律程序
群体传播		传播范围与信息实用性和影响力相关，容易在传播中失真	通常态度的正负向传播是一致的（村民1对法律的正面评价会影响村民2对法律的正面看法，并传递下去，反之亦然）	无显著影响
组织传播		间接性，往往使传递给村民的信息更加全面系统（与经过严格培训的从法人员打交道）	以价值导向为主，传播官方意识形态	无显著影响

续表

	信息	态度	行为导向
大众传播	信息涉及范围最广；村民主动摄取时，具有短时性、工具性；村民被动获取时，具有价值观导向性、行为规制性	以价值导向为主，传播官方意识形态	在纠纷无法解决时提供方法的参考，也可以提高村民使用法律的规范性
自我传播	深度理解、主观性更强、持续性影响	深度理解；直接形塑对法律的态度；与个体本身的特性相关，故异质性强	在重大的事情上，在各种途径中不断调整，规避短处，寻求最佳解决方案

（一）人际传播

广义上，只要是人与人之间采取面对面的人际交流方式传播法律的活动都可以被称为法律的人际传播路径。传播活动的个体之间可以进行直观的意见交流和思维碰撞。在实际调研中我们发现，法律通过人际传播进入到村民群体的途径主要有以下两种类别：一是从法人员（如律师、司法所及法院的工作人员等）向村民讲述法律知识（"法"—从法人员—村民）；二是调解人员（如民调员、村支书及司法部门负责调解工作的人员）在解决农村中各种纠纷的过程中，自觉或不自觉地与村民进行法律的沟通和交流（"法"—调解人员—村民）。

下面我们分析每种路径的传播特点及其对村民法律意识产生的影响。

1. 路径一："法"—从法人员—村民

此条路径主要指具有法律专业知识的人与普通村民间进行的法律信息交流，村民通过该途径获取法律知识一般有两种情形：一是主动向从法人员（如律师等）咨询，了解法律知识；二是在纠纷解决的过程及普法教育活动中被动地汲取从法人员（如司法所、法院工作人员）对法律的解释信息。

（1）主动向从法人员（如律师等）咨询，了解法律知识

这一情况一般发生在目的明确、有上诉想法的村民群体中，当家庭矛盾比较严重、与家庭之外的人产生纠纷或对相关政策不满时，村民就会想到向具有法律专业知识的人咨询相关的法律信息。涉及的纠纷主要有夫妻

矛盾、财产纠纷、干群矛盾等。

村民在主动咨询专业的法律知识时往往目的很明确，希望能实质性地解决纠纷。因此，在该传播路径下，法律意识以一种短时的、工具性的形式进入到村民脑海中，法律信息主要用于解决即时的矛盾。

（2）被动地汲取从法人员（如司法所、法院工作人员）对法律的解释信息

村民通过人际传播路径被动汲取法律知识的情形主要是在起诉时，因为案件需要，学习一些相关的法律知识。

我们从对定州市法院工作人员进行的访谈中了解到，总体来说，村民的法律意识有很大提高，会用法律武器来保护自己，但很多时候仍停留在一知半解的状态，诉讼过程中甚至会产生一些错误的观念。法院在处理案件的过程中，发现村民相关法律意识缺乏时，会当面进行法律知识的宣传。这种法律信息的传播往往是一种"吸取教训式"的教育，是针对村民所缺失的法律知识进行的补充，以使其可以建立更加完整、长期的法律观念。

不管村民是主动还是被动接受法律信息，从从法人员那里了解到的法律知识具有专业性，这能帮助村民对法有更全面和深入的了解，从而对村民运用法律武器解决纠纷具有正面导向和实质性作用。

2. 路径二："法"—调解人员—村民

此途径指农村的民事调解员与村民之间进行的法律方面的交流。

村民向调解员寻求帮助或调解员主动帮助村民解决问题的情形有以下特征：一般发生在没有上诉意愿及上诉意愿不强的村民群体中；涉及纠纷主要为婆媳矛盾、夫妻矛盾、土地纠纷、劳资纠纷等；在调解无法解决问题时，村民才会选择上诉，寻求法律的帮助。同时，也存在一些法院判决后矛盾仍然无法解决，最终由调解员介入的情况。

通过调解人员，村民可以获得一些基本的法律知识，对法律条文有最基本的了解，如有妇之夫再结一次婚就犯了重婚罪、女方怀孕期间男方提出离婚违法等。但调解员本身不是专业的从法人员，其法律素养无法与专业人员相比，村民从调解员处获得的法律知识往往是浅显、零散和基础性的。调解员在调解矛盾时通常会告知村民法律的公正客观和庄严权威，某些行为会受到法律的制裁，因此村民会对法律产生敬畏，相信法律至高无上的权力。但调解员作为村中的人员，通常本着"大事化小，小事化了"

"小事不出村，大事不出镇""家和万事兴"等原则，力求以和为贵，因此在利用法律劝说村民时更多的是一种威慑，告诉村民其行为违法，会受到处罚。在这种情形下，村民往往倾向于私了或内部解决，选择上诉、用法律途径去维权的情况较少。

（二）组织传播

组织传播是组织成员之间、组织内部机构之间的信息交流和沟通。在农村，法律的组织传播主要是司法机构以及行政机构举办的传播活动。在调研地，我们发现，法律的组织传播主要存在以下三种形式：司法机构（如司法所的从法人员）内部进行的法律交流和培训，民调人员互相间的交流、分工和合作以及司法机构对民调组织（如村里民调班子）定期进行的法律知识培训和指导。

1. 司法机构内部的传播

乡镇的司法机构是一个相对独立的派出机构。在村镇，司法所工作人员受双重领导，业务上接受上级司法局的领导，也参与镇上的工作，受乡镇有关部门的领导。因此，司法机构的法律传播活动具有比较明显的组织分工特征，比如司法所所长每年都会接受上级部门有关法律知识的培训，法院在执行司法活动（如开庭、宣判、调解、执行等）时进行的法律传播，以及司法所工作人员在参与镇上工作时进行的相关法律传播活动（如普法教育工作）。

2. 民调人员内部的传播

村里的民调班子，组织相对松散。在调研地，根据村子大小的不同，民调班子成员人数在 3～10 人。在规模较小的村里，调解人员内部通常没有明确分工，而在规模相对较大的村里则会有分工。无论分工明确与否，调解员内部都会有讨论和交流，包括交流和讨论调解经验、调解原则和与法律相关的知识等。所有这些内部分工与交流和讨论都没有硬性和成文的规定，而是以村里实际情况为基础，以工作便利、缓和矛盾为最终目标。

3. 司法机构对民调组织的培训和指导

镇上的司法所和村里的民调组织是相互独立的机构，司法所会指导民调组织的工作，基本上每年一次，会聘请一些律师对民调员进行培训（一般以讲解案例为主）。此外，民调员在调解不成功的情况下也会求助司法所，由司法所的工作人员出面再次调解，不同的是，民调员在调解时往往以把事情解决为主要目的，不一定要用到法律，而司法所在调解的过程中则是首先以法律为依据，凡事都会在法律框架内解决，因而在调解的过程中实现了法律的传播。

由于组织传播主要存在于从法人员和调解人员的组织内，所以基于组织传播的法律信息对村民的法律观念是一种间接的影响。村民获取的法律信息是从法人员和调解人员对法律的"再诠释"。如果从法人员和调解人员在解决纠纷时能合理运用法律知识，在考虑实际情况的前提下，用"法"来解决问题，村民对法律的态度就会更加积极。

（三）群体传播

群体传播主要是指群体内部或外部的信息传播活动，在此主要是指村民内部的传播。群体传播活动通常是"一对多"进行传播，形成群体意识（郭庆光，1999）。群体意识的核心是群体规范，在群体传播中，群体规范能够排除偏离性意见，协调成员活动，为成员提供安全决策的依据。

法律在农村的群体传播主要是村民到村民之间，即村民内部的信息交流与传播。农村是一个熟人社会，村民无论是在茶余饭后、农忙农闲还是在传统节日，都喜欢聚坐谈论村中的大小事务，一些法律信息和对法律的态度就随着这种谈论在村民群体中传播和扩散开去。

群体传播是村民自发的传播形式，传者与受者之间存在相对比较亲密的社会关系，他们之间传递信息往往显得更加"可信"，受者的态度和行为受到的影响也更加明显。村民之间会传递一些零散、不成体系并且具有主观性的法律信息，传者的态度对受者的态度影响较大，如果传者对法律持正面态度，受者在其影响下也会对法律形成正面的看法，反之亦然。这些态度会指导和作用于村民们的行为。

群体传播与其他路径传播的最大的不同是群体传播会形成一种群体意识，对成员个人的态度和行为产生制约。

（四）大众传播

大众传播主要是利用大众传播媒介来进行法律信息传播的活动。在调研地，法律的大众传播路径可以分为两类：报纸、杂志和书籍等传统的大众传播方式，以及电视、网络等现代大众传播方式。

村民的文化程度普遍不高，没有需要时不会主动阅读法律相关的书籍。大部分村民主要通过看电视来了解法律信息。几乎所有的受访村民都会观看河北电视台农民频道的一档大型公益调解类节目《非常帮助》①，在调研地，这档家喻户晓的节目是法律通过大众传播进入农户的主要渠道之一。此外，还有一些农民也会观看央视十三套的《法治在线》等其他普法节目。

大众传播通过这样一种"少数人制作，多数人消费"的形式，极大地拓展了信息的传播面，利用大众媒介这样一种新鲜、活泼的形式和手段，使法律知识悄然地进入每家每户，极大地填补了村民法律信息的空白。大众传媒所宣传的法律知识涵盖各个方面，对村民法律意识的形成起到相对积极的作用，使村民对法律持更加尊重的态度，认为法律是"公正、有道理的"。但在遇到纠纷后，村民也有可能通过大众媒介主动了解法律知识。例如当遇到婚姻矛盾时，当事人可能会查阅婚姻法方面的书籍。在主动摄取时，这种传播方式具有较强的针对性和工具性，主要是可以帮助村民获取特定领域的法律知识。

（五）自我传播

自我传播指个体内部的信息交流活动，是自己对自己的传播，表现为人类个体内的意识活动和思维活动，信息的发出者和接受者是同一个人（郭庆光，1999：64）。

自我传播是个体（个人）信息系统内的传播活动，但并不是与外界完全割裂，而是社会传播的内化。在农村的法律传播过程中，无论法律信息通过什么途径传递给村民，最终都要通过村民的自我传播形成自我意识，也只有在经过自我传播之后，法律信息才算真正到达了村民。自我传播的内容来自外部环境，因此外界传递给个体的信息极为重要。

自我传播是个体的意识活动和思维活动，村民在对接收到的信息进行解码时会根据自身的需要进行取舍，最后真正接受的是那些与自己利益有关的法律信息。个体在接受外界的法律信息之后，会通过反思和消化形成对法律的深度理解，这种理解的方向和维度也直接形塑了个体对于法律的

---

① 《非常帮助》以"帮大哥"在民间调解为切入点，关注普通人的婚姻家庭、情感困惑、生活纠纷、寻亲诉求等。

态度和看法。自我传播对法律意识的影响是最长远和持久的，外界的信息内化后转变为个体的意识，并指导其行为。

五 不同情境下传播路径对村民法律意识的影响

（一）离婚情境：人际传播增加法律知识，自我传播影响价值判断

在本次调研中，夫妻矛盾是发生频率最高、形态最多样的矛盾类型。夫妻承担着赡养老人、抚养子女的责任，因而处于家庭中轴的夫妻关系面临着多方面的挑战。按轻重程度可以将访谈案例大致分为两类。一类是日常生活的小摩擦，未上升到离婚层面。这类矛盾通常可以内部解决，相对严重的会找民调员解决，王庄村的民调主任说道："离的很少，一般两头嘻嘻哈哈就好了。""真闹离婚的也不会找我们了。"另一类是涉及离婚的矛盾。在解决纠纷时，当事人会根据自身实际情况选择调解或是诉讼。由于离婚不仅涉及感情的破裂，还牵涉到家庭的维系问题，因而纠纷双方不仅要寻求外在的帮助，还需要在感情和现实中不断思考和权衡。在这个过程中，人际传播和纠纷当事人的自我传播都占很高的比例。

在涉及离婚的夫妻矛盾中，在不同阶段需要解决的核心问题也不同。

首先，在未离婚之前，夫妻双方因为一些问题出现隔阂，较为典型的是"女方嫌男方赚钱少"、"一方行为不正"、"婆媳不和"和"财产纠葛"等，在"闹离婚"阶段，选择调解的所占比例较高。油味村的老民调员谈到他的调解经验时指出，针对婆媳矛盾不和导致的离婚危机，会讲"跟婆婆不会过一辈子"的道理，然后给出"可以和老人分开过"的解决办法；而针对感情不和引起的离婚危机，他指出，要强调离婚给小孩带来的伤害；针对财产纠葛问题，则提出"人结婚是主要的，东西是人制的，所以不要纠缠"。这些劝说带有明显的价值导向，即劝和不劝分，强调夫妻应以家庭和睦、承担责任为重。这些价值导向通过人际传播传递给夫妻双方，通常会起到正向的作用。在夫妻感情不可挽回的时候，调解似乎就显得力不从心。我们在留宿村访问到一户汗蒸店女老板，是一位单亲妈妈。她与丈夫闹离婚的时候，也有调解员从中劝和，但最后她坚持离婚，并且不认可调解员的调解工作，"我不相信，他们有时候说得天花乱坠，但是还是要我们自己来过日子"。

其次，在离婚过程中，涉及最多的是财产分配和孩子的抚养权问题。我们在分析大量离婚案例之后发现，涉及孩子抚养权的问题大多会采用诉讼手段解决；财产分配问题则视情况而定，既可能通过调解也可能通过诉讼解决；其他问题基本都可以通过调解来解决。

无论是离婚之前，还是离婚过程中，抑或是后续阶段，人际传播都占相当高的比重，夫妻双方既可能各自通过咨询从法人员来了解婚姻相关的法律条款，知悉自身的处境，也有可能通过民调员进行沟通。在民调过程中，民调员以讲道理、思想教育为主，但也会在个别议题上向夫妻双方传授法律知识。

除此之外，自我传播也是离婚情境中法律传播的重要机制，离婚情境中最特殊的地方在于，法不容情，却要裁决感情最亲密的夫妻关系，因而带给双方的煎熬更是不言而喻。当他们在与各方联系，获取法律信息后，往往在内心进行"情"与"法"的反复权衡，希望寻求一个最佳结果。上述提到的那位单亲妈妈在与丈夫协议离婚时同意将女儿交由丈夫抚养，而丈夫离婚后又迅速组建了自己的家庭，新任妻子屡屡限制孩子与亲生母亲见面，无奈之下，单亲妈妈希望能重新要回孩子，然而咨询律师后获悉法律上认可协议离婚条款，无法帮她要回孩子，她只好苦苦恳求丈夫还回孩子。在要回孩子后，念在丈夫的情意上，她也从未找丈夫要过抚养费。当被问及是否相信法律时，她的回答是："相信，我觉得法律啊，放在村里一些事上，还是有用的，但是在亲情上，法律不生效，假设她爸爸不同意，我是怎么要都要不回来的。"这说明她对法律是信任的，相信法律的权威，明显的表现就是她会利用法律的权威与丈夫达成妥协（在抚养权和抚养费问题上），而这种对"法"的认识，与她自身的坎坷经历，以及从法人员传递给她的法律知识和她自身的反思，都是分不开的。

（二）分家矛盾情境：人际传播传递法律信息

分家矛盾是指子女在拆分成独立的家庭时因父母财产继承的分配问题或因分家后父母及其他原生家庭成员的赡养、依附问题而产生的矛盾，多出现在多子女家庭中。农村中非独生子女家庭较多，分家仍然是一种常见的现象，分家时产生的纠纷也属于常见纠纷的一种。

分家纠纷由于时常涉及财产问题，属于较为硬性的纠纷，其解决需要一定的法律知识和技术支持，并且最后一般都需要有效的证明或者协议，这些证明被各方承认并且具有法律效力。在西市邑村，我们从当地调解员口中了解到了一起分家纠纷的案例。老人有两个儿子，因为儿子结婚的问题产生矛盾，要分家。"我们就把咱国家的政策和法律给他解释清楚，给他提意见"，调解员表示这样的纠纷"容易解决"。调解后要在分家协议上盖章，即调解后需要订立契约以产生一定的强制效力。在调解无法解决问题时，村民会选择"打官司"。

在分家矛盾的解决机制中，法律信息的传播是以人际传播为主要路径。不管是村民自己已经通过传统的"契约"或协商达成了共识，还是通过诉讼解决了问题，都体现出村民在解决分家矛盾时有一定的法律意识。而在解决问题的过程中，调解员会用法律知识对双方进行劝解，当然这里的"法律"是经过调解员润色后，适合农村的通俗的说法。西市邑村的调解员就认为"关于老人待遇，不能说国家法律怎样，而要根据实际情况来进行调解"。在获取了一定的法律信息之后，村民对法律的看法会受到相应的影响，如果调解成功或者上诉后村民认为判决公平，村民就会认为法律是"公正的"，相反就可能会对法律产生不满，这样的态度和观念累积之后，就形成村民的法律意识，进而影响他们的行为。

（三）婆媳矛盾情境：人际传播影响观念态度，组织传播促进信息交流

婆媳矛盾不仅指媳妇与婆婆间的矛盾，也泛指媳妇与丈夫的其他长辈之间的关系不和。婆媳矛盾往往产生于日常生活的琐碎小事，并非不可调和。由于发生在家庭内，是较为敏感而隐私的话题，因而村民基本都秉持"家丑不可外扬"的原则，尽量内部消化这些矛盾，情况严重至难以调和时，也会寻求调解员的帮助。

我们接触到的婆媳矛盾案例全部出自调解员之口，这从某种程度上说明，除了家庭内部消化的矛盾，婆媳矛盾大多通过调解解决。在这个过程中，人际传播具有非常重要的意义。民调员根据婆媳矛盾的具体情形，结合自身调解经验，通过对双方进行教育来缓和矛盾，同时将自身所秉持的道德、习俗和价值观念传递给纠纷当事人，改变当事人的态度和想法。

调解员调解婆媳矛盾时，没有一定之规，但基本都不涉及硬性条款，而是往往采用柔和的、"讲道理"的方式。留宿村的义务调解员谈到他在

处理婆媳矛盾时，主要谈年轻人应遵循传统道德原则——"孝"；油味村的老民调员则用"上行下效"的道理来说服媳妇："你应该对公公婆婆好一点，你要不好呢，你小孩将来对你也不好。"虽然讲的道理不同，但都包含着晚辈应当隐忍敬重长辈的价值观，而不论矛盾的具体原因。另外，"上行下效"体现了对媳妇行为的隐形斥责，这种斥责建立在婆媳关系本就不平等的基础上。这些解决方式都是对农村固有秩序的一种维护。

当然，也并非所有调解员都是劝媳妇忍让婆婆，也有对婆媳双方进行劝说的案例。例如赵家洼村的民调员在一起案件中，就充当和事佬的身份两头说和。类似案例中，矛盾关键不在于事情，而在于长辈与晚辈之间的礼数关系。在这类纠纷调解过程中，调解员主要起情况互通的作用，把双方不方便说的话说出来，顾及双方情面，便能解决问题。

除了人际传播之外，我们在调研中发现，人民调解委员会在进行婆媳纠纷的调解工作时，还存在组织传播行为。在对吴村调解委员会主任进行访问时，我们得到了以下信息：委员会里共有五位调解员，每人负责两个大队，五位调解员中，仅有一位女性调解员。一般情况下，调解员都会在自己负责的区域内开展调解工作，但是当"遇到有婆婆和媳妇闹不好的，还得要有女同志在场"。

在这样的组织中，成员之间的信息交流和沟通，其根本任务是清除或减少组织及组织成员对自身环境的不确定性，增强组织内部的联系。符合组织传播的定义，也承担着组织传播的功能：一是内部协调，通过信息的传达和反馈相互衔接，使各部门和岗位成为既各司其职，又在统一目标下协同作业的整体；二是指挥管理，组织目标和组织任务的实施需要进行指挥管理，民调委员会在民调主任的指挥下开展工作，在遇到婆媳矛盾时又会对成员进行调用，是一种指挥管理；三是达成共识，一个组织必须围绕某一目标或宗旨，在组织成员中达成普遍的共识。在民调委员会中，调解员围绕"为人民办事""能我们给解决的就不闹上法院"等普遍的共识开展调解工作，在保持凝聚力和战斗力的同时，也让这样一种法律观念在民调员之间传播开来。

（四）赡养纠纷情境：人际传播建构法律意识，大众传播传递法律信息

赡养，是指子女对父母的供养，在物质和经济上为父母提供必要的生

活条件。我国在宪法、老年人权益保障法、婚姻法、刑法等相关法律中规定了子女对老人的赡养义务。赡养矛盾的出现一般有两种情况：一是独生子女家庭，子女对父母的不赡养行为引起的两代人间的矛盾；二是非独生子女家庭，子女因为在分担赡养老人义务的问题上有分歧而产生的矛盾，这种情况比较特殊，一方面各子女同父母有代际矛盾，另一方面兄弟姐妹之间也存在着矛盾。在农村，多为非独生子女家庭，因此第二种情况在农村比较普遍。

赡养纠纷发生时，村民一般会先在家庭内部进行自主沟通和协商，当协商无效，无法达成共识，甚至造成矛盾激化时，村民会找到村委会和调解员来对事件进行调解，调解无效的，就会通过诉讼的方式解决，但这样的情况极少发生。在我们的调研中，大部分赡养老人的矛盾都通过调解得到了妥善解决。

我们在调研的过程当中接触到了不少关于赡养老人的案例，矛盾双方都经历了调解的过程。在此过程中，人际传播仍然是最主要的传播路径，即法律通过从法人员或者调解员，传播至村民群体之中。在赵家洼村，就有一位村民因不赡养他的父亲而与父亲产生了较大的矛盾。从当地调解员口中，我们了解到，矛盾发生后，他们就找调解员进行调解。"当时我们找村里的'老辈子'去说说这个事。"在解决一般的赡养纠纷时，调解的方式方法有很多，赵家洼村的调解员表示："说服他的时候，第一个是从法律角度，第二个是从道德角度。"最后成功解决了矛盾，父子之间达成了共识。当然，也有调解不成功的案例，如在访问清风店镇司法所所长时我们了解到的一个案例：有一个老父亲，有三个女儿和一个儿子，儿子因"在外面这么多年了，也没挣到钱"不肯赡养父亲，村委会和调解员都没调解好，后来父亲就起诉了。

调解员在进行调解时，会运用"法"和"理"去劝解双方。在这个人际传播的过程中，村民作为受众，接收到了一定的法律信息，这些法律信息与严肃固有的国家法在表达方式上有区别，经过了调解员的解码，更利于传播和接受。村民接受这些法律信息，无论纠纷最终是否解决，都会形成一个对于法律的看法，法律意识逐渐在村民心中被建构起来。

（五）土地纠纷情境：人际传播影响纠纷解决，群体传播传递法律观念

土地纠纷主要指村民在对土地、宅基地、水渠等划分有异议时产生的矛盾。此类纠纷不同于家长里短的"关系"矛盾，它涉及的矛盾主体简单明确，所以解决过程要尽量做到公开透明，策略也比较单一，采取一种"站在大街上说"的解决方式往往是最恰当的。

土地是具有经济属性的资产，涉及私人利益的矛盾调解需要有一个村里人公认的衡量标准。在土地纠纷的解决上，被大家所接受的标准是地契或宅基证。在王庄村我们访谈到一起发生在叔侄之间的宅基地纠纷。侄子在外当兵，于是委托叔叔看管自己的宅基地，农村修路之后叔叔不想把宅基地还给侄子了。调解员介入之后，叔叔仍旧以一种无理取闹的态度应对，并提出就算不把地给他也起码要给他管理费的要求，但调解员最终给出的处理决定是让叔叔把宅基地还给侄子。"我们根据法律来的，当时也立了协议。"协议生效后，即使告到法庭，法庭仍是根据调解时的协议做出判决。

土地纠纷中调解员扮演的是中间人角色，根据有效力的地契或宅基证判断，在这个过程中人际传播是理性的。调解员会对矛盾双方中不该占有这块地的一方进行说和，向他传递"文书上就是这么写"的观念。而且，因为有一个固有的评判标准，它高于"亲情关系"的层次，所以这个纠纷解决的过程也体现了一种法律观念的群体传播过程，它向村民传递了一个信息，即那些被公认的标准是需要遵守的，它是习俗、道德、情理的一种，但又高于它们。村民知道这样能解决问题，所以他们对法律会更加信任，在遇到类似纠纷的时候也会以这样的流程来处理。同时，这类纠纷的解决往往比较公开，所以这种观念会影响着所有看到、听到此类纠纷解决的村民，一种"遵守"的惯例在潜移默化中形成。

但是随着国家政策的变化，地契也有不管用的时候。西市邑村的调解员曾调过这样一起纠纷：村里修路占了一户人家地契上属于他家范围的土地，于是这户人家就有些不满，但因为道路的问题比较特殊，道路的规划是受地理因素限制的，调解员出面调解了三四次，最后村里赔付了二三十万元把这件事了了。在这个调解过程中，村民举出了地契为证，但因为国家政策的变化，地契无法起效，调解员从政策变动的合理性到"道路不能

断"的通俗性进行说和，"遵守"意识的形成中，"变通"在农村社会或许更为普遍。但变通与法律的强制性有冲突，可能会让村民对类似法律的规定形成怀疑。既然举出"地契"也并不能解决问题，那下一次他可能会直接选择以私了的方式来解决。

（六）劳工纠纷情境：人际传播影响价值和行为选择，大众传播促进纠纷解决

劳动关系是最重要的社会关系之一，涉及经济层面、社会层面、稳定层面（梁晓春，2011）。土地承包责任制的推行使村民改变了生产方式，越来越多的人选择在村内或村外务工来赚取生活费用。新的生产方式带来了新的矛盾。一方面，务工过程中受伤在所难免，受伤之后就涉及赔偿的问题；另一方面，劳动工资的拖欠也成为新的纠纷源头。这不仅仅是一个经济问题，若处理不当，将发展成不可控的社会问题和政治问题。

若纠纷发生在同村村民之间，碍于矛盾双方除了劳资关系外还有邻里关系，村里的调解员和村委会会以说和的形式来解决这个矛盾，尽量让矛盾不出村，即不上升到诉讼层面。我们了解到，在留宿村有个铁丝网企业，本地生产后出口。如果村民在务工时受伤，调解员会帮助村民讨要赔偿，"咱们也就说道说道，要得多了厂子里也不行"，讨要时没有固定的标准，关键是能让双方满意，这使本来应该流程化、数目明确的经济纠纷转化成了模糊的关系纠纷。人际传播成了一道平衡的桥梁，村民在说和中接受了"维护关系为本"的纠纷解决原则，也巧妙化解了利益关系与邻里关系之间的尴尬对立。因为有调解员，村民很少选择诉讼，村民几乎不太可能在这种情境下与法律有直接接触，在行为导向上是对诉讼这条途径的阻碍。

如果纠纷发生在村民与外村之间，力量弱小的村民一般依靠调解员和村委会来处理纠纷，因为组织与组织之间的对话，往往比个人与组织之间的对话更有效。矛盾出了村，就带上了公开的性质，并且劳动纠纷在社会上的影响使其具备了被大众媒介传播的可能性。河北电视台的《非常帮助》中也经常会播放一些劳动纠纷的案例。节目中的纠纷解决与村中的有所不同，它的公开性使它必须带有科学性，所以村民在观看这类节目时能够接触到一些相关的法律法规，可以增强法律意识。电视台播放的往往是

成功的案例，这又从侧面增强了村民对法律的信任。大众传播有一种可控性，它可以在价值导向和行为导向上对村民法律观念的发展方向有所引导。

（七）干群矛盾情境：群体传播影响法律权威

一般意义上的干群矛盾是发生在干部与群众之间的。和谐社会面临的主要挑战是社会群体之间的利益冲突，其中干群矛盾的日益显化令人担忧（李培林、陈光金，2008）。随着农民思想观念的逐渐进步，对于村干部的一些违规行为，如果侵犯到自己的权益，村民轻则以言论的形式进行抗议，重则会上升到诉讼等对抗的形式。

农村中最可能出现的干群矛盾是，村民对村干部合理合法使用公权力的不信任。如果村民有异议，又无处宣泄，找不到有效途径来对抗这种无力，则会将个别村干部的不好之处在村民群体中口耳相传，而村民本就容易被舆论影响，他们缺乏自己接触信息的渠道，只能通过群体传播中的道听途说来补充自己的认识，于是个别村干部的不作为就变成了村民的共识。这种群体传播，使某几个村民对个别村干部、对法律执行的不信任感逐渐影响到整个村民群体。

六　结论与建议

（一）结论

在议题分析中，我们逐条分析了不同传播路径（人际传播、大众传播、群体传播、组织传播和自我传播）对村民法律意识的不同维度（信息、态度、行为导向）的影响（见图4）。总体上，我们得出了以下结论。

第一，在获知信息方面，当村民主动了解信息时，以从法人员为主的人际传播和大众传播起主导作用；当村民被动获取信息时，调解人员和从法人员的人际传播、大众传播均起到主导作用。

在调研中我们发现，村民在日常生活中遇到不可调和的矛盾时会主动了解法律信息。他们既可能通过咨询从法人员来获知相关法律信息，也可能选择通过报纸、书籍等大众媒介来了解法律相关内容。出于实际需要，主动获取的法律信息以实用为主，具有较强的针对性和工具导向。

另外，村民还有可能被动地接受法律信息的传播。首先，村里的广

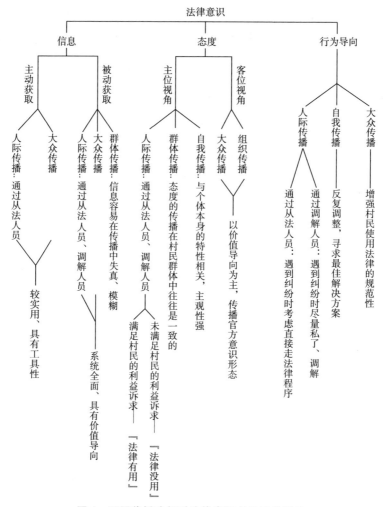

图4 不同传播路径对法律意识各维度的影响

播、定期的法律宣传和电视上的法制频道等，都在一定程度上传播了法律
信息。这种大众传播路径下的法律信息传播往往具有较强的价值观导向和
行为的规制性。其次，当村民遇到纠纷需要调解员来调解时，调解员会将
自己了解的法律知识告知村民，然而由于民调员知道的法律知识相对有
限，不成体系，因而对村民的信息传递也是零散、随意和以实用为主的。
最后，当村民在寻求从法人员的帮助时，会意外获得一些信息。

第二，在村民态度方面，自我传播、人际传播和群体传播主要从主位
视角影响村民对法律的看法，而大众传播和组织传播主要从客位视角影响
村民的态度。

村民有可能将对于"法"的看法代入自己的现实生活，即主位视角。当村民遇到纠纷需要寻求帮助时，人际传播会在较大程度上影响村民对法律的看法，即当村民在纠纷解决中获得满意结果时，会对法律有正面态度，反之则会产生负面态度。此外，当村民将自身的纠纷解决经历告知周围人时，这种态度会通过群体传播影响到其他村民，使他们对法律产生同样的看法。最后，无论是人际传播还是大众传播，村民都是在从外界接收信息之后形成对法律的态度和看法，这个过程则为自我传播，自我传播直接促成村民态度和看法的形成。

当然，村民也有可能将"法"看作与自己生活无关的事物进行评价，即客位视角。以官方为主导的大众传播和组织传播通常会向村民传递官方的意识形态，以价值导向为主。村民在接触大众传播和组织传播之后，会对法律有相对宏观的认识，例如认为国家不能没有法律，法律有助于社会秩序的维护等。

第三，在行为导向上，调解人员的人际传播往往会影响村民选择法律途径解决纠纷，从法人员的人际传播往往为村民的行为选择提供合理的指导和客观建议，大众媒介的传播则主要增强村民诉讼行为的规范性。

当村民遇到纠纷寻求民调人员解决时，民调人员通常会以经验、风俗习惯和传统为调解的原则，而较少使用法律。民调人员往往本着"大事小事不出村"的原则，尽可能将矛盾化解；从法人员则会站在本职角度，给予村民更加合理的指导和客观的建议；大众媒介提供给村民相对最为体系和严谨的法律知识，因而有助于村民在采用诉讼手段时更加客观。

（二）建议

通过理论分析和实地调研，我们总结了农村中法律信息传播现有的问题，并提出以下增强村民法律意识的七点建议。

第一，关注农民的实际需求，加强与农民切身利益相关的法律知识的宣传。

整体而言，农民的法律知识匮乏，要加强与农民切身利益相关的法律知识的传播，充分发挥农村现有传播工具的作用。农村主要通过村内广播、印发宣传册、举办法律讲座、播放与法律相关的电影等途径进行普法，但是目前效果并不明显，亟待改进。为了加强法律知识的传播，普法工作者应该增加广播播送法律知识的频率，定时、定周期进行播送；根据农民的实际需求，在宣传册上印发与农民切身利益相关的法律知识，使农民愿意主动接受宣传册上的信息，农村常见的纠纷有土地、赡养、离婚等，因此要着重传播与这些纠纷有关的法律知识；增加播放法律题材电影的频率，并鼓励农民观看；改变刻板的宣传模式，举办一些法律知识竞赛和其他相关活动，并发放一些奖品，让农民愿意主动学习法律知识；实行送法入户，普法工作者进入村民家中传播法律知识。

第二，充分利用法律资源，告知农民获取法律信息的途径。

在调研中，我们发现自普法活动开展以来，农村已有大量法律资源和获取法律信息的途径，但村民并不了解。村庄"公共图书室"无人问津、灰尘满地；普法讲座少有人去；村民对于给本村提供法律援助的律师事务所也知之甚少。这是对法律资源的极大浪费，也是普法工作推行困难的原因之一。因此，政府和普法工作者应该反复告知农民获取法律信息的途径，保证农民在需要获取法律知识时有渠道。目前，大部分农村以设置公告牌的形式告知村民获知法律信息的途径，但是公告牌往往形同虚设、起的作用不大。普法工作者可以制作一个法律知识来源手册，将农村现有法律资源、普法活动信息和法律工作者的联系方式一一列出，发放到每个村民家中，使所有法律信息"触手可及"。

第三，解码法律语言，注重法律传播中的修辞。

修辞蕴藏于一切传播活动中（Ehninger, 1972）。只有将法律语言解码为日常生活语言，农民才能理解和接受。法律语言具有强烈的逻辑性、严密性和专业性。这些特性在现实生活中会遭遇强烈的抵制，农民是知识文化水平较低的一个群体，很难理解专业性太强的语言。在农民眼里法律是神圣的，但若没有通往神圣的道路，法律就永远遥不可及、高高在上。因此，法律传播者在农村传播法律时要因地制宜、因"俗"制宜，根据不同农村地区的语言习惯、风俗习惯将法律语言解码为当地村民可以理解、乐于接受的日常生活语言，使法律融入农民的日常生活。在这种情况下，农民谈论法律知识时就如同闲话家常。只有当法律本身是可亲近、可接受的，农民才会去亲近和接受它。

第四，彰显农民的主体性，鼓励农民对法律知识进行再思考。

农民处于传播的中枢位置，对上承接信息，对下传播信息，因此农村的法律传播要彰显农民的主体性。根据调研，我们了解到现行的普法活动只是单向的信息传播，农民往往只是信息的接收者，被动接受信息却没有参与到传播过程中，成为普法活动的旁观者。因此，我们建议在往后的法律传播中要将农民看作一个平等对话的主体，将农民纳入法律传播的过程中（胡百精，2014）。普法工作者要定期与农民进行交流，了解普法活动的效果，及时改进自身的工作；在普法宣传栏旁边设置意见栏，收集农民的意见并及时给予反馈；设立普法热线，及时告知农民所需的法律信息；以奖励的形式鼓励农民主动传播法律知识；举办一些宣传法律知识的集体活动，鼓励农民参与其中。当农民成为普法活动的参与者而不是旁观者，他们就会主动了解、传播法律信息，在自身法律意识增强的基础上，还能带动身边的人学习法律知识，这样普法活动就能事半功倍。

第五，村干部合理合法使用公权力，树立法律的权威。

根据调研，我们发现，当跟干部发生矛盾时，村民往往会对法律产生负面看法。在农村，村干部影响着法律的执行和村民纠纷解决的过程，一旦有村干部无为、腐败、公权私用，村民就会对公权力产生怀疑，进而怀疑法律的公正性和有效性，因此村干部群体要遵纪守法，合理合法使用公权力。村委会应该做到以下几点：首先，主动告知、全部告知、迅速告知，村委会要主动将一切与村民利益有关的信息晾晒在阳光下，不隐瞒、不掩饰、不欺骗；其次，廉洁行政，以村民的集体利益为重，村委会作为自治组织，应该服务村民；最后，村干部以身作则，提高自身的法律素养，不违法乱纪。在这种情况下，干群矛盾减少，村民对公权力的质疑也相应减少，从而可以树立法律在农村的权威。

第六，充分发挥传播者的作用，加强对调解员的培训。

调解员是法律在农村传播的主要信源，因此要加强对调解员的培训，提高其法律素养，使他们成为可靠的法律传播者。调解员不是专职人员，工资较低，法律素养不高，能够传播给村民的法律知识有限，有时甚至会传递错误的法律信息，这不利于普法工作的进行。因此，要提高调解员的法律素养。首先，政府要增加调解员的工资，提高其传播法律知识、解决村民纠纷的积极性；其次，加大对调解员的培训力度，多组织调解员学习法律知识，提高其法律素养；再次，实行考核奖励制度，考核调解员的法律知识，对优秀者进行奖励，以此鼓励调解员主动学习法律知识；最后，将调解员按区域和村民数进行分配，每位调解员负责帮助固定的村民增强法律意识，缩小服务范围，增强传播效果。

第七，增加大众传播路径，探索更接地气的普法传播方式。

随着信息化时代的到来、新媒体及网络的普及，大众传播媒介的信息传递作用日益凸显。在调研地，我们发现河北省电视台的《非常帮助》节目有很高的收视率和认可度，农民、调解员和法官都喜欢收看这一节目，节目中的"帮大哥"和"帮大姐"在帮助农民解决纠纷的同时也传播了一些法律知识。因此，政府部门及普法机构应该多上一些类似的农民喜闻乐见的接地气的普法节目，寓法于乐，让农民在娱乐中学习法律知识。除此之外，普通村民一般很少会主动购买和阅读与法律相关的书籍，普法工作者可以在农村修建"法律书屋"，免费提供法律书籍、报刊、影像资料等，以供村民阅读、观看。

参考文献

卞晓伟，2010，《新时期我国农村纠纷的多元化解决机制研究——基于湖北省的实证调研》，硕士学位论文，华中农业大学。

郭庆光，1999，《传播学教程》，中国人民大学出版社。

郭星华、邢朝国，2010，《从送法下乡到理性选择——乡土社会的法律实践》，《黑龙江社会科学》第 1 期，第 129～133 页。

何鹏，2009，《论法律意识的传播与农民法律意识的构建》，《西安社会科学》第 4 期，第 33～35 页。

河北省人民政府办公厅，2015，《河北统计年鉴 2015》，中国统计出版社。

河北省人民政府办公厅，2015，《河北经济年鉴 2015》，中国统计出版社。

贺雪峰，2013，《新乡土中国》，北京大学出版社。

胡百精，2014，《说服与认同》，中国传媒大学出版社。

黄盈盈、潘绥铭，2011，《论方法：定性调查中"共述"、"共景"、"共情"的递进》，《江淮论坛》第 1 期，第 107～113 页。

李培林、陈光金，2008，《中国和谐社会两大挑战，干群关系冲突最大》，《中国青年报》第 9 期。

李小萍，2009，《新农村建设中法律传播存在的问题及其完善》，《农业考古》第 6 期，第 127～129 页。

李振宇，2004，《法律传播学》，中国检察出版社。

梁晓春，2011，《劳工群体性事件及其纠纷解决机制的法律思考》，《政法学刊》第 3 期，第 81～85 页。

申腾飞，2014，《当代中国法律文化传播路径问题研究》，硕士学位论文，广西师范大学。

田成有，2001，《乡土社会中的国家法与民间法》，《开放时代》第 9 期，第 28 ~ 34 页。

谢晓斌，2011，《对普法工作的反思与重构——基于普法性质的考量》，《人民论坛》第 35 期，第 82 ~ 83 页。

张峰，2013，《城乡法律传播效果研究》，硕士学位论文，西南政法大学。

郑金雄，2011，《易读性传播：法律传播中的语言解码与理解》，《政法论坛》（中国政法大学学报）第 6 期，第 24 ~ 36 页。

Ehninger, P. 1972. *Contemporary Rhetoric*：*A Reader's Coursebook*，Scott, Foresman and Company.

附录

表　调研中收集的六村民调的基本情况

	调解班子的情况	纠纷类型	调解原则和方法	调解中法律的运用
留宿村	四个民调员；均工作"十几二十年"；村民一般首先找调解主任，然后调解员之间协商；民调员工资少	民事为主；离婚、宅基地、耕地、交通事故纠纷多；春天纠纷多	调解没有特定规矩，主要是两边说通（适当情况下还需调解员自身担保）	民调员有一定法律知识，但在调解中用不上，"主要是因为没有这个权"；村民听不懂，可能还有反作用
油味村	十来个民调员；原本该村五到六个就行，但数量上没什么关系，"这村里没什么大事儿，多一个少一个无所谓"；受访的老民调员七十多岁，已经工作几十年	婆媳矛盾、离婚、土地纠纷多；工程队事故	主要按照习惯；"讲道理"；具有内隐的传统价值观（离婚是劝和不劝分）	法律培训是"走形式"。要以不违背法律为前提进行调解。村里"打官司"的情况少，"打官司"的情况有两种：第一，民调解决不了，达不成协议时会打官司；第二，不经过民调，直接去"打官司"，但"打官司"后还是会依靠村里解决
王庄村	三个民调员；分工上，小事儿民调主任解决，大事儿三个人一起；"有什么事儿先找民调主任"；大队民调员能解决就解决，不能解决就上镇里司法部门，"找所长出面"；民调员工资很少，没有补贴	"打架的，离婚的，想不到的事儿都有"；劳动纠纷；还有土地纠纷、土地边界问题，由此使得种麦的时候（每年十月）纠纷比较多	按照"土法儿"来解决；基本上都没有记录的习惯；调解后，大事可能会签调解协议，小事情就不用	"在农村按照法律条文来办事是办不成的"；"在农村，法律还得和土法儿相结合"；法律的用处似乎还有"震慑住村民"；"法律培训有用"，但至于怎么有用，"起码个人能长点知识"

	调解班子的情况	纠纷类型	调解原则和方法	调解中法律的运用
西市邑村	三个民调员；民调主任71岁，"工作十来年了"；另外两个60多岁；工资报酬是一年一千五六百元（因为西市邑村今年有集体收入，所以工资比其他村相对高些）	因为村里卖地，所以大伙儿都有钱了，近半年基本没有什么矛盾；主要解决分家方面的问题；以及"为这个地边儿的"，房屋的，吵架的，分家的	"和稀泥"；解决好的原则是"两头都不闹了，就算解决了"，"那要调解好是没法儿调解好的"，即两头不可能都满意	"你们是学法律的，跟着俺可是学不来的"；民调员因为没权，所以"用不上法律"，"否则很快就把人得罪完了"；法律解决的问题更严重；就算是"俺当时看了法律也记不住"；但是相比以前，现在是更讲法律了，原因是过去，如果有不孝敬老人的情况，村干部会不管青红皂白把人先揍一顿，但是现在都是做思想工作，或者去法院解决（他可能觉得更文明了就是更讲法律了）
吴村	五个民调员，民调员之间有具体的分工，每个人管两个生产队（吴村有十个生产队）；分工没有什么标准，但是女调解员一般会调解婆媳矛盾，比较擅长；调解主任原来是在派出所上班，后来退休后为人民服务，才做民调员；工资是一年两千元		以法、以理服人（"'理'就是千百年流传下来的，祖先的，风俗习惯的；而法就是国家制定的规章条例和制度"），至于怎么协调"法"与"理"的关系，则是"应该用理说就用理说，该用法说就用法说"	老百姓不爱听法律，也听不懂，要给老百姓讲道理；认为法律是章程，比如全面二孩政策；认为调解是第一步，是柔和性的，法律是强制性的，事情如果调解就可以解决，就不用走法律程序，"这样村里也和谐"

	调解班子的情况	纠纷类型	调解原则和方法	调解中法律的运用
赵家洼村	六个民调员，村里六个角，一个角上一个，并不都是党员，会定期上党课；民调员与公安人员之间还有区别，公安人员主要管打架，民调员主要管吵架	"主要是赡养这一块，婆媳关系"；"再有就是经济纠纷，有务工人员磕着碰着了，经济赔偿这一块"；"还有边界地界，宅基地，我们就是管村子内部的事的"；"有外村的或者我们村的，跟人家撞车了，也找我们解决。外村的事就去找那个村的大队，然后共同协调"	调解方法是多种多样的，"不能生搬硬套"；调解的目的是"使人民内部矛盾最小化"；调解完后会有记录；民调主要依据道德，没有一个固定的标准	调解时也会提到一些法律知识，具体怎么说要分跟什么人谈（跟年轻人和老年人说就不一样）；"法律一定是公正无私的，但是好多时候就是法外容情"；"即便走司法程序，很多情况最后还是要走调解的道路"；认为调解员和法官在调解和法律两种手段上没有明确的界限；只化解小事，但也有法律意识，如果触犯了刑法是不会调解的

社会生态学视角下农村小学教师流动研究

——以河北省定州市为例*

团队成员：刘　雯　舒　辉　温　馨　黄司琪　李宜炀**

指导教师：黄家亮

摘　要： 教师单向向上流动造成农村地区教师流失，是影响农村教育生态系统不平衡的关键因素，这一问题已经引起社会广泛关注。近年来，国家不断通过各项政策引导教师向乡村流动，然而这种不平衡状况仍然没有得到根本性改善。从社会生态学的角度来看，乡村教育是一个系统性工程，办学条件、师资水平、教学质量、生源状况等各要素相互作用、相互强化，共同形塑一个地方的教育生态。本研究聚焦农村小学教师这一系统主体，分析当前乡村教育的微观环境和中观环境对教师流动意愿的影响，并尝试提出使乡村教育系统重新达到平衡的对策建议。

关键词： 农村教师　流动意愿　社会生态

一　研究背景与问题提出

农村教师流失是农村教育事业面临的重要问题之一。农村教师工资待遇低、职业发展空间有限等问题，造成大量老师想离开农村学校，已引起舆论的广泛关注（宋伟涛，2015；汤勇，2015）。2015年6月，国务院办

---

　*　本报告为2016年"中国人民大学大学生创新实验计划"成果，在2016年5月至2018年1月期间，团队三次赴定州开展田野调查，报告完成于2018年3月。

**　刘雯，中国人民大学社会与人口学院2014级本科生，现为北京大学社会研究中心博士研究生；舒辉，中国人民大学社会与人口学院2014级本科生，现就职于Funplus，从事游戏策划；温馨，中国人民大学社会与人口学院2014级本科生，现就职于国家统计局；黄司琪，中国人民大学统计学院2014级本科生，现就职于杭州市滨江区统计局；李宜炀，中国人民大学新闻学院2014级本科生，现就职于湖北省人民政府研究室。

公厅印发的《乡村教师支持计划（2015—2020）》提出，要全面落实集中连片特困地区乡村教师生活补助政策，依据学校艰苦边远程度实行差别化的补助标准。最重要的教育资源不是楼房，不是课桌，而是教师。要发展和改变乡村教育，必须要下大力气稳定乡村教师队伍，让他们真正"留得住"，乐于扎根山区，默默坚守和无私奉献。

（一）历史沿革

1994 年，教师聘任制开始推行，在职教师可以自由流动，从此时起，我国农村教师开始较大规模流动。20 世纪 90 年代初期，我国经济开始向市场化转型，此时我国教育资源配置政策也奉行两个优先原则——重点学校优先、城市学校优先（严月娟，2013）。教育投资多元化、师范生定向分配制度由"双向选择、择优录取"取代，导致我国呈现优秀教师从农村学校向城市学校流动、从一般学校向重点学校流动的特点，这是造成区域内义务教育师资失衡的主要原因（严月娟，2013）。

2005 年至今，国家开始重视教育资源的平衡，各级政府积极采取措施，如教师轮岗、加大农村教师培训、城乡教师"对口支援"等，以改善义务教育阶段城乡之间、地区之间师资配置不均的状况，但是农村教师向城市学校流动的趋势仍未有很大改变，农村教师流动状况在很大程度上依然延续着 20 世纪 90 年代以来的情况（严月娟，2013）。

（二）政策背景

研究小组整理了近年来国家和河北省关于乡村教师队伍建设的政策文件（见表1）。

表1　1996～2005 年国家和河北省有关教师队伍建设的政策文件

时间	实施范围	政策	内容
1996 年	全国	《关于"九五"期间加强中小学教师队伍建设的意见》	提出要建立教师流动的有效机制，鼓励教师从城市到农村，从强校到薄弱学校任教
1999 年	全国	《关于深化教育改革全面推进素质教育的决定》	鼓励大中城市骨干教师到基础薄弱学校任教或兼职，中小城市（镇）学校教师以各种方式到农村缺编学校任教，加强农村与薄弱学校教师队伍建设

续表

时间	实施范围	政策	内容
2001 年	全国	《关于制定中小学教职工编制标准意见的通知》	农村小学、初中、高中的学生与教职工之比分别是 23∶1、18∶1 和 13.5∶1，各地以此为参照标准制定具体的教师编制标准
2002 年	全国	《中小学教师队伍建设"十五"计划》	建立教师交流制度，合理配置教师资源；依法实施教师职务制度，建立人员流动服务体系
2003 年	全国	《国务院关于进一步加强农村教育工作的决定》	明确农村教育在全面建设小康社会中的重要地位，把农村教育作为教育工作的重中之重
2005 年	全国	《关于进一步推进义务教育均衡发展的若干意见》	把推进义务教育均衡发展摆上重要位置，建立监测评估体系，切实推进义务教育均衡发展
2006 年	全国	《关于大力推进城镇教师援农村教育工作的意见》	进一步建立和完善本行政区域内长期稳定的"校对校"对口支援关系，鼓励和支持城镇办学水平高的中小学与农村学校建立办学共同体，促进优质教育资源共享
2006 年	全国	《关于组织开展高校毕业生到农村基层从事支教、支农、支医和扶贫工作的通知》	正式提出实施高校毕业生"三支一扶"计划，计划从 2006 年开始连续 5 年，每年招募 2 万名高校毕业生，主要安排到乡镇从事支教、支农、支医和扶贫工作
2007 年	全国	《国家教育事业发展"十一五"规划纲要》	提出建立区域内公办学校之间的中小学教师和校长定期交流和轮岗制度
2010 年	全国	《国家中长期教育改革和发展规划纲要（2010—2020 年）》	强调要实行县（区）域内教师、校长交流制度与健全义务教育学校教师和校长流动机制
2010 年	全国	《中小学教师国家级培训计划》（简称"国培计划"）	提出"国培计划"，旨在提高中小学教师特别是农村教师队伍的整体素质
2012 年	全国	《关于大力推进农村义务教育教师队伍建设的意见》	教育部将农村义务教育教师队伍建设作为重点，补齐农村教师队伍短板

时间	实施范围	政策	内容
2013 年	全国	《教育部　财政部关于落实2013 年中央 1 号文件要求对在连片特困地区工作的乡村教师给予生活补助的通知》	落实乡村教师生活补助，坚持"地方自主实施、中央综合奖补"的原则
2014 年	河北	《河北省教育厅　河北省财政厅关于落实连片特困地区乡村教师生活补助政策的实施意见》	充分认识落实乡村教师生活补助的重要意义、落实乡村教师生活补助
2015 年	全国	《乡村教师支持计划（2015—2020 年)》	到 2017 年，力争使乡村优秀教师来源得到多渠道补充，逐步形成"下得去、留得住、教得好"局面。 到 2020 年，努力造就一支素质优良、甘于奉献、扎根乡村的教师队伍，为基本实现教育现代化提供坚强有力的师资保障

自 1996 年开始，国家开始关注乡村教师问题。虽然政策客观上起到了一定作用，但是从整体上看，乡村教师向城市单向流动的趋势仍然十分明显。乡村教师队伍"下不去、留不住、教不好"的问题也非常突出。

回顾 20 年来的政策，政府从起初的精神鼓励逐渐转变为更实际的物质激励，更是将乡村教师队伍建设作为精准扶贫的重点。可以看出，针对乡村教师流动的政策在不断完善，但是政策效果还是需要时间来检验。

（三）理论背景

1. 社会流动理论

社会流动理论的首创者是索罗金，他对社会流动的定义是：社会流动意味着，由人类活动所创造的或改变的一切事物从一个社会位置向其他社会位置的移动（Sorokin，1927）。索罗金提出两种基本的社会流动类型——垂直流动和水平流动。垂直流动可以为处于较低地位的人提供在现有社会等级序列中向上流动的机会，而水平流动则指人们在社会等级序列中的地位高低不变（Sorokin，1927）。此外，他认为，社会流动与社会发展程度之

间存在正相关关系，社会发展程度越高，社会流动率越高。而且，高的社会流动率可以作为一种安全阀，释放较低阶层的不满，有利于社会稳定（许欣欣，2000）。此外，格伦斯基认为决定社会流动动机的有两个因素：一个是结构变迁，另一个是个人特征（格伦斯基，2005）。

2. **社会生态学理论**

最早将生态学原理与方法运用于人类社会问题研究的是以帕克（Park. R. E）和吉伯斯（Burgess. E. W.）等人为代表的芝加哥学派的学者们。1921年，帕克和伯吉斯在其所著《社会科学导论》一书中首次提出了"人类生态学"概念（孙振华，2008）。

芝加哥学派借鉴了生态学的观点，形成了独特的城市生态学理论（人类生态学）。生态学是研究生物与其周围环境互相影响的科学，芝加哥学派则直接受到启示："将城市看成一个由内在过程各个组织部分结合的有机体，研究人与空间的关系，将生态学原理（竞争、淘汰、更替优势）引入城市研究，从人口与地域空间互动关系研究城市发展，开创了人类生态学学科。"（张钟汝等，2001：18）。

社会生态学中最重要的概念之一是生态系统，即生物及其环境之间的复杂的互相关系网（波普诺，2010：611）。农村教育系统是一个生态系统，以教师和学生为核心主体，学校环境、家庭环境都是这一系统的微观环境，社会环境为中观环境，人类社会则是这一系统的宏观环境。教师、学生与环境之间处于一个复杂的相互互动网络中。

目前，我国农村教育似乎陷入了困境。农村大量教师流向城市学校，年轻教师到农村工作意愿低。长期以来，农村教师缺乏，农村师资力量紧缺，农村教育水平较低，从而使学生、家长对农村教育的满意度较低，更多学生选择到城市就读。而生源缺乏又使得老师的工作积极性受到影响，学校规模缩小，财政支出规模有限，农村教师生存状况差，等等，这一系列问题相互影响、相互交错。

（四）研究意义

1. **理论意义**

（1）历史视角下对农村教师流动问题的考察

本研究在对农村教师流动问题研究的基础上，尝试从历史发展的角度来分析农村教师流动的阶段性特点和特定历史环境，探究农村教师流动问题是如何产生、发展和变化的，并由此探索农村教师流动问题的解决对策。

（2）社会生态学视角下对农村教师流动问题的考察

本研究在对农村教师流动问题的考察中，尝试运用社会生态学的视角，将农村教育系统视为一个生态系统，将教师作为主要考察对象，通过对整个农村教育生态系统的研究来分析农村教师流动问题。

2. 现实意义

农村教师流动问题对我国教师资源配置产生重要影响，也对农村教育公平，甚至我国教育事业的健康发展产生了重要影响。本研究通过探讨农村教师流动问题的历史变迁以及现状和原因，尝试得出有针对性的解决对策和建议，为改善现状提供有益帮助。

二　研究现状

（一）文献综述——农村教师流动相关研究

基于我们的研究问题，本报告在文献分析阶段对农村教师流动的相关研究进行了梳理和分析。农村地区学校主要为中小学，对于农村地区教师流动的研究也基本集中在中小学教师上。在对农村教师流动的相关研究中，主要有对农村教师流动现状的研究，对农村教师流动政策的研究和对农村教师流动的对策建议研究三类。在有关农村教师流动研究的文献当中有一部分同时涉及了这三方面的内容，我们按照研究侧重将相关文献对应分在这三类中，也有文献在这三方面得出的结论有比较重要的意义，因此在三个分类中可能多次提及。

1. 农村教师流动现状研究

在已有对农村教师的流动研究中，对于农村教师流动现状的研究占较大比重。而在对其流动现状的研究中，又有主要流动格局现状研究和流动意愿描述研究两类。

（1）农村教师流动格局现状研究

对农村教师流动格局现状的研究，已有的文献多是对农村教师流动方向、农村教师流动组成等方面的研究。对全国农村教师流动的格局分析中，得出的基本结论如下：方向上，农村教师单向流向县城和城市；农村流动教师的组成中，主科教师流动占比高，青年教师流动比重高于中老年教师，男性教师流动比例高于女性教师（王宁宁等，2015）。同时，有学者对特定地区开展了研究。在对宁夏城乡教师流动数据分析的基础上，有学者得出结论：宁夏农村中小学年增加教师所占比例与城镇几乎相同，但农村教师调出比例远高于城市，最终导致师资由农村流向城市（王萃元、王惠璞，2015）。赵传珍（2015）则对方向进行了细分，发现了不均衡问题的具体表现：教师在教育与其他行业间流动呈单向性，教师在不同学校之间流动呈现单向性，教师在不同地区之间流动呈单向性。

在对当前农村教师流动格局现状研究进行梳理后，我们大致得出以下结论：当前农村教师流动在方向上主要由农村地区向县城和城市流动，即单向向上流动；在流动教师群体中，以骨干教师为主，以中青年教师为主，以男性教师为主，当前农村教师流动格局呈现不平衡的态势。

（2）农村教师流动意愿描述研究

对农村教师流动意愿的研究大致可分为两个方面。一个方面是对教师主动流动意愿的考察，即教师若能自己选择流动地，则这是自身的意愿；另一个方面是教师对于参与制度性流动或交流的意愿和看法等。

对于教师主动流动意愿的考察较少。范国锋等（2015）通过对湖北、江西和河南三省 12 县市进行了较大规模的问卷调查，得出了三省农村教师流动意愿的状况：总体上，教师流动意愿强烈；教师流动意愿呈现单向性，农村教师向县城和发达地区流动意愿强烈；不同性别、年龄和学历的农村教师在流动意愿强弱上存在较大差异。李斌强（2014）则对山西晋中和晋南部分农村中小学进行了小规模的调查研究，发现了当地教师的流动意愿特点：选择向县城流动的意愿最强；若必须流动到山区或者较差单位，则最希望收入增加。

对教师参与制度性流动或交流的意愿和相关看法与认知的研究则较多。蔡明兰（2011）通过对安徽省合肥淮南和亳州中小学教师进行问卷调查，研究了不同地域教师对于定期流动制的态度和认识，发现不同地域的教师群体对推行定期流动制表现出不同的意愿和态度，农村教师对定期流动制表现出更加赞同的态度。沈小碚和周绍英（2014）则进一步研究了教师的均衡流动意向，在对湖南永州农村教师的问卷调查中发现：相较于柔性流动，农村教师更认可时间长、强制性的刚性流动，认为刚性流动能带来更好的效果；但在实际选择中，农村教师则认为刚性流动的要求较高，自身更倾向于选择柔性流动。

在已有的对于农村教师流动意愿的描述研究中，我们发现，农村教师普遍对于流动有较为强烈的愿望，即使是对于参与交流和轮换制度，也有较强的期待；农村教师普遍希望进行由农村学校到县城、城市学校的流动，农村教师流动意愿与当前农村教师流动格局基本吻合。

2. 农村教师流动政策研究

在对农村教师流动政策现状的研究中，对教师流动政策的定义主要包括教师交流或轮换政策和各种教师流动激励与鼓励政策，即在这些政策研究中，教师交流也被看作教师流动的一种形式。

首先，有学者从历史视角对农村教师流动政策进行了考察，探究了我国农村教师流动政策的历史沿革，并且在此基础上，考察了当前流动政策的特点和现状。有研究认为，现阶段我国政府推行的教师流动制度是均衡我国中小学师资的主要路径，并且呈现以下特点：从部分省份的示范带动到全国大多数省份的实行；政策范围从省域逐渐缩小到县域；全国没有统一固定的政策，在流动时间、激励措施等各个细节方面呈现很大程度的差异性（严月娟，2013）。

其次，也有学者基于实证数据分析了当前农村教师流动政策实行的现状。吴建涛（2015b）在对中国教育科学院在全国区县范围内针对教育局局长问卷调查结果进行分析的基础上，得出了当前教师流动政策实施情况的特点：教师流动政策已经得到了普遍的实施；教师收入校际差距的缩小有利于教师流动政策的实施；诱致性教师流动政策的实施效果更好；教师流动政策异化为学校的教师管理工具；配套措施的不完善影响了教师流动政策作用的发挥。也有学者分析了地方教师流动政策的特点。黄波（2015）基于对陕西城乡教师交流政策的考察，分析了陕西教师流动政策的特点：全面实施"特岗教师"和"免费师范生"计划；继续实施"教师支教"政策；继续推进"国培计划"；推进农村教育硕士生和师范生顶岗实习政策。以上研究主要聚焦于政策本身的现状和特点，但也有学者注意到了政府制定的正式制度和教师流动中存在的非正式制度之间的关系。谢延龙（2015）在分析教师流动正式制度和非正式制度关系的基础上，反思了我国教师流动制度当前的问题：多讨论教师流动正式制度，忽视非正式制度；教师流动制度功能异化，本体功能让位于工具性功能；教师流动制度伦理遮蔽，过分张扬工具理性，缺乏人文关怀。

对教师流动政策的研究较为全面地概括了相关政策的特点和实施

状况，教师交流制度和轮换机制、教师流动激励政策在全国范围内普遍实施，但是这些政策在实施过程中存在较多问题，往往因各种原因不尽如人意；有些地区的流动政策则取得了较好成果，并提供了宝贵经验。

3. 农村教师流动对策建议研究

基于对于农村教师流动现状或原因的研究，许多研究者接着给出了自己的对策建议。

王萃元、王惠璞（2015）在分析宁夏城乡教师流动状况后，提出了改变城乡义务教育教师单向流动现状的建议：制定具有针对性和可操作性的教师流动管理体制；提高农村义务教育教师的薪酬福利；规范宁夏城乡义务教育教师交流合作方式；对教师人事管理制度进行变革，建立健全宁夏农村教师社会保障体系。谢延龙（2015）在对我国教师流动制度的现状和困境进行分析总结后，针对教师流动制度本身提出了建议：重视和发挥非正式制度的作用，实现正式制度和非正式制度的有机融合；恢复教师发展在教师流动制度功能实现中的本体地位；教师流动制度必须回归自由、平等和民主的价值取向。吴建涛（2015a）在对全国各区县政策的实施经验进行总结分析之后，对如何推进教师流动政策的实施提出了建议：制定完善的教师流动配套政策；加大政策对农村教师的倾斜性扶持力度；制定合理的流动教师利益补偿机制。

也有研究直接关注有关农村教师流动的对策建议。唐松林、刘丹丹（2015）从两个层面分析了解决农村教师不均衡流动带来的城乡教育发展不均衡问题，认为解决农村教师单向流动造成的问题有"外援"和"内生"两种途径，外援型措施如新教师引入、不合格教师退出和全员教师流动，内生型措施如精神自治、合作探究和校本培训，二者都能在一定程度上解决当前问题。但他认为若能发展一种"基于内生的外援"措施，如城乡轮岗、流动补偿、城乡对话和立法保障，则能够更加有效地解决农村教师不均衡流动带来的师资配置不均问题。汪丞（2006）聚焦于教师"定期流动轮换制"，希望通过城乡教师的定期流动，辅以同工同酬政策的实行、教师人事制度的改革来促进城乡校际师资均衡发展。此外，薛国凤（2002）则对日本的教师定期流动政策进行了考察，认为日本普遍实行的教师定期流动政策对我国解决农村教师流动问题有很好的借鉴意义，提出要在我国偏贫乡村地区义务教育阶段学校实行教师定期流动制，并且希望国家给予政策导向，以立法形式加以保障。

已有研究对农村教师流动的对策建议普遍集中于有关教师流动政策和制度完善的建议，普遍认为需要对当前各地农村教师流动政策加以改善，对农村教师管理制度加以修正，对农村教育财政体制加以改进，并且希望能够实施诸如流动补偿政策等有利于流动政策实施的配套措施，切实推进农村教师流动政策的有效实施。

（二）现有研究的不足

1. 重流动现状描述，轻原因与对策分析

当前已有对于农村教师流动的研究大多关注农村教师流动的现状，有相当多的是对农村教师流动现象层面的描述，但是进一步的对于农村教师流动原因与对策的研究却比较缺乏，有助于深刻理解农村教师流动问题的研究较少。

2. 聚焦主动流动的较少，主动、政策性流动杂糅

现有研究中考察的教师流动多是将主动流动和政策性流动夹杂在一起进行分析，对教师主动流动进行专门的分析较少。然而教师主动流动和政策性流动在许多方面具有不同之处，在研究农村教师流动意愿和原因时对两者不加区分地进行考察可能会对研究结果产生影响。当前我国有相当一部分地区的教师流动实际上是以教师主动流动为主，对教师主动流动进行专门研究有较大意义。

3. 维度划分随意，理论支撑不足

现有研究在考察农村教师流动原因时对影响教师流动因素的分析比较随意，往往是维度划分过大或者过细，不能形成较为综合而又不失细节的视角。这基本上是由缺乏理论支撑造成的。在分析农村教师流动时，必须运用比较成熟的相关理论，才能对维度进行比较科学的划分。

三　研究设计

（一）研究目标

本研究的目的在于，从社会生态学的角度看农村小学教师流动的现状，主要包括哪些老师流动、流向何处等。在描述现状的基础上，本研究还要进一步探索在以教师为核心主体的农村教育生态系统中，影响其流动

的因素有哪些。为此，我们主要探讨教师所在的微观家庭环境和工作环境对其流动的影响。从而探讨使农村小学教师"留得住"的措施和建议。

具体来说，我们希望能通过本次研究解决以下问题。

（1）农村小学教师的流动情况实际是怎样的？哪些人的流动意愿更强？

（2）农村小学教师所处的微观家庭环境、工作环境，以及中观的国家政策如何影响其流动？在家庭环境和工作环境中，哪些具体因素会影响农村小学教师流动？

基于目前的状况，从系统各个层次中的上述因素出发，探索农村小学教师"留得住"的对策建议。

（二）研究内容与假设

1. 研究内容

为达到上述研究目标，本课题的研究内容包括目前农村小学教师的流动状况等，以探讨微观家庭环境和工作环境、中观国家政策对农村教师流动的影响，具体来说，包括以下几点。

通过查阅文献、了解目前我国农村教师流动的情况及对流动因素的大致分析，从宏观上对我国农村教师流动情况有一定把握。

本研究通过对当地教育局相关人员、当地教师等的深度访谈，得到多年来影响教师流动因素的信息，并进行描述性分析。

在查阅文献和实地调研的基础上，我们对农村教育生态系统中，以教师为主体，从其所处的微观家庭环境和工作环境两个方面，进行影响教师流动因素的分析；并考虑教师主体个体特征，分析不同特征的教师流动倾向的差异。本研究将家庭因素分为家庭成员状况、家庭经济水平、家庭社会资源三个维度，将工作因素分为工作待遇、工作环境、工作人际关系三个维度。

基于以上研究内容，从农村教育系统中教师所处环境的各个层面出发，为乡村如何留住教师提出相关建议。研究思路如图1所示。

2. 概念界定

（1）农村小学与农村小学教师

在本研究中，农村小学是指农村地区全日制公办小学，包括村一级以及镇一级的所有小学。

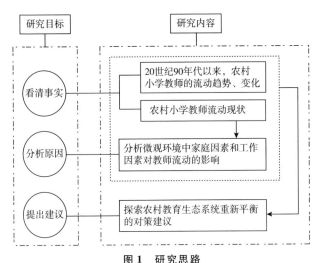

图1 研究思路

农村小学教师是指在农村地区全日制公办小学中从事教学或行政管理和学生管理工作的公办教师、民办教师等，不包括后勤服务人员。

（2）教师流动

教师流动是指教师在地区或校际的人事变动过程，也包括教师脱离教育系统的行为。在本研究中，我们主要探讨的是主动的向上的流动，即教师从边远落后地区流向经济文化发达地区、从农村学校流向县城或城市学校的单一方向流动。虽然这种单向流动是不合理的流动，但教师在城乡之间的双向流动不在我们的研究范围内。

3. 研究方法

本研究采取质性访谈为主、问卷调查为辅的资料收集方法，对所研究的问题进行详细的了解和分析。

本研究将调研地确定为河北省定州市（历史上的"定县"）。该地在我国学术史（尤其是社会学史）上有着独特的地位，并且与中国人民大学社会学学科有着独特的渊源。早在20世纪二三十年代，以晏阳初为代表的一批学者在这里开展了长达十年之久的享誉全世界的乡村建设实验，即"定县平民教育运动"（简称"定县实验"）。在实验过程中，以李景汉为代表的一批社会学家在这里开展了著名的"定县调查"，出版了《定县社会概况调查》《定县教育文录》等在学术史上占有重要地位的著作，也为我们今天的研究积累了大量丰富（甚至可以说是独一无二）的历史素材。

根据随机性原则，在定州现辖23个乡镇中抽取东亭镇、叮咛店镇、高蓬镇、李亲顾镇和西城乡5个乡镇，进一步在5个乡镇各随机抽取5~6个小学作为最终调研地。在实际调研过程中，由于每个学校教师数量较少，所以我们对26所学校的大部分老师进行了问卷调查，去掉信息缺失、未填完的等问卷，最终回收有效问卷200份。此外，我们也选择具有代表性的教师进行了深度访谈，共访谈一线教师15人，学校校长及教育局领导5人。

四　调查对象特征

（一）问卷调查教师人口特征

本次调研在26所小学中一共发放200份有效问卷，我们将所获得的数据汇总如下。

1. 年龄

从总体来看，本次调研的所有学校中，教师的年龄结构，主要集中在31~40岁和41~50岁两个区间，30岁及以下的教师也有一定比例（12.5%）。最年轻的一位老师20岁，年龄最大的一位55岁，年龄均值和中位数均为40岁（见表2）。

整体来看，教师队伍的年龄结构比较好，但教师年龄偏大的情况也存在，年轻教师的补充与近年来定州市的教师公开招聘有很大关系，每年招聘的教师大部分都分配到农村，这些老师一般都小于30岁，对农村教师队伍的年轻化有一定作用。

表2　小学教师年龄结构

单位：人，%

年龄段	频数	百分比	累积百分比
30岁及以下	25	12.5	12.5
31~40岁	88	44.0	56.5
41~50岁	70	35.0	91.5
51~60岁	17	8.5	100
合　计	200	100	

2. 性别

调研的所有人中，超过 80% 的教师是女性，而男性教师人数仅占 18%。农村小学教师队伍中的"女多男少"特点比较突出。

3. 受教育程度

调研的样本中，如表 3 所示，教师的受教育程度以本科为主（66.0%），大专占一部分，中专及以下人数不多（2.5%）。

表 3　小学教师受教育程度

单位：人，%

受教育程度	频数	百分比
中专及以下	5	2.5
大专	63	31.5
本科	132	66.0
合　计	200	100

4. 婚姻状况

调研的样本中，教师普遍已婚且有子女（86.0%），未婚人数较少（见表 4）。这也与样本的年龄结构有关。

表 4　小学教师的婚姻状况

单位：人，%

婚姻状况	频数	百分比
未婚	19	9.5
已婚无子女	9	4.5
已婚有子女	172	86.0
合　计	200	100

（二）访谈对象编号与信息

访谈的教师、校长和教育局工作人员的编码及相关情况如表 5、表 6 所示。

表5 受访教师信息

编号	学校	性别	年龄（岁）	居住地
JS－01	A 小学	女	40	城镇
JS－02	A 小学	女	27	城镇
JS－03	A 小学	女	41	城镇
JS－04	B 小学	女	50	农村
JS－05	B 小学	女	38	城镇
JS－06	C 小学	女	41	城镇
JS－07	C 小学	女	24	城镇
JS－08	D 小学	女	41	城镇
JS－09	E 小学	女	43	农村
JS－10	E 小学	女	24	城镇
JS－11	F 小学	女	26	城镇
JS－12	F 小学	女	43	农村
JS－13	G 小学	男	40	农村
JS－14	H 小学	女	42	城镇
JS－15	H 小学	女	40	城镇

表6 受访校长和教育局工作人员信息

编号	学校	职务
LD－01	E 小学	校长
LD－02	A 小学	校长
LD－03	G 小学	校长
LD－04	H 小学	校长
LD－05	教育局	工作人员

五 研究分析

（一）农村教师流动意愿

关于流动意愿，在调研中我们设计了两个问题，"您是否有辞职的想法"和"您是否有流动到城里学校的想法"。两个问题的回答分布有较大差异，有辞职想法的教师不多（12.50%），而想流动到城里学校的教师比例较高（54.50%）（见表7）。

可以发现，在农村小学中，想要离开教师这一工作岗位的老师并不多，而想要离开农村，流动到城市的老师比例比较高。

表7 小学教师流动意愿（N = 200）

单位:%

	是否有辞职的想法	是否有流动到城里学校的想法
是	12.50	54.50
否	87.50	45.50

（二）微观系统——家庭因素分析

家庭是影响农村小学教师想要流动到城里或者是留在农村的关键因素。城镇化发展，大量人口流向城市，因此，被访的很多老师的家住在城市，而自己在农村教学，上下班交通不便、孩子老人无法照顾、与家人的交流不够等都是影响他们想要将工作地点转向城里的重要因素。

> 我家就在村里呢，不想去城里，没有那个条件。在城里买不起房，家里盖好房了，在农村的花销也小一些。一般想去城里的，就是在城里买了房了，生活方便一些吧。（JS－13）

> 谁都想去（城里），有时候我也想去。离家近啊，交通方便啊。（JS－05）

家庭居住地是农村小学教师考虑自己工作地点的关键因素，家住在城市里的农村小学教师往往会有比较强烈的流动到城市工作的想法，而家住在小学附近的农村的小学教师则几乎不想到城里去。

对于农村的小学教师来讲，工作的地点是要服从于家庭的，家庭其他成员的牵绊会对他们的工作造成影响。其实大多数职业都是如此，不过，在一些职业中，人们或许会因为工作地点的变动而变动家庭居住地，而对被访的农村小学教师来讲，他们的家或在附近的村子，或在定州市，在城镇化背景下，越来越多的人居住在城市，住在城市的老师们不可能搬到农村，因此带来的照顾家庭不够、交通不便等问题就比较突出了。

我们在调研中发现，在大多数小学，女性教师占最大多数，男性很少。而在长期以来"男主外，女主内"的思想影响之下，人们普遍认为女性应该花更多的时间在家庭上，如照顾老人、照顾孩子。因此，家庭对于他们选择工作地点的影响就比较大了。而老师们在选择工作地点时考虑的最主要因素就是照顾家庭的时间是否能够保证和交通的便利程度。

> 之前在城里的私立初中教学，当时是有孩子了，私立初中工作实在太忙了，特别累，工作压力很大，没有时间照顾孩子，而且就那么一个孩子，所以就在公开招聘的时候考试到这里了。（JS - 05）

> 可能还是孩子吧，会想让他们去城里上学。（JS - 02）

> 家也在这儿，照顾老人也方便，到城里来来回回太麻烦。（JS - 04）

能否有充分时间照顾家庭是家庭因素中的重要内容。JS - 05 老师五年前决定从定州市的私立高中到农村小学，她愿意下到农村教小学的原因很简单，就是照顾孩子。私立初中的工作时间很长，一整天都很难看到孩子，为了有时间照顾孩子，她参加考试后考到农村来了。据她所讲，现在的工作可以早些放学，白天工作忙，但是晚上可以有比较充足的时间照顾孩子、陪伴家人。

被访者中更多人认为距离家近可以更好地照顾家庭。由于农村师资力量缺乏，定州市近年来在不断招聘老师，小学里也补充了一些年轻的老师，如元光小学的这位老师才来学校教学两年。她虽然选择来农村工作，但是她觉得如果将来考虑到成家、孩子上学等还是要到城里，自己会不断努力尽量调到城市里。

孩子上学是老师们关注的问题，尤其是一些家中孩子比较小的老师，家住在城里，孩子在城里上学，老师们希望调到城里的想法就会比较强烈。年龄稍大一些的老师需照看老人，因而这也是他们想调到城里的比较重要的因素。

> 市里面生活条件比较好，即使工资比有补贴的乡村教师的工资低，老师也更愿意到市里来工作。我们每年招教师这个现象也比较严重，有些老师考了几个地方，比如又考了石家庄又考了我们这里，石

家庄考上了他就去石家庄，因为这个原因也有很多教师就流动走了。（LD－05）

生活条件的差异也会导致老师们更加愿意在城市工作。这是城市化带来的必然结果，很多人都更加愿意走向城市，享受城市更加便捷、丰富的各种服务设施。一些老师觉得如果能够在城市里上班，自己的生活水平可以得到提升，"可以在家自己做饭吃，吃得好；早晨也不需要那么早起床"（JS－08）。在距离家庭住址更近的地方，老师们觉得自己的生活可以更加便捷、更加舒适。

总体而言，家庭环境是影响老师们是否愿意留在农村小学教学的主要因素。在这一系统中，老师们与家庭关系的平衡就显得很重要，家人可能成为他们选择自己工作地点的决定性因素。

由于城镇化发展，更多人口居住在城市，很多老师的家庭居住在城市，从而许多老师不愿留在农村，不愿走向农村。当然，也有一些老师的家庭仍在农村，他们并不想流动到城市工作。

（三）微观系统——工作因素分析

在教师所在的微观系统中，工作环境是不可忽视的重要部分。工作环境是一个广义的概念，既包括个人的收入和学校的硬件设施、地理位置、学生规模等硬环境，也包括工作中人际关系，比如与学校领导之间、与同事之间和师生之间的关系等软环境。教师作为这个复杂环境的主体，一定会受到多方面因素的牵制，因此对其流动意愿也会有一定程度的影响。

1. 工作待遇

工作待遇包括工资和福利，由于政策要求，除了保险以外，是不能发放其他福利的，而保险的话，根据我们的实地访谈，基本覆盖到每一位老师。至于工资，教师作为社会个体从某种意义上说同样是"经济人"，收入水平的高低对其流动意愿的影响是极为重要的。

从此次调研，我们了解了定州市农村小学教师的整体收入状况。65.35%的教师收入在2500～3500元，7.92%的教师收入在3500元及以上，17.82%的教师收入在1500～2500元（见图2）。包括代课教师在内的小部分教师收入在600～1500元。

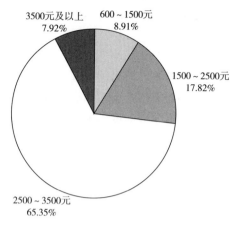

图 2　农村小学教师收入情况

> 工资不同，老师也不一样，平均来看，在 3500 ~ 4000 元，不到 4000 元，3500 元左右。因为学校有三个岁数小一点的，工资在 3000 元左右，年龄大一点的在 3600 ~ 3700 元，再大一点的就是将近 4000 元。(LD - 04)

从访谈中可以看出，教师的工资很大程度上取决于教龄，教龄越大，工资也就越多。除此之外，因为目前的政策是鼓励教师下乡教书，所以为了达到这样的目的，各种倾向于农村教师的政策顺势而生。其中，工作补贴便是最为具体的一项。补贴的发放也是根据教龄从 200 元到 440 元不等，对于较远的四个乡镇还会有额外 100 元的交通补贴。这项措施在一定程度上弥补了农村环境较为落后带给教师的心理落差。

> 定州市的工作补贴是从 2015 年 1 月开始实施的，分为四个档次。教龄为 5 年及以下的每人每月 200 元，6 ~ 15 年的每人每月 280 元，16 ~ 25 年的每人每月 360 元，26 年及以上的每人每月 440 元。另外，处于西北、东北、西南、东南四个角的乡镇还有额外 100 元的交通补贴。工作补贴城内教师是没有的，这项措施在一定程度上能够弥补一点。(LD - 05)

但和村里其他职业相比，教师的收入不占优势，处于中下水平。在我们的访谈对象中，无论是教师还是校长，对这一问题的回答较为一致，因此这也是一个公认的事实。

收入不算高，中下等水平吧。（LD－03）

2. 工作条件

（1）交通

交通对于一些家庭居住地距离学校较远的老师来说非常重要。目前，定州市已经有比较完备的公交系统，给老师们提供了比较大的便利，但仍有老师觉得交通的开支较大，遇到恶劣天气会非常不方便。

> 我们为什么说交通呢，平时好天气还行，下大雨呢？下大雨乡村的道路很难走，车就淹了，如果冬天雾霾天，下雪天，怎么来啊。在城里离家近，什么天气都不是问题。城里有公交，但咱们下边儿，天气不好了，没人坐，（公交）不开了。（JS－05）

> 不方便，时间不方便，你看公交有点，像我们学校放学时，它就已经过去了，除非是你早走一步，让别的老师看看课。（JS－11）

对于一些住在定州市的老师来说，每天上下班的交通会花去比城里老师更多的时间，少则半小时，多则一个半小时。虽有比较便利的公交，但老师们依然觉得坐公交车"不方便"，因为农村需要乘坐公交的人比较少，可能也会存在时间间隔比较长、发车不规律的问题，这就给老师们带来了很多不便。有些老师觉得公交车太贵，会选择乘坐私人的车，与司机长期合作可以优惠一些。

有些经济条件比较宽裕的老师自己开车上下班，像编号 JS－06 老师就自己开车上下班，因此恶劣的天气就会给她带来不便，冬天的雾霾天、下雪天，开车非常不安全，有时甚至大水会淹了路面。这些问题都给老师的上班、回家路途带来比较大的麻烦。

乘坐交通工具的费用也是值得考量的，比较偏远的乡镇老师每月有100 元交通补贴。但是有的老师对此不知情，认为没有补贴，有的老师则觉得交通补贴只不过是杯水车薪，每个月花在交通上的费用远远超过补贴的数额。大部分老师每日交通费用大约在 10 元，开车上下班的老师每个月的油费在 300～400 元。

交通的不便利和交通费用的产生其实都是由于工作地点距离家庭住址远，因此，住在定州市的农村教师们想要流动到城市里的意愿会更加强烈。

（2）学校规模

以我们之前的假设来说，学校规模越大，生源越好，那么教师的工作动力也就会越大，在一定程度上会对流动意愿起到抑制作用。但我们从访谈中发现，规模较大的学校和规模较小的学校之间，教师的流动意愿并没有很大的差异，甚至有不少教师不知道本校学生的大致规模，因此这个因素基本不在他们考虑是否流动的范围内。而且小学的就学政策是划区域分配，因此各校之间的生源也都常年稳定，规模类似的学校之间生源情况也基本差异不大。

（3）硬件设施

学校是教师最为直接的工作环境，校内的硬件设施虽不是教师流动意愿最为关键的影响因素，但其对教师的影响具有持久性，而且体现在日常工作的方方面面。

首先，教师们关注最多的就是宿舍问题，根据《国家十二五教育发展规划纲要》的要求，大多数学校都建有宿舍，小部分因为校内条件的限制，无法建造教职工宿舍。但即使是提供宿舍的学校，条件也都一般，再加上家庭因素，没有教师在校内住宿，只是中午不回家的在那里休息，晚上基本上只有学校守夜的值班人员。

> 没有（宿舍），就光是教室、实验室，别的都没有。我们要求（建宿舍）了好几年了，这事儿一直没有解决。（JS - 03）

> 按照"125"规划①是应该有一个周转房，目前学校有8个女老师，就单独搬出来了一个不太关键的地方建了一个宿舍，因为学校晚上有值班的，晚上就给他们住，老师主要是中午在那里休息一会，没有老师住校。（LD - 04）

其次，与城市小学差异较大的是电子设备，农村小学一般不会每个班都配有投影仪等电子设备，条件好一点的会有一间多媒体教室，而条件差的则什么都没有。但从访谈中可以发现，这一点并不影响教师的流动意愿，因为农村教师大部分都不太会操作这些电子设备，因此多媒体教室长

---

① 指《国家十二五教育发展规划纲要》。

期被闲置。

> 咱们这儿设备不齐全，比如说电子备课室东亭那边儿有，咱们这
> 边儿就没有……（二楼有一个电子设备教室）不经常用……就那一
> 个，再说老教师多，也不会用。（JS－03）

综合来看，学校的硬件设施并不是影响流动意愿的决定性因素，但其
会对教师的工作满意度产生一定的影响，若办公条件太过简陋，则有可能
强烈影响流动意愿。

3. 人际关系

教师工作环境中的人际关系主要包括与上级之间、与同事之间、与家
长之间以及与学生之间的关系。其中，师生之间的矛盾以及与家长之间的
沟通障碍是最为突出的两个问题，也是目前农村教育面临的极为严峻的
考验。

通过访谈我们发现，由于目前农村的孩子中，留守儿童和单亲孩子占
比较高，因此管理起来较为困难。这些孩子的父母一般都长期在外打工，
他们由爷爷奶奶抚养。一方面，现在家庭生育的孩子少，有很多是独生子
女，因此爷爷奶奶一般都很宠溺孩子，不给孩子任何学习上的压力，他们
的学习动力也就十分缺乏；另一方面，很多年纪较大的长辈受过的教育很
少，甚至有些还不识字，因此在教育孩子方面也就不重视，更无教育方法
可言。而对于这些家庭的孩子，老师无法进行管理，不能批评太多，又不
能体罚他们。这样的问题本应和家长配合一起解决，但老师和老人们沟通
存在很多障碍，不仅是观念上的差异，很多老人由于年龄较大，日常讲话
都存在困难，更别提沟通和管教孩子的学习。

> 都尊重的，学生都挺好的，不过家长不重视，好多孩子的父母都
> 在外打工，不怎么管孩子。……家里都一个，那来了不写作业吧，又
> 不敢找他家长，又不敢说，就是叫他下次尽量完成。（JS－03）

> 就学生而言，学生的问题比较大，学生没有动力，没有目标，这
> 制约了很多学生。像我带四年级，现在我们班里边有32个学生，单亲
> 的有十几个，还有留守儿童，父母都出去打工，家里只有爷爷奶奶。
> 但是隔代人教育不行，过多的溺爱，造成孩子作业做不完，学习没兴

趣，不知道要干什么，不知道学习是为了什么。……现在有的学生家庭教育、家庭环境都不行，像我们开个家长会，来的90%多是女的，一半以上都是爷爷奶奶，有时候和他们沟通都是问题，这还怎么教育孩子。（LD－04）

相比农村小学，城里的小学就很少存在这种问题。因为城里留守儿童占比很低，父母亲自抚养就会更加重视子女的教育问题，而且父母受教育程度越高，对孩子学习的重视程度就越高。这样一来，若孩子在学习方面出现问题，老师可以和家长及时沟通，双方共同配合来解决问题。

而教师与上级之间以及与同事之间的关系在各学校之间差异很小，因为基本上每个学校的教师数量都在10人左右，规模最大的也只有20人左右。几乎一个学校的所有老师都在一间办公室里，而且整个学校也是由这10个左右的教师和校长一起维系和管理，因此彼此之间的关系都很和谐，对教师流动意愿影响不大。

人际关系都挺好的，我们学校一共也就这么几个人，大家相处得都很好，老师多的话可能这几个人关系不错，那几个关系不错，不过我们的话就不存在这种问题了。（JS－12）

4. 工作压力

由于农村小学普遍缺少教师，而且根据JS－08的反映，学生数量近几年也存在下降趋势，所以每个年级基本上只有一个班，而一个班只由一个老师负责。因此，大多数老师要身兼数职，备课、教书、批改作业等几乎占满了所有时间。而且，上文也提到师生之间和老师与家长之间的关系也处于比较矛盾的状态，这对于老师工作的开展也十分不利。他们的工作非常繁重，所以压力相对就大很多。

（工作压力）大，我教着四年级语文、英语，六年级英语，一到三年级都是包班，主要是教的课太多，工作太繁重了。有的时候上面来检查，需要整理一些资料、档案，都是空着堂（没有老师上课）。（JS－08）

工作压力不只是工作繁重导致的，还有来自社会上的舆论压力。如果学生在学校发生意外，一般舆论都会倾向于学生，这对于教师整体的社会地位存在一定的影响。由于小部分教师的个人作风问题而导致人们对教师整体存在偏见，进而导致教师社会地位下降。这对于他们来讲，也是不可忽视的职业压力。

> 现在经常有一些负面报道，有什么事就是怨学校、怨老师，比如说有的学生本身就有疾病，结果在学校出了事，也怨学校，不让体罚。所以说，我们管的严了不行，松了也不行。（JS－06）

总的来说，工作环境作为一个内涵丰富的微观系统，对农村教师流动意愿的影响是广泛而深刻的。在这一系统中，工资收入和交通条件是最关键的两个因素。在复杂的人际关系网中，教师与上级之间、与同事之间的关系对其流动意愿的影响较小，但师生之间以及教师与家长之间的人际关系会对教师流动意愿产生一定程度的影响。除此之外，繁重的工作压力则会提升流动意愿。

而抑制教师的单向向上流动也只能从工作环境出发，通过相关政策的制定和实施，提高农村教师的工资待遇，改善他们的工作条件，分配足够的教师来减轻每个教师的工作负担，从而降低他们的流动意愿。

（四）政策现状和流动机制

当前国家有关农村教师流动的政策一般而言都是鼓励教师留在农村教学，致力于改善农村教师教学和生活条件；除此之外，从1996年开始，国家就开始鼓励建立城乡教师交流机制，鼓励城镇教师下乡教学，补充农村教师资源，提升农村教育质量，交流政策中也有农村教师向城镇的流动，但主要强调的是从城镇向农村的教师流动。

在地方政策方面，我们在调研过程中了解到在关于农村教师流动的方面，定州当地政策和国家政策方向大体一致，倾向于将农村教师留在农村。当地政策着重提升农村教师的工资待遇，对于农村教师给予相应的补贴，如农村教师专项补贴和交通补贴，并着力改善农村学校的教学办公设备；此外，也有城镇教师下乡交流政策，但是我们在实际调研过程中没有遇到过交流教师，可能实际的交流范围也比较有限。

1. 政策拉力有限，难以形成引力

定州市政府为了将农村教师留在农村小学，针对农村教师提供一定的政策优待，大致为：①改善农村小学教学办公条件；②给予农村教师绩效

工资、农村教师补贴和交通补贴；③农村教师在评定职称上相对城镇教师有一定优先权。

在实际调研过程中，我们发现这些政策实际作用比较有限，实施力度有待加大。定州市内农村普遍离市区较近，农村教师住在城中的比例较高。因而，有很大一部分教师需要在城乡间每日往返，由此产生了对交通或者当地居住场所的需求。

在教学办公条件方面，受访的农村教师中还是有相当比例的人认为自己所在学校条件与城里的学校有一定差距，但是对于这方面的问题，教师们认为影响不是很大。

工资待遇和福利补贴是农村教师最关注的问题，也是他们认为政策方面力度不够、较为欠缺的方面。第一，教师对宿舍和住所的要求满足不够。对于部分离家较远的教师，由于公共交通的欠缺或者交通费用的支出较高，他们对学校宿舍和学校附近的公寓住所要求比较强烈，但这一要求无法得到满足或无法完全得到满足。大部分学校都有校内的教师宿舍，但是条件一般，大部分是空置楼房和教室改造，多为几人一间，并且缺乏基本的生活设施，条件比较差，教师们一般是午休或者值班时在宿舍住宿，访谈中教师没有长期住宿。而调研过程中我们也没有发现有教师安置房或者教师购房补贴之类的政策落实，而教师对这类政策需求较为强烈。第二，农村教师工资待遇不高和补贴有限。定州农村教师工资主要由基本工资、绩效工资、农村教师补贴和交通补贴等构成。在调研过程中我们发现，教师对自己工资和补贴的说法各有不同，但是月工资收入基本相似，基本在2000~4000元。不同主要体现在工资构成上，有个别教师认为自己的工资不包含补贴，大部分认为自己的工资包含了按工作年龄计算的农村教师补贴（可能是绩效工资），有的则说交通补贴包含在绩效工资内，有的则说交通补贴是另算的——总之可以确认的是定州市农村教师确实有额外的补贴，但是在发放过程中可能并没有向教师明确说明工资构成，这可能让少数教师认为自己与城镇教师相比没有相应补贴。在补贴的数额上，教师们普遍认为偏少：在交通补贴上，有实际交通需求的教师几乎都认为补贴难以覆盖实际交通费用，在交通上自己几乎都会有额外花费。农村教师补贴和绩效工资额度在200~400元，教师们普遍认为较少，与城镇学校几乎没有差别，甚至部分教师会认为城镇教师实际收入会高于农村教师，说明补贴的政策效果不明显。

　　Q：那您觉得您学校这个收入和镇里其他学校相比怎么样呢？

　　A：我们这个工资所有学校都是一样的，按职称，按年龄这一块拉开。

　　Q：那和市里面，您了解到的相比呢？

　　A：嗯，差不多，但是人家没有交通啊，人家老师受尊重啊，就是工资差不多。

　　Q：工资还是差不多的，那市里面发下来的工资是不是比村里还少一点呢，少了各种补贴？

　　A：村里稍微高一点，有个农村教师补助，二百多块钱。但是呢，你刨去交通（费用）等，基本就差不多了，就是还差着呢。

（JS－13 访谈）

　　此外，农村小学教师普遍处于紧缺状态。在调研过程中，有较多教师认为农村小学工作压力较大，并且要远远超过城镇小学，其原因就在于农村小学教师的紧缺。

　　A：对，一个教师带的太多了。而且，你看有的班像今年就又合了一个班，合了三年级……新的四年级，一合班班里就有60个人，你看我们没合班的一个班30个人，你想想管理30个人和管理60个人肯定是不一样的，那工作量就自然而然地大了。

　　Q：你们学校一共是六个年级，每个年级是一个班还是几个班？

　　A：咱们是六个年级，有一个班的也有两个班的，因为这个教师不是不够吗，然后他就是根据这个教师的数量来调整这个班级的数量。如果教师不够就只有通过合班来减少一个班，这样就能腾出一个老师来，然后这样教师就够用。其实正常的，我觉得是，一个年级应该有两个班，一个班就是三十来号人，你像一合班，像王老师他们班就56个人，你想想那个工作量，到时候一批作业一批卷子，56个人和36个人那个工作量肯定是不一样的，要抓成绩肯定也是不一样的。

（JS－11 访谈）

　　对于这种紧缺现象，我们了解到近年来当地每年都在招收农村教师，但是我们到访的学校普遍反映新进教师数量相当有限，普遍是一两个，部分小学甚至没有新教师进来，可见政策对这方面的促进程度仍然有限。

由此可见，当地针对农村教师的政策实际上在减轻农村小学教师向城市学校流动方面的作用有限。首先，在交通上只在一定程度上减轻了农村教师的额外经济压力，对于大部分教师而言，在农村教学既要付出额外的时间，又要承担额外的交通费用；其次，教师住房问题没有得到很好地解决，部分在学校附近居住的教师的需求未能得到满足；最后，学校基础建设仍然有待完善。

这些政策中有弥补性的，如交通补贴、学校硬件建设，也有替代性的，如农村教师工资补贴（见图3）。

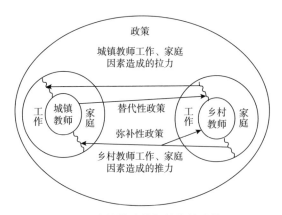

图 3　弥补性政策与替代性政策

2. 实际情况中的流动限制与流动机制的不透明对教师流动的影响

当地教师流动政策整体是避免农村教师向城镇流动，鼓励城镇教师向农村流动的。鼓励城镇教师向农村流动的政策大致就是上述对农村教师的优待政策，除此之外没有特别的流动政策。另外，新进教师大多分配给农村小学，也算是一种向农村小学流动的鼓励。

对农村教师向城镇流动的影响比较明显，但是这种影响似乎没有直接体现在具体的政策层面，而是体现在实际的教师流动安排上，即一般不允许安排农村教师向城镇流动。然而即使是在这种情况下，我们在调研访谈过程中仍然发现有不少受访老师有认识的教师从农村调往城镇，说明由农村到城镇的教师流动依然在一个不小的范围内存在。但是当问及对于这些教师是如何由农村流向城镇的时，受访农村教师往往不知所以然。

Q：那就是你们也不是很了解流动到其他学校的途径吗？

A：不能，主要是不能。

Q：是政策不太允许。

A：嗯，政策不允许。

Q：那你们有认识的流动到其他学校的教师吗？

A：有，但是他们之前的那种教师不是像我们这种考试进来的。

Q：那他们是？

A：就是他们在这儿从教有好多年了吧。

Q：那他们是怎么调走的呢？

A：不清楚。

（JS－11 访谈）

在我们问及流动意愿时，受访教师们大部分都表示或多或少有向城镇流动的意愿，但是又往往对这种流动望而却步，原因无非有两点。第一是农村教师们对流动限制的了解，许多教师都或多或少地了解当地对于教师由农村向城镇流动的限制，这种限制让农村教师们望而却步。第二是流动机制的不透明让大部分农村教师们彻底放弃了向城镇流动的念头：在受访农村教师中，几乎没有人确切知道一个当地的农村教师到底如何能够流动到城里的小学教书，小学教师城乡间的流动机制对于大部分农村教师来说基本上是不透明的，致使这种流动彻底成为"海市蜃楼"，当然也有不少教师对于这种机制有自己的猜测或者听闻。

Q：您认识的有从乡镇到城里去教书的吗？

A：有啊。

Q：那他们是通过什么途径去的？

A：主要就是通过关系去的。

Q：关系？

A：嗯，都是通过关系。

Q：那他们的教学水平、职称有没有影响呢？

A：主要就是关系。

（JS－06 访谈）

很明显的是，这种实际情况中的流动限制与流动机制的不公开化有效地抑制了农村教师向城镇流动的行为，但是这种抑制只是行为层面上的，

农村教师向城镇流动的意愿仍然普遍存在，行为层面上的抑制是结果性的，农村教师向城镇的流动确实减少了，但是这种抑制也是表面性的，只有从意愿层面上抑制农村教师对向城镇流动的追求，才能实质性地解决城乡教师的不均衡流动。而从意愿层面上的抑制，则必须真正解决农村小学教师面临的教育生态环境因素中的问题。这种在行为上抑制而教师流动意愿仍然普遍存在的情况很有可能造成农村小学教师的不满，影响教师的工作积极性，甚至导致教师离开教育行业，形成其他形式的农村小学教师流失。

流动限制和流动机制的不公开化从长远来看还造成了农村教育生态系统的相对封闭，即只有单向地向农村教育生态系统的教师流入而无流出，这种封闭加深了农村教育生态系统与城镇教育生态系统的割裂，这种割裂很有可能对农村教育产生负面影响：农村教师长期沉淀在就当前而言教学条件较差、信息交流相对闭塞的农村学校，教学水平很难得到提升；输入农村小学的教师多是刚毕业的大学生，具有相对较多的专业知识但缺乏教学经验，而且较为优秀的毕业生可能也会直接留在城镇小学，这类教师输入对农村小学的教学水平提升的作用可能并不明显；而城镇教师下乡交流机制的匮乏，则可能加深城镇教师对农村小学的刻板印象，并且在情感上与农村教育生态系统产生隔阂，不利于平衡性流动状态的形成。

六　结论与建议

（一）调研结论与总结

1. 教师流动意愿比较强烈，影响因素较为集中

在调研过程中我们发现，当地农村教师存在着比较普遍和强烈地向城镇流动的意愿。影响这种流动意愿的因素主要表现为学校离家距离和工资待遇问题，其他因素的影响相对比较小。

2. 流动限制效果明显，暂时均衡下存在问题

当前农村教育生态系统面临的最大问题便是教师资源短缺，其中，农村教师的单向流动是造成这一问题的重要原因之一；教师资源短缺造成的农村教育质量问题、教师工作压力问题又增强了教师的流动意愿。可以说，农村教师资源的短缺和农村教师的单向流动两个问题，形成了一种循环。

我们在调研过程中发现，这种循环实际上已经被在一定程度上得到控制。首先，通过直接对农村教师向城镇流动限制来打破这种循环；其次，通过吸纳处于当地城乡教育生态系统外的大学生教师来改变农村教师的紧缺状况。但是就如我们之前分析的，这种对农村教师向城镇流动的抑制是行为层面上的，是表层性的；加之新吸纳的大学生教师本身又有比较强烈的流动意愿，这就造成了一旦这种流动限制有所松动，农村教师强烈的流动意愿很可能会转化为流动行为，重新造成农村教师资源的短缺，或者至少是优质教师资源的短缺。而且我们可以看到，这种人为限制农村教师向城市的流动违背了很多农村教师的主观意愿，拥有较强烈流动意愿并且对流动机制有了解、有较高教学水平的教师还是可能通过各种非正式途径流往城镇，这是我们不少访谈到的教师口中提到过的现象。而被不公开化流动机制（不管是正式还是非正式的）排除在外的拥有较强烈流动意愿的教师则很可能对这种流动限制和机制的不公开化产生不满，进而影响其工作积极性。

因此，我们可以说，如果当前定州农村教育生态系统中农村教师流出较少，流入较多，形成了一种教师逐渐增长的良性发展态势和生态系统内部的均衡，但在这种生态系统下面临的一些问题（见图4），仍然值得关注。

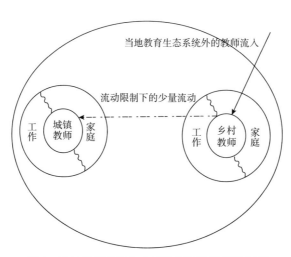

图4 当地农村教育生态系统实际流动情况示意

（二）建议

1. 关注教师意愿，改善工作条件

在我们看来，要想在当地形成稳定、良性发展和均衡的农村教育生态系统，光靠对农村教师向城镇流动的限制、流动机制的不公开化和吸纳当地教育生态系统外的大学生教师是不够的，必须从根本着手，改变当地农村教师中较为普遍存在的、向城镇学校流动的意愿。因此，只有更加充分地了解农村教师的工作需求，为他们提供全面的工作保障，改善目前的工作条件，才能为他们真正扎根农村、安心从教打下基础。

2. 鼓励双向流动，加强城乡沟通

教师流动本身并不是一个社会问题，在农村师资力量建设的时候，可以允许一定的流动，但是这个流动一定要在加强农村教师队伍建设的基础上进行。所以，就教师在城乡之间进行流动而言，要实现双向流动，而不是单向流动。此外，这种双向流动应该进行制度化管理，加强监督要合理有序进行，让农村教师群体可以在城镇学校进行深造与学习，积累经验，对先进教学理念有一个更好的认识。同时，城镇教师向农村学校的流动，能够在一定程度上缓解农村教师资源匮乏的状况。对于城镇学校来讲，双向流动能够实现资源共享，推进共同发展，构建良好的城乡教育格局。

3. 普及教育知识，增强教育意识

义务教育虽然已经得到全方位普及，但教育意识在农村地区还有待加强。基础教育是提高国民素质的教育，是打造国民基本点的教育，它面向的是所有的适龄儿童，这是非常关键的阶段，应该加强对基础教育在基层的宣传，加强农村对教育事业的重视，提高教师在农村的社会地位，让每一位学生、家长都了解到接受义务教育的重要性，促进义务教育的地区均衡发展。

4. 完善相关政策，加大政策支持力度

城乡教育生态系统中生态因素条件的差距需要政策来缩小，而对于短时期难以弥补的则需采取额外的替代补偿来补足，这是改变农村教师单向流动意愿的两种政策思考方向，即前文提到的弥补性政策和替代性政策。相关教育部门可以与农村当地的实际情况相结合，完善教师的工资增长和补助机制，平衡城乡教师心理，可以在一定程度上改变农村教师的流动意愿，让农村教师乐于留在农村教学。

参考文献

蔡明兰，2011，《教师流动：问题与破解——基于安徽省城乡教师流动意愿的调查分析》，《教育学研究》第 2 期，第 92 ~ 97 页。

戴维·波普诺，2010，《社会学》（第十一版），李强等译，中国人民大学出版社。

戴维·格伦斯基，2005，《社会分层》（第 2 版），王俊等译，华夏出版社。

范国锋、王浩文、蓝雷宇，2015，《中小学教师流动意愿及其影响因素研究——基于湖北、江西、河南 3 省 12 县的调查》，《教育与经济》第 2 期，第 62 ~ 66 页。

黄波，2015，《中小学教师交流政策的变化与特点——基于陕西省的教育政策研究》，《统计与管理》第 10 期，第 112 ~ 113 页。

李斌强，2014，《农村中小学教师流动意愿及其对策研究——以山西省为例》，《晋中学院学报》第 2 期，第 86 ~ 88 页。

沈小碚、周绍英，2014，《教师均衡流动意向的调查研究》，《教师教育学报》第 3 期，第 86 ~ 92 页。

宋伟涛，2015，《探访乡村教师：65.7% 农村教师希望流动到城市任教》，《中国青年报》1 月 27 日。

孙振华，2008，《基于生态系统理论的人才流动机理研究》，硕士学位论文，南京财经大学。

汤勇，2015，《乡村教师，怎样才能把你留住?》，《中国青年报》9 月 29 日。

唐松林、刘丹丹，2015，《县域城乡教师均衡发展模式分析：外援型与内生型》，《河南师范大学学报》（哲学社会科学版）第 5 期，第 172 ~ 177 页。

汪丞，2006，《教师定期轮换流动制度——促进校际师资均衡发展的一种思路》，《中国教师》第 2 期，第 14 ~ 16 页。

王萃元、王惠璞，2015，《宁夏城乡义务教育教师流动现状与对策研究》，《北京教育学院学报》第 5 期，第 6 ~ 11 页。

王宁宁、彭张力、夏茂林，2015，《我国中小学教师流动的特点及管理对策》，《教学与管理》第 28 期，第 11 ~ 13 页。

吴建涛，2015a，《义务教育教师流动政策及其实践的批判性研究——基于自由权利的视角》，《教育导刊》第 6 期，第 5 ~ 8 页。

吴建涛，2015b，《义务教育教师流动政策进展与完善路径研究——基于教育局长的问卷调查与政策文本分析》，《中国教育学刊》第 4 期，第 59 ~ 64 页。

谢延龙，2015，《我国教师流动制度的困境与出路》，《教育发展研究》第 22 期，第 21 ~ 25 页。

许欣欣，2000，《当代中国社会机构变迁与流动》，社会科学文献出版社。

薛国凤，2002，《日本教师"定期流动制"对解决我国偏贫地区义务教育师资问题的启示》，《日本问题研究》第 1 期，第 48～52 页。

严月娟，2013，《我国中小学教师资源配置的嬗变与反思》，《江汉大学学报》（社会科学版）第 6 期，第 119～122 页。

张钟汝、章友德、陆建、胡申友，2001，《城市社会学》，上海大学出版社。

赵传珍，2015，《基于利益逻辑的城乡教师单向流动分析与对策》，《教育科学论坛》第 19 期，第 62～64 页。

Sorokin, P. A. 1927, *Social Mobility*. Harper & Brothers.

图书在版编目（CIP）数据

转型中的华北乡村：定县追踪调查田野札记／冯仕
政，黄家亮主编 . -- 北京：社会科学文献出版社，
2022.11
（人大社会学"田野课堂"人才培养改革成果系列）
ISBN 978 - 7 - 5228 - 0830 - 7

Ⅰ.①转…　Ⅱ.①冯…②黄…　Ⅲ.①农村 - 社会调
查 - 研究 - 定州　Ⅳ.①C912.82

中国版本图书馆 CIP 数据核字（2022）第 183187 号

·人大社会学"田野课堂"人才培养改革成果系列·
转型中的华北乡村
　　——定县追踪调查田野札记

主　　编／冯仕政　黄家亮

出 版 人／王利民
责任编辑／胡庆英
责任印制／王京美

出　　版／社会科学文献出版社·群学出版分社（010）59366453
　　　　　地址：北京市北三环中路甲 29 号院华龙大厦　邮编：100029
　　　　　网址：www. ssap. com. cn
发　　行／社会科学文献出版社（010）59367028
印　　装／三河市尚艺印装有限公司

规　　格／开　本：787mm × 1092mm　1/16
　　　　　印　张：23　字　数：393 千字
版　　次／2022 年 11 月第 1 版　2022 年 11 月第 1 次印刷
书　　号／ISBN 978 - 7 - 5228 - 0830 - 7
定　　价／89.00 元

读者服务电话：4008918866